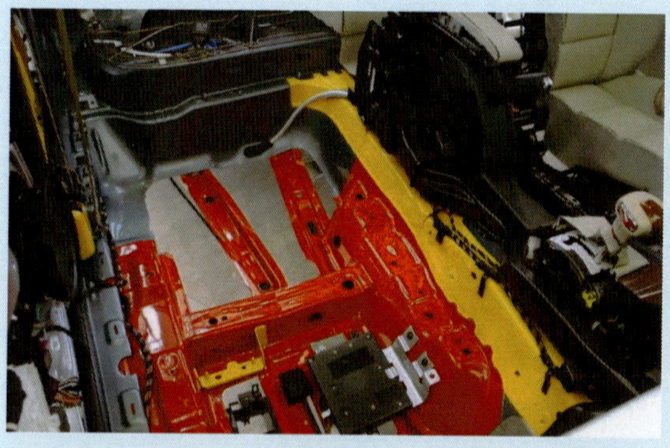
底盘控制器

清洁能源轿车

变速器换挡手柄

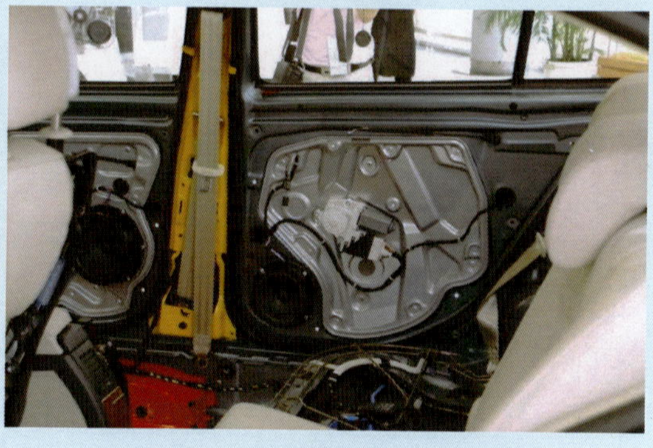
电动车窗

无级变速器

发动机

电动车底盘

控制器

空气悬架

扭振缓冲

方向盘中气囊安装

汽车实验

重型车辆

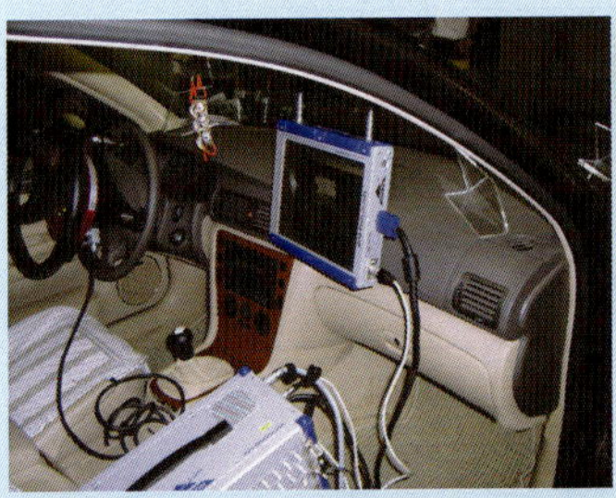

汽车测试技术

电动车电源制动器

新技术客车

清洁能源商用车

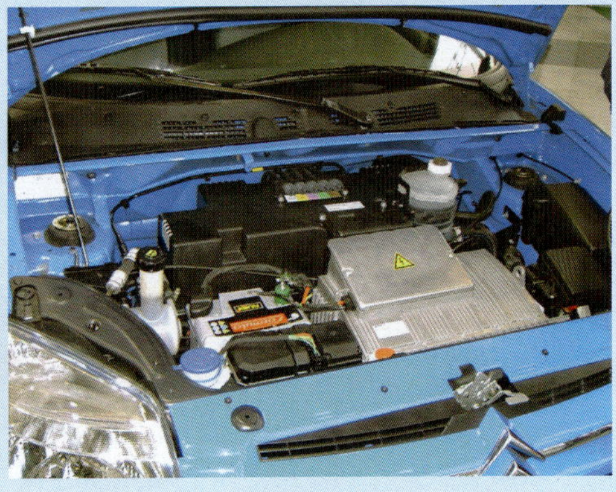

电动车

“十二五”普通高等教育本科规划教材
21 世纪全国高等院校汽车类创新型应用人才培养规划教材

现代汽车新技术概论(第 2 版)

田晋跃　主　编

北京大学出版社
PEKING UNIVERSITY PRESS

内 容 简 介

本书回顾了汽车技术的发展历史，介绍了近年来现代汽车应用的最新技术，包括：汽车发动机技术、汽车新能源、汽车自动变速器、现代汽车转向技术、汽车驱动防滑技术、汽车新型悬架、汽车新材料、汽车安全技术、智能车辆与交通运输技术，以及汽车现代设计方法等。

本书内容深入浅出，图文并茂，结合实际，并注意引导读者进行学习知识面的拓展。书中附有多个实例，可供读者在学习和实践中参考。

本书可以作为车辆工程专业的本科生或专科生教材，也可以作为一般的工程技术人员的参考书。

图书在版编目(CIP)数据

现代汽车新技术概论/田晋跃主编．—2版．—北京：北京大学出版社，2014.5
(21世纪全国高等院校汽车类创新型应用人才培养规划教材)
ISBN 978-7-301-24114-1

Ⅰ．①现…　Ⅱ．①田…　Ⅲ．①汽车工程—高等学校—教材　Ⅳ．①U46

中国版本图书馆CIP数据核字(2014)第071124号

书　　名：现代汽车新技术概论(第2版)
著作责任者：田晋跃　主编
策 划 编 辑：童君鑫
责 任 编 辑：宋亚玲
标 准 书 号：ISBN 978-7-301-24114-1/TH・0388
出 版 发 行：北京大学出版社
地　　址：北京市海淀区成府路205号　100871
网　　址：http://www.pup.cn　　新浪官方微博：@北京大学出版社
电 子 信 箱：pup_6@163.com
电　　话：邮购部62752015　发行部62750672　编辑部62750667　出版部62754962
印 刷 者：北京京华虎彩印刷有限公司
经 销 者：新华书店
787毫米×1092毫米　16开本　20.25印张　彩插1　473千字
2010年6月第1版
2014年5月第2版　2017年12月第5次印刷
定　　价：42.00元

第 2 版前言

近几年，随着我国汽车工业的飞速发展，具有汽车工程专业的相关院校不断地调整专业教学内容，优化学科结构，实时跟踪汽车工业发展的新技术。

本书是面向我国高等院校车辆工程、汽车运用工程等专业本科生和研究生以及从事汽车设计等行业的人员，介绍有关国内外汽车技术的最新发展动向。

本书在 2010 年 6 月出版时，我国汽车总产量已达约 1830 万辆，跃居世界第一，以后几年每年以两位数的增加比例高速发展，伴随着汽车工业的高速发展的汽车新技术不断问世，本书在第 1 版的总体结构不动的情况下，对书的部分内容及案例等做出了补充和修订，力求使书的内容能够跟上高速发展的汽车技术，让读者了解一些国内外汽车技术的最新发展动向。

本书仍以汽车设计、制造和能源环境中的重要技术问题为主线，以汽车技术的发展历史、发动机的新技术、新能源及绿色汽车、现代汽车自动变速器、现代汽车转向技术、电控驱动防滑技术、现代汽车电控悬架技术、现代汽车用新材料、汽车安全技术、智能车辆与智能交通运输与汽车现代设计方法等 11 章为脉络，将最新反映现代汽车先进科学技术的相关内容介绍和奉献给广大读者。

在本书修订过程中，研究生樊学能、张凯华、徐杰、冯二磊、张晓亮和张宏强等同学为本书各章的资料收集和整理做了大量工作，在此表示感谢。

在本书修订过程中，参考了大量的国内外文献资料，在此谨向这些文献的作者表示深深的谢意。

编　者

2014 年 1 月

目　录

第1章

汽车工业的发展历史简介

教学目标

通过本章的学习，可以了解国际和国内汽车工业的发展历史、现状和未来趋势，以及现代汽车行业的主要特征、汽车发展的问题与关键技术。

教学要求

知识要点	能力要求	相关知识
世界汽车发展史	了解汽车发展和车型变化的各个阶段	汽车从诞生至今经历了7个阶段，其外形的发展也经历了7个典型阶段
中国汽车发展史	了解国内汽车从起步至今的发展历程	中国汽车工业经历了从几乎空白到合资或购买生产许可证，直至民族汽车的崛起过程
现代汽车工业的主要特征	了解现代汽车工业的主要特征	汽车产业具有高度全球化、市场化、合作化等特征
汽车发展的问题与关键技术	了解汽车发展存在的问题和关键技术	针对汽车工业发展存在的问题，提出诸多关键技术的迫切需要

导入案例

像大多数重要技术发明一样，汽车并不是哪一个人的发明，而是很多人的创造结果，他们在许多方面都做出了自己的贡献。

1769 年，法国的尼古拉·居纽制造了第一辆大型的蒸汽动力三轮车，如图 1.1 所示。这辆车续行里程 32km，最高车速 0.8km/h。

图 1.1　第一辆蒸汽动力车

汽车从出现至今已有 100 多年了，当今汽车已成为随时都能利用的高度自由的运输工具，在社会上已占据相当重要的地位。汽车发展的历史是与人类社会文明进程紧密结合的，21 世纪，汽车工业发达的国家正向成熟化的汽车社会发展。

1.1　世界汽车发展史

1. 世界汽车发展的 7 个阶段

1) 第一阶段是技术开发阶段

19 世纪，在英国大量蒸汽动力车辆已经商业化，用这种庞大的车辆在城市之间粗劣的道路上来回运送乘客和货物，然而这些蒸汽车辆每一辆都有所不同，并不是系列生产的，直到哥特里布·戴姆勒和卡尔·奔驰的汽车在德国出现，才意味着汽车时代的来临。

戴姆勒和奔驰各自生产了由内燃机驱动的轻型小汽车，他们的工作是完全独立进行的。奔驰和戴姆勒分别于 1885 年和 1886 年制成了他们的第一辆汽车，如图 1.2 和图 1.3 所示。

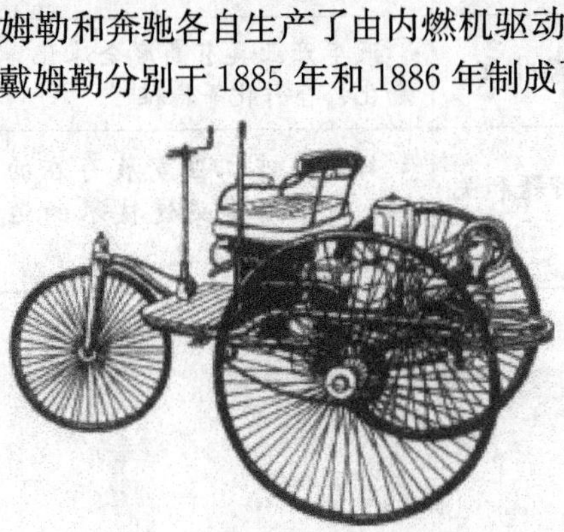

图 1.2　奔驰发明的第一辆汽车

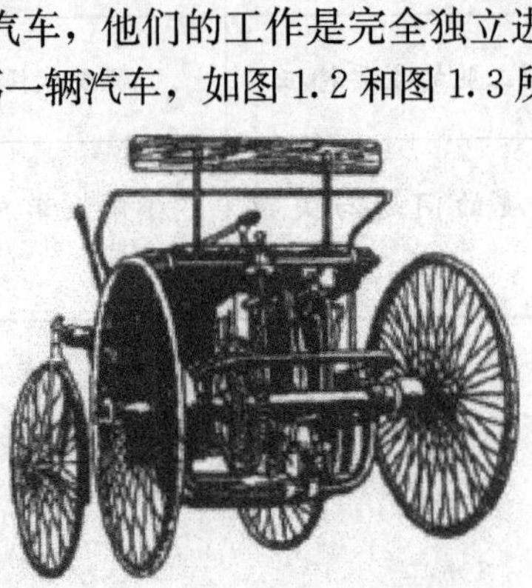

图 1.3　戴姆勒发明的第一辆汽车

在欧洲发明的第一辆简陋的三轮汽车引起了大洋彼岸年轻而富有创造力的美国的极大关注和兴趣。1893 年，杜里埃兄弟经过不懈的努力，造出了美国的第一辆汽车。紧随其后，亨利·兰德成立了凯迪拉克公司，于是名车凯迪拉克诞生了；1903 年，大卫·别克创立了别克汽车公司；亨利·福特成立了福特汽车公司，从此开始了美国汽车发展的新纪元。这些公司早期的车型如图 1.4 和图 1.5 所示。

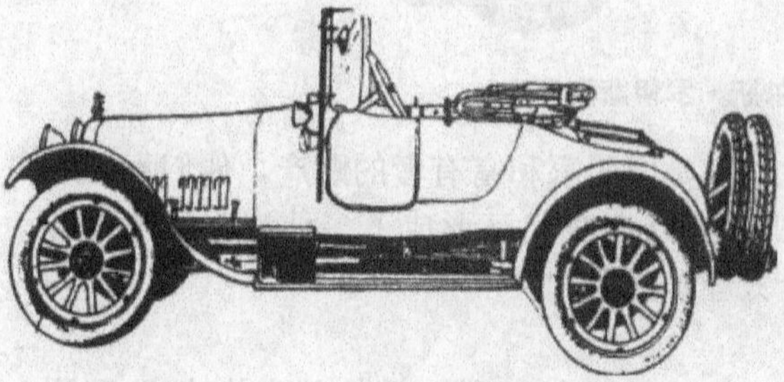

图 1.4 早期的别克汽车

图 1.5 早期的福特汽车

在奔驰发明第一辆汽车后不到 20 年的时间里，不仅在美国而且在欧洲一些国家也相继诞生了不同品牌的名车名人。1896 年法国一个小五金商人的儿子阿尔芝·标致创立了以狮子为商标的标致汽车公司，这就是现代标致雪铁龙集团的前身。当时的车型如图 1.6 和图 1.7 所示。

图 1.6 早期的标致汽车

图 1.7 早期的雪铁龙汽车

1898 年，路易丝·雷诺在法国创立了雷诺汽车公司，他研制的汽车率先使用轴传动，是变速器和万向节的先驱，从而奠定了雷诺名车的基础。

1899 年，意大利人乔瓦尼·阿涅利建立都灵汽车厂，后来该厂用都灵汽车厂的缩写，改名为菲亚特汽车公司。

1904 年英国贵族子弟罗尔斯和工程师罗伊斯联手合作，成立了罗尔斯·罗伊斯公司，这个公司生产的高级轿车以其杰出的质量，优良的性能，豪华的内饰，古色古香的外形以及设备的完善考究而驰名世界，被认为是世界名车之冠，它也因此成为英国王室成员的用车，并用来接待外国元首和政府首脑，英国的达官贵人也争相购买这种车，以显示自己的地位，如图 1.8 所示。

图 1.8　早期的罗尔斯·罗伊斯汽车

从发明汽车的19世纪末到20世纪初，汽车仅是发明家和富有者的财产，他们肯花钱制造具有最高性能的流行式汽车，但数量很少，在这个时代已形成了多种汽车的技术开发，不过这时的汽车性能主要以富裕阶层的个人趣味为目的。

2）第二阶段是大量生产阶段

图 1.9　1908年福特T型汽车

1908年亨利·福特首先推出T型汽车如图1.9所示。在以后近20年的时间里，共计生产了1500余万辆T型汽车，由于T型汽车结构紧凑，设计简单、坚固，加上驾驶容易，价格低廉，因而深受美国人民的喜欢。由于它广泛地被城市、农村的普通家庭所采用，因此，美国老百姓认为T型汽车改变了他们的生活方式、思维方式和娱乐方式，使他们更自由，视野更广阔，并产生了新的人与人之间的关系。

T型汽车在1908年推出时，主要为15kW的四缸发动机，重量54kg，轴距2540mm，轻型T型车售价825美元一辆，豪华型850美元一辆。1913年，福特成功使用了全世界第一条汽车生产流水装配线，从而节省了生产时间并降低了成本。1914年10月T型汽车在不降低汽车整备质量的情况下售价降为440美元，到1916年8月降低为345美元，从而使汽车普及为美国老百姓的交通工具。T型汽车改变了汽车仅为富人的玩物的历史，成为美国民众生来就有权享有的东西。1927年售价降到290美元一辆。1908～1909年，T型汽车销售量达1万多辆；1909～1910年，T型汽车销售量达18664辆；1910～1911年，T型汽车销售量达34528辆；1911～1912年，T型汽车销售量再次翻番为78440辆。

至第一次世界大战结束时，福特已控制了北美乃至世界各地的汽车市场，全球几乎一半汽车是T型汽车。

3）第三阶段是适用阶段

第一次世界大战期间福特T型汽车不能适应欧洲泥泞的战场，使很多汽车厂家意识到，一定要造一种万能车，因为此车由威力斯公司招标承制，所以通常称为威力斯万能车(General - Purpose Wills)，缩写为GPW，没过多久又缩写为GP，即Jeep，译为中文“吉普”。

吉普车带2挡分动器，4轮驱动，并且保持外形低矮，可避免侦察时让敌人发现，另外也是为了减小火力目标，该车还采用了可拆放风挡和钢管架支撑的篷顶。为了减轻自重，增大有限载荷能力，车身板件也是能省则省，没有车门，仅是在侧围上开了一个缺口，供上下车用，而且尽量采用曲线型整件侧围。底盘非常坚固，离地间隙大。

随着战争进展，吉普车的生产数量逐步增加，到第二次世界大战结束时，生产的吉普车竟超过60万辆，美国军队开到哪里，吉普车便跑到哪里，它的卓越性能和奇特造型产生了很多美妙的传说。这些战争遗留物掀起一股强劲的“吉普”风，对后来世界各地越野车的设计影响巨大。前苏联在第二次世界大战期间开发的多栖越野车能在坏路面或在非道路行驶，有能力克服人为的障碍，因此这种车型在战争条件下具有重要意义。

20世纪30年代初，两轴汽车的结构令人惊奇，它的通过性令人钦佩，如果按现代观点来评价，虽然它并不怎样高级，但对部队来说，这样的汽车为提高部队的灵活机动性解决了许多问题。总的来说，扩大运输范围和提高作战效率是当时各国汽车发展所追求的目标。

4）第四阶段是产业化时代

第二次世界大战以后，不仅汽车成为不可缺少的公共和个人运输工具，而且汽车工业也成为牵动很多基础材料和相关零部件生产的主导产业。另外，汽车产业的发展也促进了很多新工业的发展，如公路建筑等，反过来又加速了汽车的普及。

(1) 美国：20世纪50年代和60年代，美国汽车业不仅带动了整个美国经济的发展，而且成为其最大的产业，总产量超过其他国家的总和。这个时期，美国完成了企业兼并重组，使美国汽车成为通用、福特和克莱斯勒的天下。汽车产品走向多极化，成为世界第一商品。汽车由此发生质的变化，从手工业作坊式的小工业发展成为资金密集、人力密集的现代化大产业，美国也被誉为“绑在轮子上的国家”。

(2) 日本：20世纪50年代，日本对基础工业大量投资，原为小手工业作坊式的汽车厂，如日产、五十铃、丰田、日野等公司才开始加速发展，特别是1955年以后，当日本经济已经基本恢复元气，准备进一步赶超欧美发达国家时，日本政府和一些经济学家认识到，为达到这个目的，单纯依靠企业管理的改善已不够，还必须使产业结构向高度化方向发展，并确定一个能带动整个经济起飞的“战略性产业”，才能使整个国民经济有一个飞跃，实现其赶超欧美的宏愿。众所周知，这个战略性产业就是汽车工业。在这一时刻，日本政府制定了一系列扶持汽车工业的法规条例，使日本汽车工业迅速成长起来，汽车产量由1955年68932辆跃至1960年481751辆，并且轿车在汽车总产量中的比重也由1950年5.3%上升到1960年的34.3%。20世纪60年代，日本的汽车产量更是直线上升，1965年达到187万辆，创造了汽车发展史上的奇迹。

(3) 德国：20世纪60年代也是苏联协助德国的汽车工业大发展的时代，10年中前苏联协助德国汽车公司共生产了338万辆汽车，平均每1000人的汽车占有量为236辆。

因此，从第二次世界大战后到20世纪60年代中期称为汽车发展的“产业化时代”，在这个时期汽车工业成为世界上最有活力的产业之一。

5）第五阶段是摩擦时代

20世纪70年代初，受中东战争及石油危机的影响，世界汽车销售量急剧下降，市场严重萎缩，这对汽车制造业特别是中小规模的厂家简直是致命的打击，世界汽车市场的格局发生了重大的变化。石油危机的爆发使日本将其省油、价廉的小汽车打入美国市场，抢占了约30%原属于美国的轿车市场，从而引发了一场愈演愈烈的日美汽车战。

越来越严重的汽车排放污染问题以及20世纪70年代美国政府制定的严格的排污法规，又给汽车产业的发展带来了阴影。

在这个阶段，人们意识到汽车是"行走凶器"，造成废气污染，引起振动噪声以及导致石油危机等。汽车的普及使原社会系统中滋生了各种倾轧和摩擦现象，为了求得社会相容，人们开始研制低公害汽车和低油耗汽车。

6) 第六阶段是高级化时代

从20世纪80年代中期以后汽车开始进入高级化时代，浓缩着人类文明的汽车业又展现出一幅波澜壮阔的画卷，老牌群雄势不可挡，新的竞争者也是当仁不让，把世界汽车工业推向一个更高的阶段。1988年，全世界共生产汽车4850万辆，其中日本生产1270万辆，西欧1850万辆，美国1119万辆，日本、美国、德国、西班牙、意大利5国的产量就占70%。这些汽车生产大国利用自己的优势，加速企业兼并，推动技术开发，进一步提高了垄断程度和竞争能力。

在美日等国汽车业龙头的带领下，一些现代工业较发达国家不甘落后，且成绩骄人。例如1981年的巴西汽车产量为78万辆，到1993年已达到139万辆。韩国的汽车产量增加势头更猛，1981年只生产了15万辆汽车，到1993已达到200万辆。这些新的汽车大国的崛起，着实令原有的汽车大国不敢小觑，使世界汽车的竞争更加激烈。

汽车进入高级化时代的标志之一是：随着世界汽车产销量的大幅度增加，使得汽车成为人们日常生活中不可缺少的交通工具。

高级化时代的第二个标志是：人们越来越追求汽车驾驶的舒适性、安全性以及环境的适应性。环境保护和不断提高的安全技术方面的要求对汽车工业产生重大影响。

高级化时代的标志之三是：人们对20世纪70年代的全球能源危机已经淡忘，美国人又开始追求大型豪华轿车了，1990年底特律人恢复了那曾是不可动摇的"愈大愈好"的信念，同时大型豪华轿车又成为世界车型的热点。

汽车电子技术的发展使汽车的一些性能指标达到了前所未有的高度。作为汽车工业竞争焦点的质量和成本问题已经发生了质的变化，即成本已退居次要位置，而质量也不再仅体现在可靠性和舒适性(包括方便性)，在这方面落后的厂家必将丧失竞争力，单纯依靠价格竞争已经没有出路。

20世纪90年代初，在美国，大型豪华轿车的复活不是偶然的，是当代电子技术和电子计算机迅猛发展的必然结果。高技术已对传统工业产生了深远的影响。汽车工业也不例外，借助于高技术，汽车在动力性、经济性、制动性和舒适性等方面，将得到依靠传统的设计所不能达到的改进，这也是20世纪90年代汽车工业发展的总趋势。

7) 第七阶段是电子化时代

从20世纪90年代开始，汽车进入了一个电子化时代，主要表现在汽车的智能化方面。也就是说汽车装上"大脑"，让汽车"学会思考"。可以预计智能汽车将成为21世纪的主要交通工具。

智能汽车概念的出现只是近几年的事。长期以来，人们在充分享受汽车巨大便利的同时，也开始为它的前途担忧：道路不堪重负、堵车常见、事故不断。单就美国而言，在一些大城市里，人们每年由于堵车而浪费的时间就达人均110小时，美国一年因交通事故造成的直接或间接损失更高达1700亿美元。

现实迫使人们改变以往依靠增修道路、加强管理来改善交通状况的思维，而寻求更科学的方法。既然事故是造成交通阻塞的最直接也是最主要的原因，那么，缓解交通阻塞的最有效的办法就是让车“学会”预防事故。其次，在事故发生的情况下，使汽车能够在智能交通管理系统的指挥下，绕道而行。

因为智能汽车在车身各部位有几十个各类传感器，犹如千里眼、顺风耳，能提供各种信息，由车载主控计算机对运行状况进行调控。另外，智能汽车还装有事故规避系统，它随时以光、声形式向汽车司机提供车体周围必要的信息，从而有效地防止事故的发生。

可以预言，由人工驾驶、电脑提供辅助信息的第一代智能汽车可望在未来十年中获得长足进步，而且完全可以相信，随着电子技术的迅猛发展，具有自动驾驶功能的第二代智能汽车的出现已为期不远。

在简单回顾汽车发展的各个阶段后，可以看出，汽车进入社会的时间在世界各地是不同的。例如，欧洲是在技术开发阶段进入的，美国是在大量生产时代进入的，日本是在产业化时代进入的，韩国是在高级化时代进入的，而我国是在电子化时代正式加入汽车生产国行列的。

2. 汽车外形的发展

在汽车100多年的发展进程中，汽车外形的发展是变化最多的，它也经历了以下7个阶段。

阅读材料1-1

图1.10为现代概念车的造型图案。汽车造型师们把汽车装扮成人类的肌体。例如：汽车的眼睛——前照灯；嘴——进风口；肺——空气滤清器；血管——油路；神经——电路；心脏——发动机；胃——油箱；脚——轮胎；肌肉——机械部分。力图将一个冷冰冰的机械注入以生命，使之具有非凡的艺术魅力，给人以美感。汽车车身形式在发展过程中主要经历了马车型、箱型、流线型、甲壳虫型、船型、鱼型、楔形等。

图1.10 现代概念车的造型

1) 马车型汽车

因为最开始人们的交通工具是马车，在蒸汽机、内燃机发明后，就不断有人试着将它装到马车上以取代马，于是这时候的汽车外形都像马车。德国奔驰公司生产的维洛牌汽车就是马车型汽车的典型，如图1.11所示。

从19世纪末到20世纪初，世界上相继出现了一批汽车制造公司，除戴姆勒和奔驰各自成立了以自己名字命名的汽车公司外，还有美国的福特公司、英国的劳斯莱斯公司、法国的标致和雪铁龙公司、意大利的菲亚特公司等。当时的汽车外形基本上沿用了马车的造型，因此，当时人们把汽车称为无马的“马车”。

2) 箱型汽车

马车型汽车很难抵挡风雨的侵袭。1896年，美国农民出身的亨利·福特造出第一辆福特车。1915 年，福特汽车公司生产出一种新型的福特 T 型汽车，这种车的车室部分很像一只大箱子，并装有门和车窗，人们把这类车称为“箱型汽车”，如图 1.12 所示。

图 1.11　维洛牌(VELO)小客车(1894 年)

图 1.12　1915 年福特 T 型汽车

3）流线型汽车

作为高速车来讲，箱型汽车是不够理想的，因为它的阻力大，大大妨碍了汽车前进的速度，所以人们又开始研究一种新的车型——流线型。

1934 年，美国的克莱斯勒公司生产的气流牌小客车，首先采用了流线型的车身外形，如图 1.13 所示。

1936 年，福特公司在“气流牌小客车”的基础上，加以精炼，并吸收商品学要素，成功研制出林肯-和风牌流线型轿车，如图 1.14 所示。

图 1.13　气流牌小客车

图 1.14　林肯-和风牌轿车

此车的散热器罩很精炼，并具有动感，俯视整个车身呈纺锤形，很有特色。以后出现的流线型汽车有 1937 年的福特 V8 型、1937 年的菲亚特和 1955 年的雪铁龙等。

4）甲壳虫汽车

1933 年，德国的费迪南德·保时捷博士设计了一种类似甲壳虫外形的汽车，由大众公司生产。最大限度地发挥了甲壳虫外形的长处，成为同类车的车中之王，甲壳虫也成为该车的代名词，如图 1.15 所示。

由于第二次世界大战的原因，甲壳虫型汽车直到 1949 年才真正大批量生产，并开始畅销世界各地，同时以一种车型累计生产超过 2000 万辆的纪录而著称于世。

甲壳虫型汽车打破了福特 T 型汽车的产量纪录，并超过了数百万辆。它同美国的这种大批量汽车有一个共同点：它们都是“行驶的机器”，不讲究豪华，两者的基本结构在它们的“一生”中都没有改动。“甲壳虫”的发动机是后置的，而现在后置发动机的轿车早已淡出市场，最多只有赛车才装后置式发动机，而且大多装在后轴之前。

目前，大众汽车公司再度推出“甲壳虫”汽车，并取名“新甲壳虫(New Beetle)”，引起了人们的极大兴趣，如图 1.16 所示。

图 1.15　1938 年的大众甲壳虫汽车

图 1.16　新甲壳虫汽车

5) 船型汽车

船型汽车的车型改变了以往汽车造型的模式，使前冀子板和发动机罩、后冀子板和行李箱罩融于一体，大灯和散热器罩也形成一个平滑的面，车室位于车的中部，整个造型很像一只小船，所以人们把这类车称为“船型汽车”，如图 1.17 所示。

图 1.17　船型汽车

船型汽车的成功不仅仅在外形上有所突破，而且还首先把人体工程学应用在汽车的设计上，强调以人为主体的设计思想，也就是让设计师置身于驾驶员及其乘员的位置，来设计便于操纵、乘坐舒适的汽车。

船型汽车不论从外形上还是从性能上来看都优于甲壳虫型汽车，而且还解决了甲壳虫型汽车对横向风不稳定的问题。这是因为船型车发动机前置，汽车重心相对前移，而且加大了行李箱，使风压中心位于汽车重心之后，所以遇到横向风就不会摇头摆尾。

从 20 世纪 50 年代开始一直到现在，不论是美国还是欧亚大陆，不管是大型车或者是中、小型车，都采用了船型车身，从而使船型造型成为世界上数量最多的一种车型。

6) 鱼型汽车

船型汽车尾部过分向后伸出，形成阶梯状，在高速时会产生较强的空气涡流。为了克服这一缺陷，人们把船型车的后窗玻璃逐渐倾斜，倾斜的极限即成为斜背式。由于斜背式汽车的背部像鱼的脊背，所以这类车被称为鱼型汽车。

鱼型汽车和甲壳虫型汽车光从背部看很相似，但仔细观察可以看出鱼型汽车的背部和地面的角度比较小，尾部较长，围绕车身的气流也比较平顺，涡流阻力也较小。另外，鱼型汽车基本上保留了船型汽车的长处，车室宽大、视野开阔、舒适性也好，而且鱼型汽车还增大了行李箱的容积。

最初的鱼型车是美国 1952 年生产的别克牌轿车，如图 1.18 所示。

1964 年美国的克莱斯勒-顺风牌和 1965 年的福特-野马牌都采用了鱼型造型，如图 1.19 所示。顺风牌以后，世界各国逐渐生产鱼型汽车。

图 1.18　1952 年的别克牌轿车

图 1.19　1965 年的福特-野马牌汽车

鱼型汽车存在的缺点有：后窗玻璃倾斜太甚，面积增加两倍，强度下降，产生结构上的缺陷。鱼型汽车还有一个潜在的重大缺点就是对横向风的不稳定性。鱼型汽车发动机前置，车身重心相对前移，一般来讲横向风的风压中心和车身重心接近。但由于鱼型车的造型关系，在高速时会产生一种升力，使车轮附着力减小，从而抵挡不住横向风的吹袭，有发生偏离的危险。

针对鱼型汽车的这一缺点，人们想了许多方法加以克服，例如人们在鱼型汽车的尾部安上一只翘翘的“鸭尾”，以克服一部分升力，这便是“鱼型鸭尾”式车型，如图 1.20 所示。

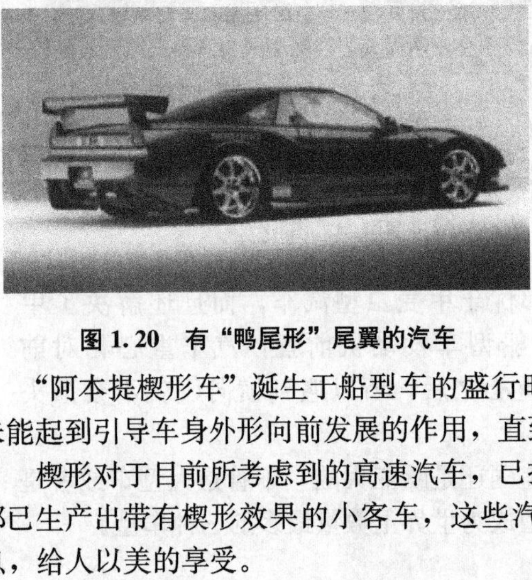

图 1.20　有“鸭尾形”尾翼的汽车

7）楔形汽车

为了从根本上解决鱼型汽车的升力问题，人们设想了种种方案，最后终于找到了一种楔形方案。就是将车身整体向前下方倾斜，车身后部像刀切一样平直，这种造型能有效地克服升力。1963 年，司蒂倍克·阿本提第一次设计了楔形小客车。

“阿本提楔形车”诞生于船型车的盛行时代，与通常的外形形成尖锐的对立，因此，未能起到引导车身外形向前发展的作用，直到 1966 年才被奥兹莫比尔·托罗纳多所继承。

楔形对于目前所考虑到的高速汽车，已接近于理想的造型。现在世界各大汽车生产国都已生产出带有楔形效果的小客车，这些汽车的外形清楚利落、简洁大方，具有现代气息，给人以美的享受。

汽车发展到鱼型，关于空气阻力的问题就已经基本解决了，楔形继承了这一成果，并有效地克服了鱼型车的升力问题，使汽车的行驶稳定性有了显著的提高，楔形成为目前较为理想的车身造型。未来小客车的造型必然是在楔形车的基础上加以改进。

1.2　中国汽车发展史

1. 新中国成立前的汽车工业

中国要建立民族汽车工业，制造汽车的愿望早在孙中山先生的《建国方略》中已提出。1928 年，张学良在沈阳先后给民生工厂(前身为沈阳迫击炮厂)拨款 80 万元试制汽车，聘美国人迈尔斯(Myers)为总工程师，还雇用了几名外国工程师。1929年3月，民生工厂进口了一辆美国瑞雪号汽车，后将该车拆卸、测绘，对零部件进行设计制造。历时2年，于1931年5月试制成功第一辆，定名为民生牌75型汽车，如图1.21所示。这是中国生产的第一辆汽车，它开辟了中国人自己制造汽车的先河。民生牌75型载货汽车可装载1.8t货物，适于城镇使用。后又曾计划制造另一种为100型的货车，可装载2.7t，适用于较差路面，后因抗日战争爆发和资金等种种原因而未能成功。

1936年曾筹建中国汽车制造公司，并于1937～1939年间用进口的散件组装了约2000多辆柴油汽车。抗日战争期间，资源委员会也曾筹办并由中央机器厂生产过汽车。

在当时的中国，不但存在资金和技术等方面的不足，而且由于日本对华的侵略战争，使当时的中国从根本上丧失了建立汽车工业、生产汽车的条件。抗日战争胜利后，天津又曾尝试批量生产三轮汽车，也只是昙花一现。在新中国成立之前，中国人创建民族汽车工业的夙愿始终未能实现。直到新中国成立以后才变成了现实。

2. 新中国汽车工业

新中国成立后，兴建第一汽车制造厂(简称一汽)的任务列入了发展国民经济的第一个五年计划。1950～1953年，在党中央和国务院决策下展开了建设一汽的筹备工作，1953年7月15日举行第一汽车制造厂奠基典礼。经过3年的奋力拼搏，艰苦创业，于1956年7月14日从一汽总装配线开出第一批12辆解放牌载货汽车，如图1.22所示。一汽建成投产取得了经验、培养了人才，实现了“出汽车、出人才、出经验”的建厂目标，成为中国汽车工业的摇篮，在以后的年代里也为中国汽车工业的发展做出了巨大贡献。

图1.21　民生牌75型汽车

图1.22　CA10B型解放牌汽车

1958年全国大跃进运动开始，经过第一个五年计划，国民经济的发展需要更多的汽车。仅仅几个月内，除西藏和宁夏外，各省、市、自治区有上百个厂点制造出各类汽车达20余种，试制的汽车品种重复、技术落后、水平不高、数量少。据1959年统计，全国共生产各类汽车1.6万辆，其中一汽生产1.49万辆，其余众多厂点仅生产1100辆。

进入20世纪60年代，国民经济执行“调整、巩固、充实、提高”方针，汽车行业经过“关、停、并、转”的结构性整顿，1963年全国共有汽车制造厂18家，改装车厂45家，当年共生产汽车约2万辆，形成了南京、上海、北京、济南等4个较有实力的汽车生产基地。

南京汽车制造厂(南汽)的前身是南京汽车制配厂，仿制苏联嘎斯51型2.5t载货汽车，于1958年开始试制生产，命名为“跃进牌”，如图1.23所示，1966年基本形成年产5000辆的综合能力。

上海汽车制造厂的前身是上海汽车装配厂，1957年试制轻型越野车，后转产三轮汽车，1958～1963年共生产三轮汽车1.87万辆；在1958～1960年期间还试制过“凤凰牌”轿车，后来停产至1963年恢复轿车生产，改称“上海牌”，如图1.24所示，至1966年累计生产232辆，成为当时生产普通型轿车的生产基地。

图1.23　跃进牌汽车

图1.24　上海SH760轿车

北京汽车制造厂的前身是北京第一汽车附件厂，1958年起先后试制出“井冈山牌”轿车(图1.25)和“北京牌”轿车，后因资金和技术力量不足停止试制，1960年又参照苏联伏尔加轿车图纸试制出“东方红牌”轿车，并拟建设年产500辆的能力。后来按照中央军委要求，安排北京汽车制造厂生产军用轻型越野汽车即“北京牌”越野车，如图1.26所示。

图1.25　“井冈山牌”轿车

图1.26　“北京牌”越野车

济南汽车制造厂的前身是济南汽车修配厂，1958年起先后试制出“黄河牌”越野汽车、“红旗牌”5t载货汽车和“黄河牌”2.5t载货汽车。1959年参照斯柯达车型试制8t载货汽车，1960年定名为“黄河牌”8t载货汽车，1963年通过产品鉴定，1966年生产650辆。

1969年9月，广大建设者从祖国四面八方云集十堰，建设第二汽车制造厂(简称二汽），经过近6年的艰苦奋斗，到1975年6月第一个基本车型EQ240越野车（图1.27）的生产能力基本形成，后又经过3年努力，于1978年7月建成了东风5t民用载货车的生产能力。

1985年年底，国家对二汽全面验收，确认其正式建成10万辆汽车生产能力；1986～1992年，二汽又将重型载货车年生产能力扩大到1.5万辆，并将中型车年生产能力扩大到17万辆，2000年底，重点开展轻轿两个15万辆生产能力建设并付诸实现。在2000年之后，东风先后与标致雪铁龙集团提升合作、与日产集团全面合资，开始了自己"融入国际化"的步伐。

从20世纪80年代初开始汽车行业出访考察的项目增多，有针对性地引进国外先进技术、外资和管理，加速汽车工业的现代化。引进技术有购买方式的，也有技贸结合方式的。1981～1990年全国引进技术约170余种，建立三资企业39个，其中5个是轿车合资项目。在这期间，通过引进技术，消化、吸收外来技术，汽车制造业取得了很大进展，为解决"缺重少轻、轿车几乎空白"的局面打下有利基础。

1983年，中国重型汽车工业联营公司与奥地利斯太尔公司签署技术转让合同，引进总质量16～40t的斯太尔91系列重型汽车（图1.28），组织济汽、川汽、陕汽分工生产整车，建设规模年产重型汽车达1万辆、商品发动机5000台，1986年技改项目开工，1995年验收。

图1.27　东风EQ240越野车

图1.28　斯太尔汽车

1985年，南汽引进意大利依维柯3系列轻型汽车设计制造技术（共有33个车型品种）着手建设，设计纲领为整车6万辆、发动机7.5万台，1991年竣工验收。

1985年，国家批准以技贸结合方式，在购买日本五十铃汽车公司4万辆汽车的同时，引进该公司1984年投产的N系列轻型汽车动态技术。当时确定北京汽车工业公司为引进技术接收单位，用于老产品换型。之后，四川、云南、贵州和重庆三省一市联合组建西南轻型汽车工业联营公司，共享引进的五十铃车型技术分工合作生产，年产纲领为6万辆轻型汽车。另有江西、福建、武汉二省一市也共享引进的五十铃汽车技术。1986年重庆汽车制造厂与五十铃汽车公司合资成立庆铃汽车股份有限公司，生产五十铃轻型载货汽车。江西汽车制造厂从进口五十铃汽车散件组装开始，1985年和1987年实施二期技术改造形成年产3万辆能力，1993年江西汽车制造厂与五十铃汽车公司合资组建江铃汽车股份有限公司，1995年生产2万辆。

一汽为适应产品结构调整，1983年开始研制1～2t轻型载货汽车，1984年通过技贸结合方式引进日本日产汽车驾驶室技术，开发1t和2t载货汽车系列产品，安排在吉林轻型车厂和长春东风汽车厂改造扩建生产。二汽则利用已有的生产能力，发展3t轻型载货汽车，1987年通过鉴定，安排在郑州汽车制造厂扩建生产。

20世纪70年代末，日本的微型汽车进入中国市场。1983年，国家发展计划委员会确定天津是全国微型汽车大批量生产基地。由于微型汽车市场需求的逐步扩大，加上军工企业贯彻“军民结合、以民养军”的方针，看好微型汽车的市场需求，原来隶属于兵器工业部的“长安”和隶属于航空工业部的“哈飞”、“昌河”都先后投入试制生产微型汽车。

一汽于1980年提出老解放牌载货汽车换型，1983年9月通过国家鉴定，结束了30年一贯制的历史。

3. 新中国的客车工业

1981年，由交通部组织联合设计，扬州汽车修造厂试制的JTKD-1型客车底盘及JT663型客车通过生产定型鉴定，一经投入市场就成为中国公路客运的主流车型，单一车型累计销售达14849辆，市场占有率曾高达30%以上。这是中国现代客车制造业首次采用国产客车专用底盘的产品，它结束了完全采用卡车底盘改装的历史。JT663型客车如图1.29所示。

1983年，江西上饶客车厂研制成功后置汽油发动机轻型客车，投入批量生产，年销量超过1000辆，用户遍及全国各地，并出口东南亚和南美国家，在10多年的市场销售中，已累计销售10000余辆。这是我国最早批量生产的发动机后置客车，带动中国客车制造工艺技术的不断进步。上饶后置发动机的客车如图1.30所示。

图1.29 扬州JT663型客车

图1.30 上饶后置发动机的客车

1988年，西安公路学院与扬州客车厂联合开发推出第一款卧铺客车(图1.31)，在国家铁路运力紧张的环境下，利用公路卧铺客车满足人们长途商务出行的需求，具有经济和舒适方面的运营特征，既缓解铁路运力的紧张局势，又促进城乡道路客运市场的发展。卧铺客车成为最有中国特色的运营车型，在道路客运车辆中的卧铺客车保有量曾创造40000多辆的记录。

1993年，合肥淝河客车厂与德国凯斯鲍尔工厂签订《中德技术合作生产S215HD型全承载客车技术协议》，生产配置航空式座椅和卫生间等设施的安凯牌豪华型客车(图1.32)，投入成渝高速客运并引发中国高速客运的新模式。这是我国首次引进欧洲标准的豪华客车，带动中国道路旅客运输车辆技术的跳跃式发展。

图 1.31 我国的第一款卧铺客车

图 1.32 合肥-凯斯鲍尔客车

1997 年，厦门金龙联合汽车工业有限公司根据市场研究精心设计开发的国产高档客车(图 1.33)，在旅游客运市场更换车型的高峰期，迅速成为进口车辆的最佳替代车型，连续销售 10 多年，累计销量超过 20000 辆。它虽然不是我国根据市场需求开发适用的最早的经济型旅游客车，但是却以新颖造型引领市场，标志着中国客车制造业进入面向市场的新里程。

2004 年，郑州宇通客车有限公司针对中国市场需求巨大而研发的中型客车(图 1.34)，雄狮般的前脸造型与圆滑的车身转角浑然一体，成为市场上少有的漂亮车型。连续多年保销量 3000 辆以上，已累计销售近 9000 辆，出口 2000 多辆。它标志着我国客车制造技术的进步，保障性能的日臻完善，不仅是中国市场上的畅销车型，也是批量出口量最大的车型。

图 1.33 金龙客车

图 1.34 宇通客车

2006 年，厦门金龙联合汽车工业有限公司推出的龙威系列豪华客车(图 1.35)，汇聚先进技术，性能指标达到欧洲同类车型标准，其车身造型已形成金龙客车独特的视觉识别，并成为巴士与客车制造业发展的风向标。它标志着中国客车设计走出模仿外国车型的阴影，开始形成中国客车制造商车型独特的视觉特征。

2006 年，浙江青年汽车集团在引进德国曼 N4516 型客车技术基础上，推出全新都市航线 A-380 型城市客车(图 1.36)，成为全球少数可以制造 25m 双铰接低地板巴士的制造商，积极地推动着中国城市快速交通系统的可持续发展。它是根据公共交通政策和市场需要研发的特大型公共汽车，引导行业标准的修改。

4. 新中国的轿车工业

20 世纪 80 年代初，国内轿车工业几乎空白，1980 年全国只生产轿车 5418 辆。1985 年 3 月，上海拖拉机汽车工业公司与德国大众汽车公司合资组建上海大众汽车有限公司，生产上海桑塔纳轿车，建设能力为年产整车 3 万辆和发动机 10 万台，通过 10 年波动发展

图 1.35　厦门金龙客车

图 1.36　青年客车

和两期技术改造扩建工程，于 1987 年形成年产 30 万辆能力。20 年来，桑塔纳轿车几乎占据了中国轿车市场的半壁江山，如图 1.37 所示。

1987 年 8 月，国家核准一汽先计划年产 3 万辆中高档轿车，后计划年产 15 万辆，逐步形成年产 30 万辆规模。1990 年 2 月，国家批准一汽与德国大众汽车公司合资组建一汽大众汽车有限公司，1996 年建成投产，形成年产捷达、高尔夫轿车 15 万辆，奥迪中高档轿车 3 万辆和发动机 18 万台的能力，如图 1.38 所示。

图 1.37　上海桑塔纳轿车

图 1.38　一汽大众奥迪轿车

1987 年，国家批准二汽轿车项目以出口为主，生产中小排量的普通型轿车；同年批准二汽 30 万辆轿车项目；1992 年 5 月，二汽与法国雪铁龙汽车公司合资组建神龙汽车有限公司，总部与总装设在武汉市，一期工程计划年产 15 万辆轿车、20 万台发动机，1997 年建成，形成基本生产能力。

1984 年 1 月，北京汽车制造厂与美国 AMC 汽车公司合资组建北京吉普汽车有限公司，生产 AMC 公司 1983 年投产的切诺基车型系列产品和原北京汽车厂吉普车改进后的车型，1985 年形成年产 7000 辆能力，1990 年形成年产 6 万辆能力。

1984 年，天津汽车工业公司引进日本大发汽车公司微型汽车技术，于 1988 年形成年产微型汽车 2 万辆、发动机 3 万台能力；1989 年 8 月，二期技术改造工程完工，当年组装生产夏利轿车 2000 多辆，1992 年形成年产 3 万辆能力；1996 年通过扩建形成年产 15 万辆轿车和 15 万台发动机的规模。

1985 年 3 月，广州汽车厂、中国国际信托投资公司与法国标致汽车公司、巴黎银行、国际金融公司合资建立广州标致汽车有限公司，生产法国标致公司 504、505 系列车型，累计生产近 2 万辆。之后，广州汽车工业集团公司将原广州标致汽车有限公司的中方资产和生产基地与日本本田汽车公司合资建立广州本田汽车有限公司，生产本田雅阁轿车，建设能力年产5万辆，1998年6月开业。

红旗轿车诞生于1958年，如图1.39所示。红旗轿车是我国最早拥有全部知识产权的民族轿车。

红旗的发展走的是一条引进技术、自我开发、自我发展的道路。一汽轿车股份公司成立后，红旗轿车不断研制与开发，拓宽发动机排量1.8升到6升的宽系列产品，既有基本型，又有豪华型、普及型，还有各种各样的变形加长车，品种已达50多个。红旗轿车以其丰富的文化底蕴、卓越的技术性能深受国人爱戴。新红旗轿车如图1.40所示。

图1.39 红旗轿车

图1.40 新红旗轿车

1.3 现代汽车工业的主要特征

阅读材料3-1

汽车技术六大里程碑

第一个里程碑："梅塞德斯"开创了汽车时代。

19世纪末，法国的帕纳尔——勒瓦索公司将发动机装在车前部，通过离合器、变速装置和齿轮传动装置把驱动力传到后轮，这种方案后来被称为"帕纳尔系统"。

第二个里程碑：福特汽车公司开始大批量生产汽车。

1908年10月1日，汽车技术史上树起了第二个里程碑，底特律(美国的汽车城)开始生产一种以"福特"命名的汽车，型号为"T型"。这种少见的汽车推动了一个新的工业时代的到来，在这个时代，工人们首次用大批量生产的部件在流水线上组装汽车。

第三个里程碑：雪铁龙是前轮驱动汽车的创造者。

继威廉·迈巴赫和亨利·福特之后，安德烈·雪铁龙于1934年在法国树立了汽车史上的第三个里程碑。1919年这位法国企业家第一个在欧洲实行汽车的流水线生产。

第四个里程碑："甲壳虫"汽车的神话。

“甲壳虫”型汽车的成功是众所周知的。它打破了福特T型汽车的产量纪录，并超过了数百万辆。

第五个里程碑：难以超越的“迷你”汽车。

以前的轿车从来没有见过这么“迷你(mini)”的，以致它在1959年面世时被许多人认为是开玩笑的东西，然而就是它，却触发了汽车技术的一场革命。

第六个里程碑：风靡20世纪90年代的多用途厢式车。

多用途厢式车(Multi-Purpose Vehicle，MPV)由法国雷诺汽车公司在20世纪80年代创造，以它新颖的车厢布局设计引起了车坛的轰动。

1. 汽车产业高度全球化

随着经济全球化、新技术革命和产业结构的调整，汽车生产国际化趋势已经越来越明显，主要表现在以下几个方面。

1）生产经营国际化

为了绕过贸易壁垒和降低生产经营成本，跨国公司几乎都是从全球的角度来制定经营战略，选择最合适的地点进行生产，以实现生产要素的最佳组合。全球化选择OEM(Original Equipment Manufacturer，原始设备生产商)，在销售市场所在地或靠近市场的地方进行最终装配，利用当地资源，就地销售，这是汽车生产的国际化趋势。

2）产品国际化

许多具有共性的产品为满足国际市场的需求已失去了民族性，追求的是国际性、通用性和竞争能力，“某国制造”正在被“某公司制造”所取代。许多产品通过技术转让或许可证贸易在多国生产的现象已经司空见惯。

3）市场国际化

在国际市场中，汽车是贸易额最大的商品。工业发达国家的汽车进出口量都很大，是世界汽车市场的主体。跨国公司为将市场延伸到世界各地，纷纷采用根据市场开发产品、组织生产的方式，市场已成为组织经营生产活动的源头和核心。

4）资本国际化

汽车跨国公司为扩大市场，积极同发展中国家在汽车生产上进行合资、合作或当地设厂生产。另一方面，发达国家的汽车公司相互持股，分别在对方国家设厂，形成了“你中有我，我中有你”的局面。

5）技术合作国际化

技术互补和技术转让是表现技术国际化的两个方面。面对激烈竞争的汽车市场，企业若要保持技术竞争优势，就必须加大研究和开发力度，但所需费用十分昂贵，有时独家难以应付，因此，往往开展技术联盟，实现优势互补，共享技术成果。据统计，20世纪80年代95%的联盟都是技术联盟，其中，50%侧重于跨国研究和开发。例如，日、美、德等国的汽车制造商正在着手利用网络技术进行新型汽车从计划、设计到生产的电子开发。实施这种跨区域、跨系统、众多企业同时参与的电子开发，将会不断扩大企业合作关系，缩短开发时间和经费。

此外，大的汽车制造商已经不再将技术保密作为垄断市场的唯一手段，而是让技术直接进入市场进行流动，通过技术转让直接获取利润。

2. 市场成为决定汽车工业发展前景的关键因素

当今世界汽车工业已形成足够大的规模，生产能力、技术水平都可以满足各种需求，真正主宰汽车产业发展方向和速度的关键是市场。形成生产能力、产品开发、技术水平等一切都围着市场转的局面。

3. 世界汽车销售市场的重心逐渐东移

近年来亚太地区一直是世界经济发展最快的地区，加之其人口众多，汽车拥有率明显偏低，市场潜力巨大。从长远来看，亚洲将是汽车最大的目标市场，也必然成为众多汽车厂商争夺的焦点。许多跨国公司都把发展和开拓亚洲市场作为自身发展的战略之一，像通用、福特、克莱斯勒和大众等大公司，都开始在亚洲投资建厂，扩大在亚洲的市场份额。亚洲本地的一些国家更是摩拳擦掌，纷纷提出把汽车产业发展成本国经济支柱产业，一场群雄逐鹿的大战必将在亚洲上演。

4. 生产经营集团化及跨国公司、寡头垄断格局形成

世界汽车工业经过了一个世纪的发展，逐渐形成寡头垄断的格局。即少数汽车生产厂家占据着大部分的市场。例如：美国的通用(GM)、福特(Ford)和克莱斯勒(Chrysler)，法国的标致-雪铁龙(PSA)和雷诺(Renault)，意大利的菲亚特(Fiat)都是我国市场强有力的占有者；日本的汽车生产厂家比较多，其中丰田(Toyota)和日产(Nissan)两家就占据国内市场的60%。寡头垄断的形成，是汽车工业成熟的标志，是企业间激烈竞争和一系列兼并的结果。汽车工业是规模经济效应最显著的行业之一，产量越大，越有利可图。汽车工业发展趋势必然是由分散走向集中，最后形成寡头垄断格局，这是各汽车生产厂家追求规模经济效应的必然结果。

5. 生产能力与市场需求矛盾突出

由于汽车工业在各汽车生产国的国民经济中占有举足轻重的作用，加之汽车产业的规模经济效应十分明显，各汽车生产厂家都十分重视提高生产能力。汽车工业的生产能力迅速提高，而全世界汽车的市场需求增速却十分有限，甚至有时出现负增长，造成严重需求不足。

6. 跨区域、跨国界的企业兼并与联合

汽车行业的兼并浪潮愈演愈烈。跨国集团为了扩大市场份额或是实现战略性互补等原因，纷纷向以前的竞争对手张开了怀抱。先是韩国大宇集团收购双龙汽车公司弥补了自己在四轮驱动、大型载货车上的空白；戴姆勒—奔驰与克莱斯勒强强联合，成为全球性汽车巨人；宝马收购劳斯莱斯，从而借助劳斯莱斯来抬高自己的身价，打入超高级轿车市场。

同时，为了适应整车厂的全球化趋势，欧美的大型零部件跨国公司之间也掀起了一场兼并、合并浪潮。特别是在座椅、仪表盘等内饰件、制动器和发动机相关部件领域，为了进一步扩大经营，在整车厂家的附近提供产品，调整产品结构和供货体制。像博世(Bosch)、德尔福等零部件集团最近几年为了巩固核心企业的地位，都进行了战略重组。这些零部件企业的兼并与重组将对世界零部件供应体制产生巨大的影响，同时也意味着全球范围内的零部件产业结构调整已经开始。

1.4 汽车发展的问题

1. 汽车工业发展存在的问题

汽车将人们带进了现代化生活，但随着汽车保有量的不断增加，也带来了许多问题。

(1) 汽车排放大量污染物，对大气环境造成严重污染。据美国环保协会近年统计，燃油汽车排放的CO占大气中CO总量的63%，氮化物占大气中氮化物总量的38%，铅化物占大气中铅化物总量的31%，易挥发的有机化合物占大气中易挥发有机化合物总量的34%，微粒物占大气中微粒物总量的20%。

(2) 噪声危害环境，对人们正常生活产生严重影响，对驾乘人员的健康和行车安全有直接危害。交通噪声占城市噪声的80%，其中汽车噪声约占交通噪声的85%。

(3) 道路交通事故频频发生，造成了大量的人身伤亡和财产损失。全世界道路交通事故每年约死亡50万人。我国近年来每年约死亡10万人，平均每天死亡约300人。

(4) 目前汽车所消耗的能源主要为石油资源，是不可再生能源。汽车数量的急剧增长加快了对有限石油资源的消耗。

(5) 城市道路交通阻塞严重，浪费了人们的时间，增加了油耗和排放污染。环境、安全、能源、畅通已成为汽车技术和交通管理的四大课题。

未来汽车要在摆脱环境污染、安全隐患、石油危机、行车不畅等困惑中发展。当前世界汽车工业的发展日新月异，以汽车电子信息技术为核心的技术革新、技术发明大量涌现。汽车科技进步将由量变到质变，发生新的技术革命。未来汽车的发展趋势是：燃油汽车柴油化；汽车燃料多样化；汽车质量轻量化；汽车控制电子化、智能化；汽车动力电动化。21世纪的汽车应是节能汽车、环保汽车、安全汽车、智能汽车。

2. 汽车技术进步的动力

虽然汽车是100多年前发明的，但是今后汽车技术进步的动力仍来源于社会需求与政府法规的建立，用户的愿望就是技术继续进步的最强大的动力。关键技术主要来源于如下几点。

(1) 对于绝大多数用户来说，汽车是最快、最方便、又是廉价的运输工具。

(2) 用户欢迎汽车性能、燃油经济性、安全性和舒适性的进一步改进。

(3) 许多车主和他们的汽车具有紧密的感情联系，他们要求汽车的设计反映时代的精神。

(4) 希望汽车的概念能显示出他们的个性。

(5) 一些车主则要求在可靠性、质量方面有更大的改进，而售价则尽可能低。

各个厂商面对全球性的激烈竞争，认识到生产出畅销的产品对他们自己和国家繁荣的重要意义，促使他们努力去更好地满足用户的上述愿望。

3. 产品革新

1965～1990 年的 20 多年中汽车取得的技术进步如图 1.41 所示。

汽车安全性方面取得的进步如图 1.42 所示，图为 1970～1987 年间不同国家公路交通安全性的改进和平均每年改善的百分比。

在汽车优化时要满足的要求之间的关系如图 1.43 所示。

4. 立法的影响

汽车涉及生活中的许多方面，其设计和性能在早期就受到法规的制约。

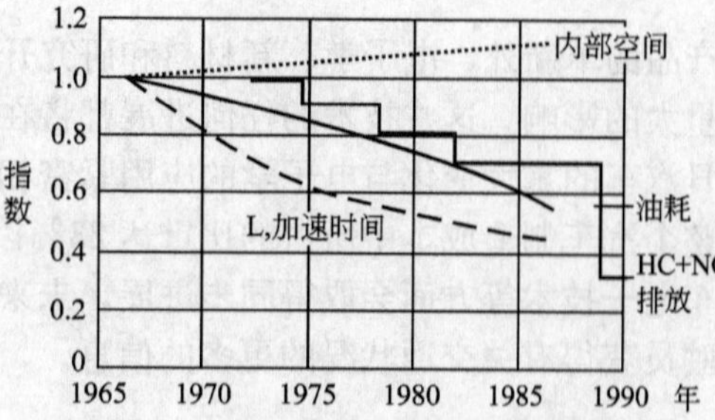

图 1.41 数据为 VW/Audi 提供的各年度车型的平均值(取 1967 年度车型的数值为 100%(指数为 1.0))

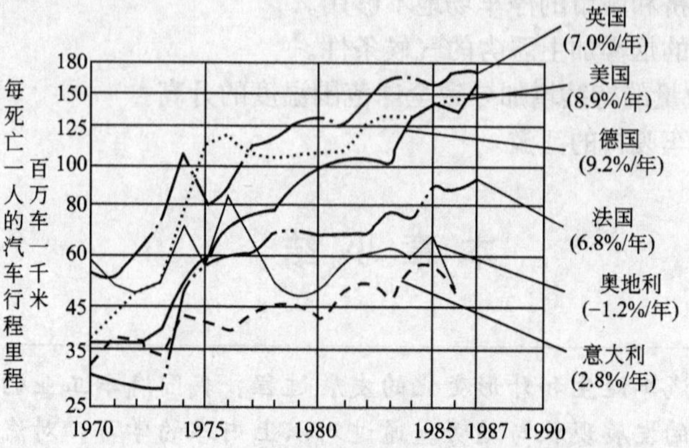

图 1.42 1970～1987 年间不同国家公路交通安全性的改进和平均每年改善的百分比

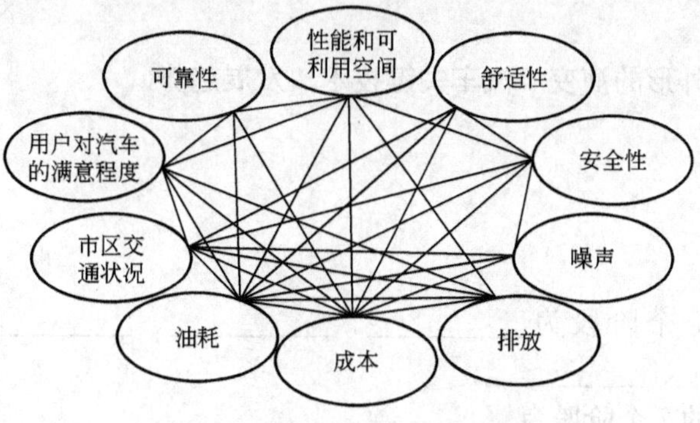

图 1.43 汽车所要满足的各种要求之间的相互关系

1991 年，欧洲经济委员会(ECE)采取和美国不同的途径，开始了正面碰撞保护的立法行动。ECE 公路车辆工作委员会(WP29)的车辆制造专家组认为制定能反映更为实际的现实事故状况，即两辆汽车以某斜角迎面碰撞的试验规范比较适宜。

另外，在美国和欧洲，关于侧向撞击中的乘员保护新法规已成为进一步研究开发的中心议题之一。美国颁布了防侧撞保护现行法规的修正案，即在静态碰撞外增加一个动态试验步骤。

5. 新技术

除产品的革新外，电子学、新材料和研究开发与制造的新方法的采用将对汽车未来的发展有重大的影响，这些技术的任何进展都将在汽车的发展中得到反映。

今日汽车的重大变化与电子学的应用紧密相关。从2000年开始，电子/电气元器件的成本在整个汽车制造成本中所占的比重达23%以上。这个趋势表明计算机技术、机电一体化和汽车电子技术等方面会取得同步进展，未来引起越来越多关注的领域将是利用电子技术使驾驶员获得有关交通状况的更多的信息。

6. 长远可能出现的问题

除汽车本身的发展之外，交通拥堵也将引起一系列的问题。人们期待汽车工业能提供对这一问题的解决方案。典型的问题如下。

(1) 高速公路的拥挤和城市的停车场地不够用。

(2) 人口密集区域的烟雾加上恶劣的气候条件。

(3) 大气中 CO_2 含量的持续增加导致全球范围温度的升高。

(4) 不可回收的汽车废料的泛滥。

本章小结

本章回顾了世界汽车诞生和外形变化的发展过程、我国汽车工业的诞生和发展历程以及世界汽车产业的发展现状与趋势。通过对以上内容的学习，对汽车工业的发展过程有了一个较全面的了解，并对未来汽车发展的高要求有了一个方向性的认识，最后针对汽车工业发展存在的问题，提出诸多对关键技术的迫切要求。

【关键术语】

汽车发展史　汽车外形的演变　汽车关键技术　发展趋势

综合练习

1. 填空题

(1) 汽车发展的7个阶段为__________、__________、__________、__________、__________、__________、__________。

(2) 汽车外形演变的7个阶段为__________、__________、__________、__________、__________、__________、__________。

(3) 汽车发展的主要特征有__________、__________、__________。

2. 简答题

(1) 汽车技术发展推动力是什么？

(2) 汽车高速发展带来的主要问题是什么？

第2章

汽车发动机新技术

教学目标

通过本章的学习，熟悉现代发动机新技术的发展趋势和现状，掌握汽油发动机和柴油发动机的电控燃油喷油新技术。

教学要求

知识要点	能力要求	相关知识
发动机新技术概述	熟悉现代发动机新技术的发展和现状，以及关键控制技术	现代汽车发动机新技术的发展方向、应用现状，以及发动机电控技术
汽车汽油发动机新技术	熟悉汽油发动机新技术	现代汽油发动机电控汽油喷射系统的组成及其控制原理
汽车柴油发动机新技术	熟悉柴油发动机新技术	现代柴油发动机电控柴油喷射系统的组成及其控制原理

导入案例

发动机可变压缩比新技术。这种可变压缩比技术最初由萨博研发，其可将压缩比控制在7.1～20.1之间，油耗仅为百公里6.7L，二氧化碳的排放量为每公里158g，最大功率为220hp(162kW/rpm)，最大扭矩为420N·m。其扭矩则达到了一些V8发动机(陆巡LC200，4.7L V8最大扭矩410N·m；奔驰G500，5L V8最大扭矩460N·m；路虎发现3，4.4L V8发动机最大扭矩425N·m；奥迪Q7，4.2L V8最大扭矩440N·m)所提供的扭矩性能。

图2.1为可变压缩比发动机，左为14∶1压缩比工作状态，右为8∶1压缩比工作状态。

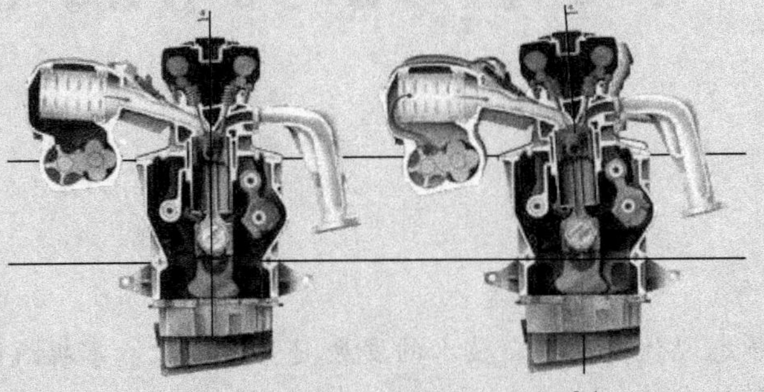

图2.1 可变压缩比发动机示意图

汽车诞生至今的历程中，集中体现了现代科技成果，由于计算机在汽车上的应用，汽车发生了重大变革。它改变了汽车传统的机械装置，并增加了许多新的功能，使汽车的驾驶更为简单方便，乘坐更为舒适、安全。

2.1 发动机新技术概述

1. 发动机机电技术发展概况

20世纪70年代后，微型计算机在性能和价格方面进入实用阶段，以微处理器为控制单元的数字式电子控制装置在汽车上找到了广阔的应用前景，其电子控制装置开始用于燃油喷射、电子点火控制等。

1) 20世纪50～70年代，发动机机电技术的发展进程

1953年美国班迪克斯公司着手开发汽油电喷装置，这是电子控制汽油喷射发展的起点。

1960年起，美国克莱斯勒汽车公司和日本日产汽车公司便开始采用结构紧凑、故障少、成本低的二极管整流式交流发电机。我国采用交流发电机始于20世纪70年代，现已取代了直流发电机。

1960年美国通用汽车公司采用了IC调节器。20世纪60年代中期，汽车上开始采用晶体管电压调节器和晶体管点火装置，接着又逐步实现其集成化。

从20世纪70年代到80年代，大规模集成电路的广泛应用。特别是8位、16位微处

理器的广泛应用，更提高了电子系统的可靠性和稳定性。另外，应用电子装置还解决了机械装置所无法解决的复杂的自动控制问题。

1972年德国博世公司公布了两种质量流量式汽油喷射系统：一种是机械式连续喷射系统；另一种是电子控制式间歇喷射系统。1973年连续喷射系统投产，1974年开始大批量生产，装在欧洲的多种车型上；1975年间歇喷射系统投产，装在大众公司VW1600型轿车上。

1973年美国通用汽车公司采用IC点火装置，随后逐渐普及。

1974年美国通用汽车公司开始装备火花塞电极间隙大、点火能量高的高能点火系统。同时在分电器内装备点火线圈和电子控制电路，力图将点火系统做成一体。

1976年美国克莱斯勒汽车公司首先创立了由模拟计算机对发动机点火时刻进行控制的电子控制点火系统。该系统中使用了模拟计算机和一系列电子传感器，可根据输入的空气温度、进气温度、水温、转速和负荷计算出最佳点火时刻。

1977年美国通用汽车公司开始采用数字式点火时刻控制系统。该系统体积小，由中央处理器、存储器和数模转换器组成，是一种真正的电子控制系统。同年，美国福特汽车公司将这种发动机上的电子控制系统扩展到能同时控制点火时刻、废气再循环和二次空气喷射的发动机电子控制系统。之后，日本、欧洲一些国家也相继开发了自己的汽车电子控制系统。

1978年发动机电子控制系统又增加了化油器的空燃比反馈控制和怠速转速控制。

1979年德国博世公司推出LH系统，美国通用汽车公司推出C-4系统，美国福特汽车公司推出EEC-3系统。同时开发了能综合控制点火时刻、废气再循环、空燃比和怠速转速，并具有自我诊断功能的电子式发动机集中控制系统。

2) 20世纪80～90年代，发动机机电控制技术初步形成

1980年日本开发了能综合控制节油、点火时刻和怠速转速，并具有自我诊断功能的TCCS系统；还开发了使用卡尔曼涡旋式空气流量计，并具有自我诊断功能和后备电路的系统。

1990年以后美国通用、福特和克莱斯勒三大汽车公司生产的汽车全部采用电控汽油喷射方式供油。当时欧洲和日本除出口东南亚的汽车有化油器供油外，其他均采用电控汽油喷射方式供油。

2. 现代汽车发动机新技术的发展方向

自汽车诞生以来的百余年，科学技术的发展不断推动着汽车技术的进步，无论是其生产能力，还是产品性能、技术水平都得到了很大的提高。发展至今，汽车已日益成为人们生活中不可缺少的交通工具。汽车在给人们带来方便的同时，也给人类社会带来了诸如能源消耗加剧、排放污染严重等一些负面影响。随着汽车产销量的迅速增长，汽车的节能和排放控制问题已日益引起人们的关注，一些发达国家开始研究制定法规对汽车的排放进行限制，对汽车的节能提出更高的要求，并且日趋严格，强化了人们对汽车节能和环保的认识，使得高效率、低排放汽车发动机技术的开发受到高度的重视，从而促使传统的内燃机技术不断创新。

现代电子技术的飞速发展也为发动机的技术突破提供了可能，很多用机械方式解决不了的问题，通过应用电子技术可得到有效的解决，从而有力地加速了现代发动机技术的发展。如汽油机直喷技术、可变气门正时技术、可变进气管技术、燃烧速率控制滑片技术、可变排量技术、柴油机高压共轨直喷技术等，无一不是在电子控制技术平台上发展起来的。现代汽车发动机技术已迈入了电子时代，使汽车更具有控制智能化，节能、环保技术的运用将成为未来汽车发动机技术发展的主旋律。

3. 现代汽车发动机新技术的应用

人们为了解决日渐严重的石油能源危机和石油燃料所带来的大气污染问题，不断结合现代新技术对发动机进行改进，并积极寻找新的燃料，开发出很多实用技术。当前在汽车上所采用的发动机新技术主要有以下几种。

1）汽油机电控燃油喷射技术

汽油机电控燃油喷射系统由空气系统、燃油供给系统和电子控制系统组成，利用微电子技术对系统进行多参数控制，实现燃油喷射的适时、适量，以此来提高发动机的燃烧质量和稳定性，降低废气排放，有效提高发动机动力性、经济性和排气净化程度。

汽油机电控燃油喷射系统通过传感器检测发动机进气量、发动机转速及曲轴转角等信号，由电控单元根据发动机运行工况计算出每循环的基本供油量；同时通过节气门位置、冷却水温度、空气温度和氧含量等发动机运行工况参数，对供油量进行修正，并转换为喷油器喷油时间控制参数对喷油器喷油量进行控制，以此达到对发动机空燃比的精确控制，使发动机能在各种工况下始终具有一个最佳的空燃比，从而提高发动机的动力性和经济性，降低发动机废气排放。与化油器式发动机相比，电控燃油喷射系统可使汽车发动机的功率提高5%～10%；燃油消耗率提高5%～15%，废气排放量减少15%～50%，同时也能大大提高汽车的加速性和对道路的适应性。

2）柴油机电控燃油喷射技术

柴油机电控燃油喷射系统由传感器、执行器和发动机电控单元组成。各种输入信号通过传感器及其他信号输入电子控制单元，电控单元对各个传感器的信息进行计算后，对执行器发出控制指令，最终由执行器实现对柴油机最佳喷油量、最佳喷油时间的控制，以达到提高柴油发动机动力性和经济性，降低废气排放的目的。柴油机电控燃油喷射系统中的传感器主要检测柴油机转速、加速踏板位置、车速、进气压力、进气温度、冷却液温度等信号，传感器的数量和种类在不同机型中有所不同。通常，柴油机电控系统对柴油机的控制精确度要求越高，则系统中的传感器数量和种类也就越多。

柴油机电控燃油喷射技术起步较晚，比汽油机燃油喷射技术迟了十几年，直到20世纪80年代中叶，柴油机电控燃油喷射技术才开始在市场上出现。柴油机燃油喷射控制技术的发展经历了由“位置控制模式”、“时间控制模式”到现在的“时间—压力控制模式”3个发展阶段。目前国际上最先进的柴油喷射控制系统是电控高压共轨喷射系统。电控高压共轨喷射系统彻底摈弃了传统的“油泵—油管—喷油器”的脉动供油形式，一个高压油泵在柴油机的驱动下，将高压燃油输送入一个公共容器(即高压共轨)，根据柴油机负荷和转速要求将共轨中的油压控制在预定值，实现反馈控制。有一定压力的燃油经共轨分别通向各缸喷油器，而且高压油泵直接控制喷油，且仅仅是向此轨供给燃油以维持所需的共轨压力，喷油正时和喷油量由喷油器上方的高速电磁阀控制。共轨系统的采用，使喷油压力与发动机转速无确定关系，只取决于共轨腔中按要求调整的压力，彻底解决了传统喷油泵在发动机高、低速转动时喷油压力差别过大性能难以兼顾的矛盾。电控高压共轨喷射系统能通过电控单元对喷油要素进行优化，实现对喷油压力、喷油量、喷油正时的灵活控制，使柴油机的燃烧更加充分，减少燃烧产物中有害物质的形成，使柴油机的有害排放、噪声排放和冷起动性能都得到较大的改善。电控高压共轨喷射技术是现代车用柴油机发展的必然趋势，目前在美国、日本、德国、意大利等发达国家已经开始大量应用。

3) 进气增压技术

进气增压技术是一种提高发动机进气能力的方法，它通过采用专门的压气机，预先对进入汽缸的气体进行压缩，提高进入汽缸的气体密度，增大进气量，更好地满足燃料的燃烧需要，从而达到提高发动机功率、降低废气排放的目的。

发动机进气增压的方法根据驱动增压器所用能源的来源划分，一般可分为机械增压、废气涡流增压和复合增压(同时采用机械增压和废气涡流增压)等 3 种。此外还有惯性增压、气流增压等其他增压方式。

阅读材料 2-1

VTG 涡轮增压技术

涡轮增压是一种利用内燃机运作所产生的废气驱动空气压缩机的技术。VTG(Variable Turbine Geometry)是可变几何形状的涡轮叶片，搭载 VTG 技术的涡轮，其涡轮叶片的几何形状是可变的。通过不同工况下（通常是转速）改变排气侧涡轮叶片的几何形状，从而可以减少涡轮增压器的延迟现象。

当发动机的转速较低的时候，废气压力较低，导流叶片打开角度较小，根据流体力学原理，在导向叶片出口处的气流速度会增加，到达涡轮排气侧叶片上的气体压强会增大，从而能够提高发动机低转速下涡轮的转速，减轻“涡轮延迟”现象(图 2.2)。

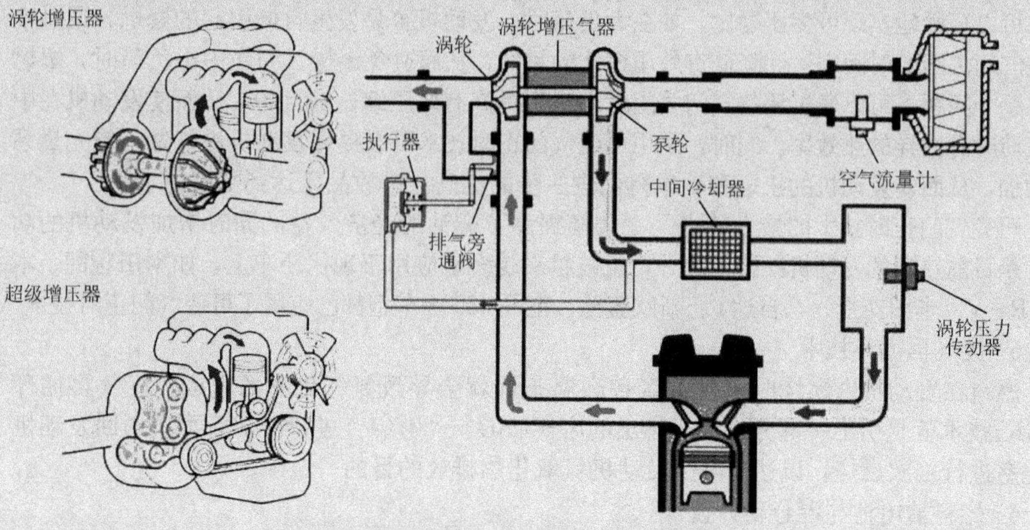

图 2.2　发动机涡轮增压技术原理

随着发动机的转速的提高，导向叶片的角度逐渐变大。当发动机达到最大负荷的时候，导向叶片完全打开，与排气侧主体涡轮形成一个更大的叶片，达到大涡轮的输出效果(图 2.3)。

VTG 技术通过导向叶片改变废气作用在排气侧涡轮叶片上的压力，控制涡轮的转速，从而控制涡轮的增压压力。由于涡轮转速得到控制，增压压力也得到了控制。

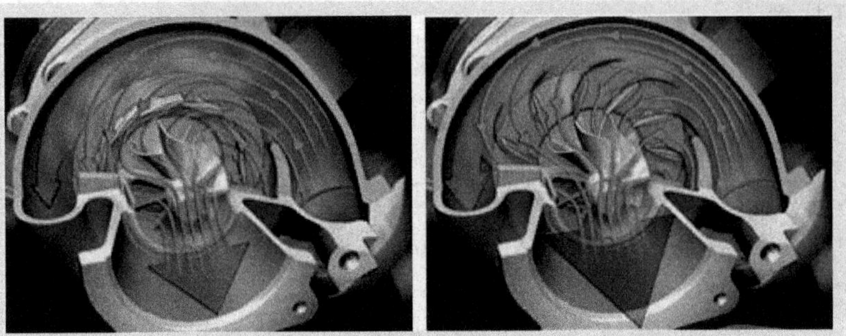

图 2.3　不同转速下，导向叶片角度不同，精确控制涡轮转速

4）可变气门正时技术

可变气门正时技术(VVT)是汽油发动机技术发展的一个里程碑。普通发动机的气门是由发动机的曲轴通过凸轮轴带动的，气门的配气正时取决于凸轮轴的转角，气门的开闭时刻和时间是固定不变的，这种固定的气门正时很难兼顾到发动机在不同工况时的需求，而可变气门正时技术能使发动机气门升程和配气相位正时根据发动机工况的变化进行实时调整。这一技术使发动机设计师无需再在低速转矩与高速功率之间选择，实时的气门正时调整使得兼顾低速转矩与高速功率成为可能。连续可变气门正时技术加上先进的发动机控制策略，可以巧妙地实现可变压缩比。如在大负荷时，发动机容易发生自燃引起的爆燃，通过推迟进气门关闭的时间来达到降低有效压缩比的目的，从而避免爆燃。而在中小负荷时，爆燃不再是个问题，可以通过调整气门关闭时间达到提高有效压缩比的目的，从而使发动机在中小负荷时有优异的热效率。同时，采用可变气门正时技术可以提高发动机进气量，使充量系数增加，从而使发动机的扭矩和功率得到进一步的提高，排放品质达到更好的水平。

可变气门正时技术的最大特点是在大幅提高了燃油的经济效益的同时增加发动机的功率，是目前热门的发动机新技术之一，正被越来越多地应用于现代轿车上，如本田雅阁、本田CR－V、丰田花冠、马自达6、新欧蓝德、宝马325等车型都已应用了可变气门正时技术。

5）废气再循环技术

燃料在发动机内燃烧时出现富氧和高温条件就会导致氮氧化物的生成。废气再循环(EGR)技术就是引出一部分发动机排出的废气(10%～20%)，进行冷却后再次送回发动机燃烧室进行二次燃烧，以达到减少发动机氮氧化物排放的目的。

6）燃料蓄电池与混合动力技术

燃料蓄电池是把氢、甲醇等燃料和空气中氧气的化学能通过电化学反应直接转变成电能的能量转换装置，这种装置的最大特点是由于反应过程中不涉及燃烧，其能量转换效率不受“卡诺循环”的限制，具有能量转换效率高的特点，燃料电池的能量转换效率在理论上可达100%，实际效率已达60%～80%，是普通内燃机的2～3倍。另外，燃料电池还具有适应多种燃料、排气干净、噪声低、对环境污染小、可靠性及维修性好等优点。燃料蓄电池主要用在近几年发展起来的电动汽车上，在节能和环保方面为世界汽车工业展示了光明的前景。

燃料电池按电解质分为5类：磷型燃料电池(AFC)、磷酸型燃料电池(PAFC)、固体氧化物燃料电池(SOFC)、熔融碳酸盐燃料电池(MCFC)和质子交换膜燃料电池(PEMFC)。

与燃料蓄电池电动汽车相媲美的是混合动力电动汽车，这种车在起动和低速行驶时，可由电池提供动力；当超过一定速度后转由内燃机驱动；在加速和高速行驶时，可由内燃机和电动机联合驱动；正常行驶或减速制动时，可回收制动能量对电池充电。故在通常情况下，混合动力电动汽车不需通过外部电源充电或只需较短的外部充电时间。同时由于电动机在起动的瞬间能产生强大的动力，混合动力汽车比普通汽车具有更优的起步和加速性能。与电动汽车和燃油汽车相比，混合动力电动汽车具有高性能、低能耗和低污染的特点以及技术、经济和环境等方面的综合优势。燃料蓄电池与混合动力技术模型如图 2.4 所示。

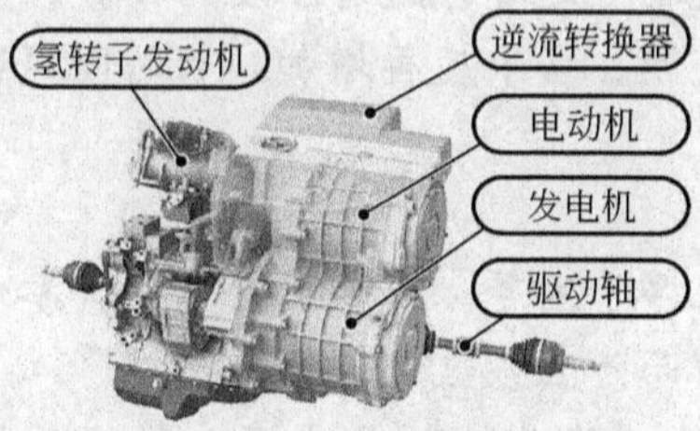

(a) 动力机组

(b) 混合动力技术汽车

图 2.4 燃料蓄电池与混合动力技术

根据本田公司的测试数据表明，混合动力电动汽车与常规汽油车相比，CO_2 的排放大约降至后者的 1/2，而 CO 和 NO 的排放可降至约 1/10。混合动力电动汽车对电池的比能量要求较低，能大幅度降低电池组的质量和成本(串联式混合动力电动汽车的电池质量仅是纯电动汽车电池质量的 1/3)，其性价比明显优于纯电动汽车。

7) 生物燃油与代用燃料技术

环境保护对汽车排放提出了越来越严格的要求，生物柴油以其优越的环保性、润滑性、安全性和可再生性受到各国的普遍重视。用甲醇或乙醇等短链醇和菜子油进行酯化反应，再经洗涤干燥即可得到生物柴油，生物柴油可从各种生物物质中提炼得到，是一种取之不尽、用之不竭的能源。采用生物柴油，柴油机尾气排放中有毒有机物仅为石油柴油的 1/10，颗粒物仅为石油柴油的 20%，CO、CO_2 排放仅为石油柴油的 10%，因而生物柴油又是一种优质的清洁柴油。目前生物柴油使用最多的地区是欧洲，份额已占成品油市场的 5%；美国能源政策法也已把其正式列为一种汽车替代燃料。在亚洲的一些国家和地区已开始建立商品化生物柴油生产基地，并把生物柴油作为代用燃料广泛使用。随着世界石油能源的日益枯竭，生物柴油作为一种重要的清洁燃料将在缓解石油能源危机，降低汽车废气排放方面发挥重要作用。

在汽车燃料方面的另一个发展是使用代用燃料发动机，它可以实现汽车燃料多样化，使能源结构合理化，减少人类对石油的依赖，又可以降低有害物的排放，这既是解决石油能源危机的要求，也是内燃机自身排放性能发展及人类维护自身健康的要求。目前开发的代用燃料主要有液化石油气(UG)、压缩天然气(CNG)、醇类燃料、合成燃料、氢燃料等。由于醇类燃料(甲醇、乙醇)可以从煤、天然气和植物中提炼，能源资源十分丰富，加之它们是液体燃料，可以沿用传统石油燃料的运输、储存系统，醇类燃料被认为是未来汽车最有发展潜力的代用燃料。

阅读材料 2-2

汽车排放污染物成因及其危害

1. 一氧化碳排放

排放部位：排气管、曲轴箱(极少量)。成因：燃料和空气混合气燃烧不完全所致，即使是空气过量系数 $\alpha \geqslant 1$，燃烧产物也会含有CO。汽油机用浓混合气能产生大量的CO；柴油机用稀混合气体，由于混合气在燃烧室内分布不均，也会生成低浓度的CO。

危害：血液中的血红素对CO比对氧有更强的亲和能力。人在含有CO的大气中停留，在生理上会有强烈反应。空气中的CO浓度超过一定量，随着浓度的增加，会引起头疼、呕吐、耳鸣、全身无力、精神不振、甚至昏厥。当浓度再增加，长时间停留，使人肢体瘫痪、痉挛以致死亡。

2. 碳氢化合物排放

排放部位：排气管、曲轴箱通风口、汽油箱孔浮子室等。成因：没有完全参加化学反应的碳氢化合物，由于烃燃烧的不完全和热分解而产生碳氢化合物。

危害：形成酸雨，污染湖泊、土壤。影响林业、渔业、牧业生产。加速石质建筑物、铜像等文物、金属材料、器物的浸蚀作用；危及五官，对人的呼吸系统、神经系统、造血系统都有严重的损坏作用。具有刺激性气味，是形成光化学烟雾的组成部分，某些高分子环状碳氢化合物在动物体上有致痛作用。

3. 氮氧化合物排放

排放部位：排气管、曲轴箱(极少量)。成因：汽缸内的氮气，在燃气高温条件下，与缸内残留的一定量氧气发生化学反应而生成，一氧化氮的生成有两个基本条件，即氧的存在和高温。

危害：被人吸入肺部后，与肺中的水气结合形成稀硝酸，对人体最大危害是氮氧化合物与未燃的或已燃的气态碳气化合物在日光照射下，生成化学烟雾，使人眼红、头痛、手足抽搐，能使植物枯死、橡胶破裂并污染海洋。

2.2 汽车汽油发动机新技术

汽车汽油发动机新技术主要体现在汽油发动机的电子控制系统上，汽油发动机的电子控制系统按其功能可分为电子控制汽油喷射系统、电子控制点火系统和辅助控制系统三大部分。

1. 电子控制汽油喷射系统

电子控制汽油喷射系统按其功能又可分为空气供给系统、燃油供给系统和电子控制系统3个系统。

1）空气供给系统

空气供给系统的功能是向汽油机提供与发动机负荷相适应的清洁空气，同时对流入气缸的空气质量进行计量，使它们与喷油器喷出的汽油形成空燃比符合要求的可燃混合气。空气供给系统的电子控制部分主要由空气计量装置、节气门体和节气门位置传感器等组成。

（1）空气计量装置。空气计量装置的作用是对进入气缸的空气质量进行计量，并将空气流量信息传给电控单元。使用较多的空气计量装置是空气流量计，主要有翼片式、卡门旋涡式、热线式和热膜式4种，图2.5所示为热线式空气流量计结构图。

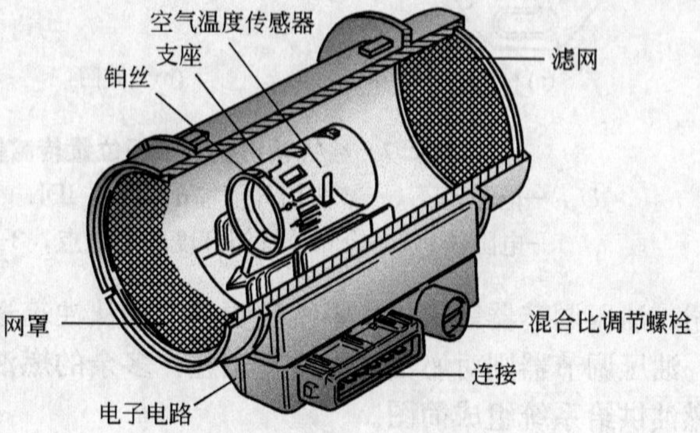

图2.5 热线式空气流量计结构图

（2）节气门体和节气门位置传感器。节气门体安装在空气流量计和发动机进气歧管之间的进气管道上，它由节气门、怠速旁通阀、怠速调整螺钉、辅助空气阀等组成，如图2.6所示。

(a) 节气门实物图

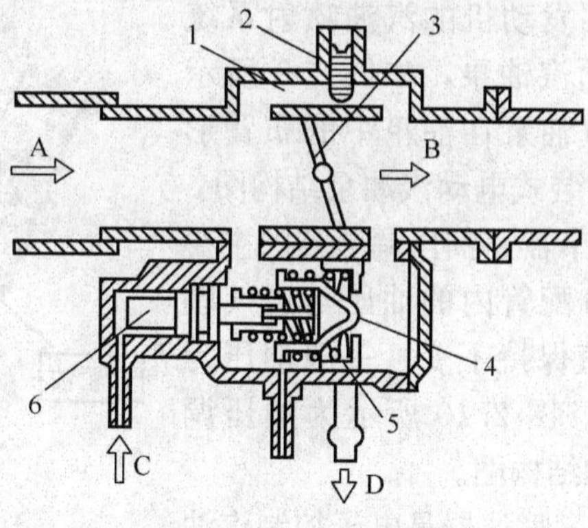

(b) 节气门体结构示意图

图2.6 节气门体结构

A—来自空气滤清器；B—至进气总管；C—冷却水进口；D—冷却水出口；
1—怠速旁通阀；2—怠速调整螺钉；3—节气门；4—阀门；5—弹簧；6—感温器

驾驶员通过加速踏板控制节气门开度，从而实施对发动机输出功率的控制。

节气门位置传感器用来检测节气门开度，安装在节气门体上，通过节气门轴与节气门联动。驾驶员踩动加速踏板时，节气门位置传感器将节气门开度转换为电信号输送给电控单元，由电控单元根据节气门开度来决定控制方式和对喷油时间进行修正。节气门位置传感器主要有线性输出型、开关量输出型等形式，图2.7所示为线性输出型节气门位置传感器的结构示意图。

2）燃油供给系统

电子控制汽油发动机燃油供给系统由油箱、电动汽油泵、燃油滤清器、燃油分配管、

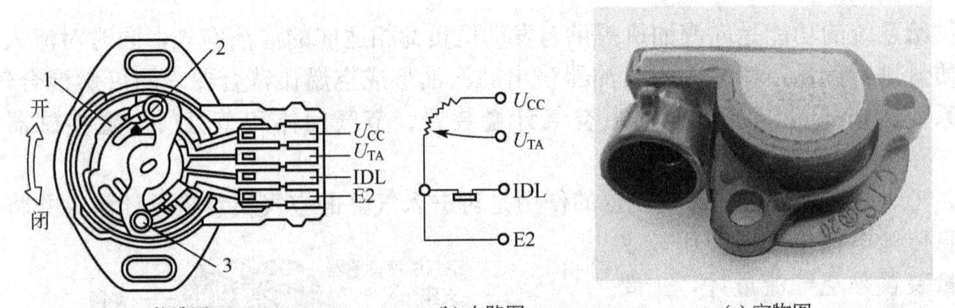

(a) 构造图　(b) 电路图　(c) 实物图

图 2.7　线性输出型节气门位置传感器的结构示意图

U_{CC}—电源；U_{TA}—节气门开度输出信号；IDL—怠速触电信号；E2—地线；
1—电阻体；2—检测节气门开度的动触点；3—检测怠速位置的动触点

喷油器、油压调节器等组成。系统负责将汽油从油箱送给燃油分配管，然后分送到各个喷油器。油压调节器则对燃油压力进行调整，多余的燃油经油压调节器送回油箱。图 2.8 所示为燃油供给系统组成简图。

(1) 电动汽油泵。电动汽油泵的作用是将汽油从油箱中吸出，加压后送往喷油器。电动汽油泵有外装式和内装式两种，大多数电子控制汽油发动机的汽油喷射系统采用内装式电动汽油泵，如图 2.9 所示为内装式电动汽油泵在油箱中的布置形式和涡轮泵型内装式电动汽油泵结构图。

(2) 油压调节器。油压调节器的主要功能是使燃油分配管内的油压与进气歧管内气压的差值保持不变，一般油压为 0.25～0.3MPa。图 2.10 所示为油压调节器的实物图和结构图。

(3) 喷油器。喷油器是电子控制汽油喷射系统中非常重要的执行元件，其作用是在电控单元控制下，把雾化良好的汽油喷入进气管或进气道内，使用较多的是电磁式喷油器。电磁式喷油器按结构特点分为轴针式和孔式两种，又可按喷油器电磁线圈阻值不同分为低阻和高阻两种。图 2.11 所示为轴针式喷油器结构图。

(4) 冷起动喷油器。在冷起动时，必须增加喷油量，以改善发动机的低温起动性能，增加的喷油量由冷起动喷油器在冷起动时喷入进气管。冷起动喷油器

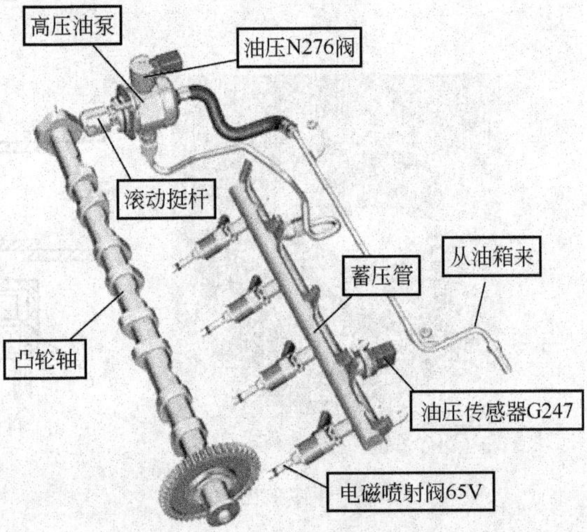

(a) 燃油供给系统实体图

(b) 燃油供给系统结构图

图 2.8　电子控制汽油发动机燃油供给系统组成简图

A—接进气歧管；1—汽油滤清器；2—电动汽油泵；
3—油箱；4—油压调节器；
5—燃油分配管；6—喷油器

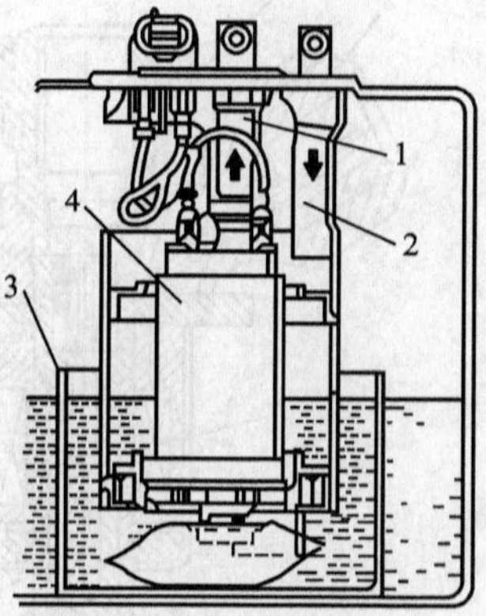

(a) 内装式电动汽油泵在油箱中的布置形式

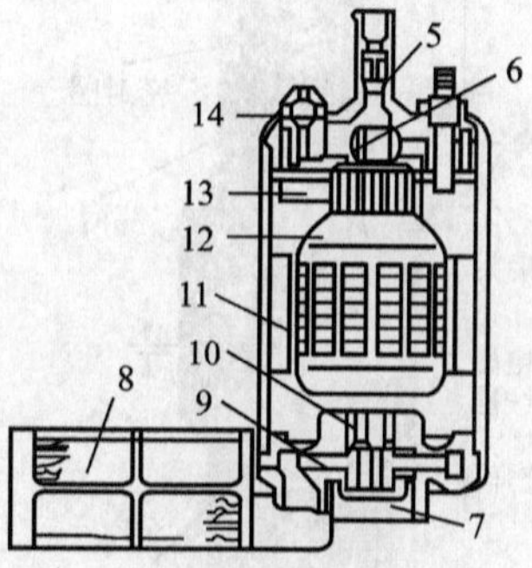

(b) 涡轮泵型内装式电动汽油泵结构图

图 2.9　内装式电动汽油泵在油箱中的布置形式和涡轮泵型内装式电动汽油泵结构图

1—出油管；2—回油管；3—小油罐；4—电动汽油泵；5—单向阀；6、10—轴承；7—橡胶缓冲垫；8—滤网；9—涡轮；11—磁铁；12—电枢；13—碳刷；14—限压阀

(a) 实物图

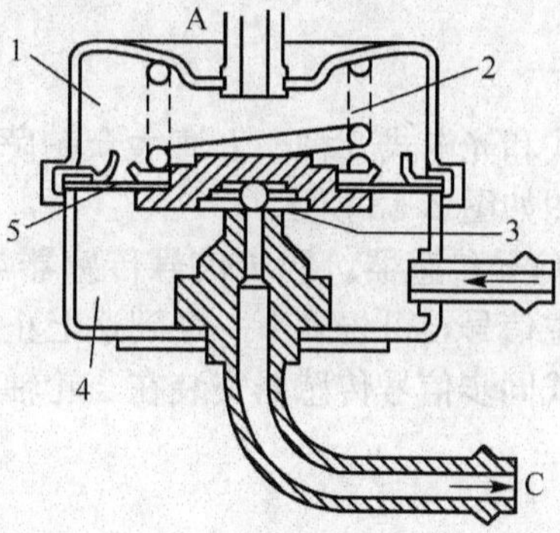

(b) 结构图

图 2.10　油压调节器结构图

A—真空管路；B—进油口；C—回油管路；

1—真空气室；2—回位弹簧；3—阀座；4—油腔；5—膜片

喷油量由电控单元根据发动机冷却水温度进行控制。图 2.12 所示为电磁式冷起动喷油器结构图。

3) 电子控制系统

电子控制系统的作用是接收、显示发动机运行状况的各个传感器输送来的电信号，根据预置程序对喷油时刻、喷油量、点火时刻等进行确定和修正，并给出指令。它主要由传感器和电控单元(ECU)组成。

(1) 传感器主要有以下几种。

① 发动机曲轴位置传感器。曲轴位置传感器的作用是检测发动机转速，识别活塞上止点位置，提供给电控单元选取合适的喷油时刻和点火时刻。曲轴位置传感器主要有电磁

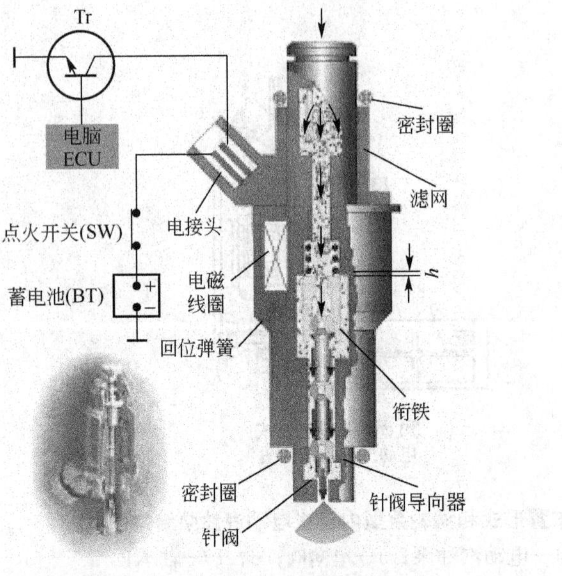

图 2.11　轴针式喷油器结构图

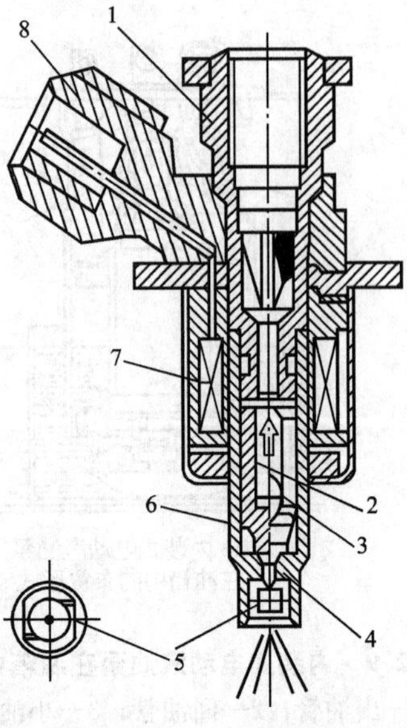

图 2.12　电磁式冷起动喷油器结构图

1—燃油入口连接器；2—弹簧；3—衔铁；
4—阀座；5—旋流式喷嘴；6—针阀；
7—电磁线阀；8—电插座

脉冲式、霍尔效应式和光电式 3 种。上海大众帕萨特 B5 轿车发动机所用的电磁脉冲式曲轴位置传感器结构图如图 2.13 所示。

② 霍尔式同步信号传感器。同步信号传感器与曲轴位置传感器配合使用，它产生的信号是气缸判别定位信号，可告知下一个到达上止点的是哪个气缸的活塞。对于无分电器的点火系统，霍尔式同步信号传感器安装在凸轮轴上，如图 2.14 所示。

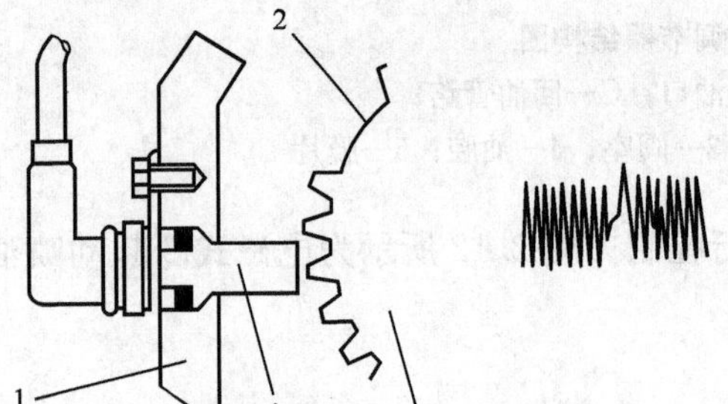

(a) 曲轴位置传感器　　(b) 输出电压信号

图 2.13　电磁脉冲式曲轴位置传感器结构图

1—发动机体；2—空缺两轮齿；
3—脉冲盘；4—传感器

**2.14　安装在凸轮轴上的霍尔式
同步信号传感器**

1—凸轮轴正时齿轮；
2—隔轮；3—信号传感器

③ 水温传感器。水温传感器安装在发动机出水口附近，其作用是检测发动机冷却水温度。传感器将冷却水温度以电信号形式输送给电控单元，由电控单元根据水温对汽油的喷射量进行修正。图 2.15 所示为常用的负温度系数热敏电阻式水温传感器结构图。

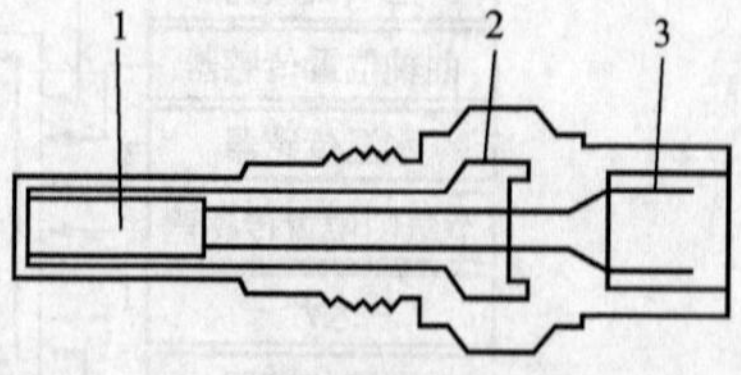

图 2.15 负温度系数热敏电阻式水温传感器结构图

1—NTC 电阻；2—外壳；3—电线接头

④ 进气温度传感器。进气温度传感器通常安装在空气流量计的空气测量部位，用于检测发动机吸入空气的温度。传感器将进气温度以电信号形式输送给电控单元，由电控单元根据气温对汽油喷射量进行修正。进气温度传感器内部结构与水温传感器相似，如图 2.16 所示。

⑤ 开关信号传感器。开关信号传感器指传递开关信号的传感器，开关信号主要有起动信号、空挡起动开关信号、空调信号等，电控单元收到信号后，可确定发动机处于起动状态，装有自动变速器的汽车处于空挡状态以及空调压缩机是否工作等。

(2) 电控单元(ECU)。电控单元的作用是按照预置程序对各个传感器输入信号进行运算、处理、判断，然后发出指令，控制有关执行元件(喷油器等)工作，达到快速、准确、自动控制发动机工作的目的。电控单元主要由输入通路、A/D 转换器、微处理器和输出通路 4 部分组成，图 2.17 所示为电控单元的组成示意图。

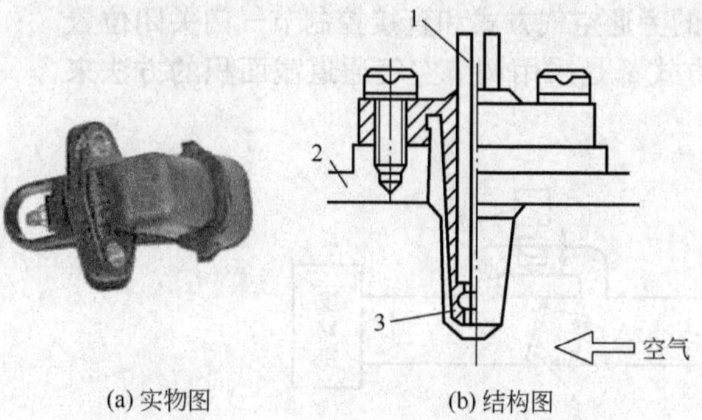

图 2.16 进气温度传感器结构图

1—导线；2—空气流量计壳体；3—热敏电阻

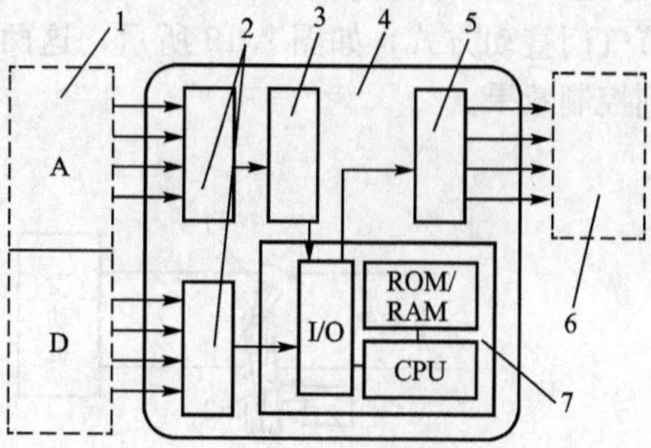

图 2.17 电控单元组成示意图

A—模拟信号输入；D—数字信号输入；
1—传感器；2—输入通路；3—A/D 转换器；
4—电控单元；5—输出通路；
6—执行元件；7—微处理器

2. 电子控制点火系统

电子控制点火系统的作用是电控单元根据曲轴位置传感器、节气门位置传感器、空气流量计等输入信号，确定发动机的转速和负荷大小，进而精确控制和调整点火提前角，使发动机的动力性、经济性、排放等均处于最佳状态。同时，电控单元还通过爆燃传感器对爆燃进行反馈控制，使汽油机在大部分运行工况下处于不会产生爆燃的临界状态。电子控制点火系统主要由监测发动机运行状态的传感器、电控单元、点火器和点火线圈等组成，如图 2.18 所示。

电子控制点火系统主要控制内容有点火提前角控制、闭合角控制(通电时间控制)和爆燃反馈控制 3 个方面。

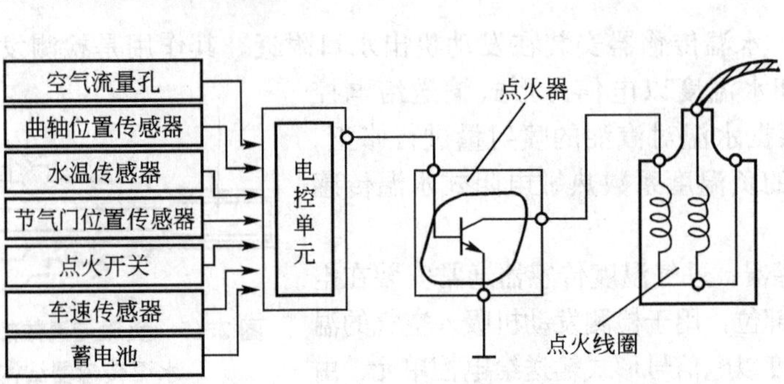

图 2.18　电子控制点火系统构成原理图

3. 辅助控制系统

1) 电子控制怠速控制系统

在电子控制怠速控制系统中，电控单元根据有关传感器输入信息，迅速分析判定后，控制怠速控制装置对怠速进气量进行调整，使发动机在所有怠速使用条件下，都能以适当的稳定转速运转。怠速控制系统的控制内容主要有：起动后控制、暖机过程的控制、负荷变化时控制(如在怠速状态下使用汽车空调)及减速时控制等。

怠速控制的实质是怠速进气量的控制。目前电控汽油机中采用的进气控制方式有两种基本类型，即采用控制节气门旁通道空气流量的旁通空气方式和直接控制节气门关闭位置的节气门直动方式，如图 2.19 所示，这两种方式都是采用调节空气通道截面积的方法来达到控制效果。

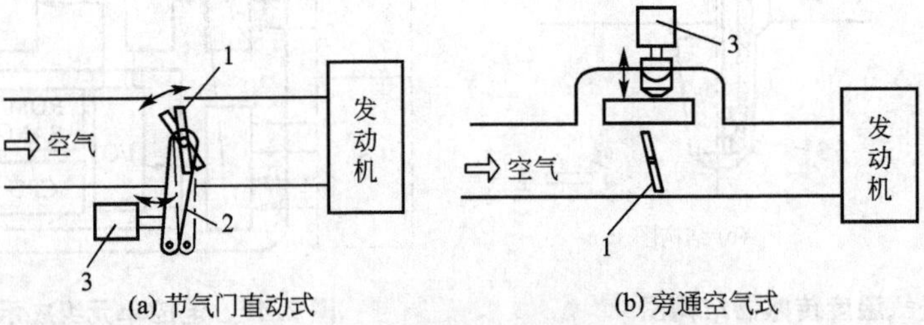

图 2.19　怠速进气控制方式示意图

1—节气门；2—节气门操纵臂；3—执行元件

现代电控汽油机采用旁通空气方式的比较多，且大多采用步进电动机式怠速控制阀来调节空气通道截面。图 2.20 所示为步进电动机式怠速控制阀的结构示意图。

2) 电子控制进气控制系统

有些电控发动机采用动力阀控制系统，可根据发动机的不同负荷改变进气流量，以改善发动机动力性。电子控制动力阀控制系统结构示意图如图 2.21 所示。

受电控单元控制的真空电磁阀，控制装在进气管上的动力阀，通过改变进气道截面积来控制进气流量。发动机小负荷运转时，电控单元接通真空电磁阀电路，阀打开，真空室真空度传入动力阀上部真空室。此时动力阀关闭，进气道截面积变小，发动机即处于小输出功率运行状态，如图 2.21(a)所示。发动机大负荷运转时，电控单元使真空电磁阀关闭，真空室的真空度不能传入动力阀上部真空室，此时动力阀打开，进气道截面积变大，发动

(a)

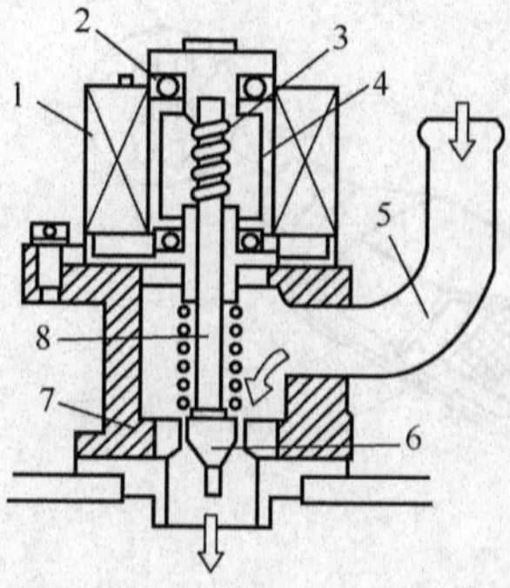

(b)

图 2.20　步进电动机式怠速控制阀

1—定子线圈；2—轴承；3—进给线杆；4—转子；5—旁通空气道；
6—阀芯；7—阀座；8—阀轴

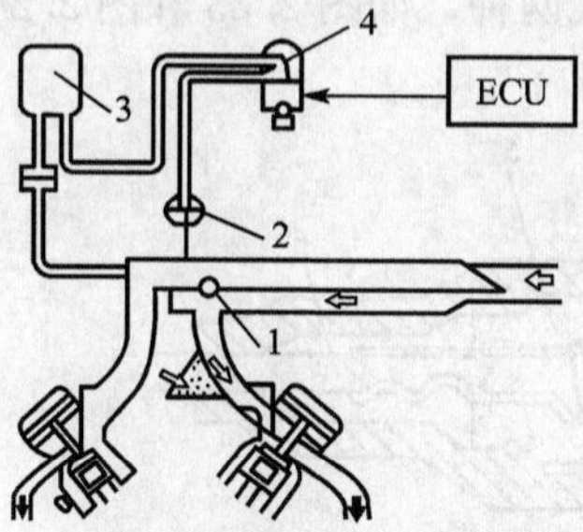

(a) 发动机小负荷运转

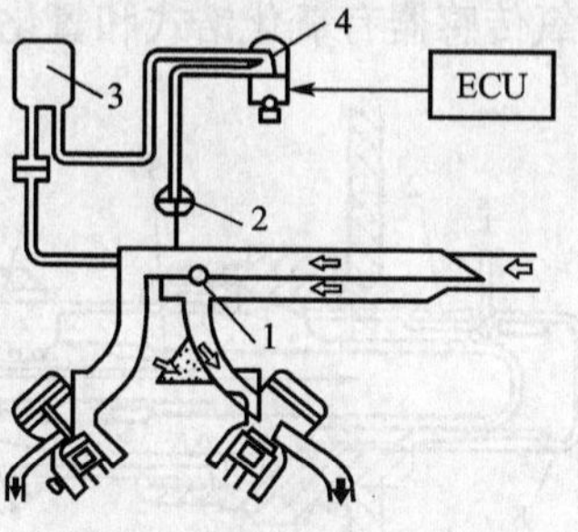

(b) 发动机大负荷运转

图 2.21　电子控制动力阀控制系统结构示意图

1—动力阀；2—动力阀真空室；3—歧管真空室；4—电磁阀

机即处于大输出功率运行状态，如图 2.21(b)所示。

3) 排气净化与排放控制系统

现代汽车对发动机的污染采取许多控制有害排放及净化的措施，电子控制汽油发动机减少有害排放物的措施是采用三元催化转化器，它具有氧传感器的反馈控制和废气再循环(EGR)控制等。

(1) 三元催化转化器。三元催化转化器可以对发动机排放废气中的一氧化碳、碳氢化合物和氮氧化合物进行净化处理。三元催化转化器安装在排气消声器前面，它主要由三元催化芯子与外壳等组成，如图 2.22 所示。

三元催化转化芯子以蜂窝状陶瓷芯作为承载催化剂的载体，在陶瓷芯上浸渍铂(或钯)和铑的混合物作为催化剂，芯子外包钢丝以提高抗颠簸性能。铂(或钯)和铑作为催化剂能促进一氧化碳和碳氢化合物氧化成二氧化碳和水，还能促使氮氧化合物与一氧化碳进行化学反应，转变成氮气和二氧化碳。必须指出的是，含铅汽油中的铅会使催化剂失去催化效力，即所谓的“铅中毒”，因此装有三元催化转化器的汽油发动机必须使用无铅汽油。

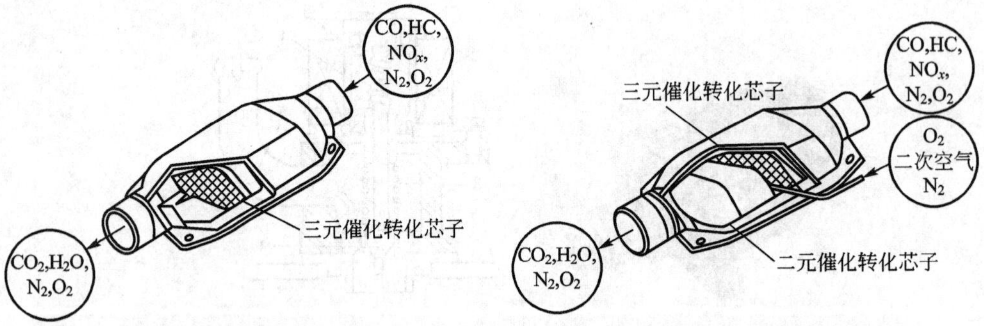

(a) 单芯三元催化转化器　　(b) 双芯三元催化转化器

图 2.22　三元催化转化器结构图

(2) 氧传感器。氧传感器用来测量排气中氧的含量，并以电信号输送到电控单元，电控单元根据氧传感器输入信号对实际空燃比相对于理论空燃比的偏离情况做出判断，并对喷油量进行修正，此即空燃比反馈控制。氧传感器大多安装在三元催化转化器前的排气歧管或排气管上，应用较多的氧传感器有氧化锆式和氧化钛式两种，如图 2.23 和图 2.24 所示。

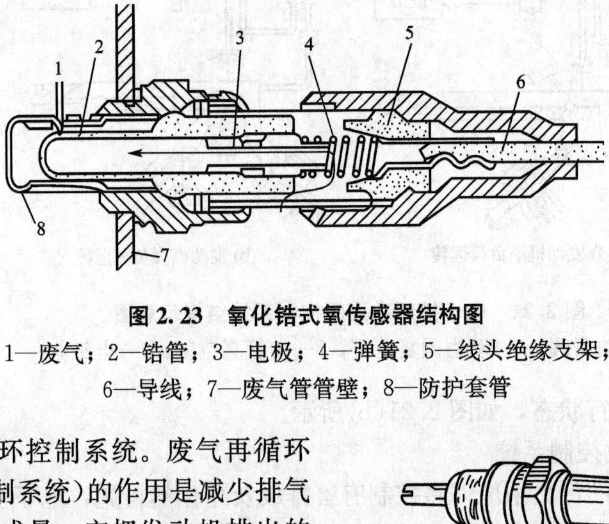

图 2.23　氧化锆式氧传感器结构图

1—废气；2—锆管；3—电极；4—弹簧；5—线头绝缘支架；
6—导线；7—废气管管壁；8—防护套管

(3) 废气再循环控制系统。废气再循环控制系统(EGR 控制系统)的作用是减少排气中氮氧化合物的生成量。它把发动机排出的一部分废气引入进气系统中，和混合气一起再进入气缸中燃烧，以抑制氮氧化合物的生成。因为氮氧化合物是在高温富氧条件下生成，燃烧温度越高，氮氧化合物就越多，将废气引入气缸再燃烧，是因为废气中有大量二氧化碳。引入适量废气后，使得可燃混合气中二氧化碳含量明显增加，二氧化碳不参与燃烧，但能吸收热量，故可使燃烧温度下降，有利于减少氮氧化合物的生成量。必须指出的是，废气再循环量控制的好坏对发动机工作性能有很大的影响，废气再循环少了，不能达到有效降低氮氧化合物的目的；废气再循环过大了，则发动机工作不稳定，动力性能

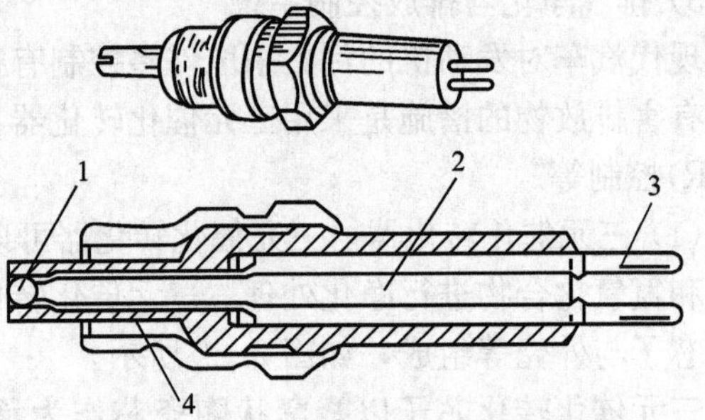

图 2.24　氧化钛式氧传感器结构图

1—氧化钛；2—陶瓷绝缘物；3—电极；4—铂线

下降，特别是怠速、低转速小负荷、冷车运行、大负荷减速、高转速时等。图2.25所示为装有EGR位置传感器的电子控制废气再循环系统的结构。

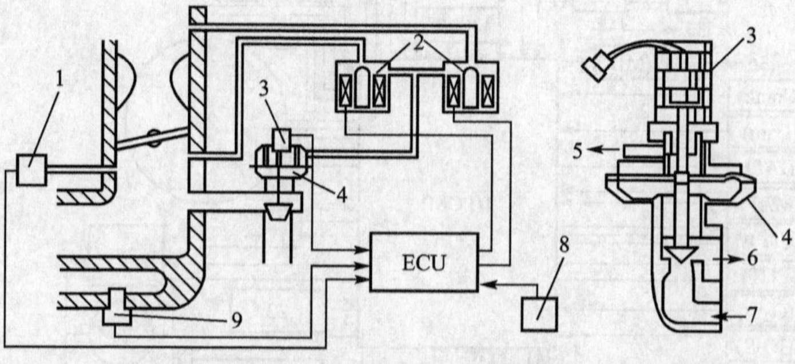

图2.25　带EGR位置传感器的电子控制废气再循环系统结构图

1—压力传感器；2—ON-OFF电磁阀；3—EGR位置传感器；4—EGR阀；
5—真空管；6—至进气歧管；7—废气；8—水温开关；9—水温传感器

该系统在EGR阀上部装有一个检测EGR阀升程的位置传感器，传感器将位置信号输送给电控单元作为控制废气再循环的参数信号。工作时，将预先设定的EGR阀升程位置与由EGR位置传感器提供的当前实际升程位置做比较，若不相等，由电控单元控制改变ON-OFF电磁阀工作状态，将升程调至最佳位置。在全负荷高速运转范围时，利用节气门开度、发动机转速等控制参数，由ON-OFF电磁阀把空气导入真空室，使EGR阀完全关闭，即可停止废气再循环。

阅读材料2-3

集中控制系统实例简介

图2.26所示为通用公司动力总成电子控制系统中一种类型的控制示意图，由图可见，动力总成电子控制系统至少比汽油机电子控制系统增添了变速箱和防抱死制动的电子控制系统。

图中的数据连接接头(Data Link Connector，DLC)是一个带16个引脚的接头，用于连接PCM和故障诊断仪。

1. 负荷信息的传感

(1) 热膜式质量空气流量传感器。其输出为脉冲信号，脉冲高电平超过4.5V，低电平低于0.6V。质量空气流量与输出信号的频率成正比，频率为2～10kHz，频率越高，流量越大。

(2) 进气歧管绝对压力传感器。此传感器是在方形玻璃基膜的4条边上各蚀刻一条槽，并贴上4片应变片组成惠斯顿电桥。传感器传感大气压力时，4片应变片的电阻相等，电桥平衡，否则电桥不平衡。其输出电压经放大后可用于测定进气歧管绝对压力。

2. 转速和曲轴位置的传感

在曲轴上装一个脉冲盘感应传感器，其原理与前述的相同，但脉冲盘的圆周上只有几个狭窄的凹槽，槽数等于发动机缸数加1，其中两个凹槽相隔特别近，其余凹槽均匀

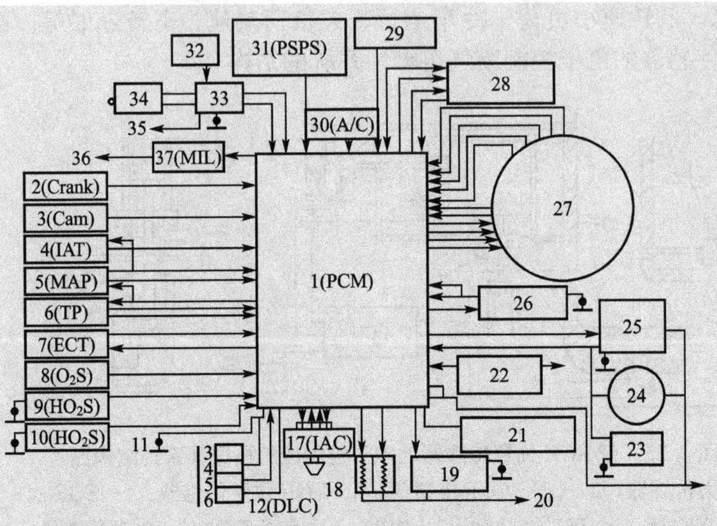

图 2.26　通用公司的动力总成电子控制系统控制示意图

1—动力总成控制模块(PCM)；2—曲轴位置；3—凸轮轴位置；4—进气温度(LAT)；
5—进气歧管绝对压力(MAP)；6—节气门位置(TP)；7—发动机冷却液温度(ECT)；
8—氧传感器(O_2S)；9—加热型氧传感器(HO_2S)；10—催化器检测氧传感器(HO_2SC_{at})；
11—发动机接地；12—数据连接接头(DLC)；13、14—接地；15—故障诊断测试；
16—串联数据；17—怠速空气控制(LAC)；18—喷油器；19—EGR 电磁控制阀和线性 EGR 阀；
20、35、36—点火开关；21—爆燃传感器(KS)；22—系统电压；23—电动燃油泵；
24—机油压力开关；25—燃油泵继电器；26—防抱死制动；27—变速箱接头；
28—点火系统；29—起动机；30—空调(A/C)；31—动力转向压力开关(PSPS)；
32—车速；33—车速传感器缓冲寄存器；34—车速传感器(VSS)；37—故障指示灯

分布。对六缸机而言，凹槽间隔为 60°。每当凹槽在感应传感器附近经过时，传感器就发出一个脉冲。六缸机每转发出 7 个脉冲，故称 7x 曲轴位置信号，借此传递转速和曲轴位置。有的用霍尔传感器配以周边开 7 个槽的钢碗转子当作曲轴位置传感器，钢碗壁开槽形成的 7 个叶瓣中，6 个叶瓣间隔 60°，第 7 个叶瓣与其中的一个叶瓣间隔为 10°。

3. 点火和喷油正时的控制

通用公司汽油机电子控制系统对转速和曲轴位置信号的处理有一个传统的特点，就是独立于发动机或动力总成的电子控制模块(ECM 或 PCM)，另设一个专门的模块。例如 20 世纪 80 年代的高能点火模块(High - Energy Ignition Module，HEI Module)，其中的信号转换电路用于采集和处理转速和曲轴位置信号。该模块有两种可能性：①将信号送到 ECM，结合负荷、冷却液温度等信号，形成经过各种修正的点火正时信号返回高能点火模块，然后经该模块的旁通电路送出去触发点火线圈；②以固定的点火提前角经旁通电路直接触发点火。两种可能性通过旁通电路加以选择，前者用于起动后的正常运转，后者用于起动。

为了确定喷油顺序和喷油正时，除了需要上止点信号以外还需要曲轴相位信号，即区分原缩上止点和排气上止点的信号，所以离不开凸轮轴位置信号。如果 PCM 收不到凸轮轴位置信号，则喷油顺序正确的概率只有 1/6。

2.3 汽车柴油发动机新技术

1. 汽车柴油发动机电控技术

1）柴油发动机电控技术的发展

汽车柴油发动机(简称柴油机)电控技术比汽油机电控技术出现晚，直到20世纪80年代中期，柴油机电控技术才开始在市场上出现。随着对柴油机性能要求的提高，控制系统控制的项目不断增多，控制任务也从简单到复杂；控制功能从仅具有循环供(喷)油量控制，供(喷)油正时控制等最基本控制项目发展到包括供(喷)油速率控制和喷油压力控制在内的多项目标的燃油喷射控制；从单一的燃油喷射控制扩展到包括怠速控制、进气控制、增压控制、排放控制、起动控制、故障自诊断、失效保险、发动机与变速器的综合控制等在内的全方位控制。

2）柴油机电控技术的特点

柴油机电控系统由传感器、电控单元和执行器三大部分组成，如图2.27所示，其控制技术与汽油机电子控制技术有许多相似之处，在电控系统中所用的许多传感器，如转速、温度、压力等传感器，也与汽油机电控系统一样。但由于柴油发动机燃油喷射具有高压、高频、脉动等特点，喷射压力高达60～200MPa，是汽油喷射的几百倍乃至上千倍，故对于它的燃油高压喷射系统实施喷射量的电子控制，困难比汽油机要大得多，并且柴油机需要对喷油量、喷油定时、喷油压力等多参数进行综合控制，其控制软件的开发难度也

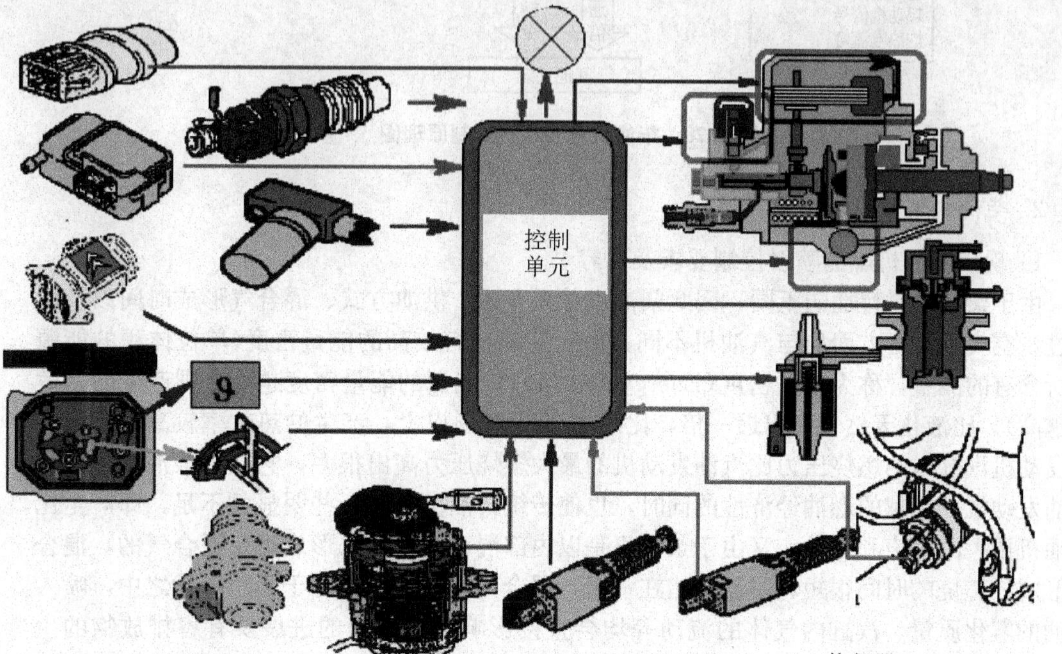

图2.27 柴油机电控系统组成

大于汽油机。加之柴油机喷射对喷射正时的精度要求也很高，对柴油机活塞上止点的角度位置的测量精确度要求远比汽油机要高，这就导致柴油喷射的电控执行器要复杂得多。

柴油机电子控制技术的关键和难点是柴油机喷射电控执行器，主要控制量是喷油量和喷油正时。

柴油机在电控系统出现之前，就已经有直列泵、分配泵、喷油器泵、单缸泵等结构完全不同的系统，每个系统各具特点和适用范围，每种系统又有多种结构形式，呈现出多样化的特点。而柴油机实施电子控制的执行器又是比较复杂的，这就形成了柴油机电控喷射系统的多样化。

柴油机电控单元(ECU)根据各种传感器实时检测到的柴油机运行参数，与ECU中已储存的参数值或参数图谱(MAP图)相比较，按其最佳值或计算后的目标值，将控制指令输送到执行器，执行器按照ECU控制指令对喷油量、喷油定时等进行控制。柴油机电控喷油系统还可与整车传动装置的ECU、制动防抱死装置(ABS)的ECU，以及其他系统的ECU进行数据通信，实现对整车的电子控制，如图2.28所示。

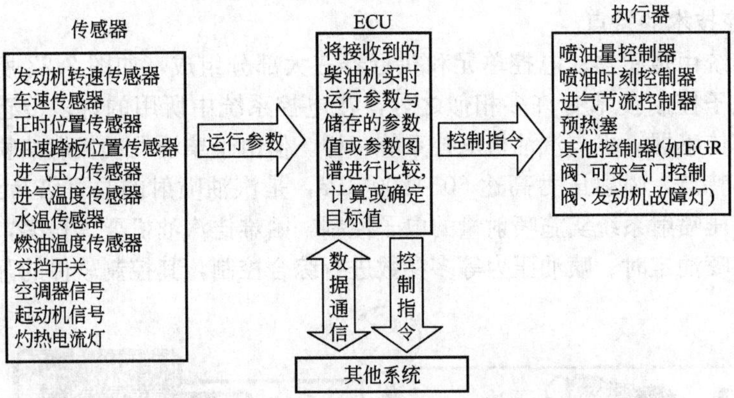

图2.28　柴油机电控系统控制原理图

2. 柴油机电控燃油喷射系统

1) 现代柴油机燃油喷射控制要求及内容

由于柴油燃料特性的不同，因此柴油机着火方式、供油方式、混合气形成时间以及所需过量空气系数等方面均与汽油机不同，由于柴油具有较高的能量密度(单位体积的能源中所含有的能量，称为能量密度(Energy Density)。能源的能量密度越高，则产生的热效率越高)，比液化天然气高出近一倍，比汽油高出10%以上，产生的热效率较高，所以柴油发动机汽缸内的燃烧压力比汽油发动机的最大燃烧压力高出很多，它在为柴油机带来比汽油发动机更优越的燃油经济性的同时，也使传统柴油机存在一些明显的不足，即产生比汽油机更大的噪声和振动；又由于柴油机是以内部混合的方式来形成可燃混合气的，混合气形成、燃烧的时间很短，过程交错在一起，混合气的成分始终处于不断变化之中，喷入柴油的雾化质量、汽缸内气体的流动等均会直接影响燃烧过程的进展及有害排放物的生成。因而柴油机的燃油控制不同于汽油机只是控制空燃比那样单一，而要求实现对喷油量、喷油压力以及喷油定时随运行工况进行实时控制，从技术层面上分析，柴油机的控制要求明显要比汽油机高，依靠传统的机械控制喷油系统已无法满足上述要求。因此传统柴油机给人们留下噪声大、工作粗暴、喷黑烟等不良的直观印象，甚至曾一度受到一些城市的歧视。

随着计算机技术、传感器技术以及信息技术的迅速发展，目前人们利用电子控制平台已经实现按柴油机最佳工况要求对燃油喷射的控制。

现代柴油机燃油喷射控制主要内容如下。

(1) 在各种工况下对循环供(喷)油量进行精确的控制，并保证各缸喷油量的均匀性。

(2) 在各种工况下对供(喷)油正时进行精确的控制。

(3) 在各种工况下对喷油速率和喷油规律进行精确的控制，以获得燃烧过程中理想的放热率。

(4) 在各种工况下对喷油压力进行精确的控制，以得到足够高的燃油喷出的初速度，使燃油雾化质量提高并加快燃烧速度。

2) 柴油机电控燃油喷射系统的分类及其特点

柴油机燃油喷射系统按其直接控制的量进行分类，一般可分为位置控制系统、时间控制系统、时间—压力控制系统等3种；按照其产生高压燃油的机构进行分类，则可分为直列泵电控喷射系统、分配泵电控喷射系统、泵喷油器电控喷射系统和共轨电控喷射系统等。

(1) 位置控制系统。位置控制系统保留了传统柴油机的“喷油泵—高压油管—喷油器”燃油供给系统，以及喷油泵中齿条、滑套、柱塞上控油槽等一些控制油量的机械传动机构，取消了其中机械控制部件(如调速器)，新增了由传感器、电控单元、执行器等组成的电子控制系统，使控制精度和响应速度得以提高。该系统在机械控制喷油正时与喷油量的基础上，用执行机构(电磁液压或电磁式)控制油量调节和喷油提前器，实现喷油正时和喷油量的电子控制；也可通过改变柱塞预行程的方法，实现可变供油速率的电子控制，以满足高压喷射中高速、大负荷和低怠速喷油过程的综合优化控制。

采用位置控制系统，柴油机在结构上几乎不用做改动，具有生产继承性好、便于对现有柴油机升级换代的优点，但存在系统响应慢、控制频率较低、控制自由度低、控制精度不高、供油压力不能控制等缺点。

在直列柱塞泵上实施位置控制的有：日本电装公司的ECD-P1、ECD-P2、ECD-P3系统；德国博世公司的EDR系统；美国的PEEC系统等。

在分配泵上实施位置控制的有：日本电装公司的ECD-V1系统；德国博世公司的EDC系统；美国的PCF系统等。

(2) 时间控制系统。时间控制是指用高速电磁阀直接控制高压燃油的适时喷射。时间控制系统基本保留了传统的“喷油泵—高压油管—喷油器”燃油供给系统，但取消了传统喷油泵中机械传动机构和机械控制部件，在高压油路中利用一个或两个高速电磁阀的启闭，直接控制高压燃油的喷油过程。一般情况下，电磁阀关闭，执行喷油；电磁阀打开，喷油结束。喷油量由喷油器开启时间的长短和喷油压力的大小来决定，喷油正时则由控制电磁阀的开启时间所决定，从而能实现喷油正时、喷油量和喷油速率的柔性一体控制。

时间控制系统的控制自由度比位置控制系统更大，供油加压与供油调节在结构上相互独立(油泵柱塞只承担供油加压功能，喷油量、喷油时刻则由高速电磁阀单元完成)，使喷油泵结构得以简化，强度得到提高。时间控制系统的高压喷油能力也得到大大加强，其高压喷射可使柴油雾化得很细，使发动机的燃烧过程进行得相当完善，且速度快，燃烧温度也不会明显提高，有利于降低柴油机油耗，减少HC、CO、微粒和炭烟的排放。但时间控制系统依然无法实现对供油压力的控制。

在分配泵上实施时间控制的有：日本电装公司的ECD－V3系统；美国思达耐公司的DS型和RS型，DS型已用于通用公司1994年的增压柴油机上，RS型已用于通用公司的客货两用车和越野车；日本丰田公司的ECD－2系统等。

电控泵喷嘴系统有德国博世公司的PDE27/PDE28系统等。

(3) 时间—压力控制系统。时间—压力控制系统摈弃了以往传统使用的“喷油泵—高压油管—喷油器”燃油供给系统，用高压油泵在柴油机的驱动下，以一定的速比连续将高压或中压燃油送到一个公共容器(共轨)中消除压力脉动后，再分送至各喷油器，根据电控单元发出的控制指令迅速打开或关闭高速电磁阀，控制喷油器的燃油喷射。在这种控制系统中，高压油泵并不直接控制喷油，而仅仅是向共轨供油以维持所需的共轨压力，通过调节共轨压力，利用电磁阀的开闭控制燃油喷射过程，喷射压力完全独立于发动机转速，能实现理想喷油规律。

时间—压力控制系统通常被称为电控共轨式喷油系统，若输送入共轨的燃油压力为高压，则称为电控共轨式高压喷油系统；若输送入共轨的燃油压力为中压，则称为电控共轨式中压喷油系统。

电控共轨式高压喷油系统的喷油压力只取决于共轨中的燃油压力，通过高速电磁阀的开闭即能实现燃油高压喷射(最高压力可达200MPa)和停喷，电控共轨式高压喷油系统通过用高速电磁阀可实现喷油量、喷油压力、喷油定时和喷油速率的柔性控制，燃油喷射具有良好的喷射特性。

电控共轨式中压喷油系统由于共轨中燃油为中压，需通过控制高速电磁阀控制喷油器，并利用喷油器中的高压柱塞的增压作用，将来自共轨的中压燃油加压至高压后喷出。喷油器的喷油压力取决于共轨燃油压力和高速电磁阀的通电时间，燃油喷射压力一般比电控共轨式高压喷油系统要低一些。电控共轨式中压喷油系统在燃油喷射前需经过一个升压过程，故采用高速电磁阀可实现喷油量、喷油压力、喷油定时的柔性控制，但难以通过电控方式实现喷油速率、形状控制和预喷射，而通常只能依靠机械方式去实现，这就会使电控共轨式中压喷油系统在控制的自由度、精度及响应速度等方面逊色于电控共轨式高压喷油系统。目前已投入使用的电控共轨式喷油系统中，大多数是采用电控共轨式高压喷油系统。

电控共轨式喷油系统是20世纪90年代中期才研制的一种新型柴油机电控技术，它是目前国际上最先进的燃油系统，代表着未来柴油机燃油系统的一个发展方向。博世公司于1997年率先开始批量生产。

典型共轨高压喷射系统有：日本电装公司的ECD－U2系统、德国博世公司的CR系统等。

典型共轨中压喷射系统有：美国BKM公司的Servojet系列、美国卡特彼勒公司的HEUI系统等。

3. 典型柴油机电控燃油喷射系统

1) 电控直列式柱塞泵位置控制

电控直列式柱塞泵位置控制系统实物如图2.29(a)所示，结构特点如图2.29(b)所示。

电控直列式柱塞泵位置控制系统结构特点如下。

(1) 以直列式柱塞泵为基础改造而成。

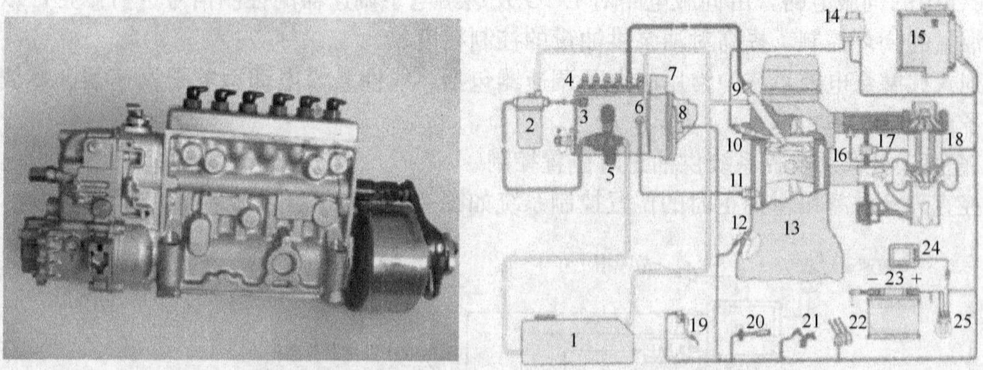

(a) 实物图　　　　(b) 结构特点

图 2.29　电控直列式柱塞泵燃油喷射系统

1—油箱；2—滤清器；3—电子调节器；4—直列泵；5—燃油供给泵；6—燃油温度传感器；
7—正时控制器；8—喷油量控制器；9—喷油器；10—冷却起动加热器；11—发动机水温传感器；
12—转速传感器；13—柴油发动机；14—冷起动加热控制器；15—ECU；16—空气温度传感器；
17—增压压力传感器；18—废气涡轮增压；19—加速踏板位置传感器；
20—EGR 等服务部件；21—车速传感器；22—变速箱挡位开关；
23—蓄电器；24—仪表盘；25—起动开关

(2) 用电子调速器取代原有的机械调速器；用发动机转速传感器和加速度踏板位置传感器代替原有的转速和负荷传感机构(如离心飞块、真空室)；也可用 ECU 控制的正时控制器取代原有的机械离心式调速执行机构和加速踏板传动机构。

(3) 对供油量和供油正时位置控制均采用闭环控制。执行元件包括：电子调速器、正时控制器；反馈元件包括：齿条位置传感器、正时传感器。

2) 直列式柱塞泵电控系统供油量位置控制

电控直列式柱塞泵供油量位置控制原理如图 2.30 所示。

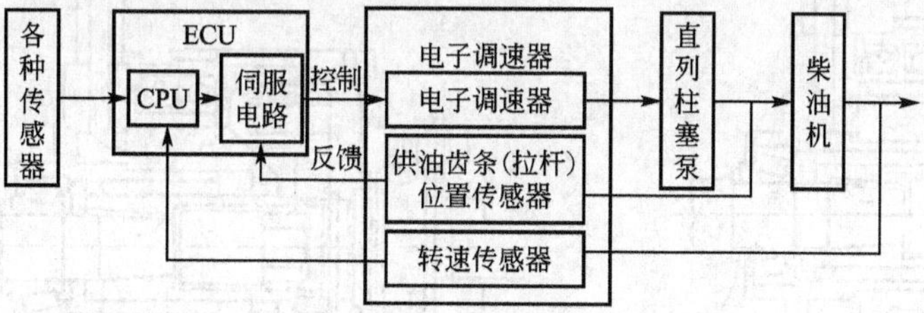

图 2.30　电控直列式柱塞泵供油量位置控制原理

电控直列式柱塞泵的供油量控制下的喷油量由 ECU 通过电子调速器来实现的。ECU 根据柴油机加速踏板位置传感器信号(即负荷信号)和转速信号确定基本供油量，并参考进气流量、冷却温度等传感器信号对基本供油量进行修正后，通过 ECU 中的伺服电路控制电子调速器工作，以调节或保持直列柱塞泵供油齿条(或拉杆)的位置，从而实现直列柱塞泵喷油量的位置控制。

电控直列式柱塞泵供油量位置控制的闭环控制方式是利用电子调速器内的供油齿条(或拉杆)位置传感器，对油泵供油齿条(或拉杆)的实际位置进行检测，将检测结果实时反馈给 ECU 中的伺服电路，由伺服电路对 ECU 发送给电子调速器的控制信号进行修正，以实现供油量的闭环控制，提高对油泵供油量的控制精度。

直列式柱塞泵电控系统中常用的电子调速器包括：线性直流电动型电子调速器、螺线管型电子调速器。

3）直列式柱塞泵电控系统供油正时位置控制

电控直列式柱塞泵供油正时的位置控制系统如图 2.31 所示。

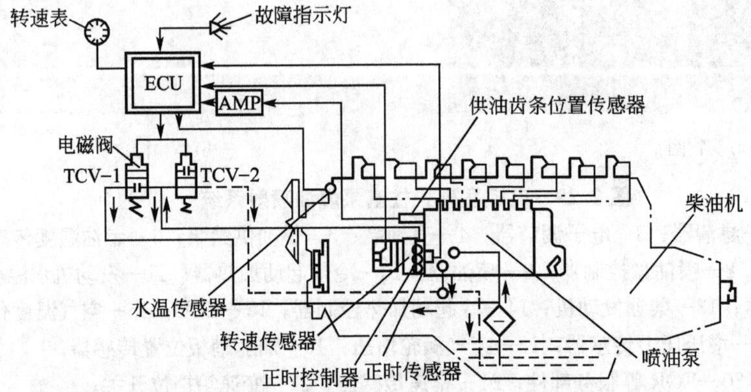

图 2.31 电控直列式柱塞泵供油正时位置控制系统

直列式柱塞泵电控系统中常用的正时控制器包括以下几种。

(1) 直列式柱塞泵电磁阀控制型正时控制器如图 2.32 所示。

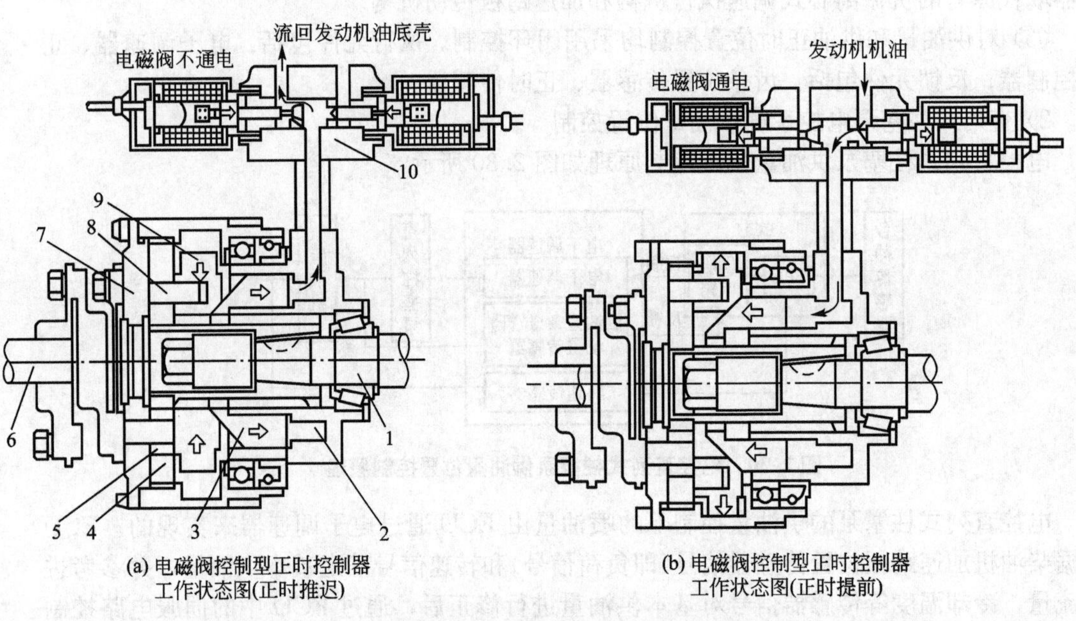

(a) 电磁阀控制型正时控制器工作状态图(正时推迟)

(b) 电磁阀控制型正时控制器工作状态图(正时提前)

图 2.32 直列式柱塞泵电磁阀控制型正时控制器

1—喷油泵凸轮轴；2—液压腔；3—液压活塞；4—大偏心轮；5—小偏心轮；6—喷油泵驱动轴；7—驱动外壳；8—滑块；9—滑块销；10—电磁换向阀

当需要减小正时提前角时，ECU通过控制继电器使正时控制器的进油通道关闭、回油通道打开，液压腔油压下降，液压活塞则在回位弹簧的作用下向右移动，安装在滑块销上的大小偏心轮转动，使凸轮轴相对驱动盘沿转动相反的方向转过一个角度，从而使直列式柱塞泵的供油提前角减小，即正时推迟。

当需要增大正时提前角时，ECU通过控制继电器使正时控制器的进油通道开启、回油通道关闭，柴油机机油进入液压腔而使液压腔油压上升，液压活塞则在回位弹簧的作用下向左移动，安装在滑块销上的大小偏心轮转动，使凸轮轴相对驱动盘沿转动相同的方向转过一个角度，从而使直列式柱塞泵的供油提前角增大，即正时提前。

(2) 直列式柱塞泵步进电动机控制型正时控制器如图2.33所示。

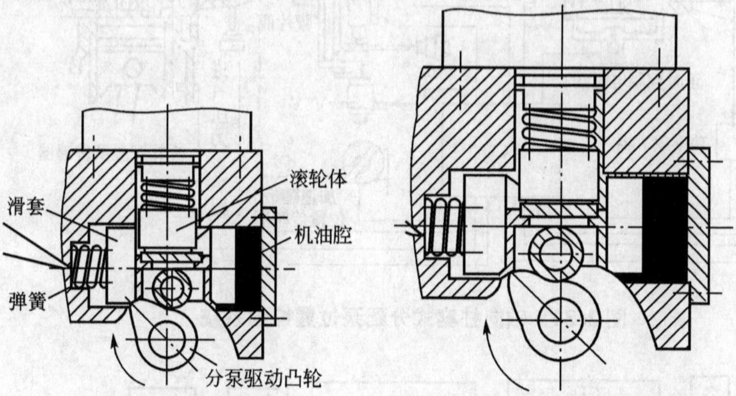

(a) 步进电动机正时控制器工作状态图(正时推迟)

(b) 步进电动机正时控制器工作状态图(正时提前)

图2.33 直列式柱塞泵步进电动机控制型正时控制器

直列式柱塞泵步进电动机控制型正时控制器是将驱动柱塞分泵的滚轮体安装于一个滑套内，滑套的左右两侧分别承受弹簧力和机油压力。滑套随机油压力的变化向左或向右移动，并带动滚轮体一同移动，使滚轮体与分泵驱动凸轮间的相对位置发生改变，而使得油泵的供油时刻发生变化，从而实现对供油正时的控制。

4) 轴向柱塞式分配泵电控燃油系统

轴向柱塞式分配泵位置控制系统结构特点如图2.34所示。

电控轴向柱塞式分配泵供油量位置控制流程如图2.35所示。

5) 电控轴向柱塞式分配泵供油正时的位置控制

轴向柱塞式分配泵供油正时的位置控制原理如图2.36所示。

6) 轴向柱塞式分配泵时间控制系统

轴向柱塞式分配泵时间控制系统结构如图2.37所示，控制系统如图2.38所示。

7) 轴向柱塞式分配泵供油正时的时间控制

ECU通过控制高速电磁阀的关闭和开启，能直接控制分配泵供油的开始和结束，实现对油泵供油正时的时间控制。但由于在分配泵柱塞高压腔内建立油压需要时间，燃油压力在高压油管中传递也会有一个延迟时间，因而在ECU驱动脉冲输出正时与喷油器实际喷油正时之间存在着一定程度的延迟时间，总的延迟时间受到柴油机转速、温度、高压油管的长度等因素的影响。控制存在延迟必然会影响到控制的精度，因此为提高供油正时的

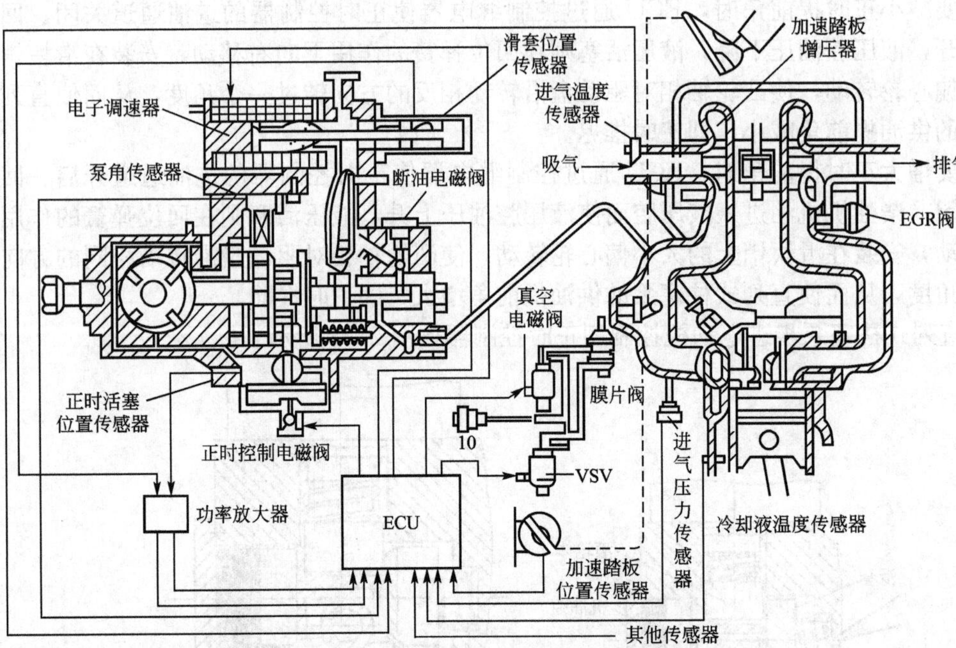

图 2.34　轴向柱塞式分配泵位置控制系统

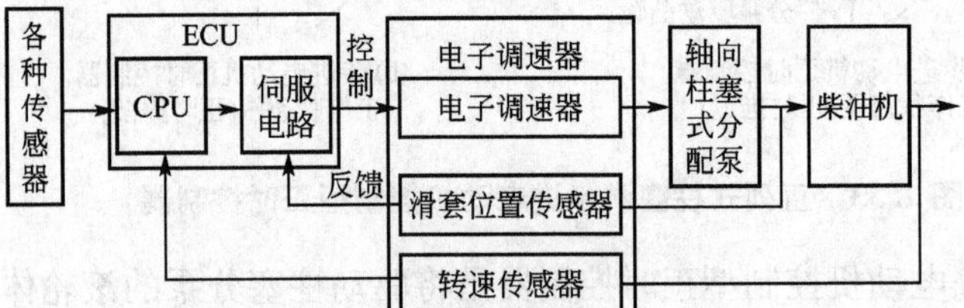

图 2.35　电控轴向柱塞式分配泵供油量位置控制流程

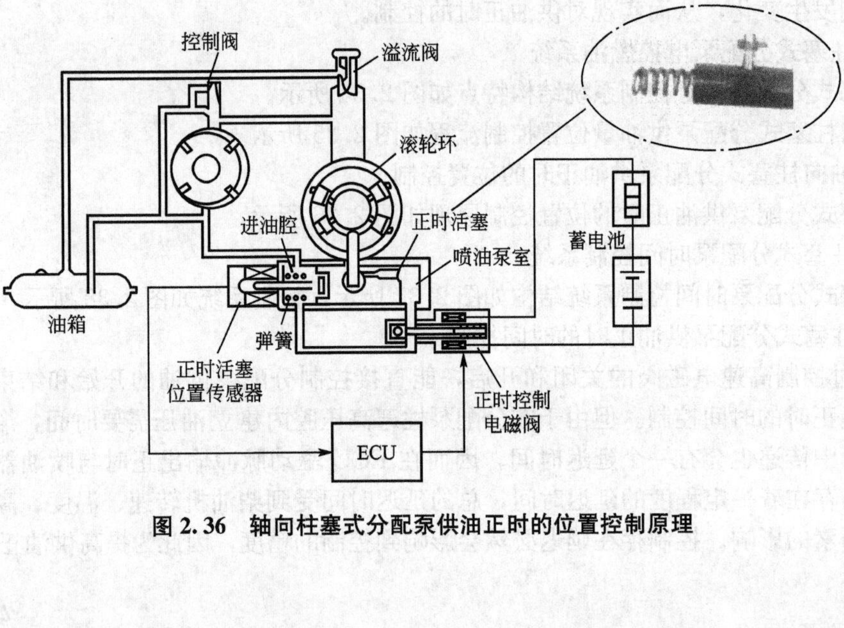

图 2.36　轴向柱塞式分配泵供油正时的位置控制原理

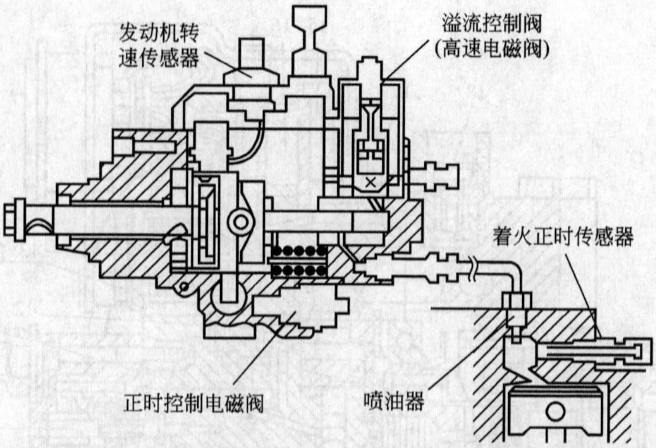

图 2.37　轴向柱塞式分配泵时间控制系统结构

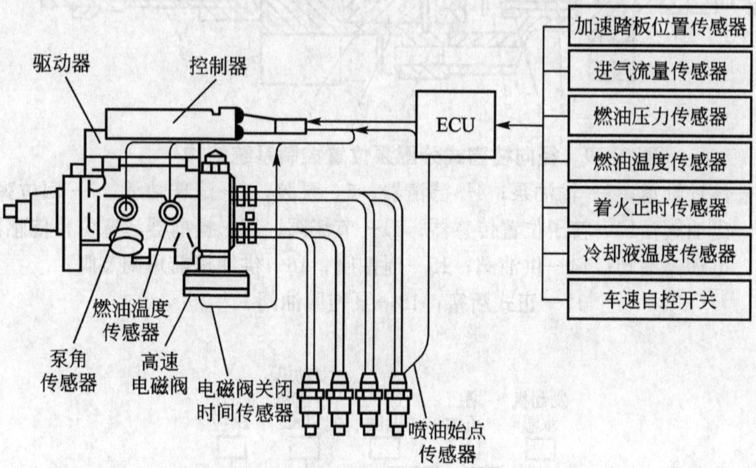

图 2.38　轴向柱塞式分配泵时间控制系统

控制精度，ECU 的脉冲信号输出正时应包括上述延迟时间。在供油正时时间控制系统中，为提高供油正时的控制精度，ECU 除根据柴油机工况信息控制供油正时外，通常需要采用各种喷油始点传感器，精确测定出实际的喷油始点，使 ECU 能据此反馈信息修正对供油正时的控制；也可通过用电磁阀关闭时间传感器来精确测定电磁阀关闭始点和终点时刻，实现对高速电磁阀的驱动脉冲正时的闭环控制。

8) 径向柱塞式分配泵电控燃油系统

径向柱塞式分配泵位置控制系统结构特点如图 2.39 和图 2.40 所示。

分配泵控制单元的功能如下。

(1) 将 ECU 输出的控制信号进行 D/A 转换和放大后，驱动分配泵中供油量控制电磁阀和供油正时控制电磁阀等执行器工作。

(2) 将泵角传感器和柴油温度传感器、喷油正时传感器等传感器信号经 D/A 转换后输送给 ECU。

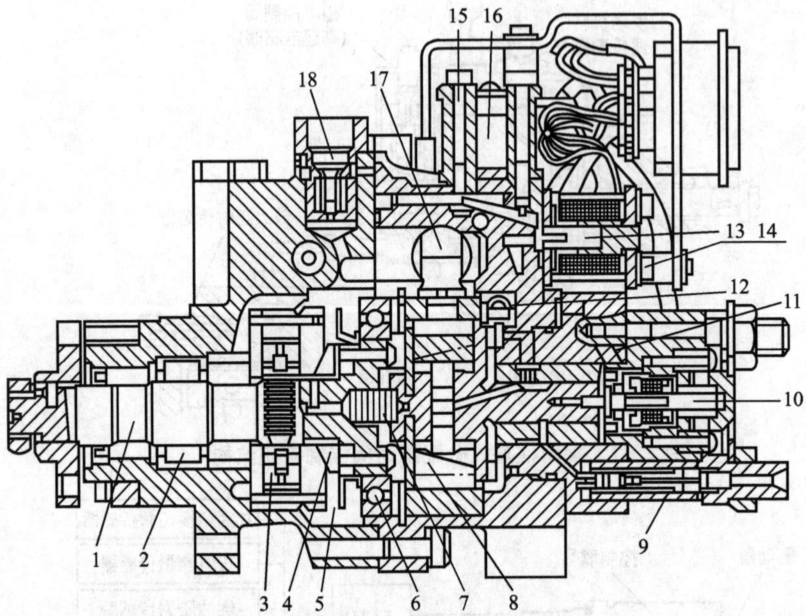

图 2.39　径向柱塞式分配泵位置控制系统结构

1—驱动轴；2—滚针轴承；3—输油泵；4—滤清器；5—泵腔；6—滚珠轴承；7—回位弹簧；8—滚子；9—出油阀；10—转子位置传感器；11—节流阀；12—提前器活塞位移传感器；13—电动停油阀；14—供油阀；15—泄油阀；16—供油提前角调节阀；17—正式活塞；18—泵腔回油阀

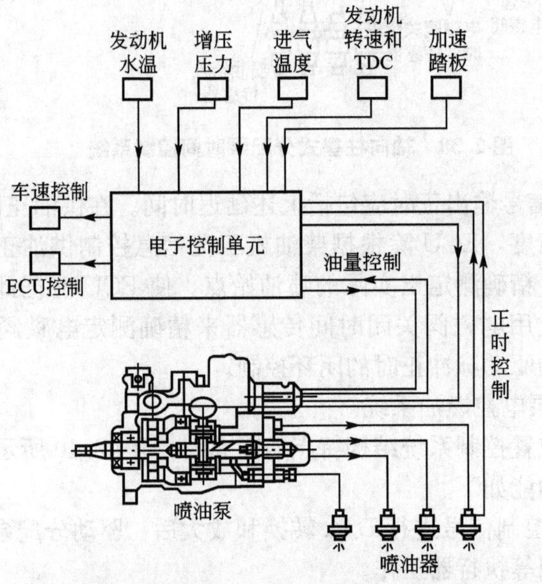

图 2.40　径向柱塞式分配泵位置控制系统

4. 电控泵喷油器系统

1）结构特点

电控泵喷油器系统的结构特点如图 2.41 和图 2.42 所示。

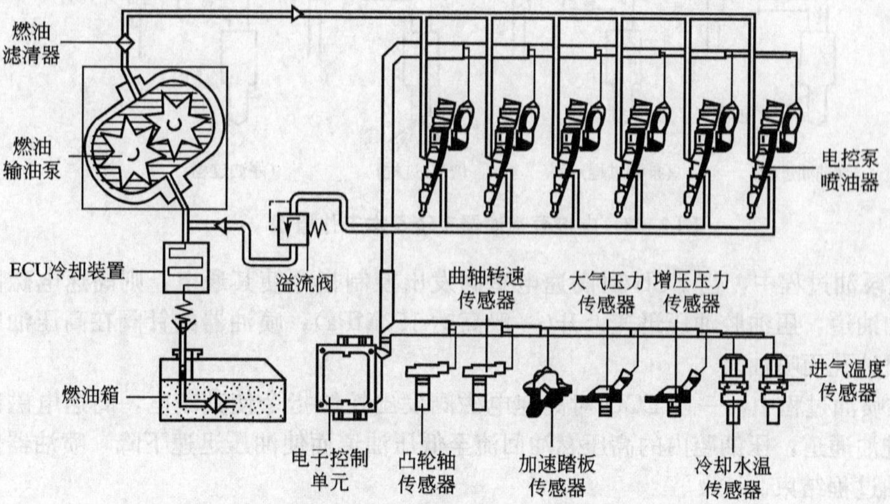

图 2.41 电控泵喷油器燃油喷射系统

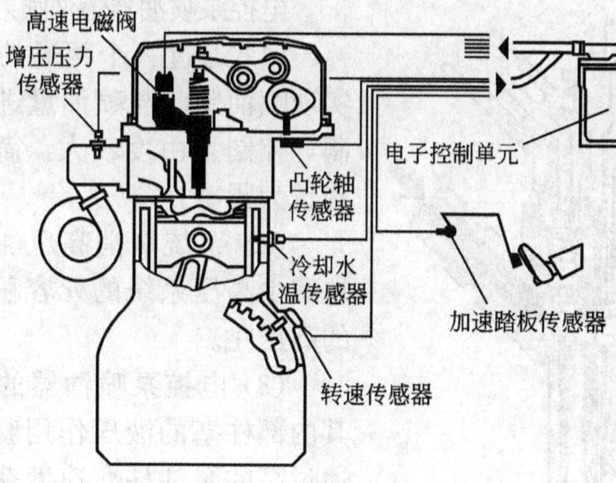

图 2.42 电控泵喷油器系统的结构

2）电控泵喷油器系统基本工作原理

电控泵喷油器系统利用机械装置驱动喷油器的喷油柱塞进行泵油，工作原理与柱塞式高压油泵相同。电控泵喷油器系统的喷油循环一般包括进油过程、泵油过程、喷油过程和停油过程 4 个阶段，如图 2.43 所示。

(1) 当泵油柱塞向上移动时，此时高速电磁阀不通电而保持开启状态，柱塞下方的压油腔容积增大形成真空，低压输油泵输送来的低压燃油被吸入压油腔，电控泵喷油器进行进油过程。

(2) 在柱塞向下移动的初期，电磁阀断电保持开启，压油腔的燃油受压，部分燃油被压回低压油道，电控泵喷油器进行泵油过程。

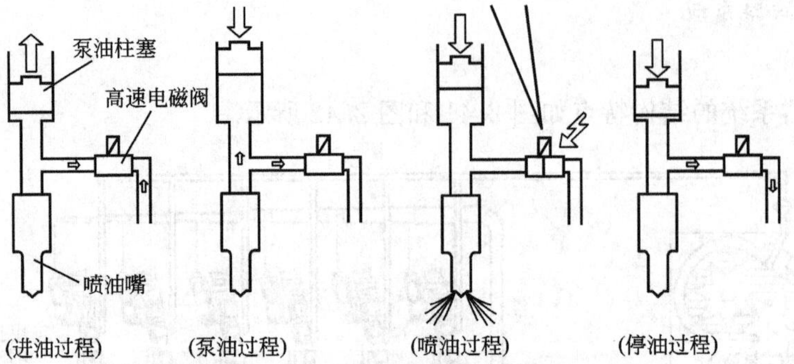

图 2.43　电控泵喷油器系统基本工作原理

(3) 在泵油过程中，当 ECU 对高速电磁阀发出控制指令使其通电，则高速电磁阀关闭低压进油油道，压油腔油压迅速上升(一般高达 150MPa)，喷油器的针阀在高压油的作用下打开喷油孔而喷油。

(4) 在喷油过程中，一旦 ECU 对高速电磁阀发出控制指令使其断电，高速电磁阀则开启低压进油通道，压油腔内的高压燃油回流至低压油道而使油压迅速下降，喷油器停止喷油，喷油过程结束。

高速电磁阀的关闭时刻决定喷油器的喷油时刻，喷油量的大小。电控泵喷油器的结构如图 2.44 所示，高速电磁阀关闭的持续时间取决于电控泵喷油器结构。

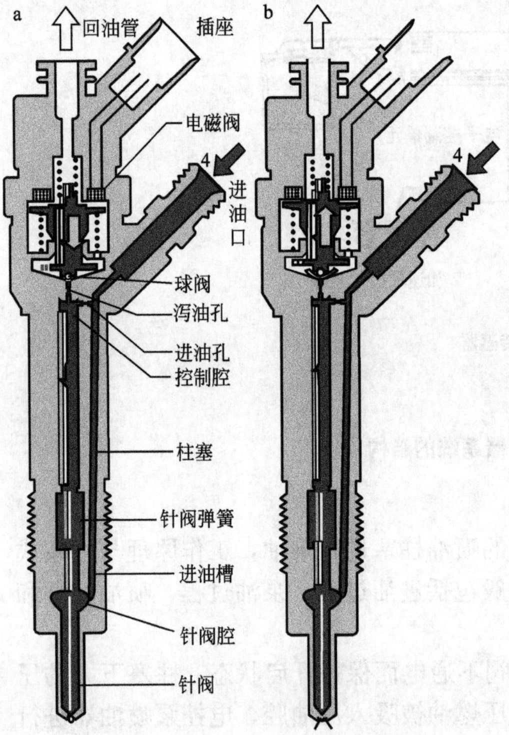

图 2.44　电控泵喷油器的结构

电控泵喷油器燃油喷射系统的特点如下。

(1) 通过一个两通的高速电磁阀就能实现喷油定时与喷油量进行联合的时间控制，控制自由度较大，简化机械部分，结构较为紧凑。

(2) 系统取消高压油管，能最大限度地减少高压系统的死容积，十分利于系统的高压化。

(3) 电控泵喷油器的喷射压力是通过其内部柱塞的液压作用获得，而不再依赖通过高的泵油柱塞速度获得，故电控泵喷油器能实现较高的喷射压力。

(4) 通过对喷射凸轮、液压阻尼器、收缩活塞等零部件相关参数的合理设计，能获得较为理想的喷射曲线。

(5) 系统仍需要凸轮型线的驱动产生喷射所需的高压，喷射压力依赖于凸轮型线的设计，不仅喷射区间受到限制，而且也是脉动的，使系统对喷油压力、喷油速率、喷油定时等的控制受到一定限制。受凸轮型线的限制，只能实现一次喷射。

(6) 电控泵喷油器驱动机构只能布置在缸盖上，使缸盖结构复杂化。

5. 电控单体泵的结构与工作原理

(1) 电控单体泵的结构如图 2.45 和图 2.46 所示。

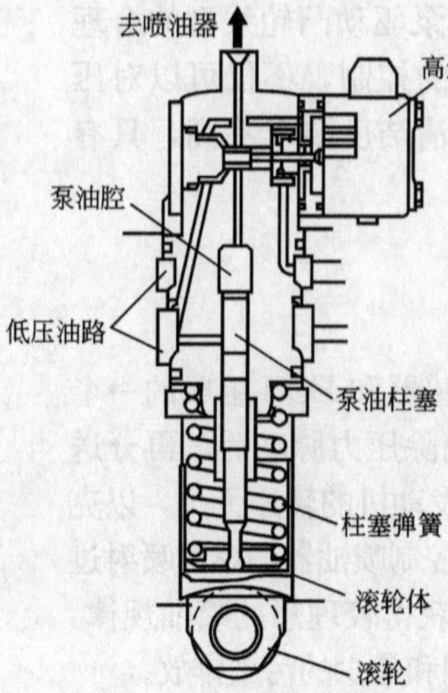

图 2.45 电控单体泵的结构

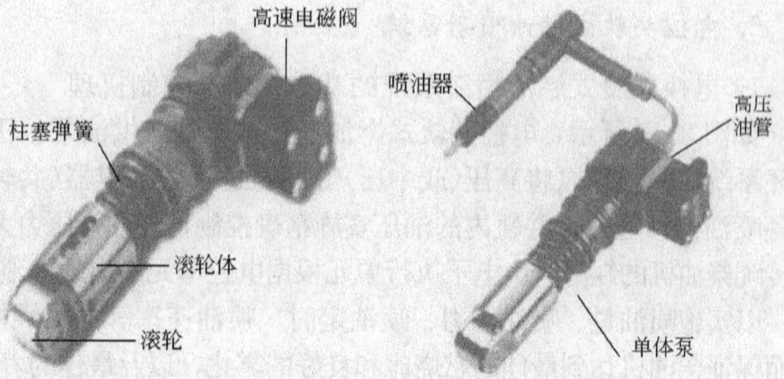

图 2.46 单体泵实物图与喷油器的连接

(2) 电控单体泵工作原理如图 2.47 和图 2.48 所示。

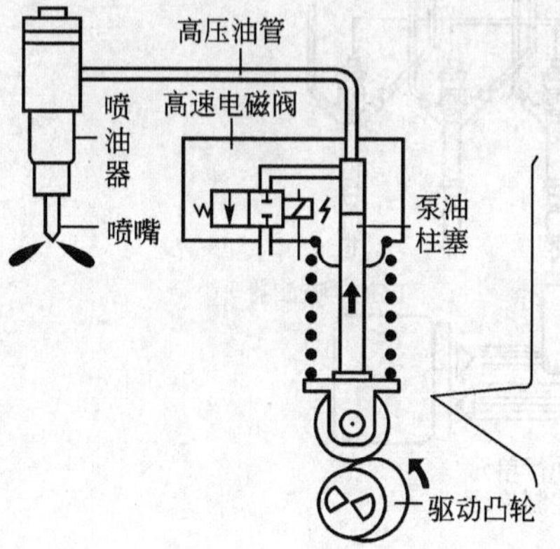

图 2.47 电控单体泵工作原理

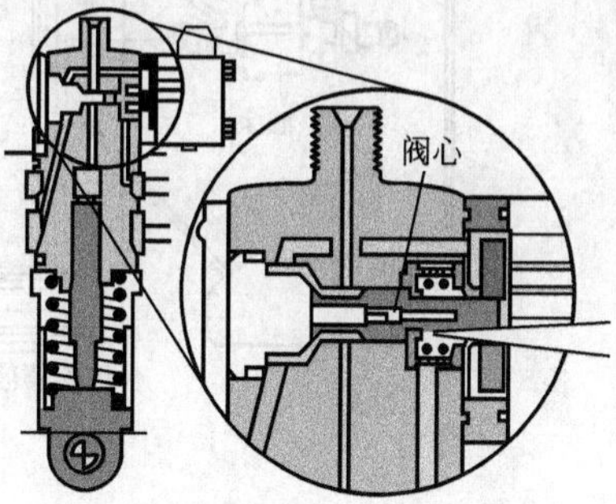

图 2.48 单体泵高速控制阀

电控单体燃油喷射系统是在泵喷油器的基础上衍生出来的，除了供油压力较电控泵喷油器稍低一些外，其他功能基本与电控泵喷油器系统相近，并在制造成本、使用可靠性、适应性等方面具有优势。

单体泵主要由柱塞和柱塞套构成，本身不带凸轮轴，制造工艺相对简单而使制造成本降低。由于单体泵与喷油嘴的位置相互独立，单体泵在发动机上安装布置较为便利，对发动机的主体结构改动较小，若采用外挂凸轮轴箱的安装形式，几乎不用对原发动机的机械结构进行改动，只需将机械式喷油器改为电控喷油器即可形成电控单体泵燃油喷射系统，因而电控单体泵燃油喷射系统还具有改造性好的优势，能较大幅度地降低发动机的改装成本。

电控单体泵由于分列泵的特点，泵体具有很好的刚度，驱动凸轮和轴承等受力较大的部件都有一定的空间进行加强，其能承受住很高的泵端压力，并且单体泵在使用过程中，可以保证排放水平和燃油消耗率水平。电控单体泵可靠的使用性能和寿命，不仅在国外已得到了10～15年的实际使用时间、数百万辆整车使用的证明，而且仍在进一步得到提高。

电控单体泵的喷油压力目前可达到200～250MPa，通过对单体泵驱动凸轮线型的合理设计，能实现较为理想的供油速率和供油规律；利用对高速电磁阀的控制，不仅可以对压力进行控制，而且能实现多次预喷射；单体泵精密零件少，对燃油清洁度要求不高，具有较好油品质量适应性。

6. 电控共轨式燃油喷射系统

1）电控共轨式燃油喷射系统的基本组成及控制机理

如图2.49所示，电控共轨式燃油喷射系统是由供油泵、压力传感器和ECU组成的一个闭环系统，由供油泵将高压(或中压)燃油输送到公共容器(共轨)中消除压力脉动后，再分送至各喷油器，通过对共轨内的油压实施精确控制，使油管压力大小与发动机的转速无关，以克服传统柴油机的缺陷；由电子执行单元根据电控单元发出的控制指令控制喷油器的燃油喷射过程，以实施喷油量、喷油压力、喷油定时、喷油速率等的柔性控制，获得较理想的喷油规律，从而保证柴油机达到最佳的燃烧比和良好的雾化，以及最佳的着火时间和最少的污染排放。

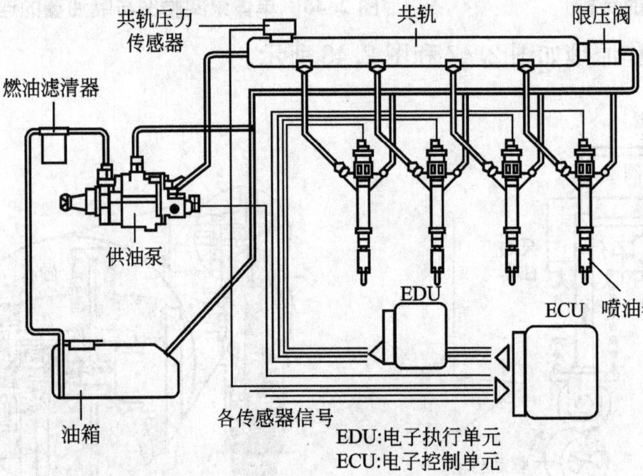

图2.49　电控共轨式燃油喷射系统

2）电控共轨式燃油喷射系统的类型

按共轨中的油压大小进行分类，通常可分为高压共轨和中压共轨两种；按控制喷油器喷油的执行元件分类，可分为电磁阀式和压电式两种。

3）典型电控共轨式燃油喷射系统

电控高压共轨燃油喷射系统的组成及其工作原理如图2.50所示。

高压共轨喷油器接受ECU信号的控制向气缸喷射柴油，通过电触发喷油器控制喷油始点和喷油数量。

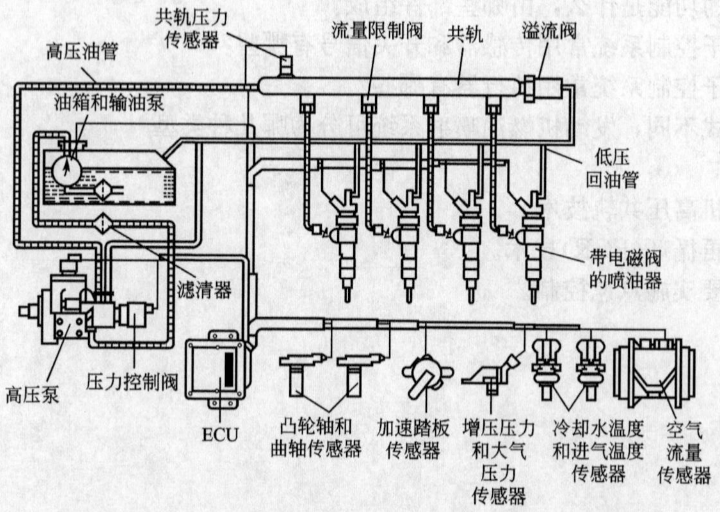

图 2.50 电控高压共轨燃油喷射系统的组成及其工作原理

本 章 小 结

本章简单介绍了现代汽车发动机新技术的发展以及应用现状。由于排放污染与节能问题的紧迫性及其电子控制技术的成熟，使得电控系统在发动机上得到广泛应用。同时通过大量图形解说，详细地介绍了汽油发动机与柴油发动机的电控燃油喷射系统组成及其工作原理。

【关键术语】

汽车发动机　汽油　柴油　电控技术　供气系统　供油系统

综合练习

1. 填空题

(1) 喷油器喷出的柴油喷注特征可用__________、__________和__________ 3 个参数表示。

(2) 汽油机油门位置不变，转速增加时，进气管真空度__________；最佳点火提前角__________。

(3) 汽油机电控燃油系统由__________、__________、__________组成。

(4) 柴油机电控燃油系统由__________、__________、__________组成。

2. 思考题

(1) 汽车发动机电子控制系统的主要控制功能是什么？

(2) 发动机电子控制系统由哪几个子系统组成？

(3) 供气系统的功能是什么，由哪些部件组成？

(4) 供油系统的功能是什么，由哪些部件组成?

(5) 发动机电子控制系统常用传感器和开关信号有哪些?

(6) 发动机电子控制系统常用执行器有哪些?

(7) 按控制方式不同，发动机燃油喷射系统可分为哪几种类型?

3. 简答题

(1) 简述柴油机高压共轨技术。

(2) 简述废气再循环(EGR)技术。

(3) 说明为何要实施怠速控制。

第3章 新能源与绿色汽车

教学目标

通过本章的学习，了解当前国内外的新能源及绿色汽车的发展趋势。了解目前汽车业中常见代用燃料的类型、特点及其基本工作原理。掌握燃料电池汽车、混合动力汽车的基本结构及工作原理。方便读者通过自学掌握目前的新能源与绿色汽车技术。

教学要求

知识要点	能力要求	相关知识
绿色汽车的概况	了解目前绿色汽车的类型及国内外的发展概况	绿色汽车的概念、评价及发展概况
代用燃料和新能源技术	了解目前常见的代用燃料，及其优缺点和工作原理	介绍4种常用代用燃料，并将其与化石燃料做对比
绿色汽车	掌握燃料电池汽车和混合动力汽车的工作原理	分别介绍燃料电池汽车和混合动力汽车的特点、类型和工作原理

导入案例

太阳能汽车是一种靠太阳能来驱动的汽车。相比传统热机驱动的汽车，太阳能汽车是真正的零排放，如图3.1所示。

图3.1 太阳能汽车

为应对全球气候变化、发展低碳经济，生产更环保、更省油的新能源汽车已成为未来汽车工业发展的趋势。世界各国对开发新能源内燃机和动力机械给予了极大的关注，新型能源动力汽车的研究非常活跃，已取得了许多突破性的成果。

3.1 新能源与绿色汽车概述

新型能源是相对于汽车使用的汽油和柴油传统能源而言的。目前应用于汽车动力的新型能源主要有各种代用燃料、天然气和液化石油气、太阳能以及燃料电池等。

新型能源汽车技术的内容涉及面极广，既包括能作为汽车动力能源的新型能源资源及其获取技术，也包括使用新型能源动力机械的开发技术，还包括与应用新型能源动力相匹配的汽车开发技术。

阅读材料3-1

2001年，新能源汽车研究项目被列入国家“十五”期间的“863”重大科技课题，并规划了以汽油车为起点，向氢动力车目标挺进的战略。“十一五”以来，我国提出“节能和新能源汽车”战略，政府高度关注新能源汽车的研发和产业化。

2006～2007年，我国新能源汽车产业的发展取得了重大的进展，我国自主研制的纯电动、混合动力和燃料电池3类新能源汽车整车产品相继问世；混合动力和纯电动客车实现了规模示范；纯电动汽车实现批量出口；燃料电池轿车研发进入世界先进行列。

2007年12月，长安汽车自主开发的中国首款混合动力汽车——杰勋HEV量产下线。新能源动力汽车外形如图3.2所示。

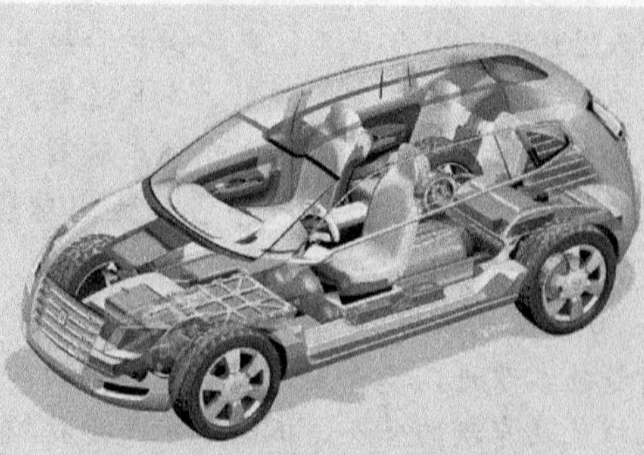

图3.2 新能源动力汽车外形图

2008年，新能源汽车在国内已呈全面出击之势。2008年成为我国“新能源汽车元年”。2008年1～12月新能源汽车的销量增长主要是乘用车的增长，1～12月新能源乘用车销售899台，同比增长117%，而商用车的新能源车共销售1536台，1～12月同比下滑17%。

2009年，在密集的扶持政策出台背景下，我国新能源汽车驶入快速发展轨道。虽然新能源汽车在中国汽车市场的比重依然微乎其微，但它在中国商用车市场上的增长潜力已开始释放。2009年1～11月，新能源乘用车销量同比下降61.96%，至310辆。2009年1～11月，新能源商用车——主要是液化石油气客车、液化天然气客车、混合动力客车等，销量同比增长178.98%，至4034辆。相比在乘用车市场的冷遇，“新能源汽车”在中国商用车市场已开始迅猛增长。

在能源和环保的压力下，新能源汽车无疑将成为未来汽车的发展方向。“十二五”期间，我国新能源汽车将正式迈入产业化发展阶段：2011～2015年开始进入产业化阶段，在全社会推广新能源城市客车、混合动力轿车、小型电动车。“十三五”期间即2016～2020年，我国将进一步普及新能源汽车、多能源混合动力车，插电式电动轿车、氢燃料电池轿车将逐步进入普通家庭。

绿色汽车是对环保经济型一类汽车的统称，与传统燃油车辆相比，具有能耗低、污染物排放少等典型特征，又因其采用清洁(新)能源而带来的环保效果，亦称清洁汽车、新能源汽车。按照所使用燃料和驱动方式不同，绿色汽车可分为电动汽车、燃气汽车、改良燃料汽车、醇类汽车以及其他能源汽车。

1. 绿色汽车及其类型

阅读材料3-2

绿色汽车的发展始于20世纪30年代意大利开发的燃气汽车——天然气汽车。不过在当时，它还不叫绿色汽车，因为环保的意识还未形成，冠于其的名称是“代用燃料汽车”。

到了20世纪70年代，由于美英等西方工业化国家在中东战争中明显偏袒并支持以色列，从而引起中东阿拉伯国家的不满，决心报复美英等国。于是他们联合起来，切断对西方石油的供应，这使得当时主要从中东国家进口石油的西方工业国爆发了严重的能源危机，几乎使他们的能源交通业处于瘫痪状态。

进入20世纪80年代后，环境保护和经济这两个因素进一步推动了代用燃料汽车和电动汽车在工业发达国家的应用。而且随着汽车燃烧排放物对人类健康和生态环境危害的日益加剧，代用燃料汽车和电动汽车从最初的弥补石油资源不足为主要目的，转变为了降低汽车排放物、改善大气质量和生态环境为主要目的。代用燃料汽车开始被称为“绿色汽车”、“环保汽车”。

在20世纪的最后10年，环保问题变得更为重要。虽然执行了严格的尾气排放法规和进行了技术改进，工业发达国家中的机动车尾气排放得到了较好的控制。但是，持续的工业增长及车辆的普及，抵消了尾气排放控制所取得的技术进展。在城市，大气中半数以上的污染源来自机动车的尾气排放。而在发展中国家，情况则更糟。由于大多数机动车都没有安装尾气排放控制装置，致使尾气污染大量排放，加之交通堵塞、机动车缺乏维修及地理位置等因素交织在一起，促成了大城市空气的严重污染。

绿色汽车的优点越来越被证明是解决全球污染、温室效应、水质和土壤污染以及石油枯竭最有效的方法，加之代用燃料通常比汽油和柴油更便宜，这一切使得绿色汽车在发展中国家和发达国家都得到了极大的重视。

无疑，在21世纪里，绿色汽车在交通运输中将扮演一个更加重要的角色，衷心期待着绿色汽车能给人类带来绿色的新世纪。

绿色汽车是环保型汽车的美称。通常是指那些开发过程无污染，使用健康且安全，不会破坏环境和生态，在特定的技术标准下生产出来的汽车产品。它对汽车生产基地、汽车能源、汽车尾气的要求，对汽车从生产、销售到废品回收的整个过程的要求，以及对环境、生产技术、安全等方面的要求都有一定的国际标准。

绿色汽车是一项综合而又复杂的工作，除了排放治理技术外，还包括造材的选择，结构设计及工艺，强调降低材料用量，降低能耗、无毒副作用、不污染大气和水质，方便拆卸和分类，提高材料循环利用率，同时在生产、运输、管理、使用、维修、报废、回收等方面体现环保概念，此外还包括社会公益事业，使经济效益与生态效益达到完美统一。由于涉及内容非常广泛，依靠目前的技术，还很难全部实现，但世界各国的汽车业一直在不停地努力。

在过去的100年里，内燃汽车已发展到高度完善和精密阶段，全世界已拥有8亿多辆汽车，但随着内燃汽车的发展，由于石油是不可再生的能源，也带来重大隐患，如资源枯竭、环境污染、国家经济安全等。因此，开发“绿色”汽车已迫在眉睫。

目前国际上与绿色汽车相类似的叫法有很多，如称之为“环保汽车”或“清洁汽车”等。虽然叫法不同，但实质上差别不大，都是要求生产健康无污染的汽车，这是一种既追求保护环境，提高汽车安全性，又容易被广大消费者接受的产品。现在市场上的绿色汽车主要有以下几个种类。

1) 新型柴油车

柴油机的热效率高，和汽油机相比，可节省20%～25%的油耗。但多年来，柴油机在许多用户的脑海里有一些不好的印象，如噪声较大、尾气冒黑烟、提速缓慢、冷启动困难等。

近年来，柴油机在设计上有很大改进，例如涡轮增压及中冷技术、共轨式燃油喷射技术、新型废气再循环系统、颗粒物过滤器及其再生技术等的应用，使新型柴油机的性能大大改善，并能满足严格的尾气排放要求。

2）可变排量发动机

高级小轿车和载重汽车都需装用大功率发动机。此种功率强大的发动机在汽车加速及满负荷爬坡时十分必要。但是，当汽车在平路上等速运动时，不必要采用此种耗油很大的大排量发动机。因此，研究设计人员开发了一种“可变排量”的发动机，即可按要求提供排量使部分气缸暂时不起作用的发动机。当汽车在某些运转情况下，并不需要在所有的气缸内产生燃烧，发出动力。采用具有迅速反应能力的多功能微处理器，暂时中断或恢复部分气缸工作能力的过渡过程中并无突然动力下降或行驶不平稳的感觉。

3）混合动力驱动车

图 3.3 混合动力汽车

混合动力驱动车在车辆上装有一套内燃机、发电机组以及一套蓄电池，如图 3.3 所示。图中的发动机组中所用内燃机(汽油机或柴油机)较同类型普通汽车上所用内燃机的功率小。这一较小功率的内燃机是在最佳工况(热效率最高，尾气排放污染最小)的条件下等速运转。混合动力驱动车在运行中，能向蓄电池补充电能，因此不用像电动车、电瓶车那样，必须停歇在车库(或充电站点)内，花很长时间充电。混合动力驱动车辆具有节能、低排放、低噪声等优点，并保持了传统的由内燃机驱动的汽车续驶里程长的固有特点，混合动力驱动车辆无论在小轿车还是大型车辆(如公共汽车)领域中，均将有巨大的发展潜力和较好的市场前景。

4）电动汽车

电动汽车主要以二次电池、燃料电池或太阳能电池为动力，不用汽油，无废气排放污染。作为清洁、节能的新型交通工具，它在行驶过程中无污染、热辐射低、噪声小、不消耗汽油，可应用多种能源，结构简单、使用方便等，具有无与伦比的优势，受到世界各国的欢迎。电动汽车又是高科技的产物，它集光、电、化各学科领域的新技术为一体，如图 3.4 所示。

电动汽车消耗的能源是由发电厂提供的电力。发电可采用核能、水力、风力、太阳能、潮汐能等多种能源，这种对能源多元化的需求可减少汽车对石油产品的依赖。另外给电动汽车电池充电主要是在夜间进行的，非高峰充电有利于平衡电网负荷，降低设备与管理费用，减少消费者的开销。同时，广泛采用电动汽车还有助于降低噪声污染，电动汽车比内燃机汽车噪声低得多，能够大大降低人口稠密地区、城市的噪声水平。

5）氢气汽车

氢气汽车是目前最有前途的车型，如图 3.5 所示。氢气既可以用于清洁发电，又能通过电解水得到，由于它燃烧生成的也是水，所以对水资源影响小。因此其与电动汽车相结合产生的氢燃料电池汽车对环境污染也小。

2. 绿色汽车的发展概况

世界各国特别是西方的发达国家对开发绿色汽车技术非常重视，它们开发和推广的以

图 3.4　电动汽车

图 3.5　氢气汽车

电动汽车、多种代用燃料汽车为主要内容的绿色汽车工程正在全世界广泛应用。世界各大汽车公司，如通用、福特、克莱斯勒、奔驰、雪铁龙、宝马、丰田、本田等，都在争相研制各种新型无污染的环保汽车，力图使自己生产的汽车达到或接近“零污染”标准。来自雅典、巴塞罗那、佛罗伦萨、里斯本、斯德哥尔摩和牛津等6个城市的市长提出的“绿色汽车区”的构想，就是提出要开发研究绿色汽车。他们曾在英国举行的欧盟交通及环境会议上宣布，从2001年开始，其所在城市市中心将只对低废气排放的汽车敞开绿灯，污染严重的汽车将禁止通行。世界各国对“绿色汽车”的研究主要是对蓄电池电动汽车、燃料电池汽车、太阳能电动汽车的研究，代用燃料汽车开发的基本设想是使用汽油和柴油以外的燃料，如天然气、醇类、氢等，所以汽车的安全、舒适、环保、节能是近半个世纪以来汽车工业发展所面临的重要课题，这也是21世纪汽车工业发展的基点和追求的目标。

3. 绿色汽车的设计与制造

1) 绿色汽车的设计

要使汽车成为一种真正的绿色汽车，应该了解绿色技术，它包括以下3个方面的含义。

(1) 绿色技术是一种现代技术体系。

(2) 绿色技术是一种无公害化或少公害化技术，即无害于人类赖以生存的自然环境的技术，它主要体现在技术功能与环境功能的一致性上。因此，防止与治理环境污染，有利于自然资源生态平衡的技术均是绿色技术，这是判定绿色技术的生态标准或环境标准。

(3) 用绿色技术生产出的产品应该有利于人类的建设和福利，有利于人类文明进步，这是判定绿色技术的社会标准。所以，绿色技术创新体系中的最高级别是绿色产品，也就是说，绿色产品是绿色技术创新结果的最终载体，而绿色产品的获得必须以绿色设计和绿色制造为基础，这也是绿色技术的核心内容。因此，严格说来，应用绿色技术开发出来的汽车才算是名副其实的绿色汽车。

汽车的绿色设计与传统设计方法不同，它包括概念设计、生产工艺设计、使用乃至废弃后的回收再利用及处理等内容，即进行汽车的全寿命周期设计。要从根本上防止污染、节约资源和能源首先决定于设计，要在设计过程中考虑到产品及工艺对环境产生的负作用，并将其控制在最小范围之内以致最终消除，这就是绿色汽车设计的基本思想。

2) 绿色汽车的制造

绿色汽车的制造主要是强调采用能减轻对环境产生有害影响的制造过程，包括减少有害废弃物和排放物，降低能源消耗，提高材料利用率，增加操作安全性等。简单地讲，汽车的绿色制造在不牺牲质量、成本、可靠性、功能或能量利用率的前提下，努力减少汽车制造过程对生态环境造成的影响。要实现汽车绿色制造目标，必须使用绿色能源，采用绿色制造过程，最终生产出期望的绿色汽车。同时，在绿色制造的过程中，也必须考虑能源利用率、绿色材料、绿色制造工艺、绿色制造设备与工艺装备、生产成本、环境影响因素等。

对于汽车绿色设计和绿色制造的研究，主要包括以下几方面的工作。

(1) 绿色汽车的描述与建模。

(2) 绿色汽车的评价指标体系与评价方法。

(3) 绿色汽车设计方法学的基础研究。

(4) 绿色汽车设计的材料选择研究及绿色汽车的结构设计。

(5) 绿色汽车制造系统模型及绿色制造工艺技术研究。

4. 绿色汽车的评价

绿色汽车作为一种典型的绿色产品，必将成为今后汽车产品的主导方向。怎样衡量一个产品的绿色程度，如何正确评价绿色汽车并给出恰当的评价标准和方法，对指导绿色汽车产品的正常发展具有十分重要的意义。绿色汽车的绿色程度体现在产品的生命周期全过程，而不是它的某一局部或某一阶段。普通汽车产品与绿色汽车产品的生命周期含义截然不同，普通汽车产品生命周期是指汽车产品从“摇篮到坟墓”的过程，产品废弃后的一系列问题则很少考虑。这种生命周期是一个开环系统，其结果是废弃后的产品难于回收再利用，只能作为低级的材料加以回收。而绿色汽车的生命周期是从“摇篮到再现”的过程，它是对普通产品生命周期的扩展，即绿色汽车的生命周期除设计、制造、使用外，还包括废弃(或淘汰)产品的回收、重用及处理阶段，这种生命周期是一个闭环循环系统。绿色汽车生命周期包括下面几个内容。

(1) 绿色汽车规划及设计开发过程。

(2) 绿色汽车制造与生产过程。

(3) 绿色汽车使用过程。

(4) 绿色汽车维护与服务过程。

5. 绿色汽车的发展前景

当今世界汽车工业的特点是竞争激烈，国际化集约生产趋势明显，少数几家公司正演变为国际性大集团。通用、福特、丰田全球三大汽车公司的汽车产量(轿车)约占世界汽车总量的37%左右，而全球十大汽车公司的轿车产量约占世界汽车总产量的75%。它们实力雄厚、技术先进，代表了世界汽车工业发展的方向。它们的一个共同特点是在汽车环境保护方面做了大量的研究工作，投入了大量人力、物力和财力进行绿色汽车的开发研究。世界上实力雄厚的汽车集团公司，如美国的通用、福特、克莱斯勒，日本的丰田、本田、三菱，德国的大众、奔驰，法国的雷诺、雪铁龙，韩国的现代、大宇，意大利的菲亚特和瑞典的沃尔沃等，这些大的汽车公司从汽车使用的能源和资源方面着手，开发电动汽车(EV)和代用燃料汽车(SFV)，改善汽车对环境的污染，提倡使用零污染汽车。在汽车材料和车身结构方面进行全面优化，改善汽车发动机燃烧状况，广泛应用燃油电喷系统，极大地降低了汽车尾气排放。雷诺公司在汽车回收方面也不落后，在1999年，雷诺公司就建立了“绿色网络”来回收它在欧洲的商业机构产生的废弃汽车。汽车回收再利用、汽车材料可回收性、汽车安全性、降低成本、减轻质量、限制排放同改善外观一样，都是它主要优先考虑的问题，该公司初步回收目标达85%。菲亚特汽车公司、沃尔沃汽车公司都非常重视汽车回收再利用，并且做了大量工作。就绿色汽车目前开发而言，在汽车所用能源上想了很多办法，如开发天然气汽车(CNGV)、液化石油气汽车(LPGV)以及电动汽车(EV)等，并且在汽车发动机燃烧、汽车尾气排放治理方面开展了一些工作，带来了很好的经济效益和社会效益。

阅读材料3-3

新能源汽车仿真路线如图3.6所示。表3-1为新能源汽车的基本特性。

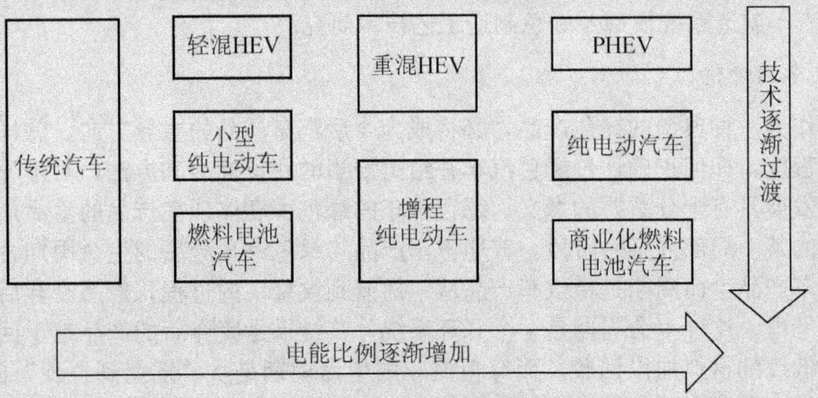

图3.6 新能源汽车仿真路线

表3-1 新能源汽车的基本特性

	普通混合动力(HEV)	插电式混合动力(PHEV)	纯电动汽车(EV)	燃料电池汽车(FCV)
驱动方式	内燃机为主，电机为辅	电机为主，内燃机为辅	电机驱动	电机驱动
能量系统	内燃机，蓄电池	内燃机，蓄电池	蓄电池	燃料电池
蓄电池种类	镍氢，铅酸	锂电	锂电	—
基础设施	加油站	充电站	充电站	氢气
排放量	较高排量	低排量	零排量	零排量
优势	技术成熟，成本低，无需新增配套设施	节能减排效果好，续航里程长	节能减排效果好	能源效率高，节能减排效果好，续航里程长
不足	混合程度低，节能减排效果有限	成本高，蓄电池技术待突破，需充电站等配套设施	成本高，蓄电池技术待突破，续航里程短，需充电站等配套设施	成本高，技术尚不成熟
商业化进程	已规模化量产	有销售，但未规模化	有销售，但未规模化	仍处于研发阶段

由于绿色汽车本身具有的优越性，它有着潜在而巨大的汽车市场。绿色汽车的开发是汽车工业新的经济增长点，可使汽车工业真正得到可持续发展。绿色汽车将给人类带来更加灿烂的文明，21世纪将是绿色汽车的世界。

6. 我国发展绿色汽车的应对措施

大力发展绿色汽车将是我国汽车行业发展的必然选择，而作为一种新生事物，绿色汽车的发展将是我国一项长期而艰巨的任务。中国被认为是未来最后一块最大的汽车市场，如果我国不能顺应环境保护与充分利用现有能源的新趋势，那么不仅我国的环境会遭到破坏，而且汽车工业也将更加落后，因此我国更有必要加快发展绿色汽车。

1）绿色汽车产业

与国外汽车产业相比，我国汽车产业在科研、生产规模、营销体系方面落后许多，国家有必要在信息、人才、税收、贷款等方面对绿色汽车的科研、生产企业进行全方位的扶持，努力实现产品的低成本和高质量，并且实施规模生产，达到规模效益，实现产业化发展。同时加强统筹工作，组建专业联合体，由国家有关部门或委托相关企业牵头，就某一个项目联合攻关，集全国之力，走科研、实验、生产和推广一体化的开发之路。

2）制订绿色法规

我国应建立完善并且切实可行的绿色汽车质量标准体系，加强对绿色汽车产品的认证、注册、年检等管理，打击假冒伪劣产品进入市场，同时也要强化绿色汽车装配，规范市场管理。绿色排放标准除对新车型论证外，汽车厂家还要在规定的行程对汽车的排放质量负责，推动绿色汽车的发展。

3.2 代用燃料和能源新技术

从20世纪70年代出现石油危机以来，一些国家就很重视汽车代用燃料的研究及应用，而后石油价格下跌，但是降低汽车排放、保护环境的要求促使各国继续代用燃料的研究。有助于降低汽车排放的代用燃料较多，如醇燃料、二甲基醚、气体燃料、氢气及生物燃料等。

3.2.1 车用代用燃料的种类

所谓代用燃料是指能够取代或部分取代目前内燃机传统燃料(汽油、柴油、煤油)的燃料。能作为内燃机实际使用的代用燃料要求发动机本身不应做大的改动即能利用，应有足够的资源，加工、运输、使用和保管比较方便且安全可靠，使用代用燃料的发动机的动力性、经济性、排放性、耐久性和可靠性不应降低。

- 代用燃料
  - 液体燃料
    - 醇类燃料
    - 植物油燃料
  - 气体燃料
    - 氢气燃料
    - 天然气
    - 液化石油气

图3.7 代用燃料的分类

目前，代用燃料研究的内容极为广泛，但就燃料种类来说，可归纳为两种，如图3.7所示。

氢气是极好的燃料，但目前尚存在价格高、寿命短、起动时易回火、最大功率不足等问题。天然气、液化石油气在内燃机上的应用已取得了比较成熟的经验。但从总体来看，气体燃料的能量密度低，需庞大的专用储气装置，适宜于作固定动力燃料，用于车用发动机燃料，则需压缩或液化。

醇类燃料因其辛烷值高，抗爆性好，可通过提高压缩比来提高热效率而在汽油机上得到了广泛应用。如巴西实施酒精计划后，在1985年其酒精产量达到120亿升，可替代国内20%的汽油，2000年燃料乙醇总产量达到930万吨，目前乙醇汽车已占巴西汽车总数的30%。但醇类燃料用于柴油机时，因其十六烷值低、汽化潜热大造成了着火困难等问题而使其应用受到了限制。

相对汽油而言，植物油燃料的性质更接近于柴油，因此目前的研究大多集中于柴油机。

3.2.2 汽车代用燃料技术

1. 醇类燃料动力技术

醇类用作内燃机的燃料由来已久，世界上第一台内燃机即是以乙醇为燃料的。到了1909年，美国人亨利·福特设计并制造了世界上第一辆燃用乙醇的汽车。20世纪20～30年代美国、巴西、德国、法国、新西兰等国先后将乙醇与汽油混合用作汽车燃料。20世纪70年代两次能源危机之后，醇类开始较大规模获得应用。目前，有40多个国家和地区开发应用了醇类汽车，以美国和巴西应用最多。

1990年美国国会通过空气清洁法(修正案)，开始实行含氧及新配方汽油计划，要求在汽油中添加含氧量不大于2.7%(m/m)的含氧化合物。目前，美国约有17个州在使用新配方汽油，新配方汽油约占全美汽油消耗量35亿吨的1/3，约8%的新配方汽油使用乙醇。在美国中西部地区，乙醇的加入量为10%，其他地区的乙醇加入量为5.7%［含氧量<2.0%(m/m)］，或7.7%［含氧量<2.7%(m/m)］。美国允许使用的含氧化合物有：MTBE、TAME、ETBE、乙醇和乙醚等。

巴西石油资源贫乏，早在20世纪20年代就开始在汽车上应用乙醇/汽油混合燃料，但在以后的几十年由于世界石油供应比较充分，发展代用燃料的原动力不足，乙醇/汽油混合燃料的应用进展缓慢。第一次能源危机爆发的第二年即1974年，巴西政府决心大力推广乙醇汽油，1975年开始推行“车用乙醇汽油计划”，全力发展以甘蔗为原料的乙醇生产，乙醇的生产能力迅速增加到年产135万吨。第一批汽车使用的混合燃料含乙醇22%。第二次能源危机爆发的1979年，巴西政府进一步加大了推行乙醇/汽油混合燃料的力度，采取了强有力的政策支持，支付巨额的财政补贴，规定1L酒精的价格不得超过1L汽油价格的69%。乙醇汽车在巴西获得快速发展和普及应用，早在1990年巴西的乙醇产量即达428万吨；2000年燃料乙醇总产量约占其汽油消耗总量的1/3，并成为世界上唯一不使用纯汽油作为汽车燃料的国家。近年来，巴西发现了石油油田，并进行了开采，对乙醇汽车的支持力度有所减弱，但乙醇汽车依然是巴西最灿烂的亮点。

我国早在20世纪80年代就开始使用甲醇与汽油的混合燃料，并制定出台了M15甲醇汽油标准。2001年又制定了《变性燃料乙醇》(GB 18350—2001)和《车用乙醇汽油》(GB 18351—2001)两项国家标准，并已于当年开始实施。

1) 汽车用甲醇燃料

甲醇又称木精或木醇，可用作燃料和溶剂，也可以用来制造染料和甲醛等。

甲醇可利用天然气、煤、石脑油、重质燃料以及木材、垃圾等来提炼。传统方法主要是以天然气为原料，反应式如下：

$$CH_4+0.5O_2 \longrightarrow CH_3OH+Q$$

有些国家如俄罗斯和加拿大等国盛产天然气，为运输方便，大量出口用天然气生产的甲醇。从总体上来看，因天然气本身就是一种优良的燃料，加工成甲醇之后使用未必合算。

长远考虑，以储量丰富、价格低廉的煤为原料制取甲醇，尚有较好的前景。我国、美国、加拿大、澳大利亚、俄罗斯、哥伦比亚和印度等煤炭大国，将成为主要的甲醇生产国。

用煤制取甲醇的工艺是先将煤制成煤气，其主要成分是 H_2、CO 及 CO_2，分别占50%、28%和12%，在一定条件下 H_2 与 CO 可以合成为甲醇，反应式如下：

$$CO+2H_2 \longrightarrow CH_3OH+Q$$

阅读材料3-4

甲醇在汽车上的应用方式

现以不同的分类方法来考察甲醇在汽车上的应用。

1. 按甲醇的理化形态

(1) 液态甲醇。指甲醇在汽车上以液态储带、液态燃料供给。

(2) 气态甲醇。指甲醇在汽车上以液态储带、利用发动机余热变成气态后再供入气缸。

(3) 甲醇改质。指甲醇在汽车上以液态储带、利用发动机余热改质成 H_2 与 CO，再供入气缸。

2. 按应用的对象

(1) 应用于点燃式发动机。

(2) 应用于压燃式发动机。

3. 按同时使用的燃料

(1) 纯烧。指只烧甲醇。

(2) 掺烧。指甲醇与汽油掺烧。

在混合燃料中甲醇的容积比例以M表示，如甲醇占10%、20%，即以M10、M20表示。纯烧甲醇是掺烧的特例，以M100表示。

掺烧按甲醇的比例高低又有高、中、低之分。

① 低比例甲醇汽油。一般指甲醇掺烧比例小于5%～10%的甲醇汽油M5、M8。

② 中比例甲醇汽油。一般指甲醇掺烧比例约为10%～20%的甲醇汽油，如M15、M20。

③ 高比例甲醇汽油。一般指甲醇掺烧比例大于20%的甲醇汽油，如M85、M90等。

4. 按燃料应用的灵活性

(1) 固定燃料。指纯甲醇或甲醇与汽油以固定比例混合的燃料。

(2) 灵活燃料。灵活燃料指既可使用汽油，又可使用甲醇或甲醇与汽油以任何比例混合的燃料。工作时由燃料传感器识别燃料成分，通过计算机提供发动机最佳运行参数。

目前，甲醇应用最多的方式是以液态、掺烧(与汽油以一定比例混合)形式应用于点燃式发动机。

甲醇的物化特性与汽油、柴油相比，其主要特点见表3-2。

表3-2　甲醇与柴油、汽油的物化特性对比

名称	分子量	液态密度/($kg \cdot m^{-3}$)	辛烷值(道路法)	十六辛烷值	理论空燃比(质量比)	自然温度/℃	气化潜热/($kJ \cdot kg^{-1}$)	低热值/($MJ \cdot kg^{-1}$)	闪点/℃
甲醇	32	796	106～108	3	6.4	470	1110	19.68	11
柴油	180～120	830	30	45	14.6	200～220	300	42.8	75
汽油	95～120	700～800	90～96	0～10	14.7	220～260	284～350	44	−45

(1) 汽化潜热大。近似是汽油的3.1倍、柴油的3.7倍。在形成混合气时，甲醇会降低进气温度，提高充气系数，降低压缩负功，一定程度上可以改善发动机的燃烧，提高热效率；且降低进气温度可以同时降低NO_x和碳烟排放，这正是石油产品发动机尾气排放的致命弱点。但高汽化潜热产生的冷却效应对发动机低速、低负荷时的工作过程会产生不利的影响。

(2) 热值低。甲醇的低热值为19.68MJ/kg，汽油的低热值为44MJ/kg。由于甲醇燃料的分子式中含有氧元素，所以1kg甲醇完全燃烧所需要的空气量要比燃烧汽油或柴油少许多。经估算，按理论混合比燃烧，如果1kg空气完全被利用，甲醇燃料可以放出3919kJ热量，而汽油仅为3822kJ热量。由此可以知道，使用甲醇燃料的汽车行驶同样的距离，油箱容积需要增大一倍左右，但甲醇燃料发动机的功率不比汽油机或柴油机低。

(3) 辛烷值高。甲醇的辛烷值为106～108，而目前国内汽油最高为96左右。所以甲醇燃料比汽油有更好的抗爆性，压缩比可达13。十六烷值很低，不具有压燃性能，这样就决定了甲醇发动机可以使用高压缩比和必须采用点火燃烧方式。

(4) 亲水性强。甲醇中的OH为具有极性的羟基，它兼有亲油和亲水性。因此，甲醇燃料在储存和运输过程中要考虑密闭问题以防止吸入空气中的水汽。如果借助于表面活性剂如正丁醇、异丁醇等的增溶作用，可使甲醇与汽油或柴油相溶，作为混合燃料用于内燃机。

(5) 润滑性差和有腐蚀性。甲醇与柴油相比，因黏度小，自润滑性能很差并对润滑油有稀释作用，如要像柴油机那样，采用高压喷射方式，就必须要考虑高压泵柱塞的磨损问题。另外，甲醇对密封件及某些金属有腐蚀性，所以凡是直接与甲醇接触的密封件和金属需采取必要的抗腐蚀措施。

根据大量的实际实验研究，醇燃料发动机与汽油机、柴油机的性能和排放分析比较结果见表3-3。

表3-3 醇燃料发动机的性能评价

评价参数		燃料种类				
		甲醇	乙醇	混合汽油	汽油	轻柴油
发动机性能	比功率/(kW·kg^{-1})	0.735	0.735	0.735	0.735	0.147～0.368
	热效率(%)	40～50	30～35	25～30		35
	耗油率/(L·kWh^{-1})	0.54	0.54	0.34～0.40		0.27
排气成分	NO_x	微				稍多
	SO_x	无		微		少
	CO	少				微
	HC	微				少
	碳烟	无		微		多
	甲醛、醇	多		微		少
环境影响	变质性	微		少		稍多
	光化学烟雾	微		少		稍多
	环境毒性	少		稍多		

阅读材料3-5

纯甲醇发动机的开发实例

M2566LUH型增压中冷甲醇发动机是MAN公司研究开发的。该发动机与非增压的M2566LUH型发动机属同一系列，基本零件可通用，混合气形成方法和燃烧方式均与非增压相同。单孔喷油器的喷孔直径为1.1mm，采用博世P7-100型喷油泵，柱塞直径为13mm。图3.8展示了该发动机燃烧室部分的基本结构。图3.9是该发动机的点火系统。

起动时，使用电动燃料泵供给燃料。运转时，由直接装在喷油泵上的机械式输送泵供给燃料，火花塞由高压电容放电点火装置系统供给能量，点火装置由电子控制，各火花塞都分别带有专用的高压点火线圈。

与原机相比，该发动机在低速区运转转矩更大，完全无黑烟。若把燃料消耗率折算

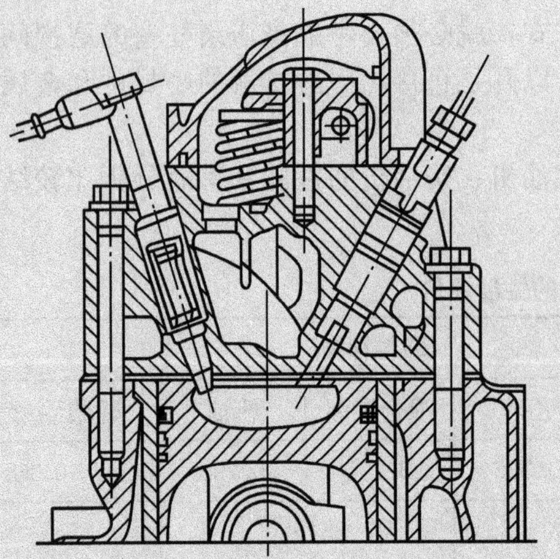

图 3.8　M2566LUH 型甲醇发动机燃烧室结构

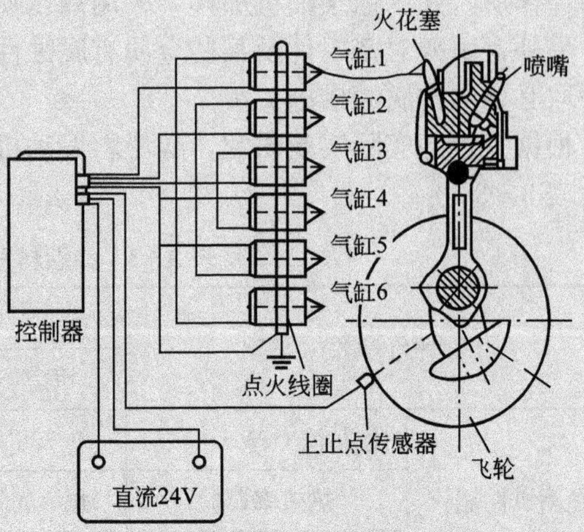

图 3.9　M2566LUH 型发动机点火系统

成柴油，在低速区的燃料消耗率比柴油差一些，中、高速区与柴油机基本相同，性能特性如图 3.10 所示。基本趋势与非增压相同，但转矩曲线在使用甲醇的情况下改善更为明显。

要解决甲醇发动机的压燃问题，可以将一部分甲醇通过催化作用而改质成二甲基醚(DME)。由于 DME 的自燃温度为 350℃，所以可以像一般的柴油那样压燃。DME 的生成反应方程如下。

$$2CH_3OH \longrightarrow CH_3OCH_3 + H_2O + Q$$

上述改质反应可利用排气废热，在催化反应器中完成，生成的 DME 可以从进气管与新鲜空气混合后供入气缸，也可以通过一个设置在气缸盖中的阀供入副室。DME 被压燃以后即可以起点火的作用将喷入气缸的主燃料甲醇引燃。

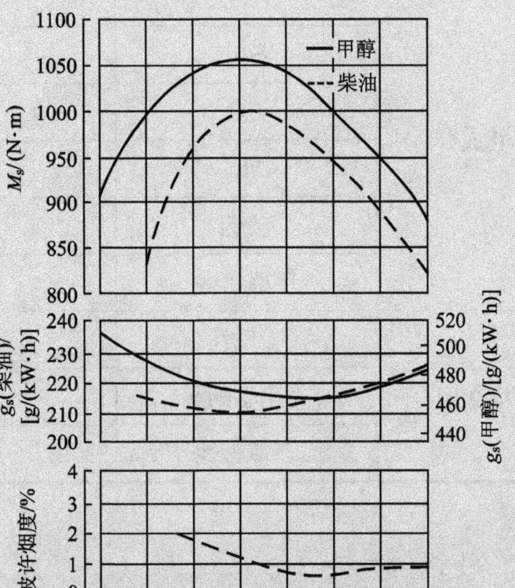

图 3.10　原型机与 M2566LUH 型甲醇发动机的性能比较

2) 汽车用乙醇燃料

乙醇(CH_3CH_2OH)又称酒精，有的地区叫火酒，是制造合成橡胶、塑料、染料、涂料、化妆品、洗涤剂等的原料，也是化学工业上的常用溶剂，并有杀菌作用，用作消毒清洁剂、防腐剂。

乙醇可由乙烯和水化合而成，也可用含糖作物(如甘蔗、甜菜等)、含淀粉作物(如木薯、土豆和玉米等)以及作物含纤维下脚料(如草木秸秆)等为原料。这些原料的优点是属于可再生能源，问题是炼制 1 吨乙醇需要消耗 4 吨甘蔗或 4 吨粮食。用含纤维素原料来制取乙醇，则投资大、成本高、收效少，很少采用。

阅读材料3-6

乙醇在汽车上的应用方式

乙醇在汽车上的应用方式主要有以下几种。

(1) 纯烧。指单烧乙醇。

(2) 掺烧。指乙醇与汽油掺烧。在混合燃料中乙醇的容积比例用E表示，如乙醇占10%、20%，表示为E10、E20。纯烧是掺烧的特例，以E100表示。

(3) 变性燃料乙醇。指乙醇脱水后再添加变性剂而生成的以乙醇为主[>92.1%(V/V)]的燃料。

(4) 灵活燃料。灵活燃料指既可使用汽油，又可使用乙醇或乙醇与汽油以任何比例混合的燃料。工作时由燃料传感器识别燃料成分，通过计算机提供发动机最佳运行参数。

灵活燃料汽车的商业前景很好，已在福特汽车厂生产线大批生产，但由于近年来，汽油车的性能不断改进，影响了乙醇燃料汽车的发展，甲醇汽油灵活燃料汽车1998年暂时停产，而乙醇汽油灵活燃料汽车仍在继续生产。为了体现政策，在美国政府部门应用灵活燃料汽车较多。

乙醇在汽车上的各种应用方式中，应用最多的方式是以液态、掺烧(与汽油以一定比例混合)形式应用于点燃式发动机。

乙醇的优点和缺点与甲醇相似，只是程度不同而已。目前我国推广应用的变性燃料乙醇是将乙醇脱水后再加上适量汽油形成的，标准要求燃料乙醇与变性剂的体积混合比为100：2～100：5，并且含水量不得大于0.8%。车用乙醇汽油则是将变性燃料乙醇以一定比例与汽油混配形成的，标准要求允许加入10%(V/V)+0.5%(V/V)的变性燃料乙醇，并且水分含量不得大于0.15%，其余则要求与车用无铅汽油的指标一致。

乙醇燃料汽车的性能也与甲醇燃料汽车相近。由于热值低，要发出同样的功率，必须加大供油量。醇类燃料汽车的低温起动性和运行性能较差，但通过提高压缩比，可以利用醇类燃料火焰传播和燃烧速度快的优势来弥补其滞燃期较长的缺点，使发动机输出功率增加，能耗率降低。

2. 汽车天然气(NGV)燃料技术

天然气作为汽车燃料于20世纪30年代初由意大利人率先利用，到1939年意大利就有1万辆汽车燃用天然气。苏联早在1938年就研制出两种压缩天然气汽车。从1947～1948年开始批量生产吉斯-156和嘎斯-51B型压缩煤气瓶汽车。但20世纪50～60年代发展都较缓慢。直到1973年第一次石油危机之后，人们才逐渐认识到汽车燃用天然气既经济又清洁且安全等优点。

我国汽车天然气从20世纪50年代开始出现，主要采用低压气囊式。随着国民经济的迅速发展，交通运输及农业机械化对矿物燃料需求急剧增加，燃油紧缺程度加大，从1986年以后，我国NGV出现了发展的好势头。

天然气可以用压缩天然气(CNG)和液化天然气(LNG)的方式在内燃机中加以利用。

图 3.11　天然气汽车尾部

由于天然气的沸点很低(−162℃)，液化困难，所以目前大多以CNG的方式利用。在CNG利用方面，目前以在用车改装为主，而改装的车辆又以汽油车居多。在天然气—柴油双燃料发动机汽车及其电控技术等方面也取得了新的进展，并且已开发出了CNG专用发动机。图3.11为常见天然气汽车尾部。

1) 天然气与汽油的性能差异

天然气的主要成分是甲烷(CH_4)，随产地不同，甲烷的含量在83%～99%之间，由于组成的变化，理论混合比、发热量也将发生差异。由于燃料的容积流量增加，使吸入发动机的新鲜空气量减少，发动机的输出功率会下降，约为气体燃料的90%。天然气的辛烷值为130，十六烷值为0，所以只能点燃不能压燃。

与汽油相比，天然气的特性有很大差别，具体特性值见表3-4。

表3-4　天然气与汽油的理化特性对比

特性值		天然气	汽油
密度	气态/(kg·m^{-3})	0.718	5.093
	液态/(kg·L^{-1})	0.425	0.74
低热值	重量/(kJ·kg^{-1})	497420	44308
	与汽油相比	11.2	
	液态/(kJ·L^{-1})	21150	32604
	与汽油相比	0.65	
理论空燃比	重量	17.2	14.7
	气态体积	9.55	59
混合气的理论热值/(kJ·m^{-3})		3386	3762
与汽油相比		0.9	
沸点(0℃，1大气压)/℃		−162	100
汽化潜热/(kJ·kg^{-1})		510	284
汽化潜热/(kJ/发热量10^{-3})		43	27
自燃温度(大气中)/℃		650	500
点火界限燃料体积比/(%)		5.3～15	1.2～6
点火界限当量比 ϕ		0.65～1.6	0.7～3.5

2) 汽车用压缩天然气的技术要求

不可随意将民用天然气用作汽车用燃料，汽车用天然气应当比民用燃料有更优良的品质。中华人民共和国石油天然气行业标准SY/T 7546—1996《汽车用压缩天然气》，对汽车用压缩天然气做出了规定，见表3-5。按照规定，车用天然气的高位发热量不得小于31.4MJ/m^3，硫化氢(H_2S)含量不得大于20mg/m^3，总硫(以硫计)含量不得大于

270mg/m³，二氧化碳(CO_2)含量(V/V)不得大于3%，水露点应低于最高操作压力下最低环境温度。

表3-5 汽车用压缩天然气技术要求

项目	质量指标	实验方法
高位发热量/(MJ·m^{-3})	≥31.4	GB/T 11062
硫化氢(H_2S)含量/(mg·m^{-3})	≤20	GB/T 11060.1 GB/T 11060.2
总硫(以硫计)含量/(mg·m^{-3})	≤270	GB/T 11061
二氧化碳(CO_2)含量(V/V)/℃	≤3.0	SY/T 7506
水露点	低于最高操作压力下最低环境温度	SY/T 7507(计算确定)

标准SY/T 7546—1996《汽车用压缩天然气》对于规范汽车用天然气市场、促进天然气汽车产业发展所起的作用是毋庸置疑的。

按压力、形态和储存状态，天然气主要有高压气态、常压气态、液态和吸附等4种。

(1) 高压天然气(Compressed Natural Gas，CNG) 是泛指压力高于大气压的气态天然气。在汽车上通常将天然气储存在汽车携带的高压储气瓶里，压力约为20MPa。高压气态是目前天然气储带的主要方式。

(2) 常压天然气(Normal Natural Gas，NNG) 是指不施以压缩和降温的常压气态天然气。这是最简单的储带方式，因携带量少和不安全，一般不采用。

(3) 液化天然气(Liquefied Natural Gas，LNG) 是指液体状态的天然气，它在低于-162℃的超低温下以液态储存于绝热性能良好的容器中。它是目前迅速发展的一种储带方式。

(4) 吸附天然气(Adsorbed Natural Gas，ANG) 是指处于被吸附状态的天然气。天然气在不太高的压力(3.5～6MPa)下以被吸附状态储存在天然气吸附剂中。这是一种日益受到重视的天然气储带方式。

阅读材料3-7

CNG-汽油两用燃料汽车的工作原理

所谓CNG-汽油两用燃料汽车就是将原来的燃料系统保留不变，改装后的汽车既可使用原来的汽油工作，也可以用天然气工作，但不同时使用。

CNG-汽油两用燃料汽车是在保留原车供油系统的基础上，增加一套“车用压缩天然气装置”，油气两种燃料转换非常方便。“车用压缩天然气装置”由以下3个系统组成。

(1) 天然气储气系统。主要由充气阀、高压截止阀、天然气储气瓶、高压管线、高压接头、压力传感器及气量显示器等组成。

(2) 天然气供给系统。主要由天然气滤清器、减压调节器、动力调节阀、混合器等组成。

(3) 油气燃料转换系统。主要由油气燃料转换开关、天然气电磁阀、汽油电磁阀等组成。

目前，我国在用的CNG汽车，有机械控制式和机电控制式两大类。机电控制式车用压缩天然气装置工作原理如图3.12所示，装车示例如图3.13所示。

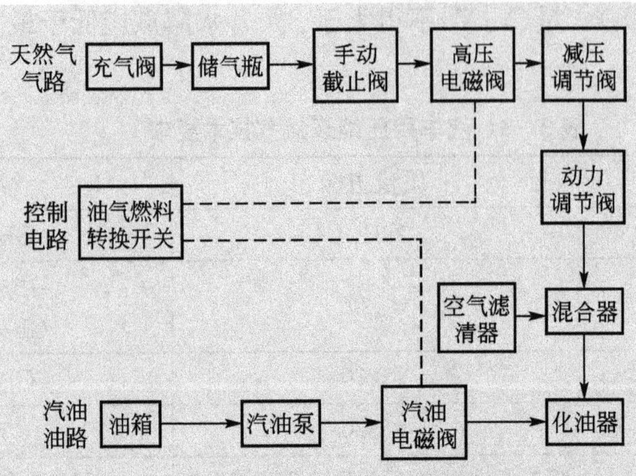

图 3.12　CNG-汽油两用燃料汽车工作原理

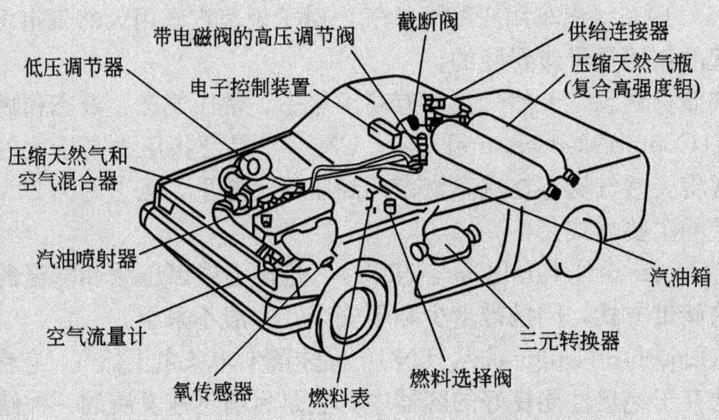

图 3.13　CNG-汽油两用燃料汽车装车布置

充气站将压缩天然气，通过充气阀充入储气瓶至20MPa。当使用天然气作燃料时，手动截止阀打开，安装在驾驶室内的油气燃料转换开关扳到“气”的位置，此时天然气电磁阀打开，汽油电磁阀关闭，储气瓶内的20MPa高压天然气通过高压管路进入减压调节器减压，再通过低压管路、动力阀进入混合器，并与经空气滤清器进入的空气混合，经化油器通道进入发动机气缸燃烧。减压调节器与混合器相匹配，根据发动机的各种不同工况产生不同的真空度，自动调节减压调节器的供气量，并使天然气与空气均匀混合，满足发动机不同工况的使用要求。

当使用汽油作燃料时，将油气燃料转换开关扳到“油”的位置，此时天然气电磁阀关闭，汽油电磁阀打开，汽油通过汽油电磁阀进入化油器，并吸入气缸燃烧。有的CNG汽车用晶体管电动油泵代替汽油电磁阀，其性能基本相同。

3）天然气汽车的技术内容

天然气汽车与汽油、柴油汽车相比具有更多、更新的技术内容，其中包括下列几个主要方面。

(1) 加气站技术。气体燃料在汽车上的充加需要比液体燃料复杂得多的加气设备，例如CNG加气站，它不仅要把天然气压缩到20MPa以上，而且还要在供气速度、容量配置、充放气顺序、起停控制、计量与环境补偿、安全设施等方面做出完善的设计。此外，还需要脱硫脱水装置。

(2) 发动机技术。气体燃料的性质决定了它不同于汽油、柴油，因而气体燃料发动机也不同于汽油机、柴油机，它应该有其独特之处，因此在气体燃料的混合、燃烧方式、发动机燃烧室结构、点火系统等诸多方面都需要研究与开发。

(3) 气瓶技术。由于汽车是移动运行的，因此气体燃料气瓶的质量是一个重要的技术问题，此外，气瓶在各种苛刻条件下的安全性问题更是气体燃料汽车技术研究中不可忽视的问题。

(4) 混合控制技术。汽车的速度和负荷总是变化的，而且气体燃料相对于液体燃料来说较难控制，因此按汽车运行工况要求提供合适的混合气给发动机是混合控制系统的根本任务。

3. 氢燃料汽车技术

图 3.14 宝马公司的氢燃料汽车

氢气是一种热值高、污染低的清洁燃料，作为内燃机代用燃料国内外进行过大量研究。日本曾研制成功以氢气作燃料的小轿车，时速达 160km(最高可达 200km)，车上安装了一台 1.2L 的氢气燃料旋转发动机。前苏联首先试验在汽油中加入 5%的氢作为汽车混合燃料，可节约汽油 25%～30%，热效率提高 19%。氢燃料发动机能否实用化的关键是解决如何廉价地获得氢和携带储运两个问题。图 3.14 为宝马公司推出的氢燃料汽车。

1) 氢气的主要性质

在常温、常压下，氢是无色、无味、无毒的气体，其主要性质见表 3-6。

表 3-6 氢的主要性质

项 目	单位	内容或数据	项 目	单位	内容或数据
分子量		2.02	最大燃烧速度	cm/s	291.2
沸点	℃	−252.8	理论混合比下的点火能量	MJ	0.02
蒸发潜热	J/g	447			
高热值	kJ/g	142	最小点火能量	MJ	0.018
低热值	kJ/g	120	理论混合比下的淬熄距离	cm	0.06
在空气混合气中的爆炸极限	%(V/V)	4～75			
			最小淬熄距离	cm	0.06
自燃温度	℃	400	空气中的火焰温度	℃	2045
闪点	℃		从火焰辐射的热能	%	17～25

氢与其他已经获得广泛应用和具有应用潜力的燃料相比，具有以下突出特点。

(1) 最轻。氢气的分子量等于 2.02，是最轻的元素，其密度仅为空气的 1/14.5。

(2) 沸点最低。氢的沸点为−252.8℃，属超低温。

(3) 理论混合比最大。氢的理论混合比为34.48。

(4) 质量低热值最大。氢的质量低热值为119.9MJ/kg。由于氢的低热值遥遥领先，尽管它的理论混合比大，其以质量计的理论混合气仍保持为最大，等于3.38MJ/kg。

(5) 以容积计的理论混合气热值最小。虽然氢的质量低热值和以质量计的理论混合气的热值最大，但因其密度太小，故以容积计的理论混合气热值反而最小，其值为3.17MJ/m^3。

(6) 分子变更系数最小。氢是上列燃料中可燃气燃烧后的分子数比燃烧前少的唯一品种，故分子变更系数最小，等于0.8521。

(7) 不含碳。氢气不含碳。

(8) 自燃点高。氢的自燃点为400℃，比汽油、柴油和二甲醚的高。

氢气不含碳、只含氢，决定了氢有非常优秀的排放性能；气态决定了氢易于保证良好的混合气形成质量；自燃点高使得氢气发动机有较高的许用压缩比，这意味着氢气发动机可以有较高的热效率。

氢的优点和缺点都十分明显，氢的突出优点使人们一直坚持不懈地对氢气发动机进行研究，另一方面氢的突出缺点也实实在在地制约了它实际应用的进度。可以肯定，氢气应用关键技术获得突破之日，就是氢气发动机发展春天到来之时。

阅读材料3-8

氢燃料汽车的类型

氢气发动机属于点燃式发动机，可以由汽油机改制，也可以由柴油机改制。由汽油机改制要考虑喷氢器的安装，由柴油机改制则要考虑加装点火系统等问题。

1. 按储带的压力和形态

有压缩氢汽车、液化氢汽车和吸附氢汽车等3种。

(1) 压缩氢汽车是指以高压气态储带氢气的氢燃料汽车。氢气以20～25MPa的压力储存于高压容器中。工作时经降压、计量和混合后进入气缸，也可以直接喷入气缸。

(2) 液化氢汽车是指以液态储带氢的氢燃料汽车。工作时液态氢经升温、降压和计量，然后直接喷入气缸，或在机外混合后进入气缸。一般是直接喷入气缸。液化氢汽车的技术难度很大，需要深冷技术制备氢，需要绝热性能良好的液氢容器和对材料性能要求很高的液态氢泵等。美国、德国和日本等国对液化氢汽车进行了较多的研究。

(3) 吸附氢汽车是指以金属氢化物储带氢的氢燃料汽车。工作时，储存于金属氢化物中的氢释放出来直接喷入气缸，或在机外与空气混合后进入气缸。

2. 按混合气形成方式

有预混和缸内直喷两类。

预混是指氢气与空气在混合器中混合，然后经进气道进入气缸。这种汽车的动力性低、易产生回火，综合性能较差。

缸内直喷是指在压缩行程、进气门关闭以后，氢气通过喷氢器被直接喷入气缸，在气缸内完成与空气的混合。

2）氢在发动机中的供给方式

作为发动机的燃料，氢可以采用图 3.15 所示的 3 种方式进入燃烧室。以燃用汽油为比较基准(输出功率设为 100%)，随供给方式不同，发动机的输出功率也不同。尽管氢的单位质量低热值为汽油的 2.7 倍左右，但完全燃烧的化学计量比约为汽油的 2.3 倍。氢与空气按化学计量比混合的理论混合气热值为汽油理论混合气热值的 0.86 倍，因此采用图 3.15(b)中将气体氢由进气管吸入的方式，输出功率只有汽油的 86%。采用图 3.15(c)的方式，将液态氢由进气管吸入，其输出功率为汽油的 114%。而采用图 3.15(d)的缸内直接喷射方法，输出功率为汽油的 120%。

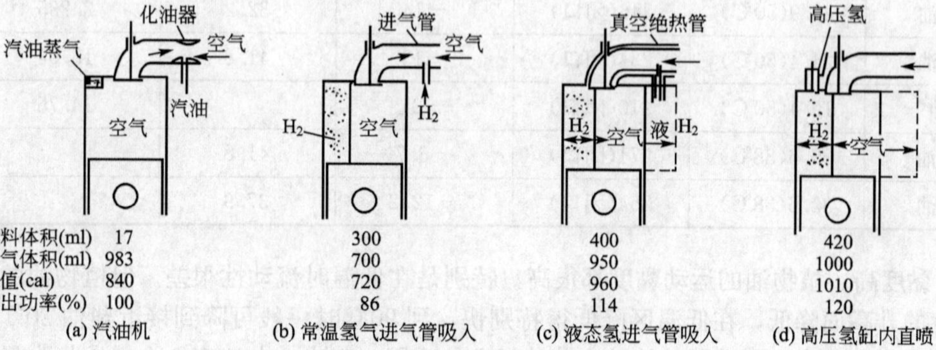

图 3.15 氢的不同供给方式与输出功率

4. 汽车生物质燃料技术

所谓生物质燃料(Biomass Fuel)是指由植物中获取的燃料。植物在生长过程中吸收 CO_2，而在长成后可以不同方式改变人类生活中的能源。植物的生长期远远短于石油的生长期，植物又是可以人工种植的，因此利用植物替代石油燃料，对节约石油能源，减少全球的 CO_2 排放量是有深远意义的。

有些植物的籽粒含油十分丰富，如菜籽油、棉籽油、棕榈油、大豆油、花生油以及向日葵油等。研究表明，这些植物油十六烷值较高，只要用合适的方法将其黏度调整到柴油水平，可以在发动机不做改进的情况下直接使用。使用过的食品油回收处理后，也可以作为柴油机燃料，这同时也减轻了废食品油对江湖水源的污染。但这类植物油使用时必须经过精制或改性处理，否则会引起喷油气针阀偶件卡死和燃烧室严重积炭等问题。

世界上还有一些树能产生液体碳氢化合物，被称为石油植物。1979 年，美国化学家、诺贝尔奖获得者梅尔文·卡尔文，在访问巴西期间，发现一种古巴香蕉树能产生“柴油”。当地居民在它 1m 粗的树干上钻一个直径 5cm 的孔，然后用塞子堵上，每过去 6 个月左右，拔去塞子就可以收集到 15～20L 碳氢化合物。后来，人们陆续发现了一些石油植物，如随续子、绿玉树以及产于波多黎各的三角大戟等。

植物油用作柴油机燃料的研究，可以追溯到鲁道夫·狄塞尔发明压燃式内燃机时期。当时他就考虑了多种燃料，几乎能喷入气缸并能在压缩高温空气中着火的油类，他都试验过，只是后来由于大量性优价廉的石油的开采，才停止了研究。但到了 20 世纪 70 年代，由于石油危机，这项研究又掀起高潮。由于技术、经济等原因，目前植物油尚未实际应用在汽车上，但在一些农用动力上已得到了应用。下面仅就目前的研究情况做简单的介绍。

1) 植物油的燃料性质特点

大多数植物油的主要成分是脂肪酸，各种脂肪酸以甘油三酸酯的形式存在，构成植物油的主要化学元素是C、H、O。表3-7列出了几种植物油的燃料性质。与柴油相比，它们具有如下共同特点。

表3-7 几种植物油的燃料性质

品种	运动黏度 /($m^2 \cdot s^{-1}$)	闪点/℃	凝点/℃	十六烷值	酸度 /(MgKOH/g)
菜籽油	30.9(50℃)	246(闭口)	−14	32.2	2.235
棉籽油	24.4(50℃)	234(闭口)	−13	41.8	15.04
茶油	19.4(50℃)	210(闭口)	−24		14.75
花生油	39.6(38℃)	271(闭口)	−6.7	41.8	
大豆油	32.6(38℃)	254(闭口)	−12.2	37.9	

(1) 黏度高。植物油的运动黏度都很高，特别是在低温时流动性很差。但植物油的黏度随温度的升高而降低，在低温区降低得特别快，到90℃时一般可降到接近柴油20℃的黏度。这在很大程度上影响了植物油在柴油机上的应用。解决的办法有3个：①将少量植物油与柴油混烧；②对植物油进行精炼；③对植物油进行化学改性。

(2) 蒸发性差。植物油的初馏点一般在300℃以上，闪点在200℃以上，因高温发生分解而没有终馏点。这意味着植物油燃料混合气的形成较柴油困难，解决办法同上。

(3) 易氧化稳定性差。由于植物油含有较多的不饱和酸，因此其酸值较高，容易发生氧化变质。这对储存运输和发动机长期使用将带来不利影响。

(4) 十六烷值较高。不少植物油的十六烷值都与柴油接近，表明植物油在柴油机上具有较好的着火性能。这是植物油用作柴油机燃料的一大优点。

(5) 腐蚀性低。植物油燃料不存在石油燃料所共有的硫腐蚀，尽管植物油本身表现出较严重的有机酸腐蚀，但由于植物油不含水，所以可在一定程度上减轻这种腐蚀。

2) 植物油的改性处理

植物油的主要化学成分是甘油三酸酯，其分子量大，结构中有支链，因此影响了它的燃料性质。用一元醇在催化剂作用下，将丙三醇链结打断，使其变成另一种酯，这就是植物油的酯化，亦称醇解或酯基转移。酯化通常用甲醇或乙醇，其一般反应式如图3.16所示。

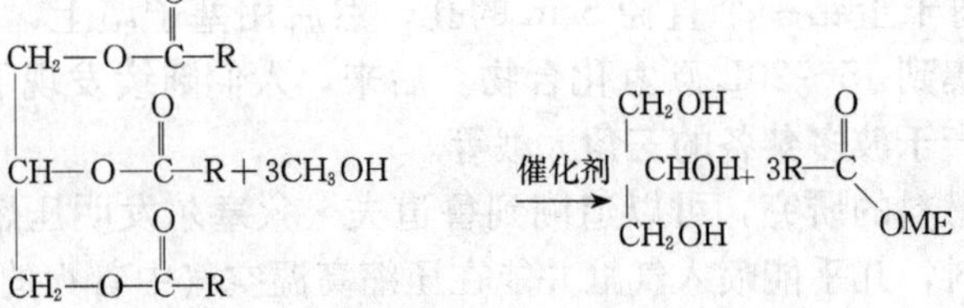

R：脂肪酸烷基 ME：甲基

图3.16 植物油的改性处理反应式

可见，一分子甘油酯经酯化，变成三分子甲酸，从而分子量大为降低，结构中也不再有支链。这样就会改善其燃料性质。

酯化反应是可逆的。影响酯化处理的主要因素是醇的用量、催化剂种类及其用量、温度。为了获得高的产酯率，亦即正反应尽可能进行完全，醇的用量必须超过化学计算量。催化剂种类较多，常用的主要有 NaOH、KOH 和 CH_3ONa。温度可影响产酯速度和产酯率。

3.3 绿色汽车技术

3.3.1 燃料电池汽车(FCV)技术

阅读材料3-9

燃料电池汽车可能主导未来

美国《时代周刊》将燃料电池列为21世纪10大高科技之首。前总统布什早在2002年宣布出台“Freedom CAR”计划，确定将使用燃料电池成为社会的主要能源，首先在汽车产品上使用。在美国，已有一些大型集装箱牵引车上加装辅助动力的燃料电池，用以在停车休息时，关掉大马力的柴油发动机，开动燃料电池，帮助驾驶人员使用空调、热饭、看影视娱乐等活动。

在日本，政府宣布要采取最大的措施，支持燃料电池的发展。在2010年前要把燃料电池汽车的价格降低到目前普通汽车发动机相等的水平；日本要在2020年，使燃料电池汽车的社会保有量达500万辆以上。丰田汽车公司从1996年以来已累计生产约30万辆混合动力电动汽车。本田汽车公司、三菱汽车公司也是燃料电池走在前头的汽车企业。

在欧洲，欧盟正在推行欧洲清洁城市运输系统和生物城市运输系统，这是两大规模的燃料电池巴士示范性合作试验计划。参加这个项目的有9个国家，以柏林、哥本哈根、阿姆斯特丹、汉堡、斯图加特、马德里和伦敦等为代表的13个大城市，40个企业。戴·克和曼公司为试验项目提供各种专用的燃料电池客车底盘。

在我国，从2001年开始实施以燃料电池汽车为重要内容的“电动汽车重大科技专项”。目前项目实施顺利，有关科研单位相继研制出燃料电池客车用50kW燃料电池发动机和燃料电池汽车功能样车，整车和关键零部件技术也取得较大进展，这为“燃料电池公共汽车商业化示范项目”在我国实施奠定了良好基础。燃料电池公共汽车商业化示范项目与“电动汽车重大科技专项”相辅相成，将促进我国燃料电池汽车技术的应用推广。

1. 燃料电池汽车的特点

燃料电池汽车的工作原理是使作为燃料的氢在汽车搭载的燃料电池中，与大气中的氧发生化学反应，从而产生出电能启动电动机，进而驱动汽车。甲醇、天然气和汽油也可以替代氢(从这些物质里间接提取氢)，但会产生少量的二氧化碳和氮氧化物。但总的来说，这类化学反应除了电能就只产生水。因此燃料电池汽车被称为“地道的环保车”。

燃料电池的能量转换效率极高。燃料电池不经历热机过程，不受热力循环限制，故能量转换效率高，燃料电池的化学能转换效率在理论上可达100%，实际效率已达60%～80%，是普通内燃机热效率的2～3倍。因此，从节约能源的角度来看，燃料电池汽车明显优于使用内燃机的普通汽车。

另一方面，近年来燃料电池技术的迅速发展也为燃料电池运用于汽车创造了条件。由于技术的进步，燃料电池的功率密度不断提高，电池组的输出功率不断增大，而电池的体积和成本却明显降低。

燃料电池的另一个吸引人的地方在于它将取代蓄电池用于电动汽车。由蓄电池驱动的电动汽车虽然摆脱了发动机的轰鸣，可以无任何噪声的行驶，但它有一个致命的缺点，那就是充一次电的行程有限。

燃料电池的燃料主要有氢气、甲醇和汽油3种。根据燃料电池的发电原理，氢气是最理想的燃料。一是氢气可以直接参与电化学反应；二是氢气燃料电池的产物中只有洁净的水蒸气，对环境不会造成任何污染。要将氢气作为燃料电池汽车的燃料，问题就远非这么简单了，必须解决以下两个问题。

(1) 如何经济的获取氢气。可以从天然气等传统的化石燃料，通过重整或改质技术转化而来。这样一来，氢作为第二能源，它的制取不仅要消耗大量的能量，而且并没有从根本上摆脱对石化燃料的依赖，也没有从根本上消除对环境的污染。自然界中，氢能大量存储于水中，虽然取之不尽，但直接使用热分解或是电解的办法从水中制氢，显然不划算。因此多数科学家都将目光转向了利用太阳能，但是目前还存在许多技术障碍。现正在进行太阳能分解水制氢、阳光催化光解水制氢、太阳能生物制氢等方面的研究。只有到了能以再生性能源廉价地生产出氢燃料，氢燃料电池民用汽车的燃料问题才算获得了根本性的解决。

(2) 如何为燃料电池供应燃料。向燃料电池供应燃料有两种形式：①非重整式，即氢罐直接装在车上供给燃料电池；②重整式，即车上装有液体燃料，利用车上装置制造氢气。通常称制氢装置为重整装置，具有重整装置的燃料电池汽车称为重整式燃料电池汽车。

通常氢能以3种状态存储和运输：高压气态、液态和氢化物形态。用常用的压缩气体罐储存的氢只能供燃料电池汽车行驶150km，这还不如目前最好的蓄电池驱动的汽车。由于氢气是最小的分子，很容易造成泄漏。哪怕是微量的泄漏，都有可能造成极为可怕的后果。而在零下253℃的条件下储存液氢的深度制冷技术对于大众市场来说，目前还很不成熟。可喜的是，储氢材料的开发已取得令人鼓舞的进展。据报道，一种具有复杂的纳米结构的石墨纤维，其单位重量可以吸收20%的氢气。

阅读材料3-10

英国实施“充电场所”计划　向低碳交通转移

英国将在街道和停车场安装数千个充电站，如图3.17所示，从而在该国创造6个“充电汽车”城市和地区。在称之为“充电场所”的计划下，路边充电站将支持日渐兴起的电动汽车技术，并提供有价值的经验作为未来开发充电设施的基础。

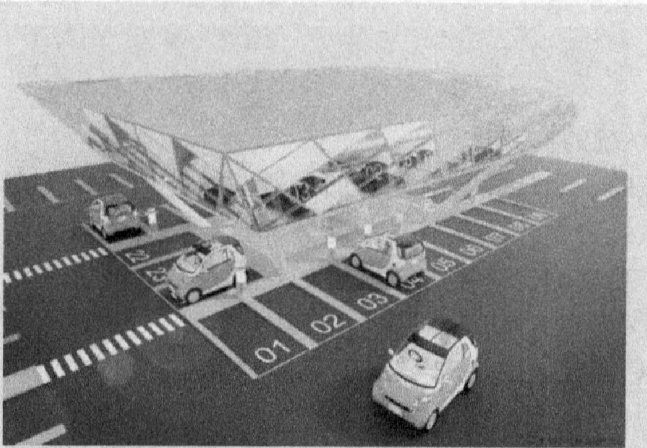

图3.17 充电站

这些充电站将设立在街头、停车场以及商场和休闲场所。此种充电站的可用性被看做是成功向更加清洁、无污染交通形式转变的关键。它将鼓励汽车产业接受这一向传统汽油和柴油发动机车辆发起的严肃挑战，并能吸引到投资解决减少充电时间和增加每次充电量的问题。

期待已久的实用电动汽车的上市步伐正在加快，依赖于最新的锂电池，大多数汽车制造商现在都在开发概念型或生产型车辆。

开发一种创新、轻量级、高能量密度的电池系统，用在零排放小型电动城市汽车上，车辆拥有改良的性能、功能和行驶里程。电动汽车推广的最大障碍是充电基础设备，如果没有便捷和快速的充电服务作为保障，电动汽车的推广无疑会成为人类希冀的空中楼阁。

2. 燃料电池汽车的技术特性

燃料电池是一种把储存在燃料和氧化剂中的化学能，等温地按电化学原理转化为电能的能量转换装置。燃料电池是由含催化剂的阳极、阴极和离子导电的电解质构成。燃料在阳极氧化，氧化剂在阴极还原，电子从阳极通过负载流向阴极构成电回路，产生电能从而驱动负载工作。燃料电池与常规电池不同在于它工作时需要连续不断地向电池内输入燃料和氧化剂，通过电化学反应生成水，并释放出电能，只要保持燃料供应，电池就会不断工作提供电能。

燃料电池种类繁多，其性质和工作温度范围随所用的电解质的性质而异。对于汽车用燃料电池，质子交换膜燃料电池(PEMFC)最为适合。它的结构紧凑、工作温度低(只有80℃)、启动迅速。功率密度高、电池寿命长。PEMFC的核心是涂有铂催化剂的弹性塑料膜，铂催化剂把氢气转化为质子和电子，只有质子可以通过电解质膜，与膜另一侧的氧结合生成水，而电子在闭合的外电路中形成电流。PEMFC早在20世纪60年代就用在双子星宇宙飞船中作为备用电源。20世纪80年代晚期，洛斯阿拉莫斯国家实验室的研究人员对催化剂做了大量的改进，使铂的用量减少了90%。全球领先的燃料电池开发商，加拿大的巴拉德动力系统公司通过改进电解质膜，使电池的能量密度成倍增加，这是其他燃料电池所无法比拟的。图3.18为本田公司开发的燃料电池汽车。

图3.18 燃料电池汽车

3. 燃料电池系统的构成及发电原理

1) 氢燃料电池

图 3.19 所示为以氢为燃料的 PEMFC 系统的构成。

该系统燃料的氢气是由金属氢化物供应的，经过燃料电池、加湿器在系统内循环。空气由泵供应，与氢气一样，经过加湿器在系统内循环。在一般情况下，氢与空气的压力从常压到数个大气压。当系统内压力升高时，功率输出密度也随之增加，也是空气泵负荷增加，效率下降的重要原因。

氢和氧反应生成的水通过热交换器冷却后回收，由泵进行泵吸，经过加湿器，再次供应给燃料电池。为了防止离子交换膜干燥必须加湿，多余的水被排出。另一方面，PEMFC 的工作温度低，当生成水在燃料电池内凝缩滞留时，会妨碍气体流动，也是反应效率下降的重要原因。对金属氢化物加热，使氢气逸离而产生的热量，通过燃料电池的冷却水予以供应。对汽车用燃料电池要求快速启动性能和良好的响应性，燃料电池系统的启动时间约需要 8s，但是电池本体只要 1s，电压就可上升至预定值。

2) 甲醇、天然气或汽油的重整燃料电池

以氢气为原料的 PEMFC 系统已经达到了要求的水平。但为了实用化，必须建立和完善氢气供应的社会基本设施。例如，甲醇、天然气或汽油等燃料在汽车上的使用方法。在已备甲醇的情况下，利用以下反应可以在车上制造氢气，并作为 PEMFC 的燃料。

$$CH_3OH + H_2O \longrightarrow 3H_2 + O_2$$

甲醇中碳原子与燃料电池反应无关，为了使重整反应继续进行，必须不断供应热量。生成氢气的反应不仅可以利用甲醇，而且基本上也可以利用天然气或汽油中的碳氢化合物，如图 3.20 所示。

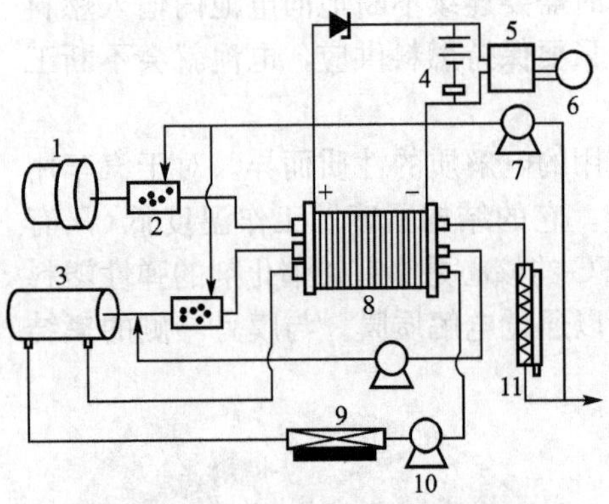

图 3.19 PEMFC 氢燃料电池系统构成

1—空气泵；2—加湿器；3—金属氢化物箱；4—蓄电池；5—转换器；6—电机；7—冷凝物供应泵；8—燃料电池；9—再循环器；10—散热器水泵；11—冷凝器

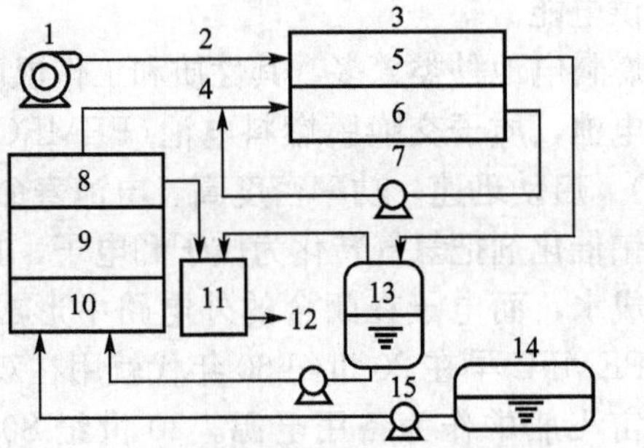

图 3.20 甲醇重整型燃料电池系统流程图

1—空气压缩机；2—空气；3—固体高分子型燃料电池；4—氢；5—空气极；6—燃料极；7—循环泵；8—CO 处理器；9—重整反应部；10—燃料汽化部；11—燃烧部；12—排气泵；13—水；14—甲醇；15—泵

图 3.21 所示为由日本富士电机公司与美国能源部共同开发的大客车用磷酸型燃料电池装车的情况。在车上装有燃料电池组本体、克朗特循环泵、燃料重整器、热交换器、空

气供应装置、控制单元、斩波器，车上还装有空调装置。

在燃料电池组本体中，燃料和空气进行流动，并产生电能和热能。在图 3.21 中设有移动电源用 50kW 热电发生器组件，但是，如果应用数百千瓦规模的热电发生器时，整个热电发生器的体积会十分庞大，相当于一个大的集装箱。而数千至数万千瓦规模以上时，在发电基地，燃料重整器、空气供应装置、热交换器、循环泵和燃料电池本体可根据不同场所，组成进行精馏残渣循环的涡轮机成排布置的化学工厂。

燃料电池基本上是由燃料电池本体和燃料重整器构成。其发电原理如图 3.22 所示。

图中同时也表示了燃料重整系统之间的关系。电解质膜是氧化铝（O^{2-}离子流动）和高分子膜（H^+离子流动），其他种类离子流动也可以。

图 3.21 大客车用磷酸型燃料电池装车布置

1—热交换器；2—燃料重整器；3—燃料电池组；4—冷却液循环泵；5—电控单元；6—斩波器；7—空气供应机；8—空调

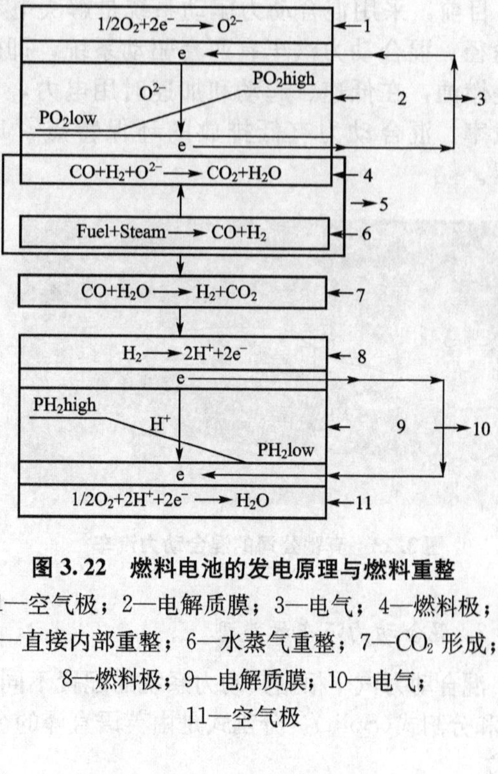

图 3.22 燃料电池的发电原理与燃料重整

1—空气极；2—电解质膜；3—电气；4—燃料极；5—直接内部重整；6—水蒸气重整；7—CO_2 形成；8—燃料极；9—电解质膜；10—电气；11—空气极

当空气向空气极流动，燃料向燃料极流动时，则产生氧（氢）分压差（化学势能差），使氧（氢）向燃料极（空气极）流动。在电极中，离子与电子进行相应反应，电子则在外部回路上流动，从而产生电流。对这时发生的现象进行热力学分析整理，燃料氧化反应的自由能不通过热机（如内燃机）就可直接转变为电能。因此，人们也称燃料电池为化学力发电。

燃料电池本体是由单电池（电解质膜、燃料用电极、空气用电极）和双极板（分离器、内插接件）组成，由数十个至数百个分层叠合形成电池组。

燃料重整系统根据燃料电池的种类而有所不同。在低温型的磷酸型或高分子电解质型燃料电池中，把原燃料进行水蒸气重整以后，CO 变成 CO_2，成为氢予以供给。在高温型的熔融碳酸盐燃料电池中，经过重整的燃料气体没有变成 CO，而是原样供应。在固体氧化物燃料电池中，是在燃料电池本体内部进行燃料重整，也就是可以直接内部重整，因此有希望对整个系统进行大幅度单纯化，即如下式所示：

$$CnHm+H_2O \longrightarrow CO+H_2 \quad \Delta H>0$$

$$CO+H_2O \longrightarrow H_2+CO_2 \quad \Delta H<0$$

水蒸气重整反应是必须具备700℃～800℃的吸热反应，燃料重整系统使用外热式水蒸气重整器。由于是外热式而且高温，与热交换器同样高价，其成为决定燃料电池整个装置成本的关键。此外，需要热源，在利用天然气或粗汽油时，要回收残留燃料或排出热能，通过巧妙组合燃料重整系统，能够提高整个系统的效率。

3.3.2 混合动力汽车技术

1. 混合动力汽车的特点

目前，采用混合动力驱动系统是解决电动汽车续航距离短问题的最快捷、最有效的途径。混合动力汽车有两套驱动系统，即燃油驱动系统和电驱动系统。其动力源主要是燃油，在低速、起动和加速时用电力，即在不完全燃烧时用电力，提高燃料的燃烧效率。混合动力有低排放的环保特点，10年之内混合动力汽车在我国会有较大发展。

图3.23 奔驰公司的混合动力汽车

这种系统既能发挥电驱动汽车在城市里运行时低排放、低噪声的优点，同时又能保留内燃机汽车能长距离运行的优点，还可以利用驱动系统中的电机回收汽车制动能量。当汽车起动和爬坡时可以利用电机的辅助转矩，使汽车配置的内燃机排量减小。当汽车在城市内处于低速运行时，可完全依靠电机运行。在长途运输过程中可利用内燃机为电驱动系统中的蓄电池充电。图3.23为奔驰公司的量产混合动力汽车。

2. 混合动力汽车的类型

混合动力汽车根据其动力系统的配置不同分为3类：串联式(Series)、并联式(Parallel)和分割式(Split)。分割式是由英语直译的名称，按其具体结构也可称为串并联灵活驱动式。

1）串联式混合动力系统

由发动机带动发电机，电能在控制器的调节下带动电动机运转，以驱动车轮。发动机始终在热效率高而排放较低的单一最佳工况下运转，单一工况运转也便于排气后处理装置始终保持高净化率。低负荷运转时，发动机发出的功率超过驱动车辆的需要，多余的电能向蓄电池充电；而高负荷运转时，除发电机发出的电能外，电池组可提供额外的电能。但最高输出功率要受到电机功率的限制，如图3.24(a)所示。串联式混合动力车适于城区运行的车辆，如公交汽车等。

2）并联式混合动力系统

发动机和电动机可以分别独立地向汽车的驱动系统提供动力，而需要大功率时可以共同提供动力，改进了串联系统最大功率不足的缺陷，如图3.24(b)所示。并联式混合动力车比较适合于经常在郊区和高速公路上行驶的车辆。

3）串并联灵活驱动式混合动力系统

通过一种行星齿轮系统组成的动力分配装置，将整个系统耦合在一起，根据行驶工况灵活采取串联方式或并联方式，以达到热效率最高、排气污染最低的效果。一般控制策略为，起步或低负荷行驶时，由电池电能驱动；匀速行驶时由发动机提供动力；加速行驶时，发动机与电池共同提供动力；停车或滑行时，发动机带动发电机向电池充电；制动和减速时通过能量回收系统向电池充电，如图3.24(c)所示。串并联灵活驱动方式兼有串联和并联的特点，但控制系统最复杂。

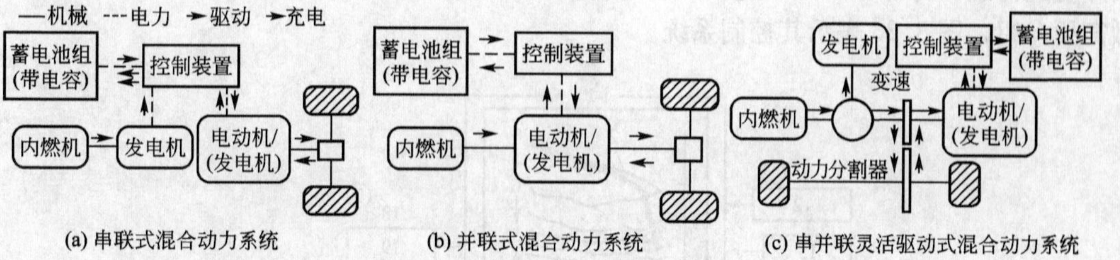

图3.24 混合动力系统的类型

日本丰田公司开发的灵活驱动式混合动力电动轿车PRIUS，完全达到同类汽油机轿车水平，而百公里油耗只是同类车的一半，排放量只有日本排放限值的1/10，成本只比同类汽油车高20%，目前已批量投放市场。

3. *混合动力汽车的控制技术*

日本丰田汽车公司在世界上首次推出的PRIUS轿车采用了称为THS的混合动力系统，与汽油车相比，燃油经济性提高1倍，从而为减少CO_2的排放，对减少地球温室效应做出了有益的努力。图3.25所示为THS的基本结构。下面以该系统为例介绍混合动力汽车的控制技术。

1）THS混合动力系统的结构特点

THS混合动力系统采用串并联灵活驱动式混合动力系统。发动机为直列式，四缸，排量为1500mL，采用交流永磁式同步电动机，镍氢电池，基本动力源为发动机。发动机动力通过动力分配机构形成车轮驱动力与发电机驱动力，由发电机发出电流，直接用于驱动电动机。此外，由电流变换器变换为直流后，被存储在高压蓄电池中。

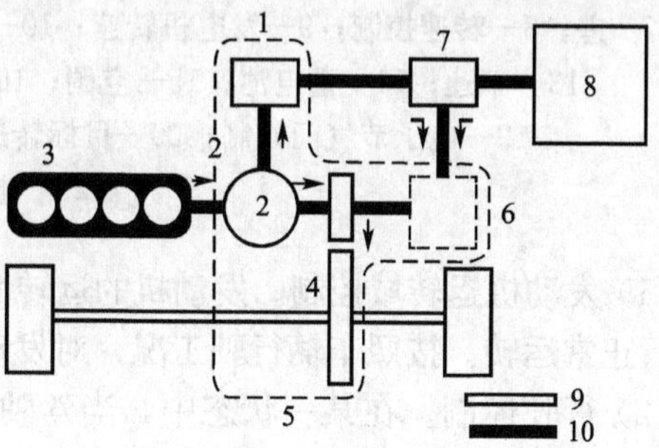

图3.25 丰田THS混合动力系统的构成

1—发电机；2—动力分配机构；3—发动机；4—减速装置；5—混合动力用变速器；6—电动机；7—变换器；8—高压电瓶；9—动力传递路径；10—电力传递路径

混合动力用变速器由动力分配机构、减速装置、发电机、电动机组合构成。发动机的动力按照动力分配机构可分为两大部分，在输出轴一方为电动机与车轮连接；另一方与发电机连接。也就是说，发动机的动力通过机械与电气两条路径进行传递。发动机的转速与发电机及电动机的转速可以无级变速，具有电子控制变速器的作用。动力分配机构应用行星齿轮装置，发动机动力被传递到直接连接的行星齿轮装置，通过小齿轮，动力被分配到齿圈与恒星齿轮(太阳轮)。齿圈旋转轴则与电动机直接连接，通过减速器使驱动力传递到车轮。另一方面，恒星齿轮的旋转轴又与发电机直接连接。

2) THS混合动力系统的控制

THS混合动力系统是有效利用发动机和电动机的各自特点，进行优化组合控制的装置，所以具有显著节能的优点。为了获得高效率的控制，必须按照车辆的运转条件做精确的区分。丰田混合动力系统是对发动机、电动机、发电机、蓄电池等各构成部件的要求值或实际值进行确认与计算的，因此，必须进行实时高速精密控制。以下对THS的控制系统做简要介绍，图3.26表示其控制系统。

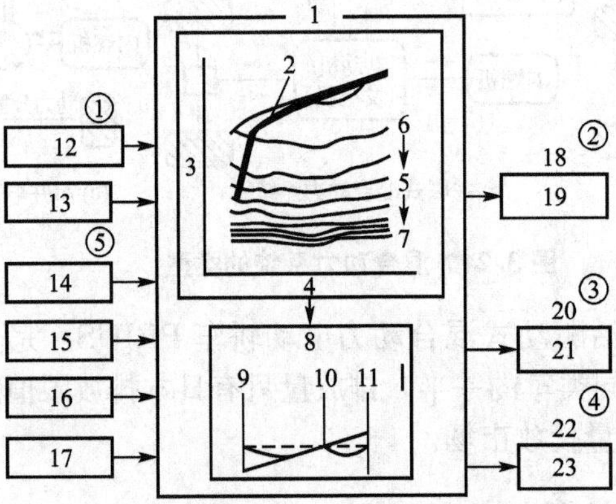

图3.26　丰田THS混合动力系统的控制系统

1—THS控制系统；2—发动机运转范围控制；3—转矩；4—发动机转速；5—燃油经济性；6—好；7—差；8—转速控制；9—发电机转速；10—发动机转速；11—电动机转速；12—加速踏板；13—车速；14—蓄电池；15—空调；16—变速挡位；17—制动；18—节气门开度；19—电子节气门控制；20—目标转速；21—发电机控制；22—转矩指定值；23—电动机控制

(1) 发动机运转域控制。发动机的运转域就是在燃油经济性良好的预先规定的高转矩域中进行正常运转。按照车辆行驶工况，对发动机转速与电子控制节气门开度进行自动控制。

(2) 行驶控制。在某一状态中，当驾驶者踩加速踏板，则根据踏入量，以发动机运转域控制为基础，打开电子控制节气门；控制发电机转速，进而控制发动机转速；发动机驱动力被分配为直接驱动部分与发电引起的电动机的驱动力部分的比例也同时得到控制，把发动机的直接驱动力与电动机的驱动力进行叠加，形成整车的驱动力。

当蓄电池必须充电时，在施加发电电力的方向上，增加发动机的输出功率进行运转。

(3) 发动机与电动机的驱动控制。装用THS动力的车辆，可以表示为以下两部分：①发动机的直接驱动力；②驱动发电机发出的电力与来自蓄电池供给的电力共同为电动机的驱动力。

(4) 能量再生控制。图3.27表示液压制动与能量回收制动系统的制动力优化分配。

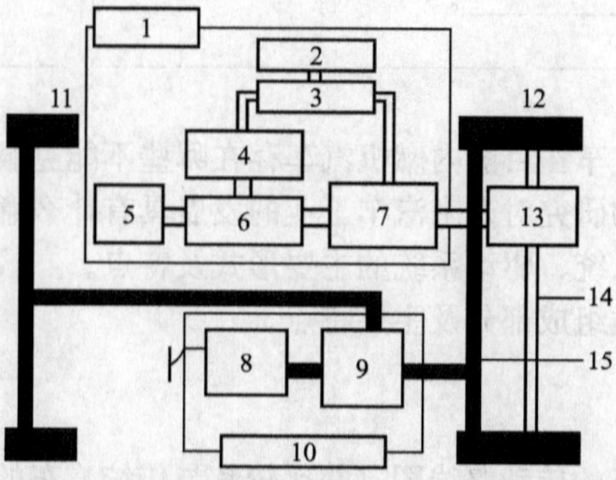

图 3.27 能量回收制动系统与液压制动系统的制动力优化分配

1—THS ECU(丰田混合动力系统电控单元)；2—蓄电池；3—交直流转换器；4—发电机；
5—发动机；6—动力分配机构；7—电动机；8—制动器液压源；9—液压调控部；
10—制动系用电控单元；11—后轮；12—前轮；13—差速器；
14—能量再生制动；15—液压制动

发动机制动或用脚制动时，电动机作为发电机进行工作。即车辆的运动能量变换为电能，并由蓄电池回收电能。这样可以减少制动器的负荷。这种能量回收的制动系统，对于在城市道路上行驶时频繁进行加速、减速的行驶工况，最适宜于回收制动能量。当脚制动时，可以协调控制液压制动与能量回收制动系统，以实现优先使用能量回收制动系统的节能目标，显著提高了能量回收效率。

本章小结

本章主要介绍了绿色汽车技术及其目前的发展情况，代用燃料技术的主要类型、特点、工作原理，介绍绿色汽车的基本概念、设计、制造与评价，国内外为推动绿色汽车开发所采取的措施。

代用燃料技术主要介绍醇类、天然气、氢燃料和生物质燃料4种代用燃料的特点、工作原理，并与普通石化燃料做对比，得出代用燃料的优点所在。

最后以两种典型的绿色汽车——燃料电池汽车和混合动力汽车为例，分别介绍了两种绿色汽车的结构、特点以及工作原理。

【关键术语】

绿色汽车　清洁燃料　代用燃料　电动汽车　混合动力汽车

综合练习

1. 填空题

(1) 绿色汽车的含义包括________、________、________、________、

__________、__________、__________。

(2) 清洁燃料包括__________、__________、__________、__________。

2. 思考题

(1) 为什么要发展电动汽车？目前内燃机汽车存在哪些不能克服的缺陷？

(2) 电动汽车关键技术的研究对未来汽车工业的发展具有什么意义？

(3) 简述电动汽车控制系统、驱动系统的主要形式及特点。

(4) 试论述电动汽车三大组成部分及主要特点。

3. 简答题

(1) 如何实施再生制动？

(2) 绘制3种新燃料汽车的传动路线图，并比较其与传统汽车的区别。

(3) 燃料电池的工作原理是什么？目前燃料电池发展的主要问题是什么？

(4) 简述燃料电池汽车发展的背景及其现状。

(5) 比较电动汽车、混合动力汽车、燃料电池汽车的各自特点，提出自己对以上3种车辆未来发展的预测。

(6) 如何认识电动汽车的发展前景？

第4章

现代汽车自动变速器技术

教学目标

掌握和理解自动变速器新技术的发展现状及各种变速器的基本原理，自动变速器主要有液力自动变速器(AT)、电控机械式自动变速器(AMT)、双离合器自动变速器(DCT)和无级自动变速器(CVT)。了解自动变速器的自动控制系统。

教学要求

知识要点	能力要求	相关知识
液力变矩器	熟悉其基本组成部件，以及变矩器的基本原理	变矩器的特性曲线以及与汽车的匹配方法
行星齿轮变速器	掌握行星齿轮的基本组成结构及工作原理，以及辛普森式行星齿轮机构和拉维奈尔赫式行星齿轮机构的结构和工作原理，掌握速比的计算方法	太阳轮、齿圈、行星齿轮架、行星齿轮
AT、AMT、DCT	了解AT、AMT、DCT自动变速器的组成结构，工作原理及控制过程。掌握AT、AMT、DCT自动变速器的结构区别，相互之间的优缺点、适用范围	AT、AMT、DCT自动变速器的离合器自动控制、变速器换挡的自动控制、发动机节气门开度的自动控制
无级自动变速器(CVT)	掌握各部分的组成以及功能，理解其工作原理并能画出原理图，掌握其电气系统的工作原理、控制原理模型图及控制原理	无级变速器由电控系统、液压控制系统、传动装置、速比调节装置、安全缓冲装置和金属带组成
自动控制系统	了解自动变速器控制系统的组成以及换挡规律	通过分析两种控制系统的类型来认知自动变速器的组成，以及单参数、双参数的自动换挡规律控制和最佳动力性、最佳经济性换挡特性

导入案例

汽车发动机输出的动力需要经过一个变速的装置传递给车轮，这就是变速器。图4.1为自动变速器及控制示意图。

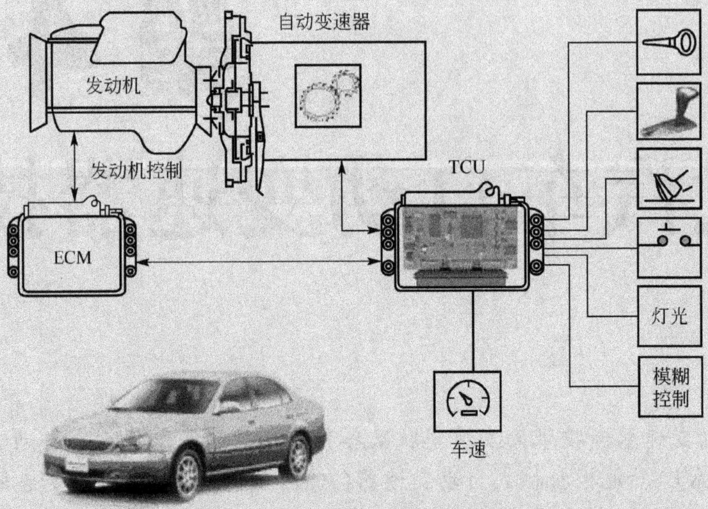

图4.1　自动变速器及控制示意图

汽车目前有手动变速箱(MT)、自动变速箱(AT)、无级变速箱(CVT)和双离合器变速箱(DCT、DSG)。自动变速箱体积大、结构复杂、动力损失大。无级变速器的最大特点是没有动力损失，发动机的动力均传递到了车轮上，不像手动变速箱，换挡踩离合时，发动机的动力就被白白浪费了。

东风日产旗下的逍客、轩逸、新奇骏和新天籁都装备了无级变速箱。除此之外，奇瑞的旗云、南汽名爵的MG3SW、海马汽车的欢动、三菱的蓝瑟、吉普的指南者，还有奥迪的部分车型等也装备了无级变速箱。

变速器是汽车传动系的主要组成部分，汽车变速器主要有两大类：机械变速器与自动变速器。汽车自动变速器源于机械变速器，近年来随着科技的进步、电子技术的发展、社会需求的提高，自动变速器广泛应用于各类汽车的传动系统。

4.1　自动变速器技术概述

自动变速器种类很多，主要有液力自动变速器(AT)、有级式机械自动变速器(AMT)、双离合器自动变速器(DCT)、电子控制无级自动变速器(CVT)。从技术发展的角度来看，关键是电子技术、电液控制技术和传感技术。

1. 液力传动自动变速器

液力传动是以液体动能传递能量的叶片传动机械，液力自动变速器由3大部分组成：液力变矩器、自动变速器本体和控制系统。液力变矩器具有无级连续变速和变矩的能力，对外部负荷有良好的自动调节和适应性能，从根本上简化了操纵。它既具有离合器的功能，又使发动机与传动系之间实现“柔性”连接和传动，因而将发动机和底盘这两大振动源分隔，减轻了车辆的振动，提高了车辆乘坐的舒适性，使车辆起步平稳，加速均匀、柔和。

目前，广泛应用的液力自动变速器是由液力变矩器与机械传动部件共同构成的一个不可分割的整体，它在原有液力变矩器的基础上，利用液力传动、机械传动和功率分流原理，改变和改善变矩器的特性，使之能与多种发动机进行理想的匹配，使各种车辆获得良好的动力性能和燃油经济性，液力自动变速器综合了液力传动技术、液压控制技术、机械传动技术和电子控制技术，成为现代汽车普遍采用的一种自动变速器之一。

2. 有级式机械自动变速器

有级式机械自动变速器是在定轴式齿轮变速器的基础上发展起来的，由齿轮变速器与电液控制系统组成。定轴式齿轮变速器是有级排挡的传动机械，以其效率高、成本低、生产技术成熟的特点而获得广泛应用，但这种变速器存在着换挡频繁、劳动强度大、动力中断以及驾驶员水平对车辆行驶性能有较大影响等缺陷，随着电子技术的发展和微电脑控制技术的应用，现已研制出以机械式手动起步，而换挡自动控制的有级式机械自动变速器；1983年日本五十铃公司最先开发出电子控制全机械式有级自动变速器 NAVI5，装于 ASKA 轿车，以 60km/h 行驶时，比液力机械自动变速器省油 10%～30%左右，受到了普遍欢迎；此后，美国、欧洲一些国家的汽车公司也相继开始这方面的研究与开发。

有级式机械自动变速器的基本理论是：驾驶员通过加速踏板和选挡器(包括排挡范围、换挡时机、巡航控制等)，各种传感器随时检测车辆工况，微电脑接收并处理信号输出指令，通过电动和液压分别对油门开度、离合器接合及换挡三者进行控制，以执行最佳匹配，从而获得最佳的行驶性能、平稳起步性能和迅速换挡的能力。

有级式机械自动变速器具有自动变速的优点，又保留了齿轮式机械变速器传动效率高、价廉、容易制造的长处，但与液力自动变速器相比，自动换挡控制的难度较高而且控制精度的要求也很高。

3. 电子控制无级自动变速器

省油、降低排气污染、操纵简便、行驶舒适的无级变速器一直是人们追求的目标，早期通过控制双锥体改变接触半径获得传动比连续变化的方法，因接触部分挤压应力太高而难以实现。目前中小轿车上使用的电子控制无级变速器，以金属三角带进行传动，简称为 CVT。这种金属三角带是荷兰 VDT 公司的专利，它利用 10 层厚 0.2mm 的铝合金薄铜带串上约 280 片三角形的钢片制成，这种金属三角带可承受很大的拉力和侧向压力，钢带装在工作半径可变的带轮上，靠液压改变带轮的半径来改变速比，如图 4.2所示。CVT 的最大优点是可以实现全程无级变速，电子控制机构可以使 CVT 在各种工作状态下保持最佳的传动比和平滑的换挡性能，使汽车具有良好的牵引性能，驱动力与车速曲线呈平稳圆滑下降。

图 4.2　CVT 带轮传动变速结构示意图

CVT 变速器由电子控制部分、液压控制部分、液力变矩器和机械无级变速器等组成，机械无级变速器主要由金属三角带、可变槽宽带轮、一组行星齿轮机构、一组前进多片离合器、一组倒挡多片制动器等组成，主动带轮和从动带轮的槽宽由液压油缸控制改变，从而改变了三角带与带轮的接触位置获得可变的传动比，执行变速。

如果说从手动变速器到液力自动变速器是一次飞跃，那么从液力自动变速器到电子控制无级变速器可以称为第二次飞跃，由于CVT的出现使汽车的动力性、经济性和操纵性发生了一个质的飞跃。近年来，CVT已被美国福特(Ford)公司和意大利菲亚特(Fiat)公司用于中小排气量的轿车上，英国Borg－Warner公司、德国ZF公司和日本富士重工等也都大量生产，并将应用CVT作为改善汽车质量的主要手段。

在以上3种类型中，液力自动变速器是目前最广泛采用的，尤其是电子控制的液力机械自动变速器普遍应用于现代轿车上。近年来，电子控制无级式自动变速器在世界性汽车展览会上越来越受到广大汽车制造商的青睐，并开始大量用于商用中小型轿车上。

4.2 液力变矩器

液力变矩器是AT的主要组成部分之一。液力变矩器(Torque Convener，TC)通过液体与工作轮叶片的相互作用，将机械能转换为液体能来传递动力，通过液体动量矩的变化来改变转矩的传动元件，具有无级连续改变速度与转矩的能力。它对外部负荷有良好的自动调节和适应性能，从根本上简化了操作；它能使车辆平稳起步，加速迅速、均匀、柔和；由于用液体来传递动力，所以进一步降低了尖峰载荷和扭转振动，延长了动力传动系统的使用寿命，提高了乘坐舒适性和车辆平均行驶速度。

1. 液力变矩器的结构及工作原理

1) 液力变矩器的构造

液力变矩器的构造与液力耦合器基本相似，主要区别是在泵轮和涡轮之间加装了一个固定的工作油导向工作轮—导轮，并与泵轮和涡轮保持一定的轴向间隙，通过导轮座固定于变速器壳体，为了使工作油有良好循环以确保液力变矩器的性能，各工作轮都采用了弯曲成一定形状的叶片。图4.3是液力变矩器的构造简图，主要由可旋转的泵轮和涡轮，以及固定不动的导轮3个元件组成。各工作轮用铝合金精密制造，或用钢板冲压焊接而成，泵轮与泵轮壳连成一体，用螺栓固定在发动机曲轴后端的凸缘或飞轮上(或通过齿轮与飞轮齿圈啮合)，壳体做成两半，装配后焊成一体(有的用螺栓连接)，涡轮通过从动轴与变速器的其他部件相连，导轮则通过导轮座与变速器的壳体相连，所有工作轮在装配后，形成断面为循环圆的环状体。

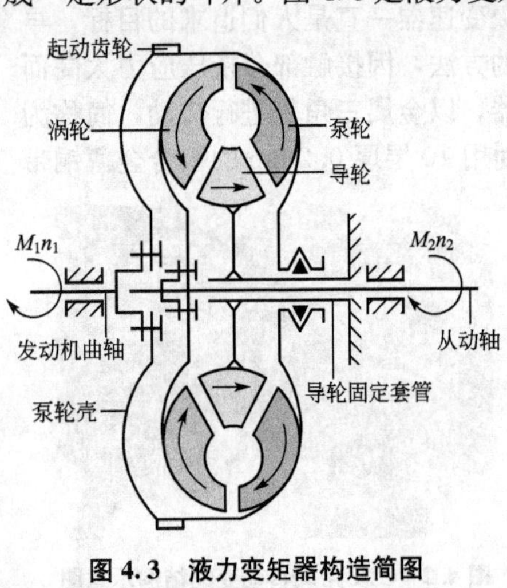

图4.3 液力变矩器构造简图

2) 液力变矩器工作原理

液力变矩器正常工作时，贮存于循环圆内腔中的工作油除绕液力变换器轴做圆周运动以外，还在循环圆中循环流动；与耦合器不同的是，由于多了一个固定不动的导轮，在液体循环流动的过程中，导轮给涡轮一个反作用力矩，从而使涡轮输出力矩不同于泵轮输入力矩，因而具有“变矩”的功能。液力变矩器不仅传递力矩，且能在泵轮力矩不变的情况下，随着涡轮的转速不同而改变涡轮输出的力矩。发动机运转时带动液力变矩器的壳体和泵轮一同旋转，泵轮内的工作油在离心力的作用下，由泵轮叶片外缘冲向涡轮，并沿涡轮叶片流向导轮，再经导轮叶片流回泵轮叶片内缘，形成循环的工作油，导轮的作用是改变涡轮上的输出力矩，由于从涡轮叶片下缘流向导轮的工作油仍有相当大的冲击力，只要将泵轮、涡轮和导轮的叶片设计成一定的形状和角度，就可以利用上述冲击力来提高涡轮的输出力矩。

液力变矩器中液体同时绕工作轮轴线做旋转运动和沿循环圆的轴面做循环旋转运动，如图 4.3 中箭头所示，轴面循环按先经泵轮，后经涡轮和导轮，最后又回到泵轮的顺序，进行反复循环。变矩器工作原理如图 4.4 所示。图中 F 为单向离合器。

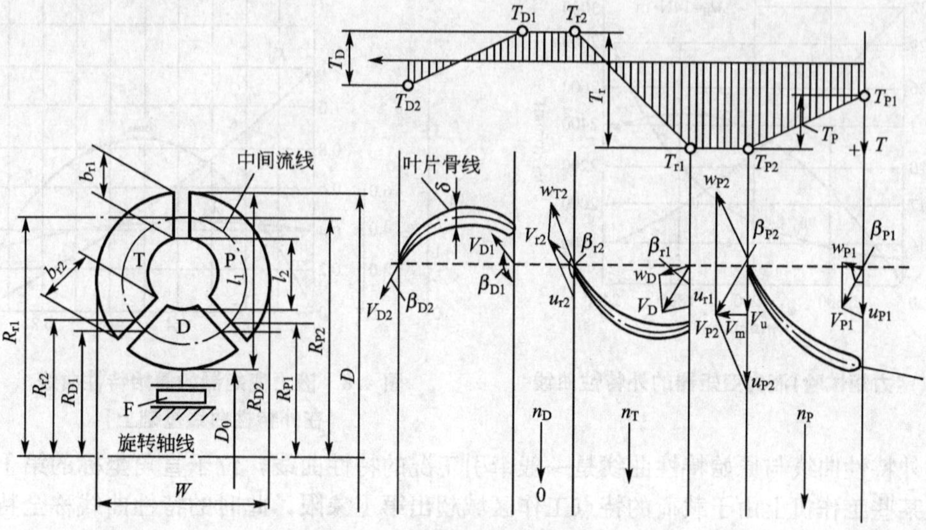

图 4.4 变矩器工作原理图

2. 液力变矩器的特性

液力变矩器的特性可用特性参数评价，用特性曲线来描述，如图 4.5 所示。

从特性曲线可以全面了解液力变矩器在各种不同工况时的性能。经常用到的有外特性曲线和原始特性曲线，有时还用到全特性曲线。

1) 液力变矩器的外特性曲线

外特性曲线表示液力元件的扭矩、效率与输出转速的关系，一般由试验得出。通常是在试验时，保持 n_B 为定值，测定 $M_T=f(n_T)$ 及 $M_B=f(n_T)$，然后计算效率 $\eta=f(n_T)$。最后绘成曲线，如图 4.6 所示。

液力变矩器的外特性曲线，通常还用另一种表示方法：在试验时保持 M_B 为定值，测定 $M_T=f(n_T)$ 及 $n_B=f(n_T)$，然后计算出 $\eta=f(n_T)$，最后绘成曲线，如图 4.7 所示。

2) 原始特性曲线

在外特性曲线基础上，原始特性曲线是以 $\lambda_B=f(i)$、$h=f(i)$、$K=f(i)$ 的形式来表示的特性曲线，如图 4.8 所示。

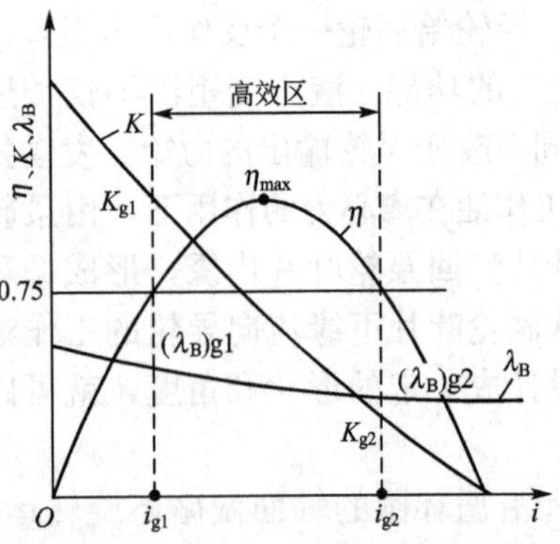

图 4.5 液力变矩器的原始特性曲线

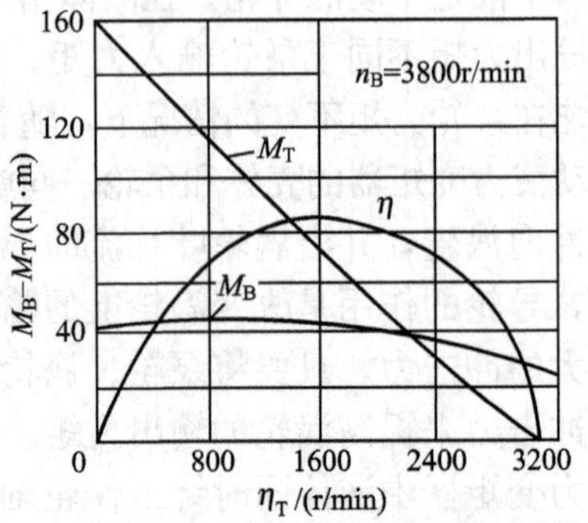

图 4.6 (定转速试验)液力变矩器的外特性曲线

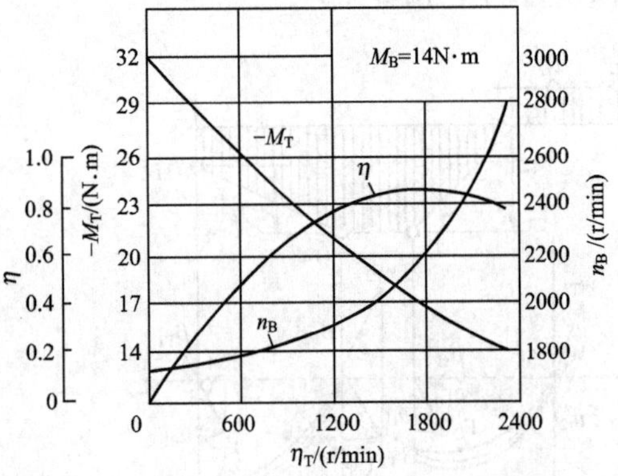

图 4.7 (定力矩试验)液力变矩器的外特性曲线

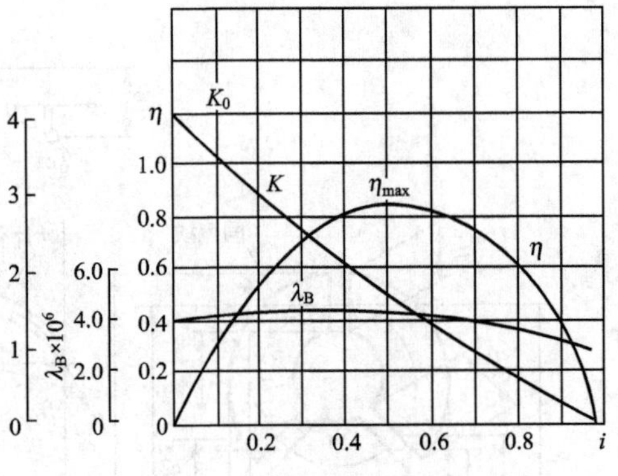

图 4.8 液力变矩器的原始特性曲线
(在外特性曲线基础上)

上述外特性曲线与原始特性曲线是一般牵引工况的特性曲线，位于直角坐标的第Ⅰ象限内。在某些工作机上由于载荷的特点工作区域超出第Ⅰ象限，此时的特性曲线称全特性曲线。全特性曲线表示的是反转工况、制动工况特性。

3）液力变矩器的特性参数

其主要有：泵轮力矩 M_B、泵轮转速 n_B、涡轮力矩 M_T、涡轮转速 n_T、传动比 i、变矩系数 K、循环圆直径 D、传动效率 η 等。

$$i=n_T/n_B,\quad K=M_T/M_B$$

3. 液力变矩器与整车的匹配

汽车动力性能和经济性能的好坏，很大程度上取决于液力变矩器与发动机共同工作的性能。只有做到二者间的合理匹配，才能使液力变矩器、机械传动部分和操纵部分相互协调，将发动机的特性优良地转换为工作机的特性。因此，在选用液力变矩器时，匹配是个重要问题。

1）液力变矩器与发动机的匹配原则

为使工作机具有良好的动力性能和经济性能，理想的匹配应满足以下几个原则。

(1) 液力变矩器零速工况的输入特性曲线通过发动机的最大实用扭矩点，以使工作机在载荷最大时获得最大输出扭矩。

(2) 液力变矩器最高效率工况的输入特性曲线通过发动机最大实用功率的扭矩点，同时高效范围在发动机最大实用功率点附近，以提高发动机的功率利用率。

(3) 经济性能好，如电动机应始终在额定工况内运转，内燃机应在比油耗最低的区域运转。

(4) 满足工作机使用中的特殊要求，如轿车要求噪声小和舒适性好。

实际上，同时满足以上4点是不可能的，因为它们之间互相矛盾和相互制约，所以液力变矩器与发动机的匹配应根据工作机器的具体要求和特点，综合各方面的情况，分清主次进行研究分析。

液力变矩器与发动机匹配方案的确定：一般是给出几个方案同时进行动力性能计算，通过对动力性能和经济性能的全面分析比较，最后选取一种最好的方案。

目前，确定液力变矩器与内燃机最合理的匹配应从机器最高生产率和最佳经济性来考虑。在工作范围内，平均输出功率最大和平均燃料消耗最小是最合理的匹配。

2) 实现匹配方案的方法

实现匹配方案的方法如下。

(1) 发动机和液力变矩器都已给定。由式$M_B=\gamma\lambda_B n_B^2 D^5$可知，改变$\lambda_B$($\lambda_B$泵轮力矩系数、$\gamma$液体重度)可使输入特性的位置移动。

改变λ_B，选用具有不同λ_B的变矩器，可改变共同工作范围。如采取设计叶片形状，泵轮叶片可旋转、导轮叶片可旋转、双导轮或双涡轮等措施，不仅改变λ_B同时也会改变其他性能参数如K、i、η等。λ_B增大时共同工作范围向低转速区移动。

(2) 发动机给定和液力变矩器的确定。由式$M_B=\gamma\lambda_B n_B^2 D^5$可知，增大$D$，共同工作范围左移，减小$D$，同工作范围右移，如图4.9所示。

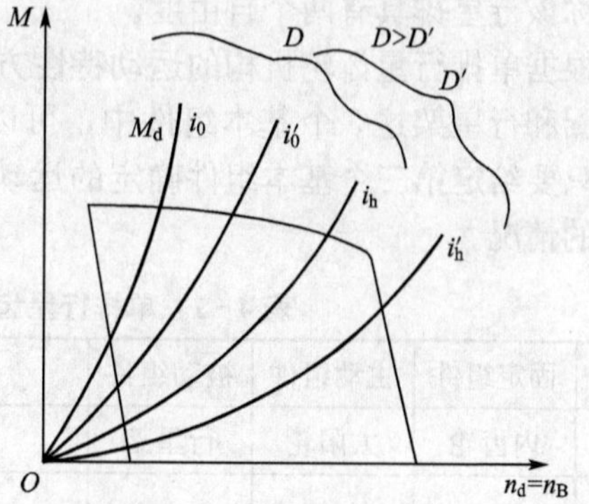

图4.9 循环圆直径对共同工作范围的影响

4.3 液力自动变速器

液力变矩器的无级变速性能虽然很好，但从经济性角度考虑，它不能完全满足车辆改变速度和变化动力两方面的要求，故需与齿轮传动串联或并联，以扩大其传动比与高效率工作范围。行星齿轮传动易于实现自动化、结构紧凑、质量轻，特别是其具有与液力变矩器可实现功率分流的长处，故目前AT中多为此型。显然机械传动在AT中属于辅助地位，故又称其为辅助变速器，这样完整的AT是由3部分组成：液力变矩器、齿轮变速器和自动换挡控制系统。

1. 行星齿轮传动的基本原理

行星齿轮变速器通常由2～3个行星排组成行星齿轮机构，但其工作原理和基本结构可由最简单的单排行星齿轮机构来说明。

简单的行星齿轮机构通常称为三构件机构，3个构件分别指太阳轮、行星架和齿圈。这3个构件相互间的运动关系，一般情况下首先需要固定其中的一个构件，然后确定谁是主动件，并确定主动件的转速和旋转方向，从而被动件的转速、旋转方向就可以确定了。图4.10分别为3种情况。

太阳轮t、内齿轮q和行星架j这3个组件中，可任选两个分别作为主动件和从动件，

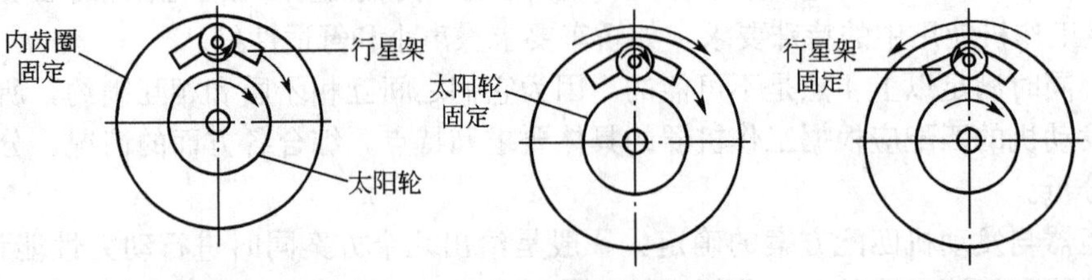

(a) 内齿圈固定，太阳轮驱动，行星架被动　(b) 太阳轮固定，齿圈波动，行星架驱动　(c) 行星架固定，太阳轮驱动，齿圈被动

图 4.10　简单行星齿轮旋转方向

而使另一组件固定行动，或使其运动受一定的约束，则整个轮系即以一定的传动比传递动力，称该行星排具有两个自由度。

根据单排行星齿轮机构的运动特性方程式：$n_t+an_q=(a+1)n_j$可以看出，在太阳轮、内齿圈和行星架这3个基本组件中，可以任选其中两个基本组件分别作为主动件和从动件，只要给定第三个基本组件确定的运动，即可得到确定的速比。表4-1分别列出各种可能的情况。

表 4-1　单排行星齿轮机构传动比各种可能的情况

序号	固定组件	主动组件	被动组件	传动比 i	传动方式
1	内齿轮	太阳轮	行星架	$n_t/n_j=1+a=1+Z_q/Z_t$	减速增扭传动
2	太阳轮	内齿轮	行星架	$n_q/n_j=(a+1)/a=(Z_t+Z_q)/Z_q=1+Z_t/Z_q$	减速增扭传动
3	行星架	太阳轮	内齿轮	$n_t/n_q=-a=-Z_q/Z_t$	减速增扭倒挡传动
4	太阳轮	行星架	内齿轮	$n_q/n_j=a/(a+1)=Z_q/(Z_t+Z_q)$	加速减扭传动
5	内齿轮	行星架	太阳轮	$n_j/n_t=1/1+a=Z_t/(Z_t+Z_q)$	加速减扭传动
6	行星架	内齿轮	太阳轮	$n_q/n_t=-1/a=-Z_t/Z_q$	加速减扭倒挡传动
7	基本组件都没有被固定，亦即无任一组件被动又无任两组件连成一体			各个基本组件都可以自由转动	自由转动，空挡状态
8	任意两个基本组件互相连接			1	直接传动

说明：n_t、n_q、n_j 分别表示太阳齿轮、齿圈、行星架的转速，$\alpha=Z_q/Z_t$ 称为行星排的特性参数。Z 代表齿轮的齿数，下标表示相应的齿轮。

2. 典型的行星齿轮机构

在自动变速器上使用的行星齿轮机构，应用较多的有辛普森齿轮机构和拉维奈尔赫齿轮机构，此外还有各公司自主开发的独特组合齿轮机构。

早期轿车自动变速器常采用两个前进挡或3个前进挡，新型轿车自动变速器大部分采用4个前进挡；前进挡的数目越多，行星齿轮变速器中的离合器、制动器及单向超越离合器的数目就越多；离合器、制动器、单向超越离合器的布置方式主要取决于行星齿轮变速器前进挡的挡数及所采用的行星齿轮机构的类型，对于行星齿轮机构类型相同的行星齿轮变速器来说，其离合器、制动器及单向超越离合器的布置方式及工作过程基本上是相同的，因此了解各种同类型行星齿轮机构所组成的行星齿轮变速器的结构和工作原理，是掌握各种车型自动变速器结构和工作原理的关键，目前自动变速器所采用的行星齿轮机构的类型主要有两类，即辛普森式行星齿轮机构和拉维奈尔赫式行星齿轮机构。

1）辛普森式行星齿轮变速器

辛普森式行星齿轮变速器是由辛普森式行星齿轮机构和相对的换挡操作组件组成的，目前大部分自动变速器都采用这种行星齿轮变速器；辛普森式行星齿轮机构是一种十分著名的双排行星齿轮机构，由两个内啮合式单排行星齿轮机构组合而成。其结构特点如下。

(1) 前后两个行星排的太阳轮连接为一个整体，称为前后太阳轮组件。

(2) 前一个行星排的行星架和后一个行星排的内齿圈连接为另一个整体，称为前行星架和后内齿圈组件。

(3) 输出轴通常与前行星架和后内齿圈组件连接，如图 4.11 所示。

根据前进挡的挡数不同，可将辛普森式行星齿轮变速器分为辛普森式 3 挡行星齿轮变速器和辛普森普森式 4 挡行星齿轮变速器两种。

在辛普森式行星齿轮机构中设置 5 个换挡操作组件：2 个离合器、2 个制动器和 1 个单向超越离合器，即可使之成为一个具 3 个前进挡和 1 个倒挡的行星齿轮变速器。这 5 个换挡操作组件的布置如图 4.12 所示，离合器 C_1 用于连接输入轴和前后太阳轮组件，离合器 C_2 用于连接输入轴和前内齿圈，制动器 B_1 用于固定前后太阳轮组件，制动器 B_2 和单向超越离合器 F_1 都是用于固定后行星架，制动器 B_1 和 B_2 可以使用带式制动器或片式制动器。

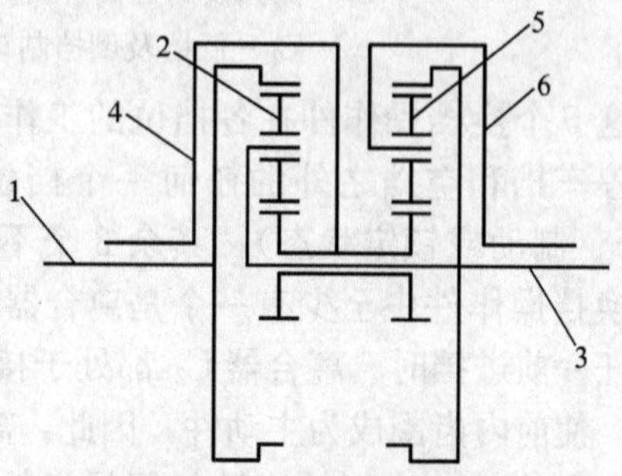

图 4.11 辛普森式行星齿轮机构传动原理图

1—前齿圈；2—前行星齿轮；3—前行星齿轮架和后齿圈组件；4—前后太阳轮组件；5—后行星轮；6—后行星齿轮架

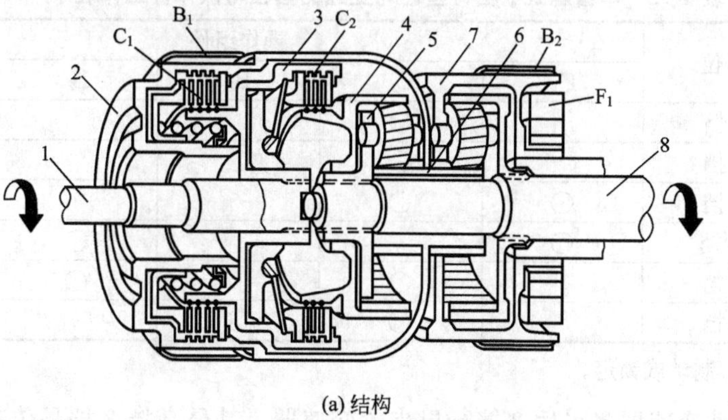

(a) 结构

图 4.12 辛普森式 3 挡行星齿轮变速器

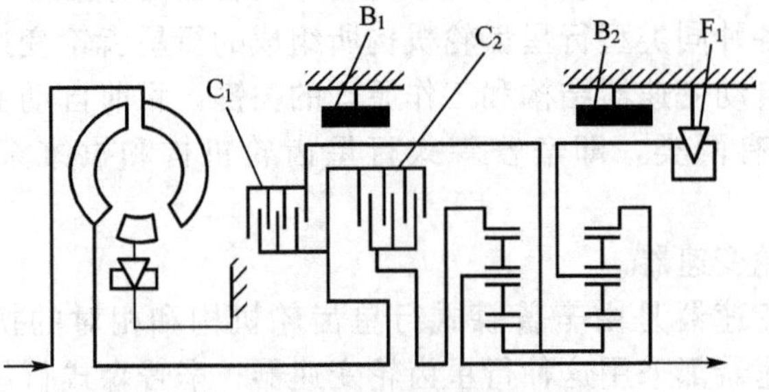

(b) 换挡执行组件的布置

图 4.12(续)

1—输入轴；2—倒挡及高速挡离合器；3—前进离合器毂及倒挡和高速挡离合器毂；
4—前进离合器毂和前齿圈；5—前行星齿轮架；6—前后太阳轮组件；
7—后行星齿轮架和低挡及倒挡离合器毂；8—输出轴；
C_1—倒挡及高挡离合器；C_2—前进制动器；B_1—2 挡制动器；
B_2—低挡及倒挡制动器；F_1—低挡单向超越离合器

这 5 个换挡操作件在各挡位的工作情况见表 4-2。由表中可知，当行星齿轮变速器处于停车挡和空挡之外的任何一个挡位时，5 个换挡操作件中都有两个处于工作状态(接合、制动或锁定状态)，其余 3 个不工作(分离、释放或自由状态)；处于工作状态的两个换挡操作件中至少有一个是离合器 C_1 或 C_2，以便使输入轴与行星排连接，当变速器处于任一前进挡时，离合器 C_2 都处于接合状态，此时输入轴与行星齿轮机构的前内齿圈接合，使前内齿圈成为主动件，因此，离合器 C_2 也称为前进离合器。倒挡时，离合器 C_1 接合，C_2 分离，此时输入轴与行星齿轮机构的前后太阳轮组件接合，使前后太阳轮组件成为主动件，另外离合器 C_1 在 3 挡(直接挡)时也接合，因此离合器 C_1 也称为倒挡及高挡离合器。制动器 B_1 仅在 2 挡时才工作，称为 2 挡制动器或第二制动器。制动器 B_2 在 1 挡和倒挡时都在工作，因此称为低挡及倒挡制动器或低/倒挡制动器。由此可知，换挡操作件的不同工作组合决定了行星齿轮变速器的传动方向和传动比，从而决定了行星齿轮变速器所处的挡位。

表 4-2 辛普森式 3 挡行星齿轮变速器挡位与操作件工作表

排挡杆位置	挡位	操作组件				
		C_1	C_2	B_1	B_2	F_1
D	1 挡		○			○
	2 挡		○	○		
	3 挡	○	○			
R	倒挡	○			○	
S、L 或 2、1	1 挡		○		○	
	2 挡		○	○		

说明：○表示结合、制动或锁定。

早期的轿车自动变速器多采用 3 挡行星齿轮变速器，其最高挡 3 挡是传动比为 1 的直接挡。进入 20 世纪 80 年代后，随着对汽车燃油经济性的要求日趋严格，越来越多的轿车自动变速器采用了 4 挡行星齿轮变速器。其最高挡 4 挡是传动比小于 1 的超速挡，这种自动变速器的优点除了能降低汽车燃油消耗外，还可以使发动机经常处于较低转速运转工作，以减小运转噪声，延长发动机的使用寿命。

这种形式的4挡行星齿轮变速器可以使原辛普森式3挡行星齿轮变速器的大部分零件继续使用，有利于减少生产投资、降低成本，目前大部分轿车都采用这种4挡自动变速器，有些车型的这种自动变速器将超速行星排设置在原辛普森式3挡行星齿轮变速器的后端，但其工作原理是相同的。

2）拉维奈尔赫式行星齿轮变速器

拉维奈尔赫式行星齿轮变速器采用的是与辛普森式行星齿轮机构一样著名的拉维奈尔赫式行星齿轮机构，这是一种复合式行星齿轮机构，它由一个单行星轮式行星排和一个双行星轮式行星排组合而成：后太阳轮和长行星齿轮、行星架、内齿圈共同组成一个单行星轮式行星排；前太阳轮、短行星齿轮、长行星齿轮、行星架和内齿圈共同组成一个双行星轮式行星排，如图4.13所示。两个行星排共享一个内齿圈和一个行星架，因此它只有4个独立组件，即前太阳轮、后太阳轮、行星架、内齿圈。这种行星齿轮机构具有结构简单、尺寸小、传动比变化范围大、灵活多变等特点，可以组成有3个前进挡或4个前进挡的行星齿轮变速器。自20世纪70年代起开始应用于轿车生产，特别是前轮驱动式轿车的自动变速器，如奥迪、福特、马自达等车型的自动变速器。

在拉维奈尔赫式行星齿轮机构中设置5个换挡操作组件(2个离合器、2个制动器和1个单向超越离合器)，可使之成为一个具有3个前进挡和1个倒挡的3挡行星齿轮变速器。

图4.14为拉维奈尔赫式3挡行星齿轮变速器的传动原理图，图中前太阳轮、长行星齿轮、短行星齿轮、行星架和内齿圈组成一个双行星轮式行星排，也称为前行星排；后太阳轮、长行星齿轮、行星架和内齿圈组成一个单行星轮式行星排，也称为后行星排。在5

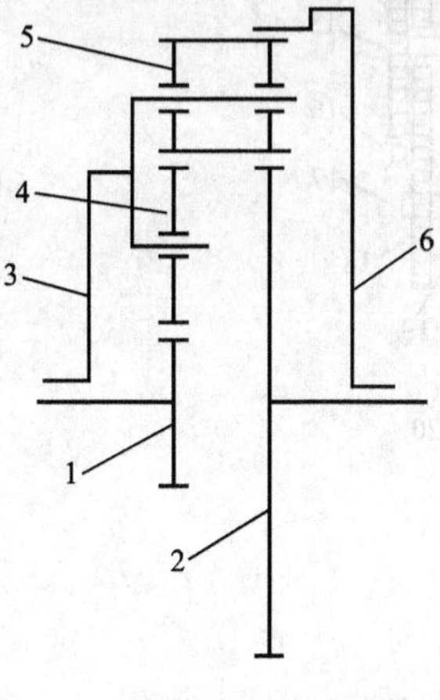

图4.13 拉维奈尔赫式行星齿轮机构

1—前太阳轮；2—后太阳轮；3—行星架；4—短行星轮；5—长行星轮；6—齿圈

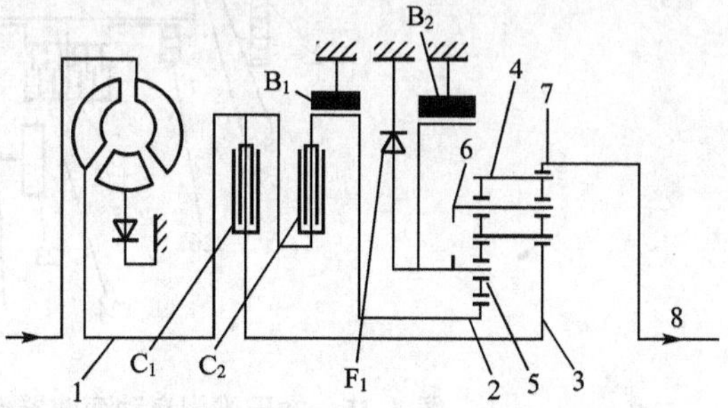

图4.14 拉维奈尔赫氏3挡行星齿轮变速器传动原理

1—输入轴；2—前太阳轮；3—后太阳轮；4—长行星轮；5—短行星轮；6—行星架；7—齿圈；8—输出轴；C_1—前进离合器；C_2—倒挡及直接挡离合器；B_1—2挡制动器；B_2—低挡及倒挡离合器；F_1—1挡单向离合器

个换挡操作件中，离合器 C_1 用于连接输入轴和后太阳轮，它在所有前进挡中都处于接合状态，故称为前进离合器；离合器 C_2 用于连接输入轴和前太阳轮，它在倒挡和 3 挡(直接挡)时接合，故称为倒挡及高挡离合器；制动器 B_1 用于固定前太阳轮，它在 2 挡时工作，故称为 2 挡制动器；制动器 B_2 用于固定行星架，它在倒挡或自动变速器操纵手柄位于前进低挡时工作，故称为低挡及倒挡制动器。单向超越离合器 F_1 在逆时针方向对行星架有锁定作用，它只在 1 挡时工作，故称为 1 挡单向超越离合器。

3. 固定轴式自动变速器

固定轴式变速器采用普通外啮合齿轮，各相对齿轮都是固定啮合，但传递动力与否取决于相对应离合器是否啮合。

固定轴式变速器多由 3 条平行轴构成，变速器的总长度较小，故一般都用在前轮驱动的轿车上，固定轴式变速器的操作组件只有多片式离合器和单向离合器，没有制动器；操作件的数目较少。由于它体积较大，该结构用于轿车上的还仅日本本田公司，如图 4.15 所示。

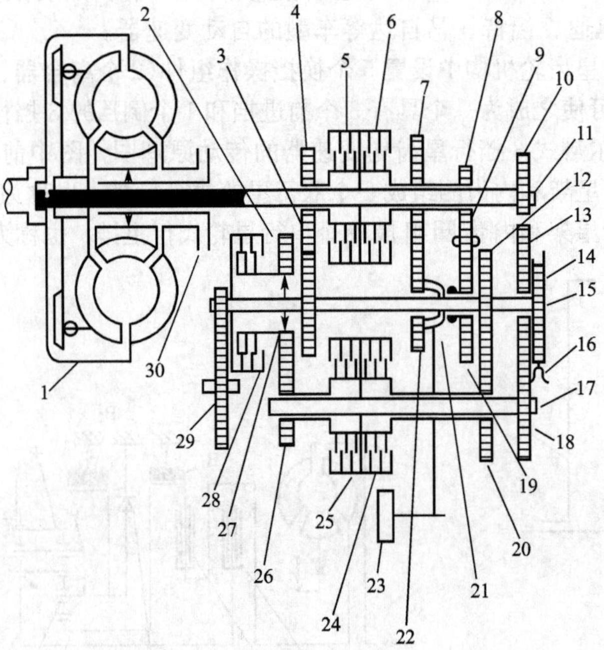

图 4.15　本田雅阁自动变速器传动示意图

1—变矩器；2—中间轴第 1 挡齿轮；3—中间轴第 3 挡齿轮；4—第 1 轴第 3 挡齿轮；
5—第 3 挡离合器；6—第 4 挡离合器；7—第 1 轴第 4 挡齿轮；8—第 1 轴倒挡齿轮；
9—倒挡惰轮；10—第 1 轴惰轮；11—第 1 轴；12—中间轴第 2 挡齿轮；13—中间轴惰轮；
14—停车齿轮；15—中间轴；16—停车锁；17—第 2 轴；18—第 2 轴惰轮；
19—中间轴倒挡齿轮；20—第 2 轴第 2 挡齿轮；21—倒挡结合套；
22—中间轴第 4 挡齿轮；23—伺服阀；24—第 2 挡离合器；
25—第 1 挡离合器；26—第 2 轴第 1 挡齿轮；27—单向离合器；
28—第 1 挡固定离合器；29—主减速器齿轮；30—油泵

4.4 电控机械式自动变速器

电控机械式自动变速器(AMT)不仅保留了手动变速器机械效率高、成本低的特点，也实现了液力机械式自动变速器的功能和优点。由于电控机械式自动变速器是完全在平行轴式(固定轴式)手动变速器的基础上加装自动操纵机构实现自动换挡的，因此它保留了原手动变速器传动效率高、价廉、易于制造等优点，而且还具有AT由于实现了起步、换挡自动操作所带来的全部优点，但是由于结构形式的限制，与AT相比，这种自动变速器在控制上难度较大，主要体现在以下几个方面。

(1) 它需要切断动力换挡，但又没有液力变矩器在起步、换挡过程中起缓和冲击及减振作用。

(2) 与湿式多片离合器相比，单、双片干式离合器不允许长时间打滑，否则会烧坏摩擦片，因此对起步、换挡过程的控制要求较高。

(3) 固定轴式变速器比旋转轴式变速器难于自动化，多采用拨叉换挡，比用离合器和液压制动器换挡冲击大。

(4) 机械式自动变速器需要在换挡时变化节气门，而液力自动变速器的换挡过程是在定节气门状态下进行。

(5) 由于液力变矩器具有自适应性能，坡上起步较容易。而机械式变速器要靠驾驶员的熟练操作使制动器、离合器和发动机节气门三者协调工作，才能实现坡上起步。因此，自动化后需要增加坡道辅助起动装置，以提高其安全性。

由此可以看出，起步与换挡是机械自动变速器控制功能的关键。电控机械式自动变速器主要由干式离合器、带同步器的齿轮式变速器、微型计算机及其电子控制系统组成。

电控机械自动变速器的控制系统是在手动变速器和干式离合器的基础上，由电控单元(ECU)控制执行机构实现车辆起步、换挡自动操纵。其工作原理如图4.16所示。

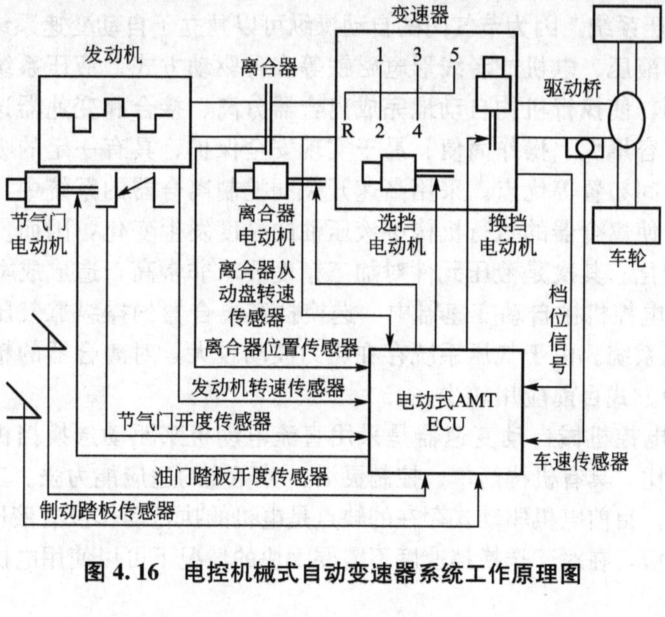

图4.16 电控机械式自动变速器系统工作原理图

ECU根据驾驶员的意图(油门踏板、制动踏板、变速器手柄)及车辆的状态(发动机转速、离合器从动盘转速、车速)按换挡规律实时、在线地担负起多路输入信号的采集、加工处理以及控制决策和控制指令的发出等任务；借助相应的执行机构自动地完成节气门开度的调整、离合器的分离和接合、变速器的换挡动作，使换挡过程自动完成。目前汽车上常用的AMT采用了微机控制，在车辆上取消了离合器踏板和变速杆，只保留了加速踏板，通过它向微机发出要控制车辆的信息。

机械式自动变速器除自动变速功能外，还具有自动巡航控制、故障自诊断、手动变速、坡上辅助起步等功能。

1. 电控机械式自动变速器的组成及分类

1）电控机械式自动变速器的组成

电控机械式自动变速器系统主要由4大部分组成：被控制系统、电子控制器(ECU)、执行机构和传感器。换挡时，发动机节气门开度的调节、离合器的分离和接合、变速器的选换挡机构都需要进行自动控制。

按驾驶员的意图实现车辆运行状况的改变。执行机构由选换挡执行机构、离合器分离接合执行机构和油门执行机构组成。离合器执行机构由直流伺服电动机驱动，通过控制减速机构实现离合器自动分离和平稳接合控制；变速器执行机构包括选挡机构和换挡机构，分别由两个步进电机驱动，完成摘挡、选位和挂挡操作；油门执行机构由步进电机驱动，完成对油门踏板位置的跟踪以及换挡过程中发动机转速的调节。

传感器用于实时监测车辆运行状态，采集ECU控制所需的各种信息，同时将采集到的信号转换成ECU能识别的信息，便于ECU进行处理，并对车辆运行做出及时反应以调整行驶状态。

2）电控机械式自动变速器的类型

根据电控机械自动变速系统选换挡和离合器操纵方式的不同可分为液压驱动式、气压驱动式和电机驱动式3种。

(1) 液压驱动式电控机械自动变速系统中，选换挡和离合器的操纵靠油压来实现，因此，必须建立一个液压系统。因为节气门的自动操纵可以独立于自动变速系统，所以对节气门的操纵可以采用液压、电机或者线形电磁铁等多种驱动方式。液压系统根据电控单元的指令控制电磁阀，使执行机构自动地完成离合器分离、接合和变速器选换挡。电控液动选换挡系统具有容量大、操作简便、易于实现安全保护、具有一定的吸振与吸收冲击的能力以及便于空间布置等优点。采用高速开关阀控制离合器的系统中，存在的主要缺点就是温度变化会使离合器的执行机构中液压油的黏度发生变化，因而使离合器回油管路压力损失产生变化。其次是液压元件对加工精度要求非常高，造成成本较高。

(2) 气压驱动式电控机械自动变速器中，选换挡和离合器的操纵靠气压来实现，因此，需要有一个气压系统。由于气压系统存在压力波动较大，对离合器的精确控制不利等缺点。因此，这种方式目前应用较少。

(3) 电机驱动式电控机械自动变速器是采用直流电动机来驱动选换挡机构和离合器的，与液压驱动的相比，具有机构简单、控制灵活、对环境的适应能力强、工艺简单、成本低、能耗小等特点。目前电机驱动式存在的缺点是电机的执行动作没有液压精确，而且选换挡的动作比较迟缓，在对于选换挡速度不需要太快的情况下可以使用电机驱动。

2. 电控机械式自动变速器的工作原理

电控机械式自动变速器系统的功能涉及车辆所有工作的方方面面，其工作过程与非自动变速车辆是相同的，程序软件控制过程如下。

1）起步控制

驾驶员接通电源后，微处理机首先置变速器于空挡，并分离离合器，然后再起动发动机，当发动机转速达到某一给定值时，离合器接合，当达到变速器输入轴开始转动时，微处理机把相应此时离合器的位置作为初始接合点，并以此为基准对离合器进行控制。

当驾驶员选择某一选挡开关起步，离合器分离，变速器挂上相应挡位，在驾驶员未踏下加速踏板时，离合器一直处于分离状态的部分接合点之前。

当驾驶员进一步踏下加速踏板时，微处理机根据加速踏板的位置，确定处理机按离合器最佳接合规律控制离合器作动器的接合速度进行接合，与此同时，发动机节气门进行自适应调节加油，节气门加到一定程度牵引力大于外界阻力，汽车起步。

2）换挡控制

换挡动作与起步时类似。其次序是：抬加速踏板、分离离合器、摘空挡、挂上新挡、接合离合器，踩加速踏板至离合器到主、从动片转速一致时完成。

3）离合器控制

为了提高对离合器的控制精度，单独采用一个CPU通过液压系统进行闭环控制。离合器的液压系统使用的电磁阀均为高速开关阀，即它有两个状态：全开或全关。为了对离合器接合进行控制，要使泄油阀时开时关，对于高速开关阀的控制主要有两种方式，即脉宽调制和脉频调制。脉宽调制是使电磁阀开的频率不变，但开阀时间变化，脉频调制正好相反。

过去对离合器的接合控制采用的是开环控制，即给电磁通以一定频率的脉冲，而不管离合器怎样运动。这种控制很容易受到温度、压力等条件的影响。为了更好地控制离合器，可采用闭环控制，闭环控制仍采用脉宽调制方法，把整个控制过程分为若干个周期，每一周期都要检查上一周期的误差和误差的变化，根据上一周期的误差和误差的变化决定本周期开阀时间的长短。例如，上一周期的误差为负，即未走到预定值(误差变化为正，即误差变大)，则本周期开阀时间应适当延长，这样每周期都有这样开、关、修正误差的过程，就可以在一定范围内削弱环境的影响，使离合器的控制更加平顺。

离合器的分离控制是当驾驶员抬起加速踏板，而使汽车滑行，或变速器换挡，或汽车低于选择开关所设定车辆，或驾驶员选择了空挡开关，以及汽车制动时，微处理机将控制离合器作动器分离离合器。

阅读材料4-1

电机式AMT自动变速器

LUK公司的ASG电机式AMT自动变速器如图4.17所示。

ASG是将选换挡轴、换挡臂集成到选换挡控制机构上，通过蜗轮蜗杆机构将直线运动实现空间上的直线到圆周运动的转变，如图4.18所示。

图4.17 电机式AMT自动变速器

图4.18 换挡机构

3. 离合器的自动控制

机械式自动变速器不再有离合器踏板，离合器的工作需与发动机节气门及换挡操纵配合协调，控制系统对这种配合的要求很高。只有实现离合器的最佳接合规律，才能保证汽车起步、换挡过程的质量，减少对传动系统零部件的冲击，延长这些部件的使用寿命和提高乘坐舒适性。

1) 离合器的最佳接合规律

在起步换挡过程中，离合器操纵不仅受车辆载荷、坡度、发动机转速、车速及挡位等因素的影响，也受驾驶员的人为因素和一些偶然因素影响。因此，离合器的最佳接合规律不仅应以人机工程学来模拟优秀驾驶员的操纵动作和感觉，而且应该做得更好。

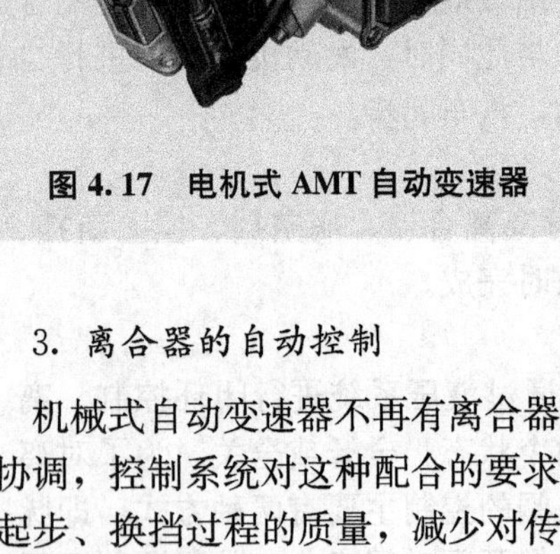

图4.19 离合器接合过程行程与传递转矩的关系

根据影响离合器接合的因素及使用性能对离合器提出的基本要求，经数学处理和优化后即能确定在各种节气门开度、发动机转速、道路坡度、传动比、车重及车速等条件下的离合器最佳接合规律，离合器以后就按此规律工作。主要影响因素包括以下内容。

(1) 离合器接合行程。从离合器分离到结合为止，其行程大致可分3个阶段(图4.19)：零转矩传递阶段、转矩传递急速增长阶段、恒转矩传递阶段。

因第一阶段无转矩传递，故接合速度较快，可实现快速起步或减少换挡时功率中断的时间。第二阶段速度较慢，以获得平稳起步或换挡，提高乘坐舒适性和减少传动系冲击载荷；但过慢的速度又会造成滑摩时间长，影响离合器寿命，故需控制在一定时间内完成。第三阶段速度较快，以使压紧力尽快达到最大值，并保留分离轴承与分离叉之间的间隙。

(2) 节气门开度。节气门踏板的操纵反映了驾驶员的意图，被用于控制离合器的接合速度。在离合器接合的前阶段，其速度正比于节气门开度。但在踩下节气门踏板准备起动发动机时，离合器不接合，而需发动机达到目标转速 n_{e0}(即发动机在该节气门开度下最大转矩对应的转速)后才平稳接合，以防止熄火。在离合器接合的后阶段，因发动机与变速器输入轴已接近同步，接合速度不需再受节气门控制。

汽车起步时离合器接合的速度分缓慢、正常和急速等不同程度，主要按节气门踏板的踏入量来控制。中、高车速范围时的离合器控制除受节气门大小的影响外，还与节气门开度的变化率有关。

(3) 发动机转速。离合器接合时，发动机转速 n_e 会出现变化，接合的速度越快，转速 n_e 的波动量越大。为防止发动机输出转矩小于离合器从动轴转矩，使发动机转速 n_e 下降过低而引起爆燃，造成车身振动甚至发动机熄火，控制系统需先计算发动机的目标转速 n_{e0}，如果发现该节气门开度下的 $n_e < n_{e0}$，则离合器分离，停止接合。

(4) 挡位与车速。由于变速器输出转矩的大小与挡位即传动比成正比，低挡传动比大，后备牵引力就大，从而使汽车的加速度也大，传动系统可能产生的动载荷也越大。因此，从提高离合器接合平顺性、乘坐舒适性及减小动载考虑，应放慢离合器接合速度 v_c，故低挡时换挡时间长，如图 4.20 所示。此外，由于车速间接地反映了外界的负荷大小，在同一节气门开度下行驶时，车速越高说明外部阻力越小，所以离合器接合速度可以加快。

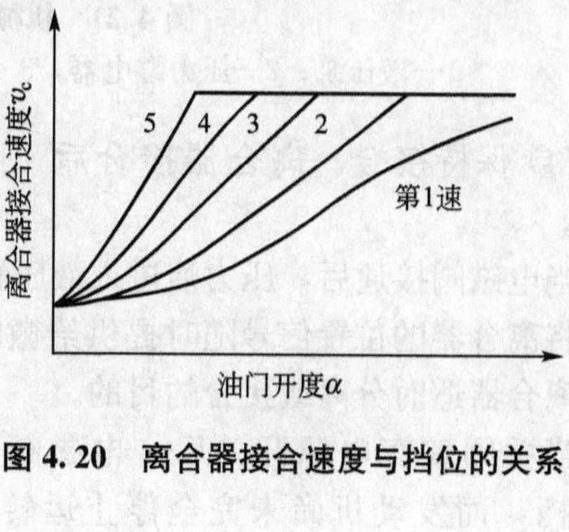

图 4.20　离合器接合速度与挡位的关系

(5) 坡度与载荷。道路坡度和汽车载荷的增加，均会引起发动机转速的峰值及输出转矩的明显变化。为了降低动载荷与提高接合平稳性，离合器的接合速度被适当放慢。

2) 离合器的执行机构

离合器的执行机构有液动和气动两种。如果从使用性能来看，液动要优于气动，但对已有气压系统的汽车而言，使用气动方案可降低成本。

图 4.21 所示的液压系统中，操纵离合器动作的是一个单作用液压缸，系统由电磁阀 Y_1、Y_2、Y_3、Y_4 控制，这些阀有直径各不相同的节流孔，以满足不同接合速度的要求。系统的工作模式有以下 4 种。

(1) 分离。电磁阀 Y_1 接通，Y_2、Y_3 和 Y_4 关闭，压力油进入液压缸，离合器分离，用于防止发动机熄火及换挡。

(2) 保持分离。Y_1、Y_2、Y_3 和 Y_4 均关闭，缸内液压油被封闭，活塞不动，离合器保持分离。

(3) 接合。Y_1 关闭，Y_2、Y_3 和 Y_4 由驱动电磁阀的脉冲电流的脉冲幅值控制，分别或同时接通，脉冲越宽，活塞运动速度越快。系统根据行程传感器的信号，对执行机构的实际运动进行修正，实现按最佳接合规律接合，配合车辆起步、换挡。

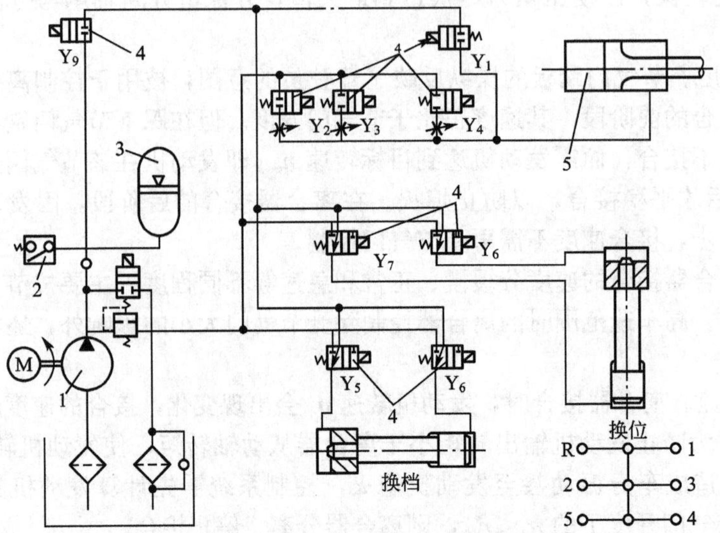

图 4.21 机械式自动变速器的液压系统

1—液压泵；2—压力继电器；3—蓄压气；4—电磁阀；5—离合器操纵液压缸

(4) 保持接合。离合器接合后，除 Y_2 外所有电磁阀全部关闭，汽车进入正常行驶。

当电磁阀接通后，压力油进入液压缸左腔，推动活塞右移，使离合器分离；行程传感器则将离合器的位置信号随时提供给微电脑，以使微电脑能根据工况对电磁阀进行控制、达到离合器适时分离或接合的目的。

当关闭整车电源开关后，电磁阀电流也被切断，离合器接合。如此时变速器还挂着挡，而发动机尚未完全停止运转，则会因离合器的接合产生很大的冲击，甚至有可能使车向前窜动。为保证安全，防止这种危险情况发生，离合器卸压阀 Y_2 可采用常开型，并设置延迟电源电路，使其在电源切断后 2～3s 内仍让离合器保持分离状态。

4. 发动机节气门开度的自动控制

节气门控制的方法通常是用步进电动机代替机械传动，节气门踏板的行程通过传感器传至微电脑，微电脑再按对应的开度控制步进电动机。在正常行驶时，加速踏板踩下行程与步进电动机驱动的节气门开度是一致的。但在换挡过程中，步进电动机按换挡规律要求先松节气门，以便挂空挡，在挂上新挡并接合离合器的同时，按微电脑中设置的自适应调节规律供油。然后再回到正常的节气门开度。

节气门执行机构的主要部件步进电动机是由输入脉冲改变其电磁铁励磁条件而转动一定角度的电动机。它的控制电路保证了电压的变化不会对电动机的输出转矩产生影响。

电子控制机械式自动变速器同样有巡航控制功能。在巡航控制起作用时，随着道路坡度、阻力的变化，汽车自动地变化节气门开度并进行挡位变换，以便按存储在微电脑内的最佳燃油经济性规律行驶。

4.5 无级变速器

无级变速器的种类很多，根据其动力传递方式可按图 4.22 所示进行划分。在汽车上已经使用的无级变速器有传动带传动与牵引传动两种形式，都是应用摩擦力传递动力。

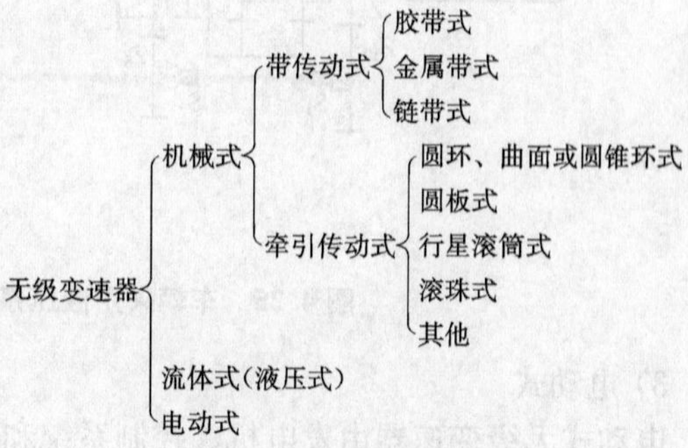

图 4.22 无级变速器的种类

1）机械式无级变速器

机械式无级变速器又可以分为摩擦式、链式和带式 3 种。

（1）摩擦式。摩擦式无级变速器是靠旋转体间的接触摩擦力来传递动力的，通过改变输入、输出的作用半径，连续地改变传动比。胶带式无级变速器也属于摩擦式无级变速器。

（2）链式。链式无级变速器的变速传动机构由主从动链轮及套于其上的钢质挠性链组成，利用链条左右两侧面与作为链轮的两锥盘相接触所产生的摩擦力进行传动，并通过改变两锥盘的轴向距离来调整它们与链的接触位置和工作半径，从而实现无级变速传动。目前应用最多的是滑片链式变速器。图 4.23 所示为链式无级变速器。

（3）带式。带式无级变速器的变速传动机构是由作为主、从动带轮的两对锥盘及张紧在上面的传动带组成。其工作原理是利用传动带左右两侧与锥盘相接触所产生的摩擦力进行传动，并通过改变两锥盘的轴向距离来调整它们与传动带的接触位置和工作半径，从而实现无级变速传动。带式无级变速器根据传动带的形状不同分为平带无级变速器和 V 形带无级变速器。V 形带无级变速器根据传动带的不同又可以分为普通 V 形橡胶带无级变速器和 V 形钢带无级变速器。图 4.24 所示为带式无级变速器。

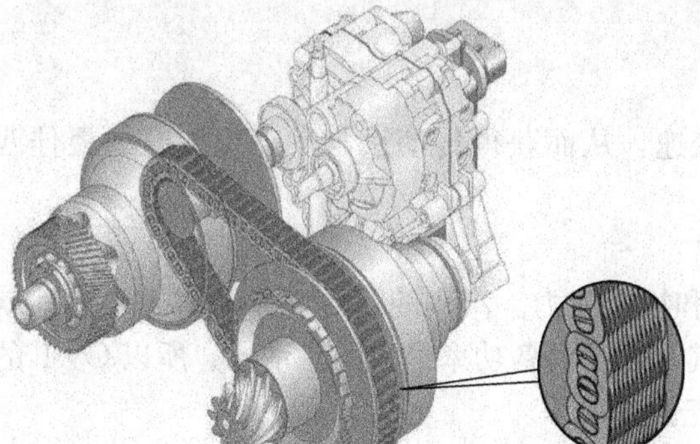

图 4.23 链式无级变速器

图 4.24 带式无级变速器

2）液压式

它依靠液体压能的变化来传递和变换能量，是借助于工作腔的容积变化进行工作的。液压元件主要是液压泵和液压马达，如图 4.25 所示。

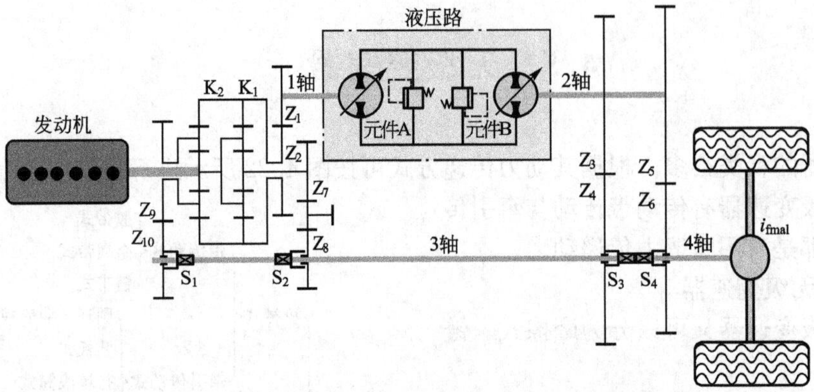

图 4.25　车辆采用液压系统实现无级变速示意图

3）电动式

电动式无级变速器由发电机、控制系统和牵引电动机组成。其变速原理为：控制系统调制发电机输出的电压、电流或频率，然后输送给电动机，连续改变输出转速和力矩，以获得无级的传动比。根据装用的电动机的不同，电力传动分为：直—直系统(直流发电机—直流电动机系统)、交—交系统、交—直系统、交—直—交系统。

由于可控硅整流、可控硅逆变技术的成熟以及交流电动机较直流电动机结构简单、尺寸小、运行可靠、维护方便，可设计和制造出功率更大、转速更高的电动机的特点，因此电动式无级变速器得到了更为广泛的应用。

电传动虽然功率较高，布置方便，但因其自身质量较大，价格较高，当加入人工控制时，控制器构成复杂，故目前仅限于在超重型载货汽车上应用。

由于能源危机和环境污染的影响，许多国家已开始进行高能量蓄电池、燃料电池的开发研究。这类传动的污染小、噪声低、效率高，是汽车传动发展的一种趋势。

汽车采用无级变速器之后，可以实现发动机与变速器的最佳匹配，使发动机长时间工作在最佳工况下，从而可以有效地提高汽车的动力性、经济性、排放性和舒适性。因此，它具有如下特点。

1）提高燃油经济性

CVT 可以在相当宽的范围内实现无级变速，从而获得传动系与发动机工况的最佳匹配，提高整车的燃油经济性。

2）提高动力性能

汽车的后备功率决定了汽车的爬坡能力和加速能力。汽车的后备功率愈大，动力性就愈好。由于 CVT 的无级变速特性，能够使汽车获得后备功率最大的传动比，所以 CVT 的动力性能明显优于机械变速器(MT)和自动变速器(AT)。

3）减少排放量

CVT 的速比工作范围宽，能够使发动机以最佳工况工作，从而改善了燃烧过程，降低了废气的排放量。ZF 公司将自己生产的 CVT 装车进行测试，其废气排放量比安装 4AT 的汽车减少了大约 10％。

4）节约成本

CVT 系统结构简单，零部件数目比 AT(约 500 个)少(约 300 个)，一旦汽车制造商开始大规模生产，CVT的成本将会比AT小。由于采用该系统可以节约燃油，随着大规模生产以及系统、材料的革新，CVT零部件(如传动带或传动链、主动轮、从动轮和液压泵)的生产成本将降低20%～30%。

5) 改善了驾驶舒适性能

安装无级变速器之后，可以在保证发动机具有最佳动力性能的同时实现无级变速，使驾驶员能够真正感到舒适。

4.5.1 机械式CVT的结构与原理

1. 机械式CVT的结构

无级变速器由电控系统、液压控制系统、传动装置、速比调节装置、安全缓冲装置和金属带组成。金属带式无级变速器的结构如图4.26所示。

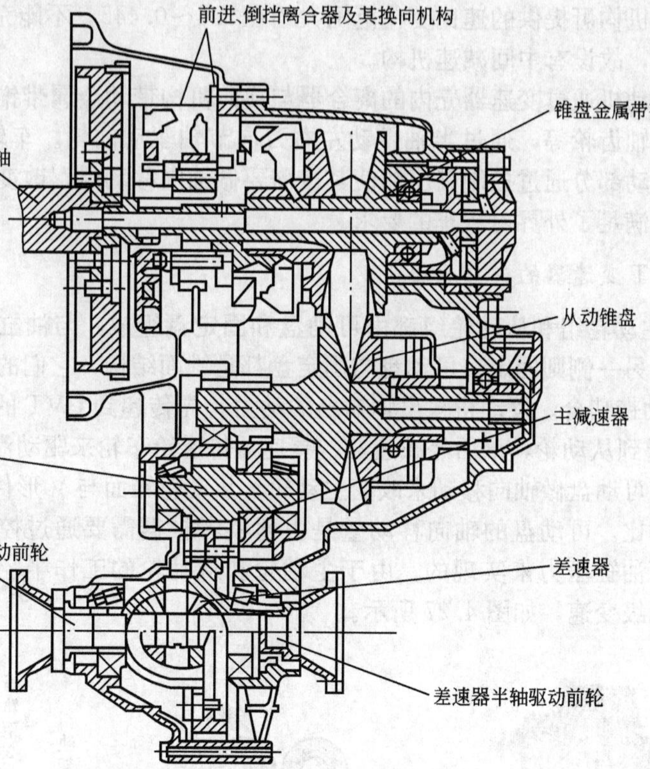

图4.26 金属带式无级变速器的结构

1) 起步离合器

目前，用作汽车起步的装置有湿式离合器、电磁离合器、液力变矩器3种，目的是使汽车以足够大的牵引力平顺地起步，提高驾驶舒适性，必要时切断动力传递。

2) 行星齿轮机构

CVT的行星齿轮机构采用双行星齿轮机构，行星架上固定有内、外行星齿轮和右支架，其中右支架是通过螺栓固定在行星架上，外行星齿轮和齿圈啮合，内行星齿轮和太阳轮啮合。

3）无级变速机构

无级变速机构由金属传动带和主、从动工作轮组成。金属传动带由多个金属片和两组金属环组成，每个金属片在两侧工作轮挤压力作用下传递动力。每组金属环由数片带环叠合而成，金属环的作用是提供预紧力，在动力传递过程中支撑和引导金属片的运动，有时承担部分转矩的传递。主、从动工作轮由可动和不动锥盘两部分组成。

4）控制系统

控制系统是用来实现CVT系统传动比无级自动变化的。在控制系统中，采用机—液控制系统或电—液控制系统。它主要由油泵(齿轮泵或叶片泵)、液压调节阀(速比和带与轮间压紧力的调节)、传感器(油门和发动机转速)和主、从工作轮的液压缸及管道组成，实现传动比无级变速的调节。压紧力控制和起步离合器的控制是无级变速控制系统的关键。

5）中间减速机构

由于无级变速机构可提供的速比变化范围大约在2.6～0.445，不能完全满足整车传动比变化范围的要求，故设有中间减速机构。

汽车的横置发动机通过变速器壳内的离合器与换向机构带动金属带锥盘变速器、主减速器、差速器和半轴齿轮等，通过半轴带动左右万向节轴驱动前轮。车辆行驶时，当主、被动工作带轮的可动部分通过控制高压油使其按需要做轴向移动时，改变了主、被动轮的工作半径比，从而满足了外界对汽车的要求。

2. 机械式CVT变速器的工作原理

CVT系统的主动轮组和从动轮组都由可动盘和固定盘组成，与油缸靠近的一侧带轮可以在轴上滑动，另一侧则固定。可动盘与固定盘都是锥面结构，它们的锥面形成V形槽来与V形金属传动带啮合。发动机输出轴输出的动力首先传递到CVT的主动轮，然后通过V形传动带传递到从动轮，最后经减速器、差速器传递给车轮来驱动汽车。工作时通过主动轮与从动轮的可动盘做轴向移动来改变主动轮、从动轮锥面与V形传动带啮合的工作半径从而改变传动比。可动盘的轴向移动量是由驾驶者根据需要通过控制系统调节主动轮、从动轮液压泵油缸压力来实现的。由于主动轮和从动轮的工作半径可以实现连续调节，从而实现了无级变速，如图4.27所示。

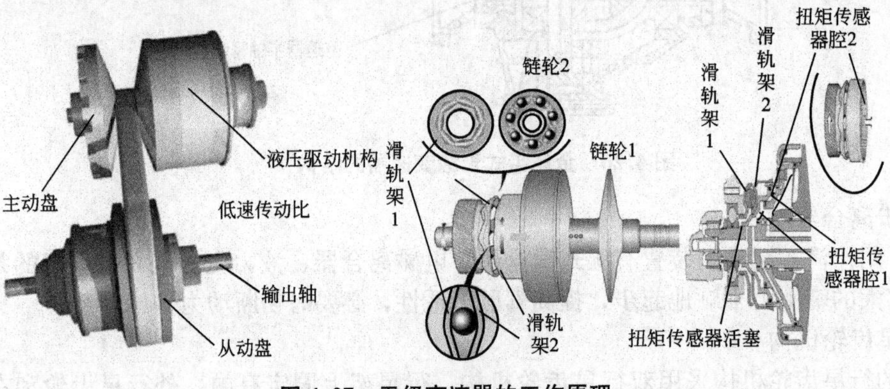

图4.27 无级变速器的工作原理

在金属带式无级变速器的液压系统中，从动油缸的作用是控制金属带的张紧力，以保证来自发动机的动力高效、可靠的传递。主动油缸控制主动锥轮的位置沿轴向移动，在主动轮组上金属带沿V形槽移动，由于金属带的长度不变，在从动轮组上金属带沿V形槽向相反的方向变化。金属带在主动轮组和从动轮组上的回转半径发生变化，实现速比的连续变化。

汽车开始起步时，主动轮的工作半径较小，变速器可以获得较大的传动比，从而保证驱动桥能够有足够的扭矩来保证汽车有较高的加速度。随着车速的增加，主动轮的工作半径逐渐增大，从动轮的工作半径相应减小，CVT的传动比下降，使得汽车能够以更高的速度行驶。

4.5.2 机械式CVT的关键部件

1. 金属传动带

金属带式无级变速器的核心元件是金属带组件，由几百片(现已达400多片)V形金属推片和两组金属环组成高柔性的金属带，如图4.28所示。每个金属V形块的厚度为1.4～2.2mm，在两侧工作轮挤压力作用下推挤前进来传递动力。两侧的金属环由多层薄钢带、带环叠合而成，在传动中正确引导金属元件的运动。较薄的厚度对减少运动噪声十分重要。较多的元件与带轮接触，降低接触面压力，还可允许其表面偶尔出现一两个损坏，有利于耐久性的提高。这种金属带的特点是使带轮可以最小的卷绕半径工作，速比范围大，转矩传递容量高。

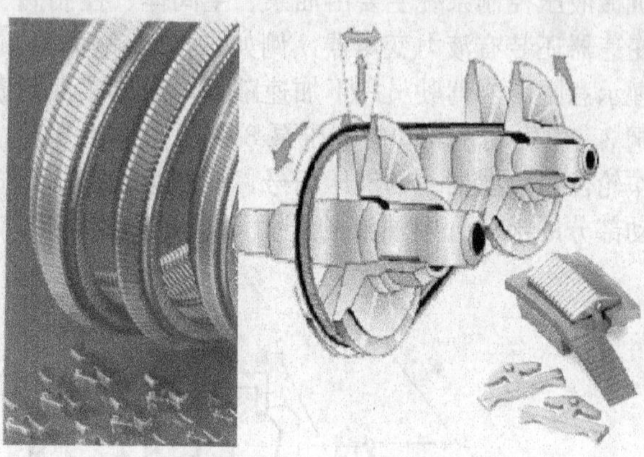

图4.28 金属带的组成

2. 工作轮

主从动工作轮构成变速机构，主动工作轮由固定部分(固定锥盘)和可动部分(可动锥盘)组成，从动工作轮也是由固定部分和可动部分组成。主、从动工作轮的可动部分可做轴向移动；工作轮的固定部分和可动部分间形成V形槽，金属带在槽内与它啮合；工作面大多为直线锥面体，也有球面体、复合母线锥体。在控制系统的作用下，可动锥盘依靠钢带—滑道结构做轴向运动，可连续地改变传动带的工作半径，从而实现无级变速传动。工作原理如图4.29所示。

无级变速器动力传递是由发动机飞轮经离合器传到主动工作轮、金属带和从动工作轮后再经中间减速齿轮机构和主减速器，最后传递给驱动轮。

3. 液压泵

液压泵为系统控制的液压源，其类型有齿轮泵和叶片泵两种。CVT的控制系统一般采用机械液压控制和电子液压控制两种类型的液压泵。

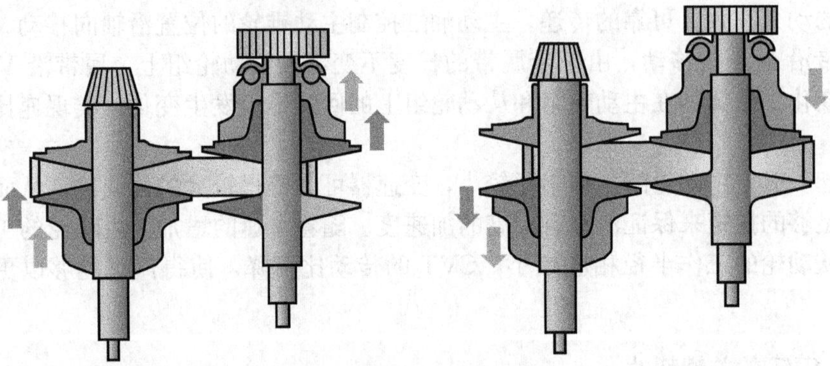

图 4.29 工作轮的工作原理

4. CVT 控制系统

1）机械液压控制系统

机械液压控制系统主要由油泵、主阀体、控制阀、离合器和制动器等组成。有的轿车无级变速器还装有液力变矩器，例如日产天籁轿车。图 4.30 所示为机械液压控制系统工作原理示意图。当驾驶员踩下加速踏板，通过柔性钢索 1 带动换挡凸轮 2 转动，控制速比控制阀 3。由发动机驱动的液压泵 8 将压力油输送给主压力控制阀 9。主压力控制阀 9 根据工作轮位置传感器 4 的液压信号，控制速比控制阀 3 中的压力，从而控制主、从动工作轮可动部分的液压缸中油液的压力，以调节金属带与工作轮的工作半径，实现无级自动变速。

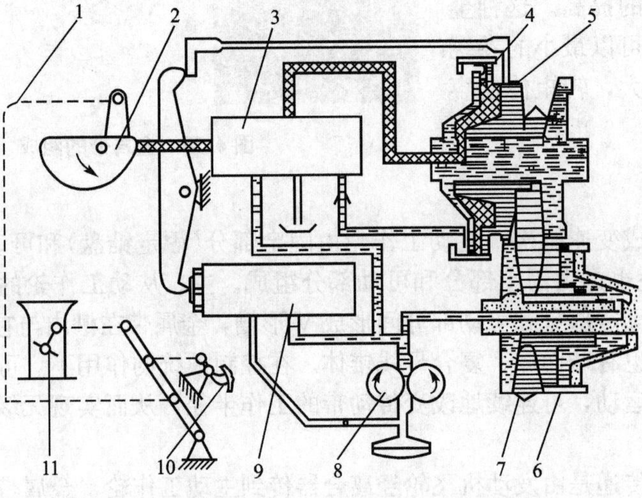

图 4.30 机械液压控制系统工作原理示意图

1—柔性钢索；2—换挡凸轮；3—速比控制阀；4—工作轮位置传感器；
5—主动工作轮液压缸；6—从动工作轮液压缸；7—金属带；
8—液压泵；9—主压力控制阀；10—加速踏板；11—节气门

2）电液控制系统

目前 CVT 电液控制系统主要有单压力回路和双压力回路两种。其工作原理如图 4.31

所示。系统中包括电磁离合器的控制和主从带轮的传动比控制。传动比由发动机节气门信号和主从带轮转速所决定。电子控制单元根据发动机转速、车速、节气门开度和换挡控制信号等控制主从动带轮上伺服液压缸的压力，主、从工作轮的可动部分轴向移动，改变金属带与工作轮间的工作半径，从而实现无级变速。

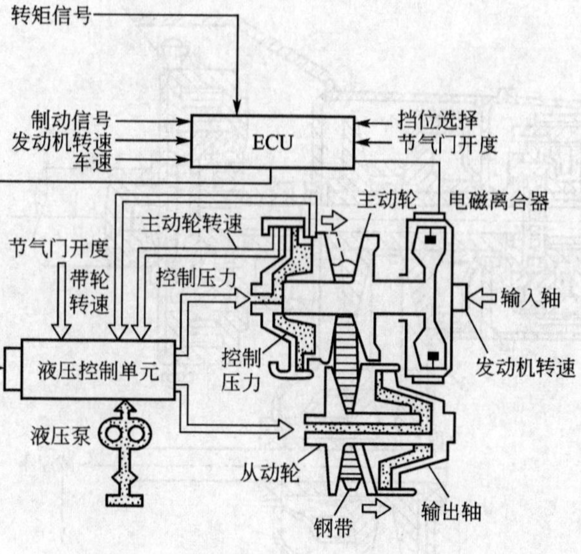

图 4.31 电液控制系统工作原理图

4.5.3 几种无级自动变速器的典型应用

CVT 动力源直接来自发动机，因此它的工作范围必然受到发动机最低稳定转速的约束，所以起步阶段仍需要离合器，而且如果用干式离合器，工作过程与普通手动变速系统相同，起步性能较差。另一方面，CVT 的传动比范围大约在 0.4～7 之间，似乎已满足一般变速要求，但由于它的高挡传动比很小，仅为 0.4 左右，因此，为了保证在良好道路上获得正常行驶的驱动力，其固定降速比将比同类汽车的主传动比 i_0 高出近一倍。这样大的固定降速比，在汽车起步、爬坡和克服较大的行驶阻力时，会使发动机处于不利的区域工作。

基于上述原因，一般将 CVT 与其他传动形式配合使用。其典型的组合形式，有如下几种。

1. CVT 与电磁离合器组成无级变速传动

图 4.32 所示为用电磁离合器代替了液力耦合器的结构形式。日本富士通(FUSI)重工开发的就是这种类型。用磁粉式离合器与采用 VDT 钢带的 CVT 组合的无级变速传动系统，简称为“ECVT”。磁粉式离合器是靠本身的电磁力来传递扭矩的。在离合器主、从动部分之间有密闭空间，内放 30～50μm 的磁化钢微粒(磁粉)，密闭空间外缠绕有线圈。通电后散状磁粉在磁场中开始“凝固”，即磁粉在磁场中形成磁链，把从动毂与电磁铁连在一起。通电电流越大，磁链数目越多，磁链强度也越高，则磁粉式离合器传递转矩的能力也越大。当电流大到足以使磁粉离合器主、从动部分牢牢地接合在一起时，离

合器便停止打滑。磁粉的粘结力特性与电流值成正比，所以对离合器的接合时间和力的控制，可通过发动机节气门开度与车速两个参数来控制线圈中电流的大小和通电时间的长短。

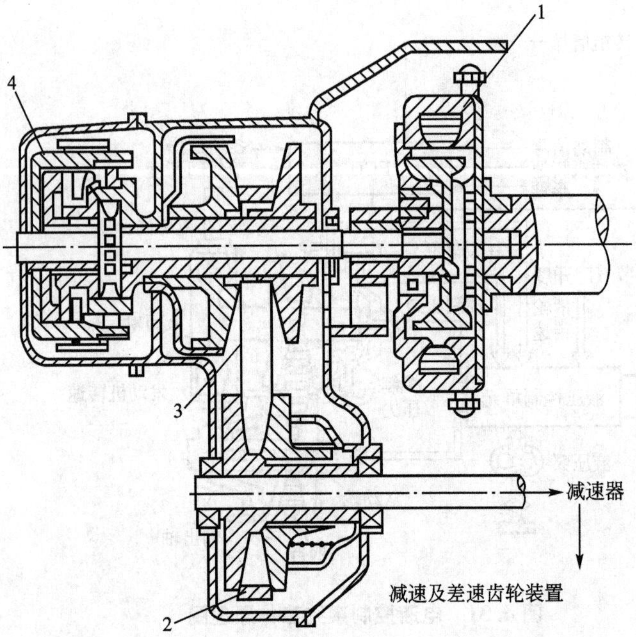

图 4.32　CVT 与电磁离合器组成的无级变速传动

1—电磁离合器；2—工作带；3—CVT；4—行星齿轮变速器

这种离合器结构简单，容易实现转矩平稳增长，主、从动部分不接触，无磨损，而且电磁铁与从动毂之间的间隙在工作中不发生变化，故无需调整间隙，且允许主、从动部分存在较长时间的滑磨。因此，它不仅很理想地解决了装用 CVT 车辆的起步问题，而且与装用液力耦合器的 CVT 车辆相比，可以防止变速时爬行和消除始终存在的滑转损失；但它要求磁粉材料的化学物理性能稳定。

2. 双状态无级变速传动

液力耦合器、电磁离合器等仅解决起步平稳问题，因其均不变更转矩，所以并未扩大 CVT 总传动比范围。但用液力变矩器组合，不仅能提供最佳起步性能，而且由于它的变矩作用扩大了总传动比的变化范围，降低了 CVT 自身的变化范围，从而使 CVT 传动易于使发动机调节到处于最佳燃油经济性的区域内工作。

图 4.33 为德国 ZF 公司于 1991 年开发的适用于轿车的无级变速传动装置。它是 CVT 与综合式液力变矩器(即带锁止离合器的液力变矩器)组成的组合式无级变速传动系统。其动力传动路线是：发动机动力经液力变矩器 2(或锁止离合器 1)、行星齿轮机构 5，再经 VDT - CVT 7、减速齿轮 8、最后传给差速器 9、半轴 10 和驱动轮。

所谓双状态是指当起步和低速时液力变矩器工作；当速度增加至变矩器耦合点工况时，转换到 CVT 传动，此时变矩器转换成锁止离合器锁止工况下工作。这种先为液力无级变速，后转为“纯机械无级变速(CVT)”的组合，称为双状态无级变速传动。图 4.34

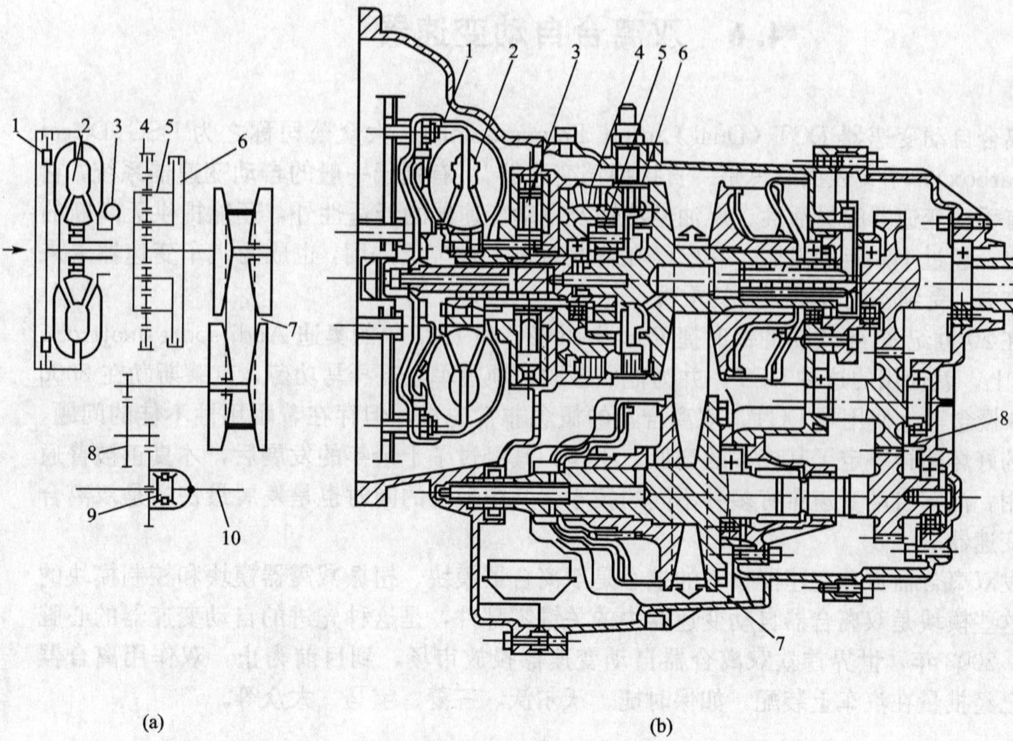

图 4.33　CVT 与液力变矩器组成的无级变速传动

1—锁止离合器；2—液力变矩器；3—液压泵；4—前进挡离合器；5—行星齿轮机构；
6—倒挡离合器；7—金属带无级变速器；8—减速齿轮；9—差速器；10—半轴

所示为双状态无级变速系统示意图，液力变矩器的功率通过传动链 10 传至差速器 8，CVT 无级变速传动与其平行布置。这种组合在传动比 7∶1 范围内可提高 30% 的效率，故即使在公路上行驶仍可提高燃油 5%～8%的经济性。当加速行驶接近变矩器耦合点工况时，转换离合器 4 开始工作，CVT 开始工作。传递变矩器动力的传动链 10 的传动比基本上与 CVT 钢带传动的低挡传动比相同，故当液力变矩器传动转换为 CVT 传动时，车辆在重载、大节气门开度下工作，转换离合器基本上能与 CVT 的工作轮同步转换。因此，从液力变矩器换入纯机械无级变速非常平顺。

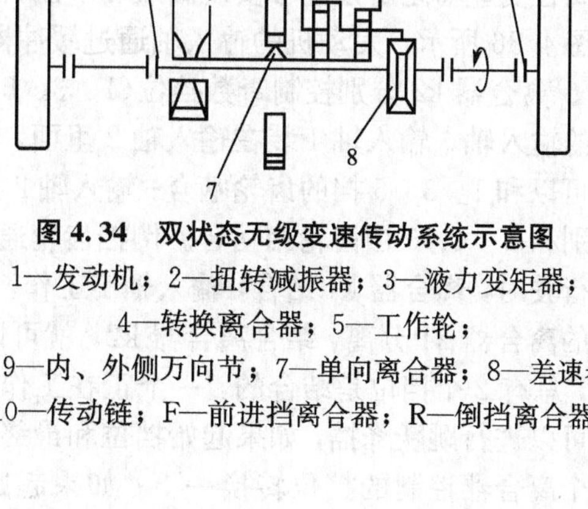

图 4.34　双状态无级变速传动系统示意图

1—发动机；2—扭转减振器；3—液力变矩器；
4—转换离合器；5—工作轮；
6、9—内、外侧万向节；7—单向离合器；8—差速器；
10—传动链；F—前进挡离合器；R—倒挡离合器

4.6 双离合自动变速器

双离合自动变速器 DCT (Dual Clutch Transmission)，大众公司称之为 DSG(Direct Shift Gearbox)，中文表面意思是" 直接换挡变速器"。有别于一般的自动变速器系统，它除了拥有手动变速器的灵活性、燃油经济性及自动变速器的舒适性外，还能提供无间断的动力输出。经过十余年的发展，它已经在普通轿车上被广泛采用，也成为汽车变速器未来的发展方向，受到各大汽车公司的重视。

早在 20 世纪 80 年代初的保时捷 Porsche 962C 和 1985 年的奥迪 Audi sport quattroS1 RC 赛车上，就使用的这种 DCT，并为他们赢取多项冠军立下汗马功劳，克莱斯勒在 2000 年 ESX3 概念车上使用了 DCT。双离合器的概念非常先进，但存在着耐用性不佳的问题，耐用性的好坏同样决定了其成本的高低，于是，其经过了十余年的发展后，才真正被普通轿车所用。汽车自动变速器有多种不同的技术，其中最新的同时也是发展最快的是双离合器自动变速器。

开发双离合器自动变速器技术的核心是双离合器模块、扭振减震器模块和控制模块的技术。这些模块是双离合器自动变速器中的关键零部件，是这种先进的自动变速器的心脏和大脑。2003 年，世界首款双离合器自动变速器投放市场，到目前为止，双作用离合器变速器已经批量在汽车上装配，如保时捷、沃尔沃、三菱、宝马、大众等。

4.6.1 双离合自动变速器的结构和原理

1. 双离合自动变速器的结构

DCT 双离合自动变速器由双离合器系统模块、液压控制系统、扭转减振系统、电子控制系统组成。其中双离合器系统模块和液压控制模块是 DCT 双离合自动变速器的核心，双离合器系统模块相当于双离合器自动变速器的心脏，控制模块则可以认为是自动变速器的大脑。变速器传动结构如图 4.35 所示。

2. 双离合自动变速器的原理

1) 变速器工作原理

双离合变速器之所以能够实现高效和节能，这有赖于其特殊的内部结构和工作原理。

如图 4.36 所示，发动机的输入轴通过缓冲器与离合器 k1 和离合器 k2 的外片相连，离合器 k1、离合器 k2 分别控制奇数挡位(1、3、5 挡) 和偶数挡位(2、4、6 挡)。DCT 有 2 根同轴的输入轴，输入轴 1 装在输入轴 2 里面，输入轴 1 和离合器 k1 相连，输入轴 1 上的齿轮就可以和 1、3、5 挡的齿轮啮合；输入轴 2 是空心的，和离合器 2 相连，输入轴 2 上的齿轮分别和 2、4、6 挡齿轮相啮合。倒挡齿轮通过中间轴齿轮和输入轴啮合。当汽车挂上挡开始行驶时，离合器 k1 结合，输入轴 1 工作，离合器 k2 分离，当到达换挡车速时，将正在结合的离合器 k1 分离，结合离合器 k2，就可以达到换挡目的。DSG 双离合变速器工作过程中，总有 2 个挡位是结合的，一个正在工作，另一个在为下一个换挡做好准备。手动模式下可以进行跳跃降挡，如果起始挡位和最终那个挡位属于同一个离合器控制，则会通过另一个离合器控制的挡位转换一下；如果起始挡位和最终挡位不属于同一个离合器控

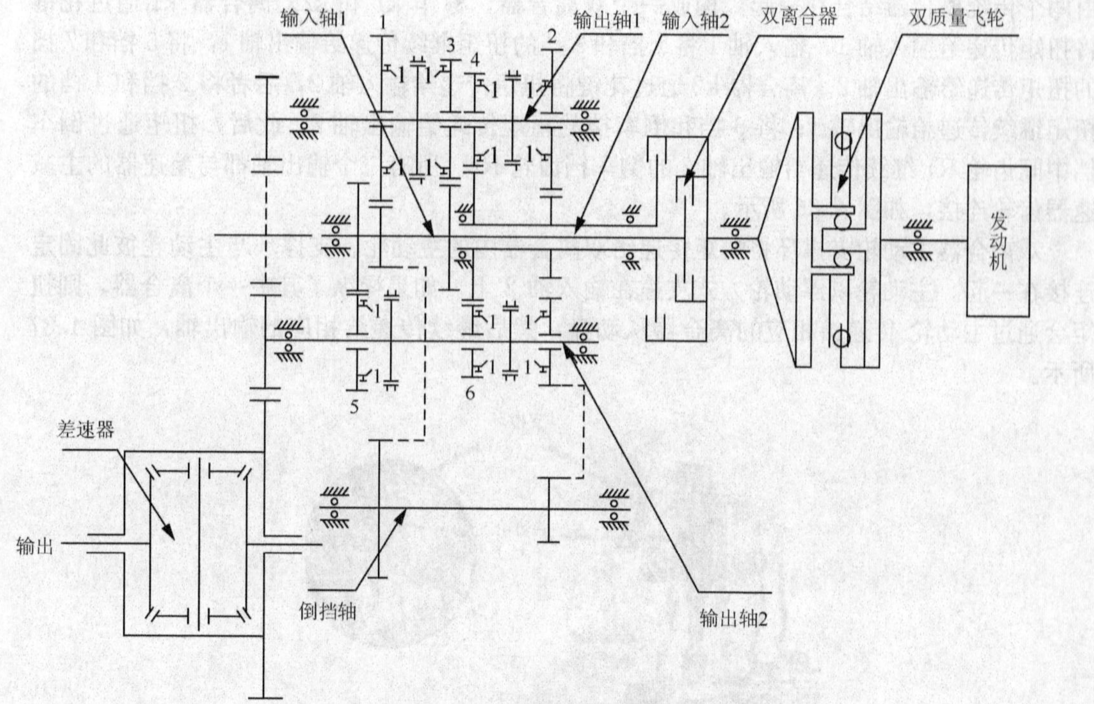

图 4.35 双离合自动变速器的传动结构示意图

图 4.36 双离合自动变速器工作原理结构图

制，就可以直接换到所定挡位，在换挡过程中，不需要将动力完全切断。

2）扭矩传递路线

从动轴的扭矩传递路线和大众以往的手动变速器的传递路线基本一致，但要注意的是，双离合器使得从动轴上的同步器可以实现提前挂挡。双离合器安装在变速器壳体内，由两个传统离合器结合在一起，构成一个双离合器，称作 k1 和 k2。离合器 k1 通过花键将扭矩传递给输入轴 1，输入轴 1 将 1 挡和 3 挡的扭矩继续传递给输出轴 1，将 5 挡和 7 挡的扭矩传递给输出轴 2。离合器 k2 通过花键将扭矩传递给输入轴 2，后者将 2 挡和 4 挡的扭矩继续传递给输出轴 1；将 6 挡和倒车挡的扭矩传递给输出轴 2。此后，扭矩通过倒车挡中间齿轮 R1 继续传递给输出轴 3 的倒车挡齿轮 R2。所有三个输出轴都与差速器的主减速器齿轮连接，如图 4.36 所示。

双离合器主动轮支撑环将扭矩传递给双离合器内的主动轮。支撑环与主动轮彼此固定连接在一起。主动轮以浮动轮方式支撑在输入轴 2 上。如果操纵了其中一个离合器，则扭矩会通过主动轮 传递给相应的离合器从动盘，然后继续传递给相应的输出轴，如图 4.37 所示。

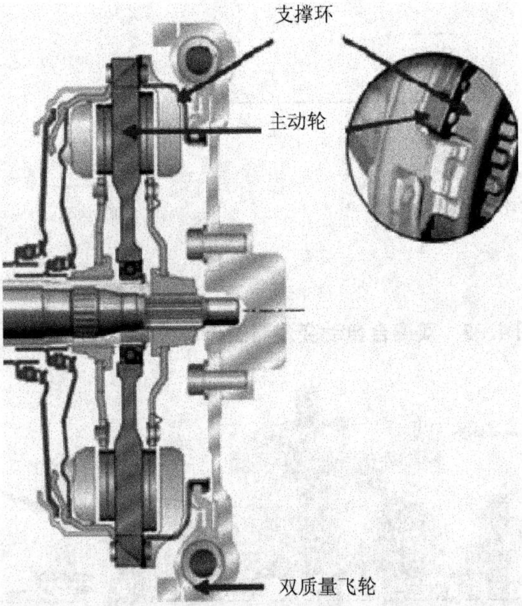

图 4.37　双离合器结构图

3）离合器的工作

双离合器中有两个独立的干式离合器。这些离合器分别将扭矩传递给一个子变速器。离合器可以处于两个位置：发动机停机和怠速运转时，两个离合器分离；行驶状态时，两个离合器中始终只有一个离合器接合。离合器 k1 将 1、3、5 和 7 挡的扭矩传递给输入轴 1，离合器 k2 未操纵。

离合器 k1 操纵时，接合杆将接合轴承压向盘形弹簧，这种压力运动在多个转向点处转换为拉力运动。因此，将离合器压盘拉向离合器从动盘以及主动轮，扭矩传递给输入轴，如图 4.38 所示。离合器 k1 已操纵。

离合器 k2 将 2、4、6 和 R 挡的扭矩传递给输入轴 2。k2 操纵接合杆时，接合轴承压向离合器压盘的盘形弹簧。由于盘形弹簧支撑在离合器壳体上，因此离合器压盘压向主动轮，扭矩传递给输入轴 2，如图 4.39 所示。离合器 k2 已操纵。

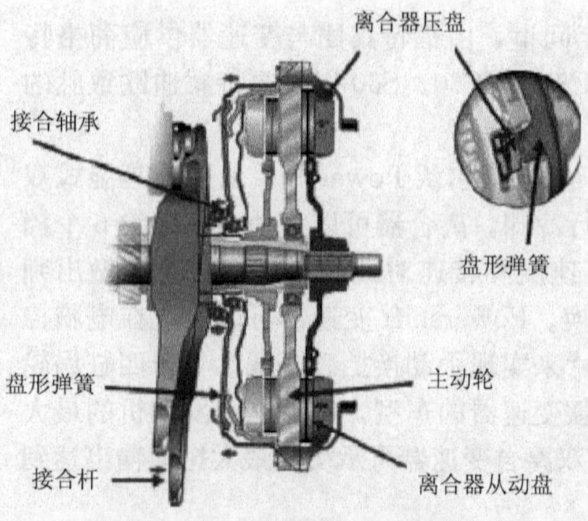

图 4.38 离合器 k1 结合状态

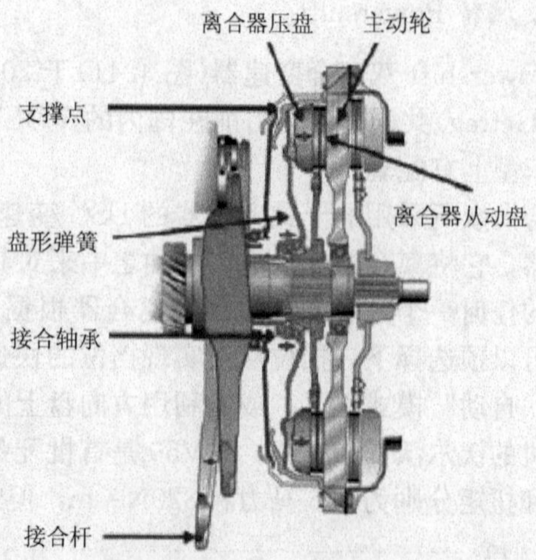

图 4.39 离合器 k2 结合状态

4.6.2 双离合器自动变速器的典型应用

目前常见的双离合变速器有大众的 DSG、福特的 Powershift、三菱的 SST、保时捷的 PDK 以及宝马的 MDKG 等。

1. 大众 DSG

大众汽车在 2002 年于德国沃尔夫斯堡首次向世界展示了这一技术创新，它采用了双离合器和 6 个前进挡的传统齿轮变速器作为动力的传送部件，主要与高扭矩的发动机配合使用。这套变速器长度较短，可以用于前置前驱的车型上。

配置了 DSG(图 4.40)的车辆，加速时间比手动变速器更迅捷。以 2.0T 发动机的 Golf GTI 为例，带有 DSG 的车型 0～100km 加速只需 6.9s，比手动型的车型更快；百公里油耗只有 8.0L，与手动挡车型相当；也无传统自动变速器急加速时的滞后感。但由于没有液力变矩器的缓冲，换挡加速不如传统变速器柔和，因此适用于注重加速和操控的跑车，而不适用于注重舒适性的豪华车。

图 4.40 大众 DSG 变速器

2. 福特 Powershift

Powershift 双离合变速器(图 4.41)于 2008 年问世，由福特集团与变速器供应商格特拉克(Getrag)共同研发。目前在国内的 VOLVO C30、XC60、S60 以及福特蒙迪欧致胜的部分车型上有配套。

与大众所采用的干式离合器的 DSG 变速器不同，沃尔沃 Powershift 采用的是湿式双离合器，它将离合器片浸泡在机油之中来对其进行冷却。离合器可以将动力输送给 6 个挡位中的任何一个，由电脑控制的离合器根据汽车速度和转速对驾驶者的换挡意图做出判断，可以预选择下一挡位从而实现挡位的快速切换。Powershift 变速器可以设定在电脑控制的" 自动" 模式之下，或者利用方向盘上的拨片来实现手动换挡。搭载 2.0 升四缸涡轮柴油机的沃尔沃 C30、S40 和 V50 是首批配备这款变速器的车型，虽然这台发动机的最大功率和扭矩分别为 136 马力和 320N·m，但这种双离合变速器可承受的最大扭矩输出达到 450N·m。

图 4.41 福特 powershift 变速器

3. 三菱 SST

2007 年 7 月，三菱在东京发布了自己研发的双离合变速器-SST(Sport Shift Transmission)(图 4.42)。SST 给驾驶员提供了三种模式，分别为正常、运动及超级运动。以满足各种路面的需求，能够保证市区形式的快速反应，而在城外快速路上，也可以实现线性的运动感受。

4. 保时捷 PDK

保时捷 PDK(Porsche Doppel Kupplung)双离合变速器(图 4.43)是保时捷公司的独创技术，早在 1983 年保时捷公司便已将 PDK 双离合变速器用于 956 赛车上，但这一技术并不成熟。在 25 年后，随着电子控制技术与液压控制组件的成熟，保时捷公司才正式在 997 的小改款中推出，以 7 速的 PDK 双离合变速器全面取代 Tiptronic 变速器，并投放于市场。

PDK 双离合变速器由一个传统手动变速器和一个分为 2 个独立变速器的液压控制系统组成。2 个沿径向布置的湿式离合器可以通过液压控制，并使用变速器油提供冷却和润滑。目前 PDK 变速器在 911、Boxster、Cayman 以及 Panamera 都有装备。

图 4.42 三菱 SST 变速器

图 4.43 保时捷 PDK 变速器

4.7 自动变速器换挡控制系统

电子控制系统是 AT 的组成部分之一，它用于控制换挡点和锁定离合器的工作，由传感器、电子控制单元(ECU)和作动器 3 部分组成，ECU 根据传感器检测到的汽车行驶状况及发动机的运转情况，十分紧密地控制换挡时刻、锁定定时、系统油压和换挡平顺性等，这些控制是透过若干个电磁阀改变液压控制系统的油路，再由液压控制系统来执行动作。

控制系统的作用主要是根据自动变速器操纵手柄的位置以及汽车行驶状态(车速、负荷等因素)，按照设定的换挡规律，在汽车行驶过程中自动选择挡位，并通过控制换挡执行元件的工作而使变速器齿轮传动比改变，完成挡位变换的。

自动变速器对液压控制系统的基本要求如下。

(1) 最佳的换挡规律，以便具有良好的燃料经济性和满意的动力性能，同时兼顾低污染。

(2) 换挡过程平稳，无冲击和振动，换挡质量好行驶舒适，使用寿命长。

(3) 换挡准确与及时，避免发生错误的操纵。

(4) 可以更换自动换挡，以适应复杂的交通状况和地形条件。

(5) 操纵系统稳定而可靠，能在高低温、大颠簸、冲击振动、强磁场、电厂干扰环境下正常工作。当系统发生故障时，有紧急系统确保行驶安全。

1. 换挡规律

自动换挡规律是自动换挡系统的基本特征。了解换挡规律的基本概念，有助于对自动换挡元件的作用和自动换挡理论的深入理解。

自动换挡由油门、车速中的一或两个参数来控制。这些参数应按照设计要求的换挡时刻自动换挡，才能保证车辆获得良好的牵引性能和燃油经济性。相邻两排挡间自动换挡点的诸多控制参数之间的关系称为换挡规律。这个规律是按车辆动力性和经济性对自动换挡系统的要求来设计的。

图 4.44 表示两种形式的换挡规律，图 4.44(a)为一个参数控制的换挡规律图。图示换

挡点只与车速有关。当车速达到 v_2(直线 AA′)时换入Ⅱ挡。反之当车速又降至 v_1(直线 BB′)时才换回Ⅰ挡。

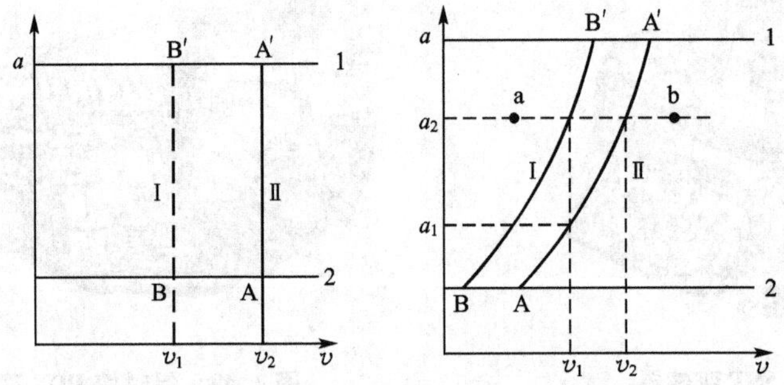

(a) 单参数控制的换挡规律　　(b) 双参数控制的换挡规律

图 4.44　两种形式的换挡规律

现代自动变速器大多数按照两个参数控制换挡，图 4.44(b)是按两个参数控制的换挡规律。这个规律表明了换挡时刻与油门开度 α 和车速 v 之间的关系。图中曲线 AA′决定了从Ⅰ挡换入Ⅱ挡的时刻。曲线 BB′决定从Ⅱ挡换回Ⅰ挡的时刻，在这两条曲线之间，升挡时Ⅰ挡工作，降挡时Ⅱ挡工作。AA′线的右边只能用Ⅱ挡工作，而 BB′线左方则只能用Ⅰ挡工作。水平线 1 表示油门全开，水平线 2 相当于发动机怠速时的油门开度。

每一个自动换挡系统都有一个换挡规律，它的曲线形状取决于车辆传动的要求及自动换挡系统的结构和参数。下面用图 4.44(b)来说明它的换挡过程。

油门开度不变，设为 α_2，当车速小于 v_1 时，例如在 a 点，则以Ⅰ挡行驶；当行驶阻力减小，车速增加超过 v_2 时，自动换入Ⅱ挡。例如在 b 点工作，如果车速 v_2 减小，则当车速降至 v_1 时才重新换入Ⅰ挡。

车速不变，设为 v_1，当油门开度小于 α_1 时，用Ⅱ挡行驶。当行驶阻力增加，油门开度加大到 α_2 时，自动换入Ⅰ挡行驶，当行驶阻力减小，油门开度减小到小于 α_1 时，则又重新自动换回Ⅱ挡。这就使驾驶员有可能控制油门开度 α 来干预自动换挡，松油门提前换高挡，猛踩油门强制换低挡。

由此可见，在控制参数相同的情况下，升挡和降挡的换挡时刻是不同的。降挡的换挡时刻比升挡的晚，即有延迟，这种现象称为换挡延迟。延迟的程度根据传动性质要求确定，由换挡机构的结构参数来保证。

换挡延迟对自动换挡系统是十分必要的，其作用主要有以下几点。

(1) 保证自动换挡系统的稳定性。如果升、降挡点重合在一条曲线上，那么车速以此曲线附近的参数行驶时，由于行驶阻力的偶然增减而使车速升降，就不可避免地出现在两相邻排挡之间重复往返换挡的现象。当有了换挡延迟，自动换上新挡后，不会由于油门踏板振动或车速稍降而重新换回原来排挡。

(2) 使驾驶员可以对自动换挡进行干预。可以提前升挡或强制降挡。

(3) 变化换挡延迟可以改变换挡规律，以适应动力性、经济性、使用性等方面的要求。

阅读材料4-2

在电液一体化式的自动变速器车上，有经济模式、运动模式、雪地模式可供选择，如图4.45所示。

在经济模式下，电脑控制变速器在低转速换挡达到省油的目的；在运动模式下，电脑控制变速器在高转速换挡发挥发动机的动力性能；在雪地模式下，电脑控制自动变速器直接用2挡起步，避免因轮胎打滑而失控。

图4.45 电液一体化式的自动变速器的控制模式

2. 换挡特性

换挡特性是相邻两挡在换挡过程中各油门开度下加速度与车速的关系、牵引力与车速的关系以及油耗与车速的关系。据此，即可研究在换挡过程中整车牵引力和燃料消耗的变化情况，从此获得保证汽车最佳性能的换挡规律。

本章小结

本章主要讲述了现代自动变速器新技术的发展现状及各种变速器的组成和基本原理以及自动变速器的自动控制系统。

自动变速器主要有液力自动变速器(AT)、电控机械式自动变速器(AMT)、双离合器自动变速器(DCT)、无级自动变速器(CVT)。

【关键术语】

自动变速器　AT　AMT　DCT　CVT　结构原理

综合练习

1. 填空题

(1) 无级式变速器常见的有________、________和________3种。

(2) 按自动换挡的控制方式不同，变速器又可分为________、________、________3种。

(3) 自动操纵变速器，所谓“自动”是指机械变速器的每个挡位的变换是根据________和________来控制换挡系统的动作元件而完成的，驾驶员只需操纵加速踏板以控制车速。

(4) 自动变速器的主要优点有________、________、________、________、

_________、_________、_________。

(5) 自动变速器主要缺点是_________、_________。

(6) 依照汽车行驶中离合器操作和换挡操作自动化的程度，自动变速器可分为_________和_________。

(7) 液压控制自动变速器是通过机械的手段，将汽车行驶时的车速及节气门开度这两个参数转变为_________信号。

(8) 目前中小轿车上使用的电子控制无级变速器皆以_________进行传动，简称为ECVT。

(9) 齿轮变速器包括_________和_________。

2. 思考题

(1) 机械式无级变速器(CVT)是如何实现无级变速的？夹紧力控制的主要目的是什么？

(2) 自动变速器与手动变速器主要有什么差别，电子控制对自动变速器发展起了什么作用？

(3) 变矩器的泵轮、涡轮和导轮各起什么作用，锁止离合器接合、分离由什么参数控制？

(4) 换挡时间主要是根据哪些参数控制的？

(5) 主要有几种换挡控制模式，它们是如何根据工况进行选择的？

3. 简答题

(1) 辛普森式行星齿轮机构的结构特点有哪些？

(2) 拉维奈尔赫式行星齿轮的机构特点有哪些？

(3) 自动变速器是否可发挥车辆行驶动力性、经济性及可操控性？说明其理由。

第5章

现代汽车转向技术

教学目标

掌握液压式EPS、电动式EPS的结构及工作原理和控制方法，四轮转向的工作原理和工作方法。

教学要求

知识要点	能力要求	相关知识
液压式EPS	熟悉按不同分类方式得到的液压式EPS的基本原理	流量控制式、反力控制式和阀灵敏度控制式的基本组成结构及工作原理
电动式EPS	熟悉电动式EPS的组成、原理与特点	熟练掌握电动式EPS的基本原理以及主要组成部件的原理
四轮转向	熟练掌握四轮转向原理和特点，重点掌握四轮转向系统的组成和原理	分别理解和掌握转向角比例控制、横摆角速度比例控制和车速前馈控制的基本组成及控制系统

导入案例

德国奔驰公司在1990年开始了前轮线控转向的研究，并将它开发的线控转向系统应用于概念车F400Carving上。日本Koyo也开发了线控转向系统，但为了保证系统的安全，仍然保留了转向盘与转向轮之间的机械部分，即通过离合器连接，当线控转向失效时通过离合器结合回复到机械转向。宝马汽车公司的概念车BMWZ22，应用了SteerByWire技术，转向盘的转动范围减小到160°，使紧急转向时驾驶员的忙碌程度得到了很大降低。意大利Bertone设计开发的概念车“FILO”、雪铁龙越野车“C - Crosser”、Daimlerchrysler概念车“R129”都采用了线控转向系统。2003年日本本田公司在纽约国际车展上推出了LexusHPX概念车，该车也采用了线控转向系统，在仪表盘上集成了各种控制功能，实现车辆的自动控制。汽车线控转向技术的基本结构如图5.1所示。

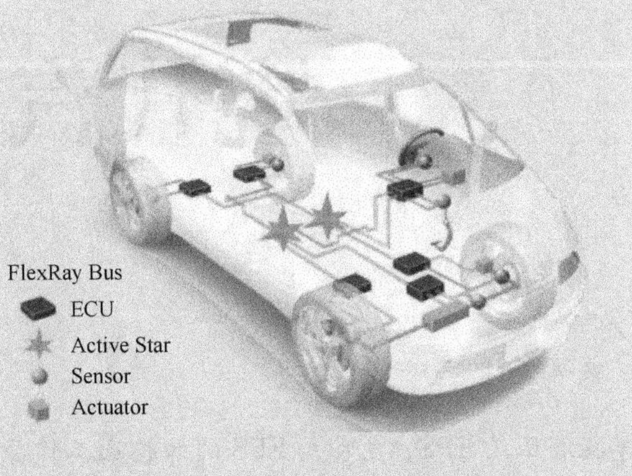

图5.1　汽车线控转向技术的基本结构

5.1　现代汽车转向技术概论

汽车转向时要求操纵轻便，即以较小的方向盘操纵力获得较大的转向力矩；同时也要求转向灵敏，即以较小的方向盘转角获得较大的转向角。但传统的转向系统无法同时满足这两方面的要求，如果所设计的助力放大倍数适应汽车在低速行驶状态下转动方向盘的操作力，则当汽车高速行驶时，转动方向盘的操纵力就显得太小，不利于对高速行驶的汽车进行方向控制。如果所设计的助力放大倍数适应汽车在高速行驶状态下转动方向盘的操作力，则当汽车停止或低速行驶时，转动方向盘就显得非常吃力，即转向沉重。为了实现在各种车速下转向的操纵力都是最佳值，电控动力转向系统(EPS)是最好的选择。它可以随行驶条件及时调整转向助力放大倍数，具体地说，应能满足如下要求。

(1) 要保证转向轻便省力，又要能够很好地反馈地面作用力，即“路感”。

(2) 在转向结束时，方向盘能平顺地自动回证，使车轮回到直线行驶的位置上。

(3) 当电子控制动力转向系统发生故障时，转向系统仍能依靠人力进行转向。

(4) 在保证转向性能的前提下，尽可能降低转向的动力消耗。

电控动力转向系统的出现，基本满足了汽车在各种车速下对转向系统的要求，适应了现代汽车高速行驶和安全行驶的发展趋势。

电控动力转向系统根据动力源不同可分为液压式电控动力转向系统(液压式EPS)和电动式电控动力转向系统(电动式EPS)。液压式EPS是在传统的液压动力转向系统的基础上增设了控制液体流量的电磁阀、车速传感器和电子控制单元等。电子控制单元根据检测到的车速信号，控制电磁阀，使转向动力放大倍率实现连续可调，从而满足高、低速时的转向助力要求。电动式EPS是利用直流电动机作为动力源，电子控制单元根据转向参数和车速等信号，控制电动机扭矩的大小和方向。电动机的扭矩在电磁离合器的作用下通过减速机构增加扭矩后，加在汽车的转向机构上，使之得到一个与工况相适应的转向作用力。

阅读材料5-1

转向盘力特性的要求

转向盘力是驾驶者输入转向盘用以操纵汽车的力。转向系凭借转向盘(反作用)力，将整车及轮胎的运动、受力状况反馈给驾驶者，不少文献中称这种反馈为驾驶者感受到的路感(Road Feeling)。驾驶者可以通过手(握住转向盘)、眼睛(观察到汽车的运动)、身体(承受到的惯性力)及耳朵(听到轮胎在地面滚动时的声音)等来感觉、检测汽车的运动状态，但最重要的信息是来自转向盘反馈给驾驶者的路感。人在驾驶时，只有及时、方便、准确地掌握汽车的行驶状况，才能有把握地操纵汽车；因此，良好的路感是优良的操纵稳定性中不可缺少的部分，转向盘力在操纵汽车时起了重要的作用。

转向盘力随汽车运动状况而变化的规律称为转向盘力特性。汽车转向系应具有良好的转向盘力特性才能完美地完成控制汽车转向的要求。

转向盘力特性决定于下列因素：转向器传动比及其变化规律、转向器效率、动力转向器的转向盘操作力特性、转向杆系传动比、转向杆系效率、主销位置、轮胎、地面附着条件、转向盘转动惯量、转向柱摩擦阻力以及汽车整体动力学特性等。

5.2 液压式EPS

液压式EPS根据控制方式的不同，可分为流量控制式、反力控制式和阀灵敏度控制式3种形式。

1. 流量控制式EPS

阅读材料5-2

行使工况对转向盘力的要求

在不同工况下，对操纵稳定性要求的侧重面是不一样的。在低车速、低侧向加速度行驶工况下，汽车应具有适度的转向盘力与转向盘转角，还应有良好的回正性能。由于考虑到高速行驶时汽车应具有较大的转向灵敏度，转向系总传动比不宜过大。但总转动比不够大，会带来低速行驶时转向盘力过于沉重的问题，这可以通过选装合适的动力转向器来解决。在高车速、转向盘小转角和低侧向加速度范围内，汽车应具有良好的横摆角速度频率特性、直线行驶能力与回正性能。转向盘力的大小要适度,特别是随着车速的提高,转向盘力不宜过轻,而要保持一定的数值;采用随行驶车速而改变转向盘操作力特性的动力转向器,可以显著改善高速行驶时的转向盘力的品质。图 5.2 所示为电子控制的油压反馈动力转向器的一组转向盘操作力特性曲线。

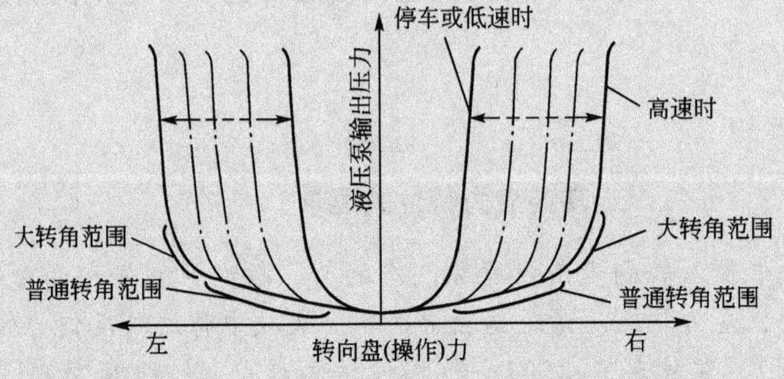

图 5.2　电控液压反馈动力转向器的一组转向盘操作力特性曲线

流量控制式 EPS 是根据车速传感器信号,调节液压动力转向装置中油液的输入、输出流量和压力,来控制液压动力的大小的。一般是在液压动力转向系统上增加流量控制电磁阀、车速传感器、电子控制单元和控制开关等元件,如图 5.3 所示。

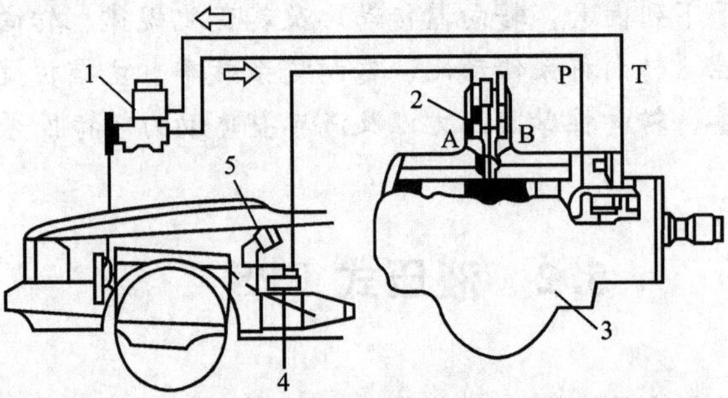

图 5.3　流量控制式动力转向系统(凌志轿车)

1—动力转向油缸;2—电磁阀;3—动力转向控制阀;4—ECU;5—车速传感器

流量控制式 EPS 可分为分流电磁阀控制式和旁通流量控制阀式。

1)分流电磁阀控制式

流量控制式 EPS 动力转向的基本原理如图 5.4 所示,发动机驱动液压泵产生的液压油被送到控制阀。汽车直线行驶时,控制阀处于中间位置,液压油将流过控制阀进入泄流口并返回储液罐中。此时,动力缸活塞两边的压力相等,活塞不会向某一方向移动;而当汽车转向时,转向主轴转向任何一方时,控制阀都会随之转动,并关闭一个液压通道,使另一个液压通道开得更大,液压油被送到活塞一侧,在活塞两侧形成压力差,把活塞推向压力小的一侧,起到转向助力的作用。

凌志轿车电控动力转向系统在动力转向的基础上增加了分流电磁阀、电子控制单元、车速传感器等部件。在转向动力缸两侧的油道上设置了一条连通动力缸两腔的分流油道,油道流量受分流电磁阀控制,当电磁阀根据汽车行驶车速升高而将分流油道逐渐打开或增大时,

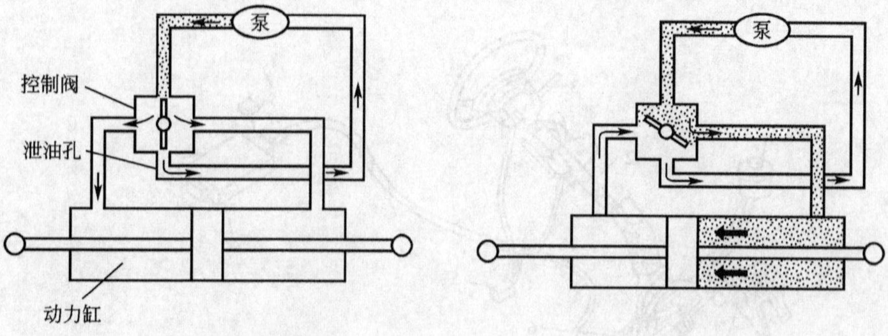

(a) 汽车直线行驶时　　(b) 汽车转弯时

图 5.4　流量控制式液压动力转向系统的原理示意图

转向动力缸高压侧的高压油有一部分被分流到动力缸低压油室中去，同时返回到储油罐中，使转向动力缸中的活塞两侧油压差减小，动力转向的增力减弱，此时汽车转向，就需要驾驶员施加较大的转向操纵力，使转向灵敏性和轻便性得到很好的兼顾，形成良好的路感。

其主要工作过程是：汽车行驶时由车速传感器检测汽车速度，并转化为电信号送给电子控制单元，电子控制单元通过车速信号的大小来发出指令控制分流电磁阀电流的占空比，进而控制油道的开度大小，调节控制转向动力缸助力的大小。

控制的原则是：在车速较低时，所需的转向操纵力较小；在车速较高时，转向所需的操纵力适当增大。电子控制动力转向原理如图 5.5 所示，电磁阀驱动信号如图 5.6 所示，电子控制动力转向电路如图 5.7 所示。

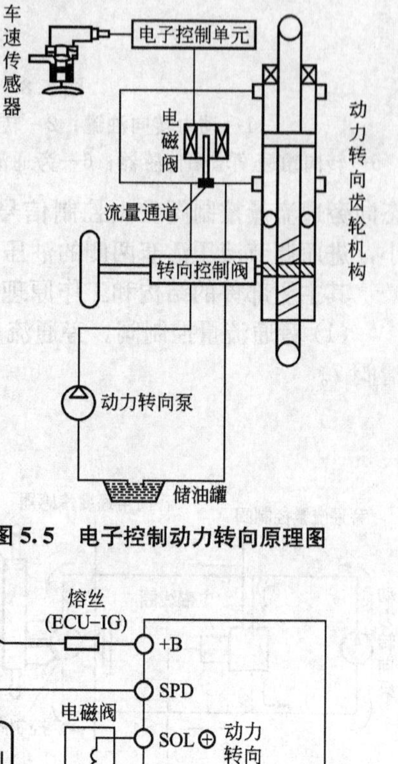

图 5.5　电子控制动力转向原理图

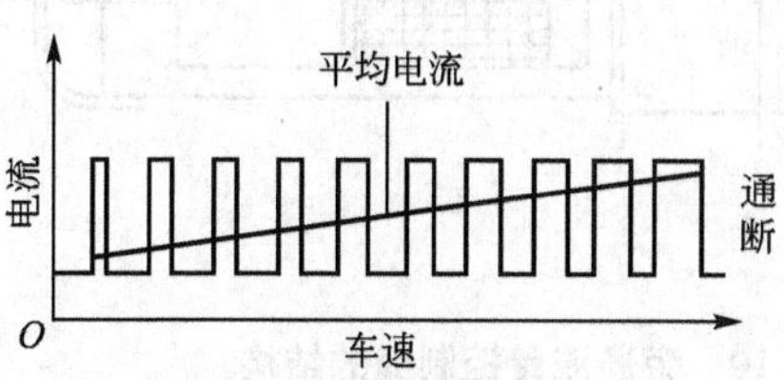

图 5.6　电磁阀驱动信号

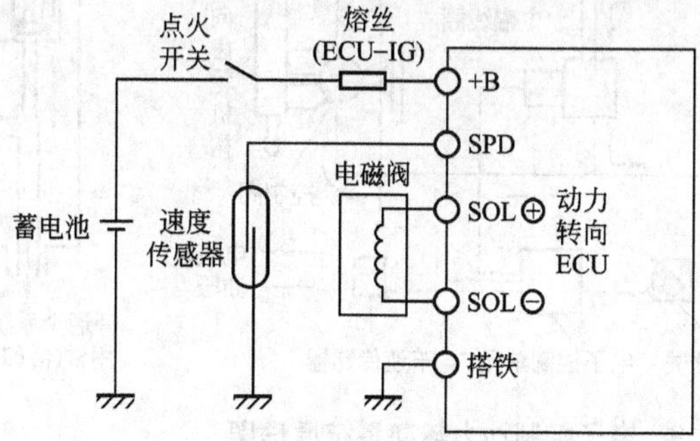

图 5.7　电子控制动力转向电路

2) 旁通流量控制阀式

日产蓝鸟轿车上曾使用的流量控制动力转向系统如图 5.8 所示。其特点是在普通液压动力转向系统的基础上增加旁通流量控制阀、车速传感器、转向角速度传感器、电子控制单元和控制开关等装置。在转向液压泵与转向机体之间设有旁通管路，由流量控制阀控制。

电子控制单元根据车速传感器、转向角速度传感器和控制开关等信号和汽车的行驶状

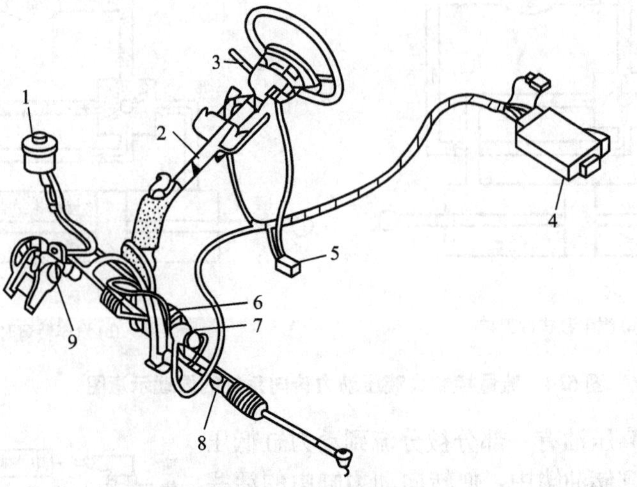

图 5.8　蓝鸟轿车电子控制动力转向系统

1—动力转向油罐；2—转向柱；3—转向角速度传感器；4—电子控制单元；
5—转向角速度增幅传感器；6—旁通流量控制阀；7—电磁线圈；8—转向齿轮联动机构；9—液压泵

态向旁通流量控制阀发出控制信号，控制阀控制旁通流量，调整向转向器供油流量的大小，进而调节液压活塞两侧的油压差，如图 5.9 所示。

其主要部件的结构和工作原理如下。

(1) 旁通流量控制阀。旁通流量控制阀如图 5.10 所示，阀体内主要有主滑阀 2 和稳压滑阀 7。

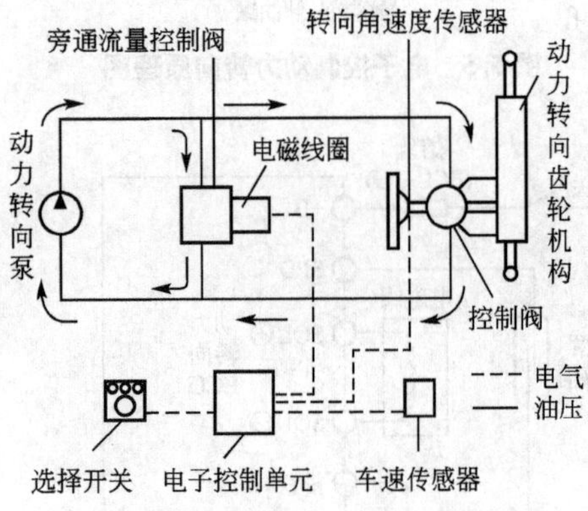

图 5.9　电子控制动力转向系统原理图

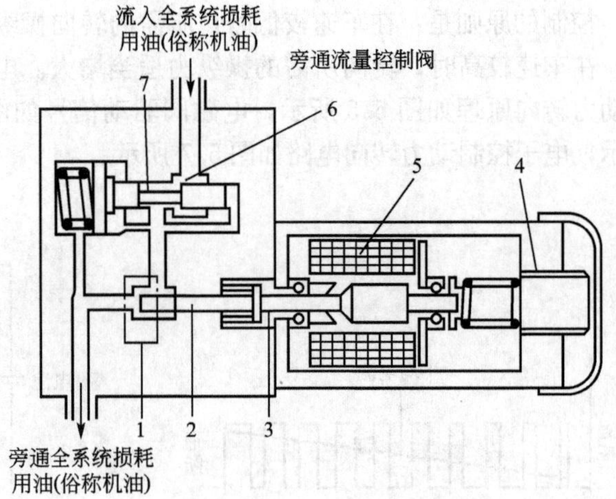

图 5.10　旁通流量控制阀的结构

1—流量主孔；2—主滑阀；3—电磁线圈柱塞；
4—调节螺钉；5—电磁线圈；
6—节流孔；7—稳压滑阀

主滑阀的右端与电磁线圈柱塞 3 连接，主滑阀在电磁线圈的作用力下移动，改变主滑阀左端的流量主孔 1 的流通面积，调整调节螺钉 4 以调节旁通流量的大小。

稳压滑阀的作用是保持流量主孔前后压差的稳定。若转向负荷的变化使流量主孔前后压差偏离设定值(与稳压滑阀左侧弹簧压力相关)时，稳压滑阀将在其左侧弹簧压力和右侧油压的作用下发生滑移。如果压差大于设定值，则滑阀左移，使节流孔开口面积减小，流入到流量主孔的液压油量减少，前后压差减小；如果压差小于设定值，则滑阀右移，使节流孔开口面积增大，流入到流量主孔的液压油量增多，前后压差增大。流量主孔前后压差的稳定，确保了旁通流量的大小与主滑阀控制的流量主孔的开口面积相关。

(2) 转向角速度传感器。方向盘转向角速度传感器用于检测方向盘是否位于中间位置及方向盘的偏转方向度和偏转速度。常采用光电式转角速度传感器，结构和安装位置如图 5.11 所示。

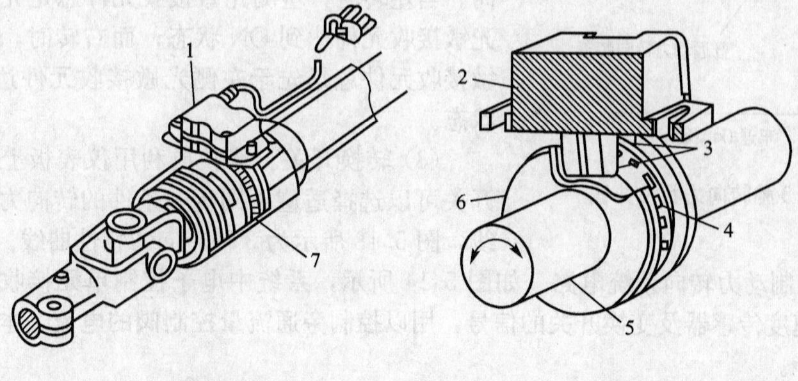

(a) 安装位置　　(b) 结构

图 5.11　转向角速度传感器的安装位置和结构

1—转角传感器；2—转换装置；3—光电元件；4—遮光盘；5—轴；6—护板；7—传感器圆盘

在方向盘的转向轴上装有一个带窄缝的遮光盘，窄缝呈等距均匀分布，传感器的光电元件由发光二极管和光敏接收元件——光敏三极管组成，相对装在遮光盘两侧。当方向盘的转轴带动圆盘偏转时，传感器的发光二极管的光线通过窄缝圆盘空隙，或被遮光盘遮挡，从而光敏接收元件就有 ON、OFF 变换，形成脉冲信号。光电式传感器的工作原理和电路原理如图 5.12 所示。

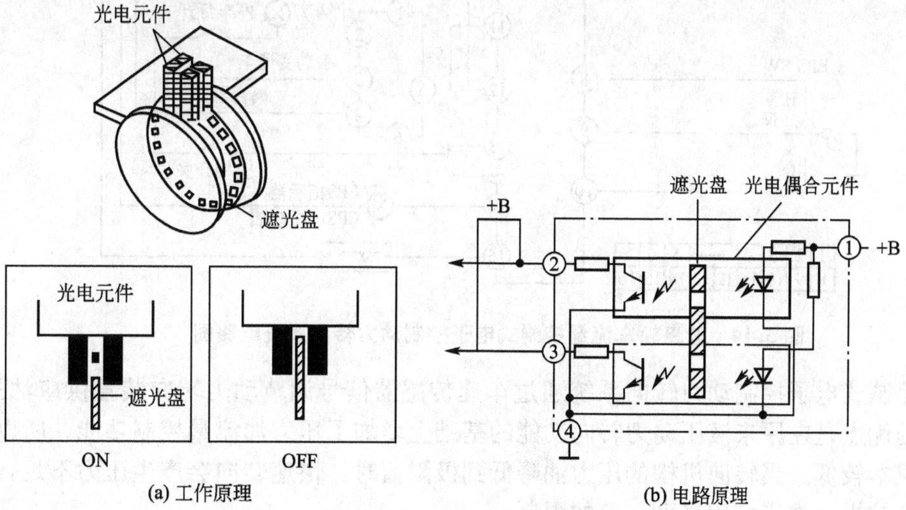

(a) 工作原理　　(b) 电路原理

图 5.12　光电式传感器的工作原理及电路原理

方向盘偏转时，遮光盘随之转动，使传感器之间的光束产生通断变化，遮光盘的这种反复开、关状态形成与转向轴转角成一定比例的数字脉冲信号。转向控制装置可根据此信号的变化来判断方向盘的转角和转速。一般传感器在结构上采用两组光电耦合器，两个遮光器在安装上使它们的ON、OFF变换的相位错开一定的角度，可根据检测到的脉冲信号的相位差来判断方向盘的偏转方向。即通过判断哪个遮光器先转变为ON状态，转向轴就偏向哪个方向。当左转时，左侧光敏接收元件总是先于右侧光敏接收元件达到ON状态；而右转时，右侧光敏接收元件总是先于左侧光敏接收元件达到ON状态。

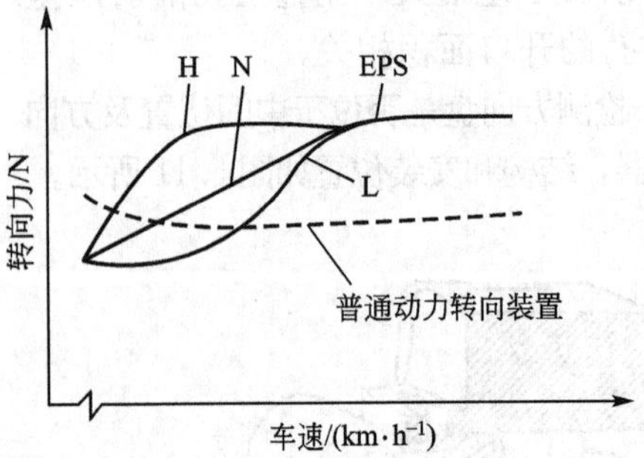

图5.13　3种转向力特性曲线

(3) 转换开关。驾驶员利用仪表板上的转换开关可以选择适应不同行驶条件的转向力特性曲线，图5.13所示为3种转向力特性曲线。

(4) 电子控制动力转向系统电路。如图5.14所示，系统中电子控制单元接收车速传感器、转向角速度传感器及变换开关的信号，用以控制旁通流量控制阀的电流，本身具有故障自诊断功能。

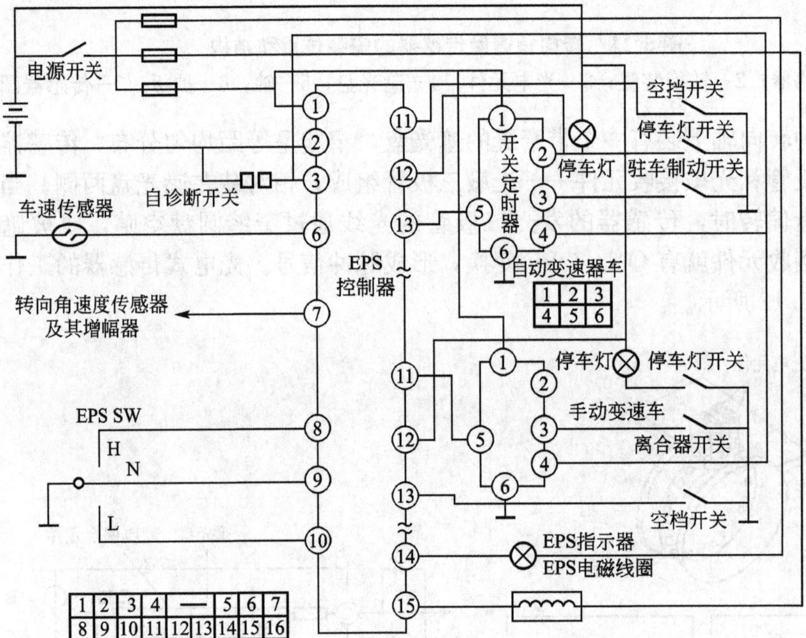

图5.14　蓝鸟轿车流量控制式电子控制动力转向系统电路图

流量控制式电子控制动力转向系统通过车速传感器信号调节动力转向装置供应油压，这种装置的优点是在原来液压动力转向功能的基础上增加了压力油流量控制功能，所以结构简单，成本较低。当转向机构的压力油降低到极限值时，快速转向会产生压力不足，并且响应速度较慢，推广应用受到一定的限制。

2. 反力控制式 EPS

反力控制式 EPS 主要由转向控制阀、分流阀、电磁阀、转向动力缸、转向油泵、储油箱、车速传感器及 ECU 等组成。其结构和工作原理如图 5.15 所示。

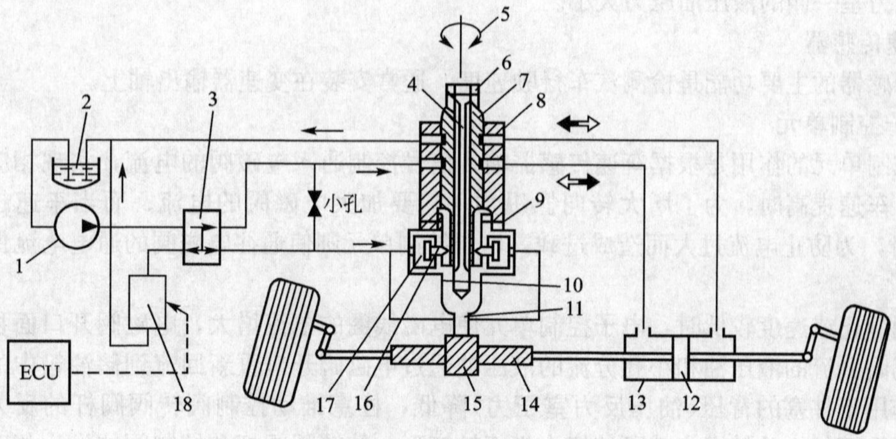

图 5.15 反力控制式动力转向系统结构和工作原理

1—泵；2—储油箱；3—分流阀；4—扭力杆；5—转向盘；6、9、10—销；
7—转向阀杆；8—控制阀阀体；11—小齿轮轴；12—活塞；13—动力缸；
14—齿条；15—小齿轮；16—柱塞；17—油压反力室；18—电磁阀

主要部件的结构和工作原理如下。

1）转向控制阀

在传统的整体转阀式动力转向控制阀的基础上增设了油压反力室。扭力杆的上端通过销子与转阀阀杆相连，下端用销子与小齿轮轴和控制阀阀体相连。

转向时，方向盘上的转向力通过扭力杆传递给小齿轮轴，带动小齿轮旋转，使齿条运动，实现转向。当转向力增大，扭力杆发生扭转变形时，转阀阀杆和控制阀体之间将发生相对转动，以此改变阀体和阀杆之间油道的通、断关系和工作油液的流动方向，从而实现液压助力转向作用。

2）分流阀

分流阀的结构如图 5.16 所示，主要由阀门、弹簧、进油道和出油道组成。分流阀的作用是将来自转向油泵的液流分送到转阀、油压反力室和电磁阀。送到电磁阀和油压反力室中的液压油流量是由转阀中的油压来调整的。当转动方向盘时，转阀中的油压增大，分配到电磁阀和油压反力室的液压油流量增加；当转阀中的油压达到一定值后，转阀中的油压便不再升高，而分配给电磁阀和油压反力室的液流量则不变。

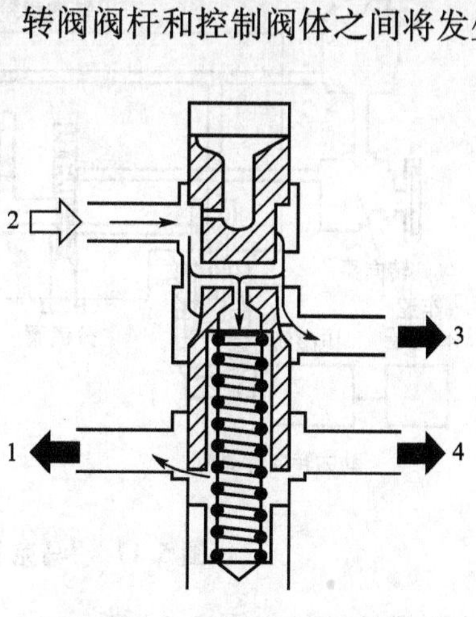

图 5.16 分流阀结构示意图

1—至电磁阀；2—至转向油泵；
3—至转阀；4—至油压反力室

3）分流小孔

分流小孔的作用是把供给转向控制阀的一部分分流

量分配到油压反力室一侧。

4）电磁阀

电磁阀的作用是根据需要将油压反力室一侧的油液压回储油箱。电子控制单元根据车速的高低控制电磁阀油路的阻尼面积，开口面积随电磁线圈通电电流占空比而变化，进而控制油压反力室一侧的液压油压力大小。

5）车速传感器

车速传感器的主要功能是检测汽车行驶速度，通常安装在变速器输出轴上。

6）电子控制单元

电子控制单元的作用是根据车速传感器输入信号控制通入电磁阀的电流，实现相应的控制功能。车速提高时，为了增大转向操纵力，需要加大电磁阀的电流；而当车速超过120km/h时，为防止电流过大而造成过载，电子控制单元则使通往电磁阀的通电电流保持恒定。

当车辆静止或速度较低时，电子控制单元使电磁线圈的电流增大，电磁阀开口面积增大，经分流阀分流的液压油和小孔分流的液压油通过电磁阀开口重新回流到储油箱中的油量变大，作用于柱塞的背压(油压反力室压力)降低，柱塞推动控制阀转阀阀杆的反力较小，因此只需要较小的转向力就可使扭力杆扭转变形，使转阀阀杆和控制阀体发生相对转动而实现转向助力作用；当车辆在中高速区域转向时，电子控制单元使电磁线圈的电流减小，电磁阀开口面积减小，经分流阀分流的液压油和小孔分流的液压油通过电磁阀开口重新回流到储油箱中的油量变小，油压反力室的油压升高，作用于柱塞的背压增大，于是柱塞推动转阀阀杆的反力增大，此时需要较大的转向力才能使转阀阀杆和控制阀体之间做相对转动，从而实现转向助力作用，使驾驶员获得良好的转向手感和转向特性。

丰田汽车公司“马克Ⅱ”型车使用的是反力控制式动力转向系统，其结构如图5.17所示。

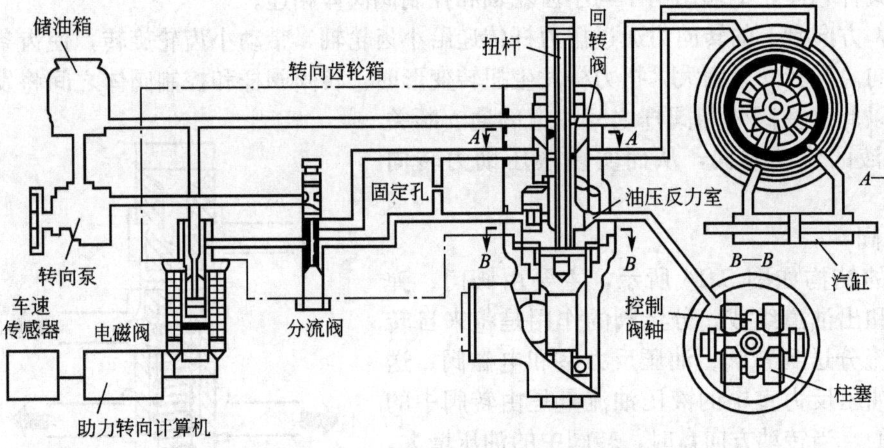

图 5.17 “马克Ⅱ”型电子控制动力转向系统结构

控制阀的结构如图5.18所示。

电磁阀的结构及其特性如图5.19所示。输入到电磁阀中的信号是通、断脉冲信号，改变信号占空比可以控制流过电磁阀线圈平均电流值的大小。当车速升高时，输入到电磁

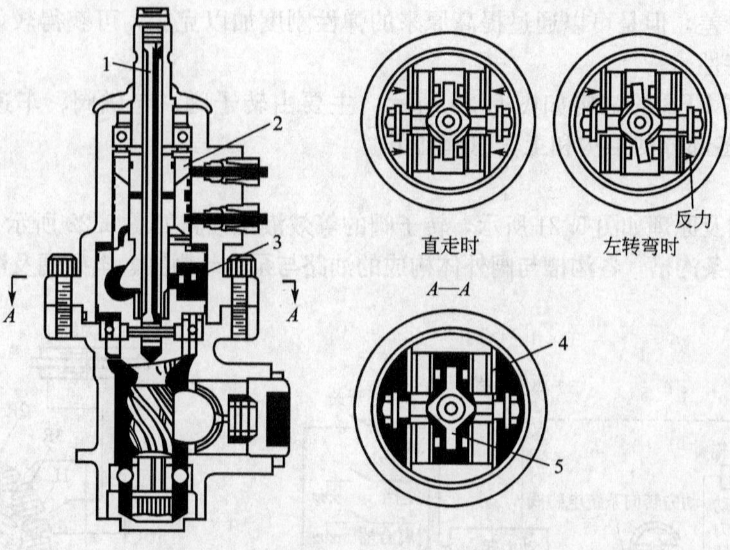

图 5.18 反力控制式动力转向控制阀结构

1—扭杆；2—回转阀；3—油压反力室；4—柱塞；5—控制阀轴

阀线圈的平均电流值减小，电磁阀的开度减小。这样，电磁阀开度的大小可以根据车速的高低调整，从而可以调整油压室反力大小，得到最佳的转向操纵力。

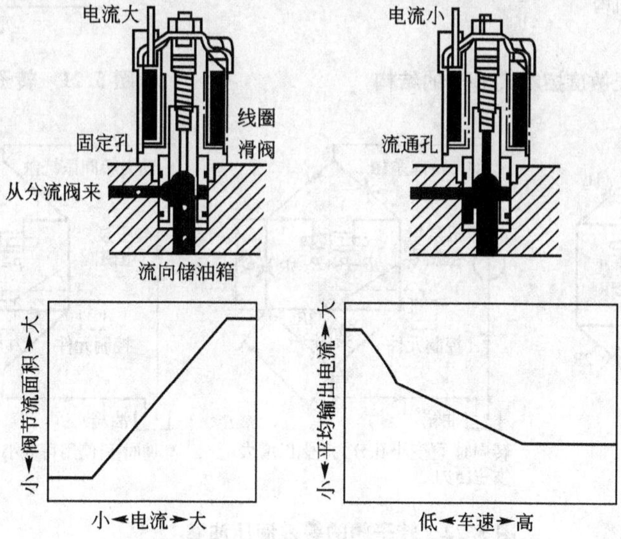

图 5.19 电磁阀结构及其特性

反力控制式动力转向系统是根据车速大小，控制反力室油压大小，从而控制转向力的大小。其优点是具有较好的转向操纵力，驾驶员可以感受到稳定的操作手感；缺点是结构复杂，成本较高。

3. *阀灵敏度控制式 EPS*

阀灵敏度控制式 EPS 根据车速控制电磁阀，直接改变动力转向缸的油压增益。这种转向系统结构简单、价格便宜，而且具有较大的选择转向力的自由度。与反力控制式转向相比，转向刚性较差，但是可以通过提高原来的弹性刚度加以克服，可获得较好的转向手感和良好的转向特性。

灵敏度控制式 EPS 的结构如图 5.20 所示，主要由转子阀、电磁阀、车速传感器及 ECU 等组成，其各部分的结构和工作原理如下。

1) 转子阀

转子阀的结构及原理如图 5.21 所示，转子阀的等效液压油路如图 5.22 所示。转子阀内体圆周上有 6 或 8 条沟槽，各沟槽与阀外体构成的油路与泵、动力缸、电磁阀及油箱连接。

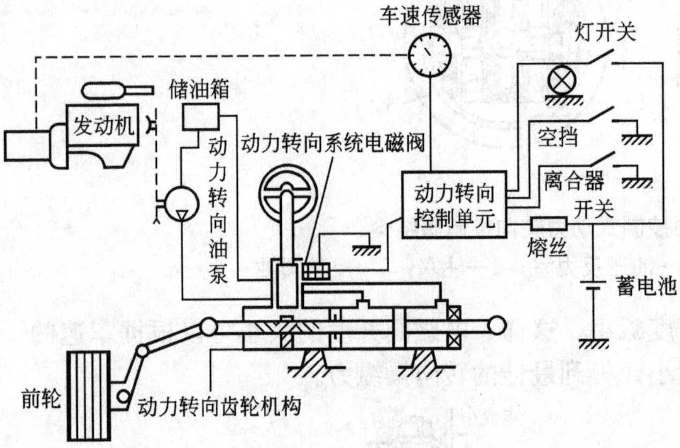

图 5.20　灵敏度控制式 EPS 的结构

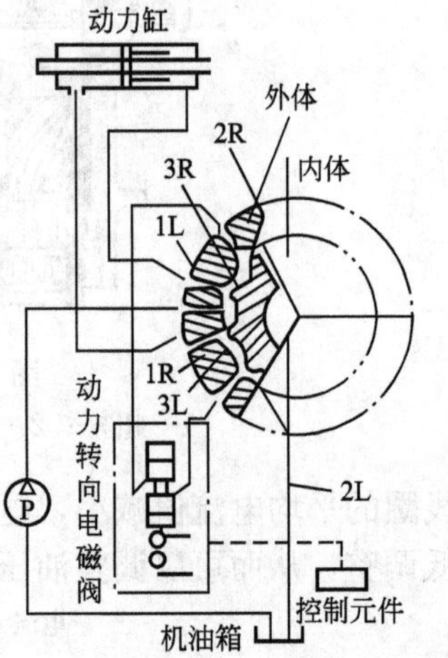

图 5.21　转子阀的结构及原理

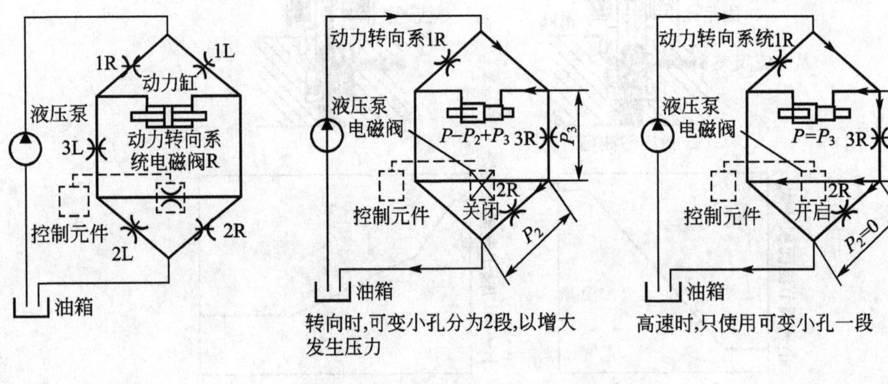

图 5.22　转子阀的等效液压油路

转子阀的可变小孔分为低速专用节流小孔(1R、1L、2R、2L)和高速专用可变控制小孔(3L、3R)两种，在高速专用可变孔的下边设有旁通电磁阀回路。

当车辆静止时，电磁阀完全关闭，此时若向右转动方向盘，则高灵敏度低速专用小孔 1R 和 2R 在较小的转向扭矩作用下就可关闭，转向液压泵的高压油经 1L 孔流向转向动力缸右腔室，其左腔室的液压油经 1R、2L 流回储油箱。所以，此时具有较大的转向助力。同时施加在方向盘上的转向力矩越大，可变小孔 1L、2L 的开口面积越大，节流作用就越小，转向助力作用就越明显。

随着车速的提高，在电子控制单元的控制下，电磁阀的平均电流增加，如果向右转弯

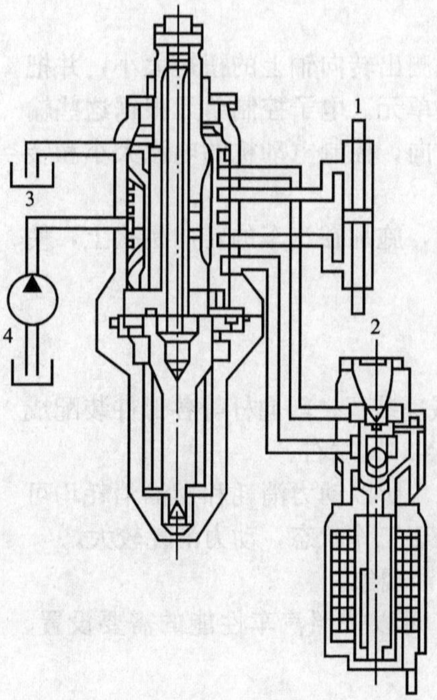

图 5.23 电磁阀

1—动力缸；2—电磁阀；
3—油箱；4—油泵

转动方向盘时，则转向液压泵的高压油经 1L、3R、旁通电磁阀、2R 流回储油箱。此时，转向动力缸右腔室油压就取决于旁通电磁阀和灵敏度低的高速专用孔 3R 的开度。车速越高，电磁阀的开度越大，旁通流量越大，转向助力越小；在车速恒定的情况下，作用在方向盘上的转向力越小，专用小孔 3R 的开度越大，转向助力作用也越小，当方向盘转矩增大时，3R 的开度逐渐减小，转向助力作用也随之增大，驾驶员可获得非常自然的转向手感和良好的转向特性。

2）电磁阀

电磁阀如图 5.23 所示，电磁阀上设有控制进、出的旁通油道，是可变的节流阀。车速低时，电子控制单元向电磁线圈通以较大的电流，使控制孔关闭；随着车速升高，逐渐减小通电电流，控制孔逐渐开启；在高速时，开启通道达到最大值。该阀在汽车左右转向时，转向油流动的方向可以变换。

3）ECU

ECU 可接受车速传感器的信号，控制电磁阀电磁线圈电流的大小。

5.3 电动式 EPS

由于液压式动力转向系统是在原有液压转向系统的基础上发展起来的，具有成本低、工作灵敏度较高的特点，因而获得了广泛的应用。但这些动力转向系统的共同缺点是结构相对复杂、功率消耗大，容易产生泄漏，造成环境污染，转向力控制性能差等。随着微机和新型传感器在汽车上的广泛应用，出现了电动式电子控制动力转向系统。

1. 电动式 EPS 的组成、原理与特点

1）电动式 EPS 的组成

电动式 EPS 的组成如图 5.24 所示，电动式 EPS 一般由扭矩传感器、车速传感器、电子控制单元、电磁离合器和电动机等组成。电动机是电动式 EPS 的助力源，电子控制单元根据车速和转向扭矩等参数，控制电动机工作，实现助力转向的作用。

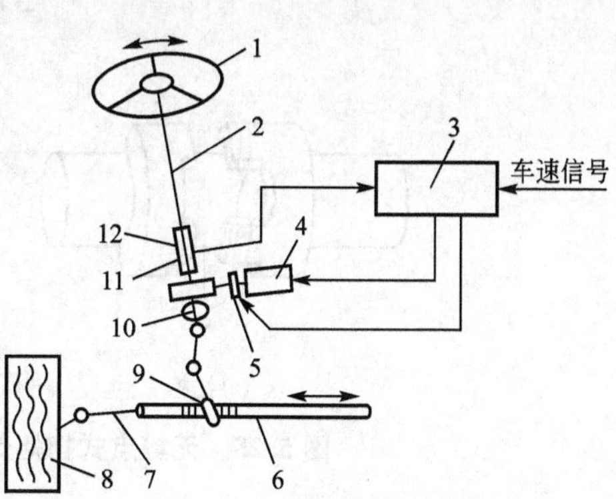

图 5.24 电动式 EPS 的组成

1—方向盘；2—输入轴；3—电子控制单元；
4—电动机；5—电磁离合器；6—转向齿条；
7—横拉杆；8—转向轮；9—输出轴；
10—扭力杆；11—扭矩传感器；
12—转向齿轮

2）电动式 EPS 的工作原理

当方向盘转向时，装在转向轴上的扭矩传感器不断地测出转向轴上的扭矩大小，并把它变成输出信号，该信号与车速信号同时输入到电子控制单元。电子控制单元根据这些输入信号，判断汽车的运行工况，确定助力扭矩的大小和方向，控制电动机的电流大小和转向，进而调整转向助力的大小。

电动机的扭矩通过电磁离合器向减速机构减速增矩后，施加在汽车的转向机构上，使之获得一个与汽车工况相适应的转向作用力。

3）电动式 EPS 的特点

电动式 EPS 的特点如下。

(1) 质量轻。电动式 EPS 通常把电动机、离合器、减速装置、转向杆等各部件装配成整体，结构紧凑、质量较轻，与液压式 EPS 相比，质量轻 25%左右。

(2) 能源消耗少。电动机只是在转向时才被接通电源，所以动力消耗和燃油消耗均可降到最低程度。而液压式动力转向系统的转向油泵始终处于工作状态，动力消耗较大。

(3) 减少环境污染。省去了油压系统的油路，没有漏油现象。

(4) 转向助力特性好。由于微机速度快，灵敏度高，可以按照汽车性能的需要设置、修改转向助力特性。

2. 电动式 EPS 主要部件的结构及工作原理

电动式 EPS 各部分的结构和工作原理如下。

1）扭矩传感器

扭矩传感器的作用是测量转向轴与转向器之间的相对扭矩，传感器可分为无触点式扭矩传感器和有触点式扭矩传感器。

(1) 无触点式扭矩传感器。图 5.25 所示为无触点式扭矩传感器的结构及工作原理示意图。

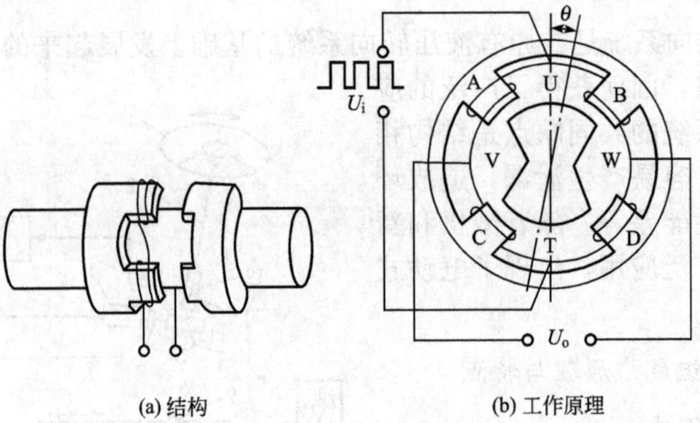

图 5.25　无触点式扭矩传感器的结构及工作原理

在输出轴的极靴上分别绕有 A、B、C、D 共 4 个线圈。汽车直行，转向轴处于中间位置时，扭力杆的纵向对称面正好处于极靴 AC、BD 的对称面上。当在两端 V、W 加上连续的输入脉冲电压信号 U_i 时，由于通过 A、C、U、T 的闭路磁通量为 0，所以在 U、T 两端检测到的输出电压信号 $U_o=0$；转向时，扭力杆和输出轴极靴之间发生相对扭转位移 θ，极靴 A、D 之间的磁阻增加，B、C 之间的磁阻减少，A、D 与 B、C 之间的磁通量不能互相抵消，于是在 U、T 之间就出现了电位差。其电位差与扭力杆的扭转角 θ 和输入电

压 U_i 成一定的函数关系。

通过测量 U、T 两端的电位差就可以测量出扭力杆的扭转角 θ 的大小，也就可计算出方向盘施加的转动扭矩。

(2) 有触点式扭矩传感器。图 5.26 所示为滑动可变电阻式扭矩传感器的结构和原理示意图。它是将转向力矩引起的扭力杆角位移转换为电位器电阻的变化以引起输出电压的变化，并经滑环传递出来作为扭矩信号。

2) 电动机

电动式 EPS 一般采用直流电动机。其工作原理与启动用直流电动机的原理基本相同。其电压为 12V，最大通过电流一般为 30A 左右，额定转矩为 10N·m 左右。

左右转向助力时，需用直流电动机正反转控制，图 5.27 所示为其控制电路。a_1、a_2 为电子控制单元触发信号端。当 a_1 端得到输入信号时，晶体三极管 VT_3 导通，VT_2 得到基极电流而导通。电流经 VT_2→电动机 M→VT_3 而构成闭合回路，电动机正转；当 a_2 端得到输入信号时，电流则经 VT_1→电动机 M→VT_4 而构成闭合回路，因电流方向相反，电动机则反转。通过控制触发信号端电流的大小，就可以控制通过电动机电流的大小。

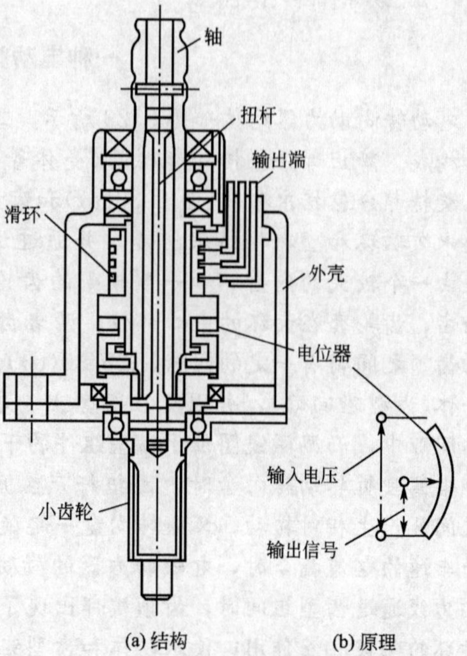

图 5.26 滑动可变电阻式扭矩传感器的结构和原理

3) 电磁离合器

图 5.28 为单片干式电磁离合器的工作原理图。在图 5.26 所示的滑动可变电阻式扭矩传感器中，当电流通过滑环进入电磁离合器线圈时，主动轮产生电磁吸力，带花键的压板被吸引与主动轮压紧，于是电动机的动力经过轴、主动轮、压板、花键、从动轴传递给执行机构。

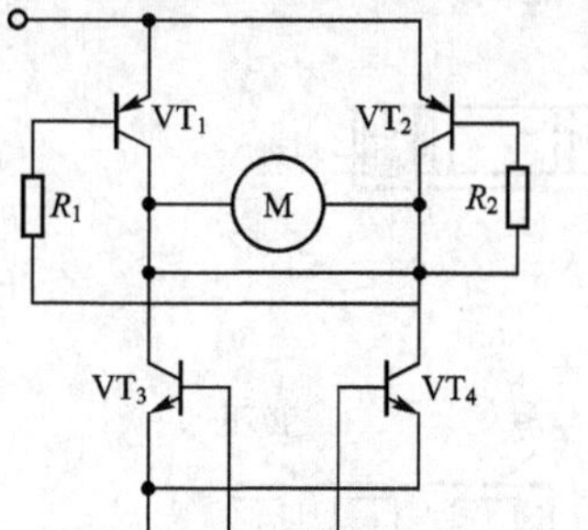

图 5.27 电动机正反转控制电路

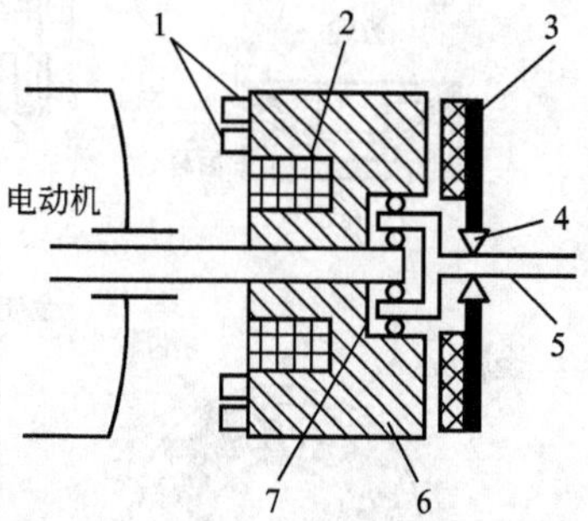

图 5.28 单片干式电磁离合器的工作原理图

1—滑环；2—线圈；3—压板；4—花键；5—从动轴；6—主动轮；7—滚动轴承

电动式EPS一般都设定一个工作范围，例如，当车速达到45km/h时，就不需要辅助动力转向，这时电动机就停止工作，为了不使电动机和电磁离合器的惯性影响转向系统的工作，离合器应及时分离，以切断辅助动力。另外当电动机发生故障时，离合器会自动分离，这时仍可利用手动控制转向。

阅读材料5-3

一种电动转向助力器

电动转向助力器结构如图5.29所示，工作原理如图5.30所示，其由静止和旋转两部分构成。静止部分包括外部磁路(壳体等)和励磁线圈，励磁线圈紧固在转向器壳体上。旋转部分包括永磁体(图5.30(a))和齿型组件(图5.30(b))。永磁体由30个磁极构成的永久磁环和塑料保持架组成，并通过注塑连接在阀芯轴上。齿型组件由一个较大的内齿环和一个较小的齿轮组成。齿环和齿轮各有15个轮齿，齿轮套在齿环的中心部位，两者齿顶相对，但错开半个轮齿，并且齿顶之间留有一定的间隙(图5.30(d))，齿环和齿轮用金属板固结成一体(齿型磁回路)，并固定在阀套上。永磁体插入齿型组件的齿顶间的间隙中，而励磁线圈位于齿型组件的下方。

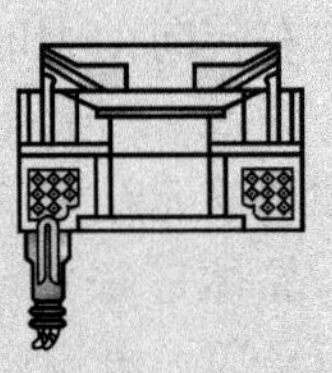

图5.29 电动转向助力器

当驾驶员转动转向盘时，因扭杆产生角位移，使永磁体与齿型组件之间既产生相对转动，又随转向盘一起旋转。当电子控制器感受车速信号并发出适合这一车速的电流指令时，电磁助力器的励磁线圈接受这一电流后，产生相应的磁通量，在磁力线通过齿型组间时，齿顶端部出现了磁极(图5.30(e)，图5.30(f))这些磁极与永久齿环的磁极相互作用，使永磁体和齿型组件之间的磁性作用力增加(加大扭杆刚性)或减小(减少扭杆刚性)，从而改变了操作转向盘的转向力(增大或减少)。若励磁线圈为右旋绕组，则当通过正向电流时，按右手定则磁力线应是自下而上由中心向外环流，将齿轮的齿顶端部磁化成N极，齿环的齿顶端部磁化为S极，这两种磁极分别与永久磁环的磁极发生磁力作用(同性相斥，异性相吸)，其结果使永久磁环处于稳定的中间平衡状态，即使永久磁环离开此平衡位置时(即与齿型组件产生相对位移)，仍需要克服电磁力的作用才能实现，故增加了转向阻力，使车辆高速运行更加稳定。

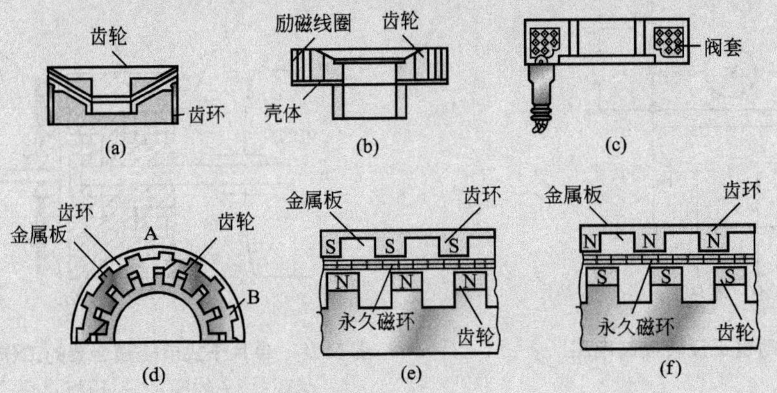

图5.30 电动转向助力器工作原理

4）减速机构

减速机构是电动式EPS不可缺少的部件。目前实用的减速机构有多种组合方式，一般采用蜗轮蜗杆与转向轴驱动组合式，也有的采用两级行星齿轮与传动齿轮组合式。为了抑制噪声和提高耐久性，减速机构中的齿轮有的采用特殊齿形，有的采用树脂材料制成。减速机构分为蜗轮蜗杆减速助力传动机构和差动轮系助力减速传动机构等。

(1) 蜗轮蜗杆减速助力传动机构。蜗轮蜗杆减速助力传动机构由电磁离合器、一对蜗轮蜗杆助力传动机构组成，如图5.31所示。电动机提供的转向助力通过蜗轮蜗杆机构放大作用于转向柱，辅助驾驶员进行转向动作。车辆高速行驶不需要助力或在助力转向系统出现故障时，为了增加转向的可靠性，在电动机与助力机构之间采用电磁离合器来实现电动机与转向系统分离。

(2) 差动轮系助力减速传动机构。差动轮系助力减速传动机构由一套蜗轮蜗杆机构和一套差动轮系机构组成，如图5.32所示。转向输入轴与差动轮系的中心轮相连，电动机经过一级蜗轮蜗杆减速机构带动齿圈运动，合成的运动由行星架输出。其工作原理是根据车速和手动转向角度，电子控制单元按照事先确定的控制规律使电动机提供一个与手动转向同方向的辅助转角，并利用差动轮系的运动合成得到前轮转向角度，这间接地减小了转向系统的传动比，从而减小了手动转向角度和驾驶员消耗的转向功。在电动机不转即手动转向条件下，由于蜗轮蜗杆机构设计成反向自锁，故齿圈固定，转向动作通过行星架减速输出。这种助位移传动机构方案的最大特点是不需要电磁离合器，而且不会造成手力的突变。

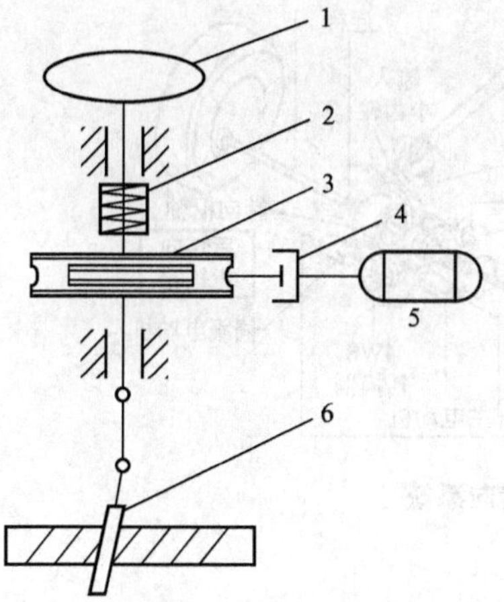

图5.31 蜗轮蜗杆减速助力传动机构

1—方向盘；2—扭矩传感器；3—蜗轮蜗杆机构；4—离合器；5—电动机；6—齿轮齿条转向器

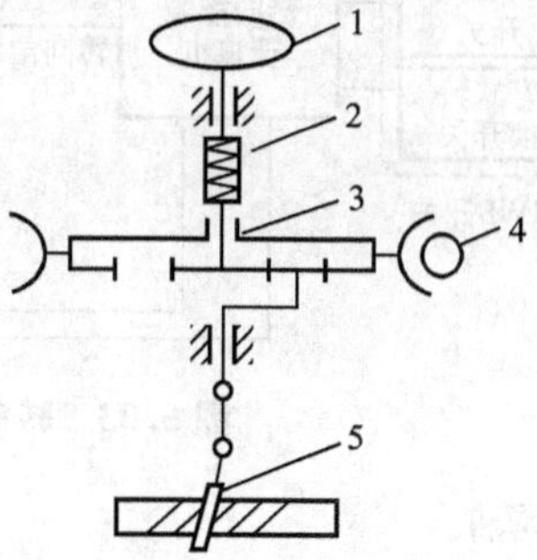

图5.32 差动轮系助力减速传动机构

1—方向盘；2—转角传感器；3—差动行星轮机构；4—蜗轮蜗杆机构；5—齿轮齿条转向器

5.4 四轮转向控制系统

四轮转向汽车(4WS汽车)是指4个车轮都是转向车轮的汽车，或4个车轮都能起转向作用的汽车，其控制方式有转向角比例控制、横摆角速度比例控制和车速前馈控制。

5.4.1 转向角比例控制四轮转向系统

转向角比例控制是指后轮转角与前轮转角成比例。低速区，前后轮逆向；中高速区，前后轮同向。中高速区的转向操纵应能使前后轮平衡稳定并处于恒定转向状态，以便汽车的前进方向和车体的朝向一致，得到稳定的转向性能。

1. 系统组成

转向角比例控制四轮转向系统如图 5.33 所示。系统前、后轮的转向机构机械连接，转向盘的转动传到前转向器(齿轮齿条式)，齿条使前转向横拉杆做左右运动以控制前轮转向。同时，输出小齿轮旋转，通过连接轴传递到后转向齿轮箱，后轮的转角与转向盘的转角成比例变化，使其低速转向时，后轮与前轮反向转动；中高速行驶时，后轮与前轮同向转动。

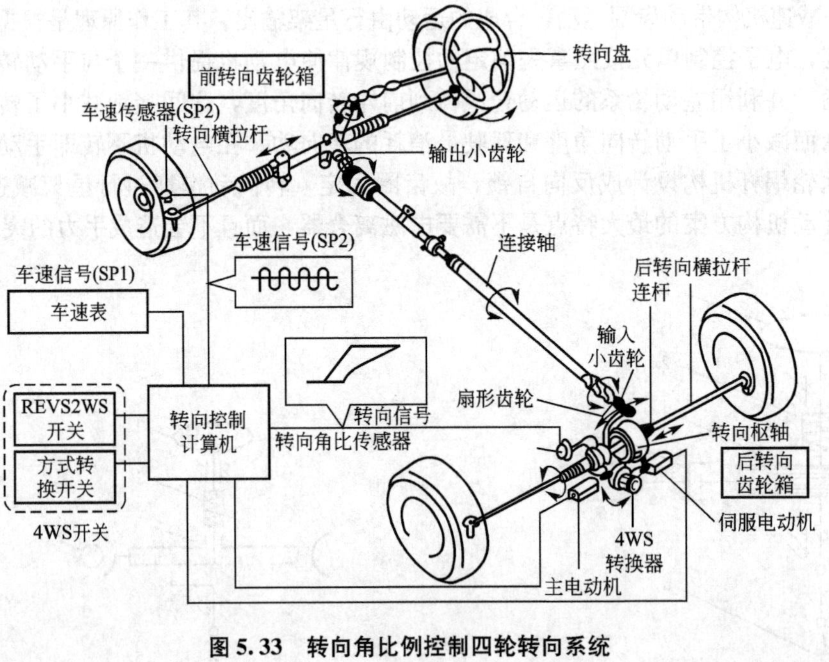

图 5.33 转向角比例控制四轮转向系统

1) 转向枢轴

后转向齿轮箱的转向枢轴如图 5.34 所示。转向枢轴的外圈与扇形齿轮做成一体，可绕转向枢轴左右倾斜运动，内座圈与一个突出在变换杆上的偏心轴相连，变换杆由 4WS 变换器中的电动机驱动，绕其旋转中心，可正、反向运动，并使偏心轴可在转向枢轴内上、下旋转 55°。

与连接杆相连的输入小齿轮向左或向右转动时，旋转力传到扇形齿轮，扇形齿轮带动转向枢轴并通过偏心轴使变换杆左右摆动。变换杆的左右摆动又使后转向横拉杆移动，从而带动后转向节臂转动，使后轮转向。

转向枢轴与偏心轴的运动使后轮产生与前轮同向或反向转动的关系，如图 5.34(b)所示。当偏心轴的前端与转向轴左右旋转中心一致时，使转向枢轴左右倾斜，变换杆完全不动，此时后轮处于中间位置。当偏心轴的前端位于转向枢轴旋转中心上方或下方，并有一

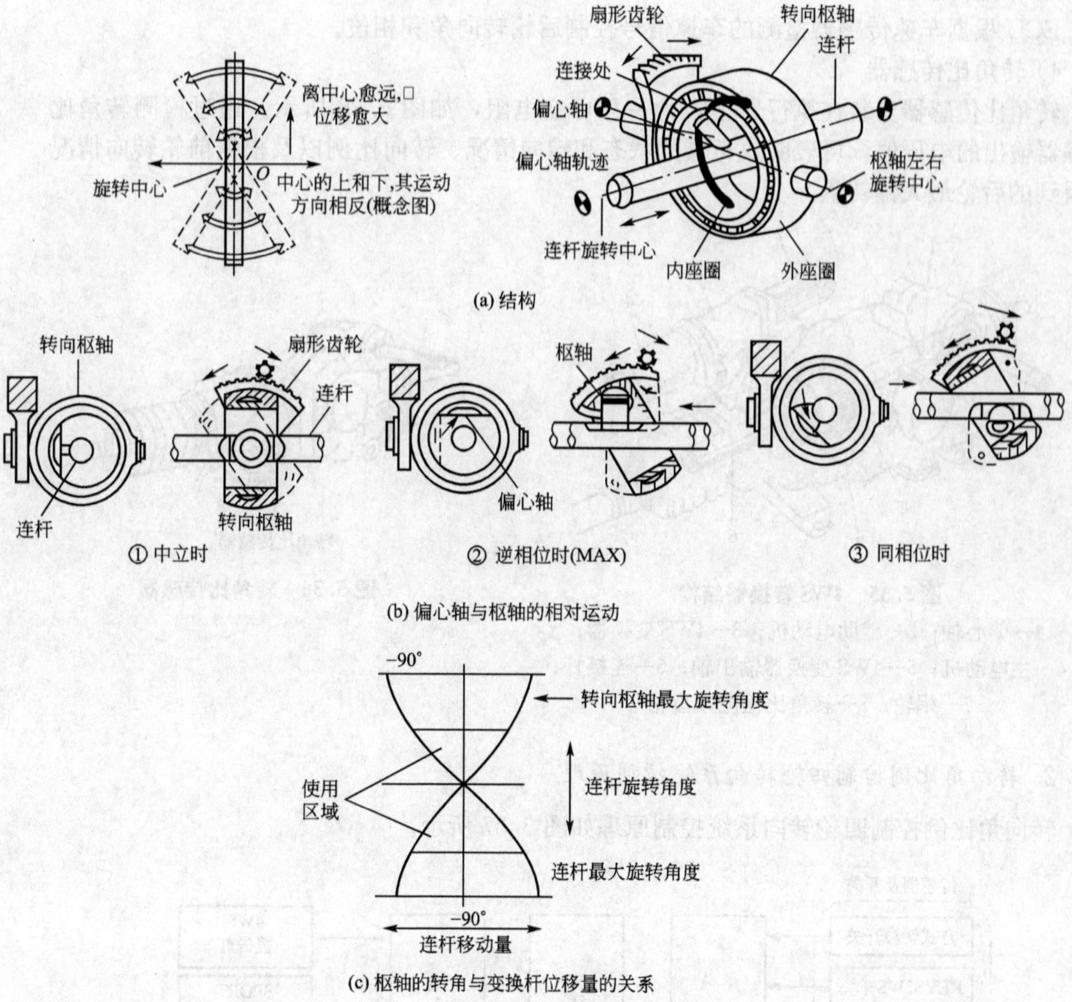

图 5.34　后轮向齿轮箱的转向枢轴

定的偏距时，转向枢轴的左右倾斜就会使变换杆产生较大的位移量。当偏心轴的前端处于转向枢轴的上方时，后轮相对前轮反向转动；若偏心轴的前端处于转向枢轴的下方，后轮相对前轮同向转动。

2）4WS 变换器

4WS 变换器结构如图 5.35 所示，变换器由主电动机与辅助电动机组成的驱动部分、行星齿轮组成的减速部分和使变换杆转动的蜗杆构成。通常，主电动机工作，辅助电动机不工作。辅助电动机的输出轴与行星齿轮机构中的太阳轮相连，主电动机输出轴与行星齿轮相连，而行星齿轮机构中的齿圈就成为变换器的输出轴。太阳轮固定，与主电动机相连的行星齿轮轴转动，即行星齿轮在围绕太阳轮公转的同时自转，带动四轮转向变换器输出轴的齿圈转动。

当主电动机不工作时，行星齿轮就成为一个中介的惰轮(只自转，不公转)，直接将辅助电动机的转动传给齿圈，从而带动变换杆同向转动。

3）车速传感器

ECU 根据车速传感器检测的车速信号控制后轮转向角和相位。

4）转角比传感器

转角比传感器安装在执行器上，为一只可变电阻，如图 5.36 所示。通过检测转角比传感器输出的电压值，可表明执行器的状态和转向情况、转向比例以及根据前轮转向情况所得到的后轮最大偏转量。

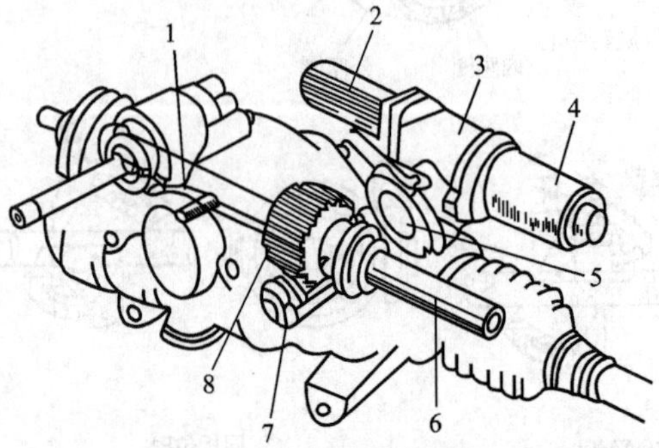

图 5.35　4WS 转换器结构

1—偏心轴；2—辅助电动机；3—4WS 变换器；
4—主电动机；5—4WS 变换器输出轴；6—连接杆；
7—蜗轮；8—转角比检测用齿轮

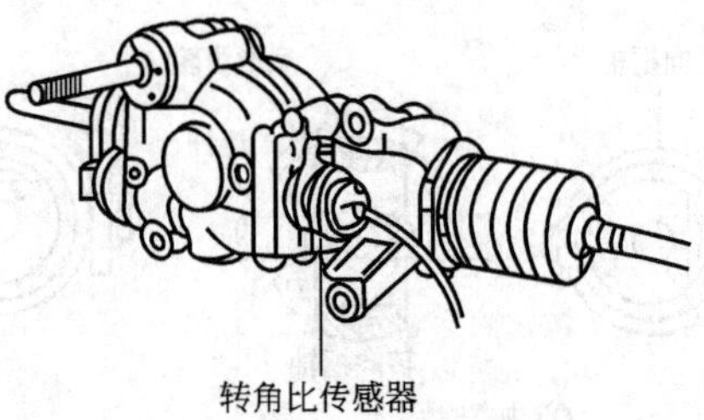

图 5.36　转角比传感器

2. 转向角比例控制四轮转向系统控制原理

转向角比例控制四轮转向系统控制原理如图 5.37 所示。

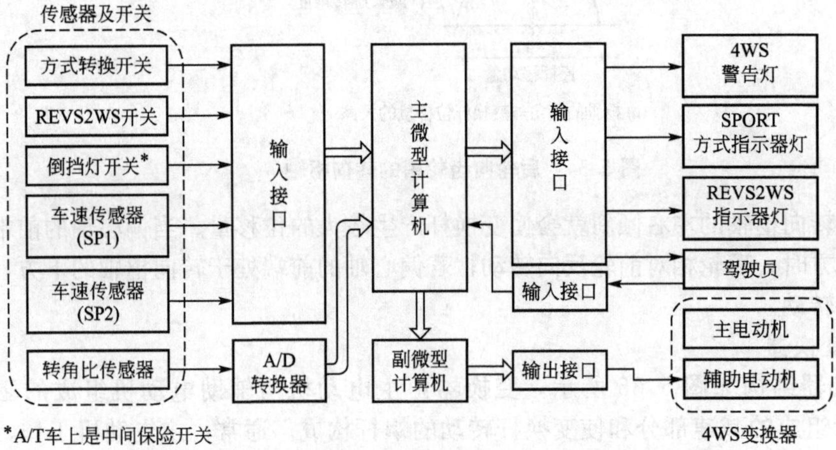

图 5.37　转向角比例控制四轮转向系统控制原理

1）转角比控制

按图 5.37 所示进行转角比控制，再根据行驶车速控制主电动机，从而实现对转角的控制。驾驶员可使用四轮转向模式切换开关，选择 NORMAL 或 SPORT 模式。

2）两轮转向选择功能

当两轮转向选择开关设定在 ON 位置，且变速器被挂入倒挡位置时，后轮转向量被设置为零。

3）故障诊断控制

当系统发生异常情况时，防误操作控制点亮驾驶室内的“四轮转向警告灯”，提示驾驶员。同时，将故障以代码的形式存储到故障存储器中。

（1）主电动机异常。此时，驱动辅助电动机，仅利用转角控制图中 NORMAL 模式的同向转向部分，进行与车速相对应的转角比控制。

（2）车速传感器异常。使用 SP1、SP2 中输出的较高车速值，通过主电动机仅进行同向转向的转角比控制。

（3）转角比传感器异常。利用辅助电动机驱动到同方向最大值，然后中止其后的控制，若此时辅助电动机异常，则用主电动机完成上述工作。

（4）ECU 异常。利用辅助电动机驱动到同方向最大值，然后停止其后的控制，此时要避免出现反方向转向。

5.4.2 横摆角速度比例控制四轮转向系统

横摆角速度比例控制 4WS 附加横向摆动率反馈控制，利用横向摆动率传感器检测车辆转向，抵消转弯力以控制后轮转向，使汽车能主动适应行驶中横向摆动率的变化，确保车辆行驶的稳定性。

1. 系统组成

横摆角速度比例控制 4WS 如图 5.38 所示，根据检测出的车速横摆角速度控制后轮转

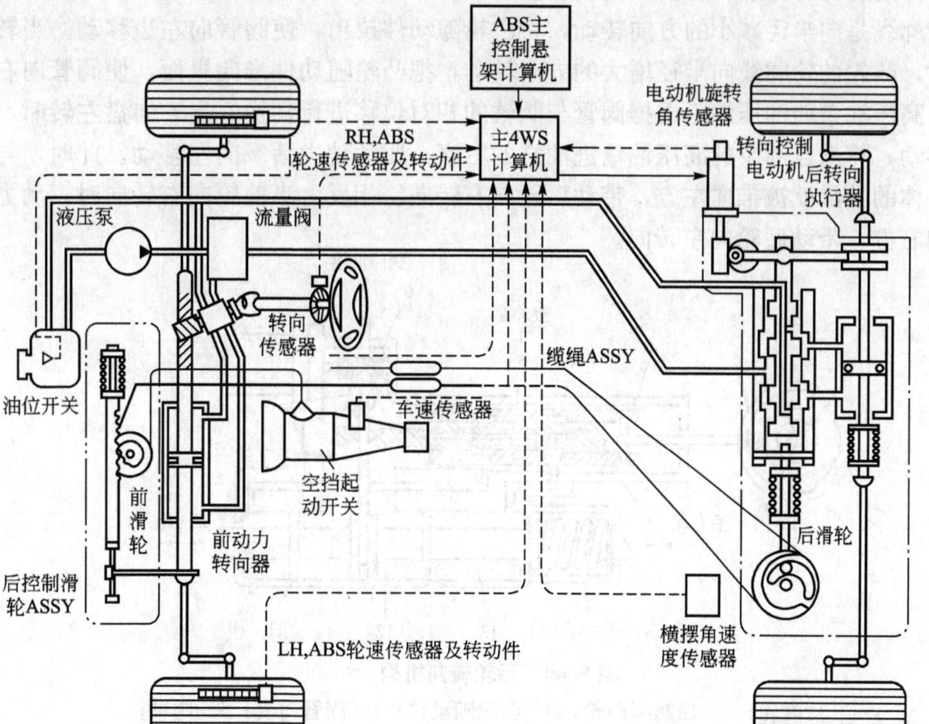

图 5.38 横摆角速度比例控制 4WS

向量，使用多个传感器检测转向信息和汽车行驶状况，并用新型后轮转向执行机构主动控制后轮的转向角度。系统主要由机械转向控制模块(改善低速下的操纵性)和电子转向控制模块(改善中、高速时的操纵性和稳定性，提高抗干扰能力)组成。

1) 前轮转向机构

前轮转向机构如图 5.39 所示，转向盘的转动传到转向器中的齿轮齿条上，齿条端部的移动又使控制齿条左右移动，带动小齿轮转动，使与小齿轮做成一体的前滑轮产生正反方向的转动。滑动轮的转动通过转角传动钢丝绳传递到后轮转向机构中的滑轮上。控制齿条存在一个不敏感行程，转向盘左右约25°以内的转角正好处于此范围内。因此，此范围内不产生与前轮联动的后轮转向，高速行驶时不可能产生这样大的转角，其后轮仅由脉动电动机控制转向。

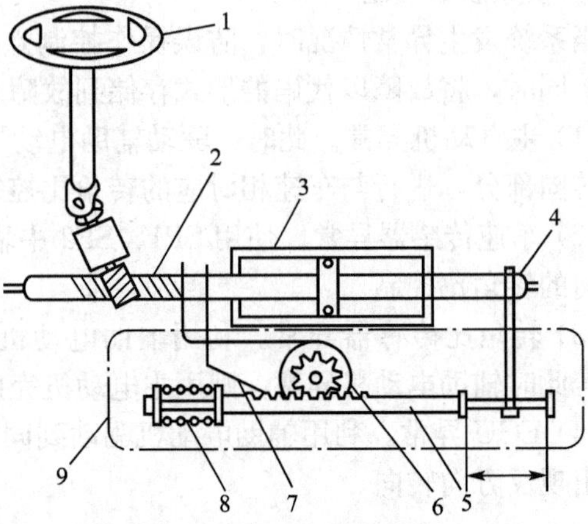

图 5.39　前轮转向机构

1—转向盘；2—齿轮齿条；3—转向齿轮油缸；4—齿条端部；5—控制器齿条；6—前滑轮；7—钢丝绳；8—复位弹簧；9 滑轮驱动

2) 后轮转向机构

后轮转向机构如图 5.40 所示，机械转向时，钢丝绳传到后滑轮，带动控制凸轮转动，凸轮随动件沿凸轮的轮廓线运动，使阀管左右移动。当转向盘左转时，后滑轮右移，此时凸轮的轮廓线是向半径减小的方向转动，将凸轮随动件拉出，使阀管向左边移动。当转向盘右转时，凸轮的轮廓线向半径增大的方向转动，把凸轮随动件推向里面，使阀管向右移动，来自高压油泵的油压油路根据阀管与阀轴的相对位移进行切换。当转向盘左转时，阀管向左移动，将来自油泵的高压油输进油缸的右室，驱动动力活塞向左移动。此时，与活塞做成一体的油缸就被推向左方，带动后轮向右转向。相反，当前轮向右转向时，动力活塞被推向右方，带动后轮向左转向。

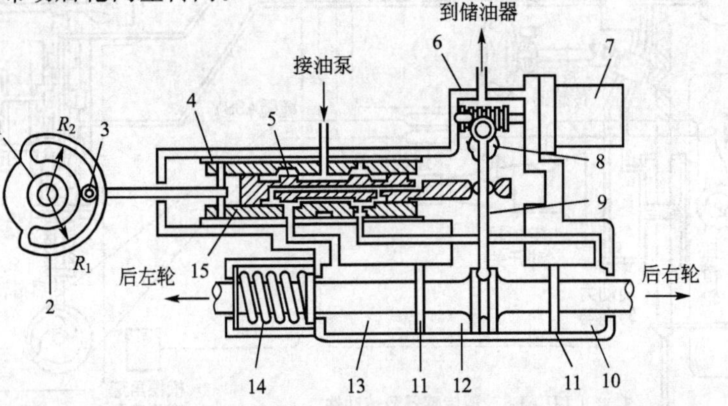

图 5.40　后轮转向机构

1—后滑轮；2—控制器凸轮；3—凸轮随动件；4—阀管衬套；5—阀轴；6—驱动齿轮；7—脉动电动机；8—从动齿轮；9—阀控制杆；10—右室；11—活塞；12—油缸轴；13—左室；14—复位弹簧；15—阀管

在电动转向时，阀管固定不动，此时，由脉动电动机驱动阀控制杆的左右摆动，使阀轴左右移动，从而引起动力活塞的左右运动，其动作原理与上述机械转向时一样。脉动电动机根据ECU的指令，可进行正、反向转动，因此它可完成与前轮转向无关的后轮转向操作。

2. 控制原理

与前轮的转向量相对应，后轮转角控制可分为大转角控制与小转角控制两种。

1）大转角控制(机械式转角控制)

当前轮转角处在不敏感范围内时，阀轴与阀管的相对位置处于中间状态。因此，来自油泵的油液流回储油器，动力油缸中的左、右室仅存较低油压，油缸轴在回位弹簧的作用下，处于中间位置。

当前轮左转时，阀管向左方移动，与阀轴之间产生相对位移，使图5.41中a部与b部的节流面积缩小，高压作用到动力油缸的右室，将动力活塞推向左方，使后轮向右转向。此时油缸轴也向左方移动，由于脉动电动机没有起动，阀控制杆就绕支点A转动，带动阀轴移动到比B点更左边的B′点。已缩小的a部与b部的节流面积又增大，使动力油缸右室内的压力下降。当油缸轴移动到目标位置后，a部与b部的节流面积就正好达到与由车轮产生的外力相平衡的位置，从而使后轮不产生过大的转向。

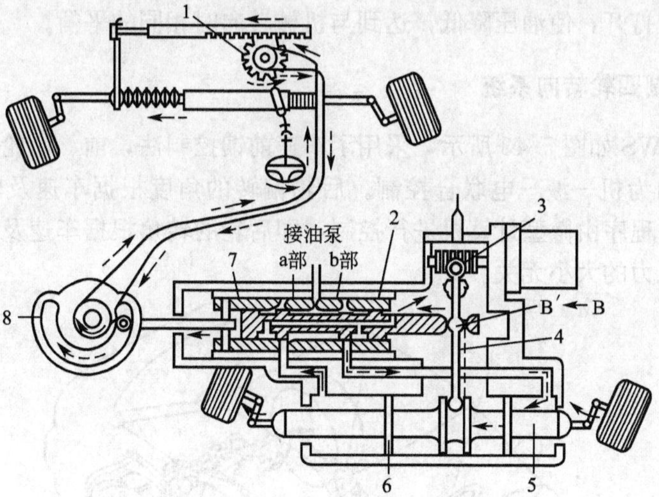

图5.41 大转角控制(反向转向)

1—后控制器滑轮；2—滑轴；3—支点A；4—阀控制杆；5—油缸轴；
6—活塞；7—阀管；8—后控制器凸轮

在外力发生变化时，油缸轴也产生微量的移动变化，立刻引起阀控制杆对阀轴产生一个相应的反馈量，变化到与外力相平衡所需的活塞压力的节流面积，使其始终保持平衡。

2）小转角控制(电动转角控制)

脉动电动机的旋转由涡轮传送到被动齿轮，再通过曲轴使阀控制杆摆动。被动齿轮左转时，阀控制杆的上端支点A以被动齿轮的中心点O为转动中心向A′点摆动。在脉动电动机起动的瞬间，后转向轴没有移动，因此阀控制杆以C点为中心向左方摆动，使杠杆的中间点B移到B′点，带动阀轴移向左方。在钢丝绳没动作时，阀管固定不动，因此阀轴的移动使阀管、阀轴之间产生相对位移，引起图 5.42 中 a 部和 b 部的节流通道收缩，使高压作用到油缸左室。

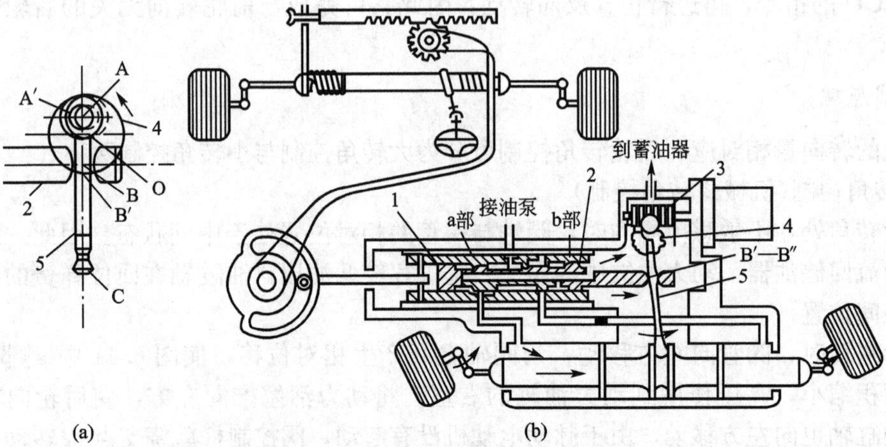

图 5.42　小转角控制(同向转向)

1—阀管；2—阀轴；3—支点；4—从动齿轮；5—阀控制杆(反馈杆)

当油缸轴向右移动时，反馈杆以支点 A′为中心转动，带动阀轴向右移动到 B′，使 a 部和 b 部的节流通道打开，使油压降低，达到与机械转向时相同的平衡。

5.4.3　车速前馈控制四轮转向系统

车速前馈控制 4WS 如图 5.43 所示，采用了车速前馈控制法，前、后轮均采用液压助力转向，但后轮转向为机—液—电联合控制。后轮偏转的角度根据车速及转向盘转动角度，按事先设定好的程序由微型计算机进行控制，即后轮的转角根据车速及前轮的转角而确定，与转向盘操纵力的大小无关。

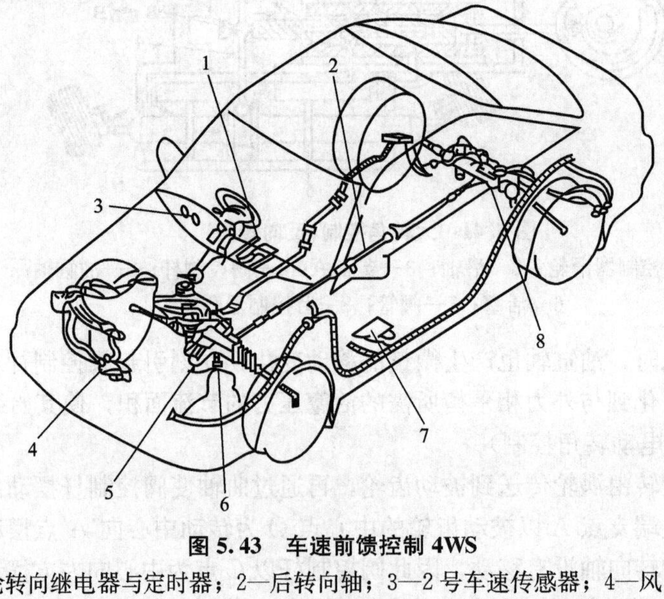

图 5.43　车速前馈控制 4WS

1—四轮转向继电器与定时器；2—后转向轴；3—2 号车速传感器；4—风门式泵；5—前动力转向系统；6—1 号车速传感器；7—ECU；8—后转向控制箱

1. 基本组成

1) 前轮转向系统

前轮转向系统为普通液压动力转向系统，如图 5.44 所示。

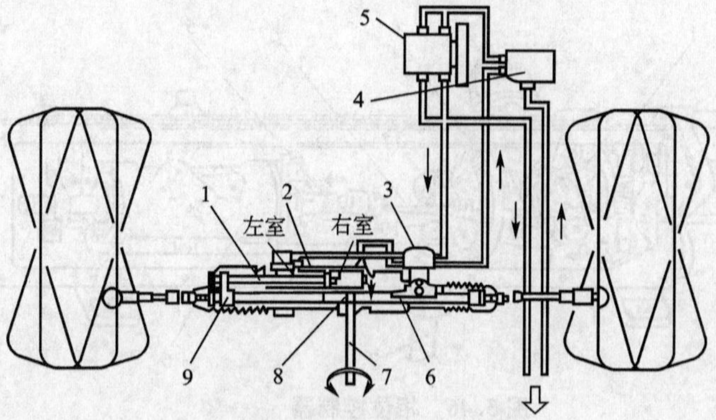

图 5.44　前轮转向系统

1—转向动力缸活塞杆；2—转向动力缸；3—转向控制阀；4—转向油泵；
5—储油罐；6—齿条；7—后轮转向传动轴；8—小齿轮；9—连接板

转向器为齿轮齿条式转向器，齿条被加长，另外设置一个小齿轮与齿条啮合，该小齿轮固定在与后轮转向传动轴相连的齿轮轴上。当转动转向盘使前轮转向时，齿条的水平移动一方面推动前轮转向，一方面通过小齿轮带动后轮转向传动轴旋转，将转向盘转动的信息(转动的方向、快慢和转动的角度)传给后轮转向系统，以控制后轮转向。

2) 后轮转向系统

后轮转向系统如图 5.45 所示，主要包括相位控制器、液压控制阀、后轮转向动力缸以及电子控制系统等部件。

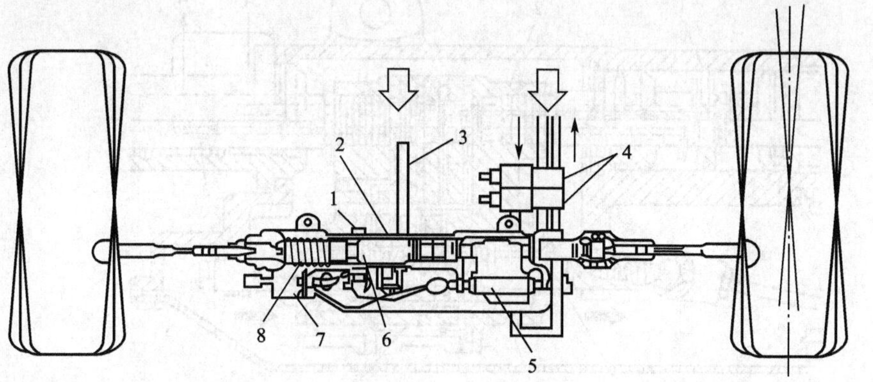

图 5.45　后轮转向系统

1—转角比传感器；2—后轮转向动力缸；3—后轮转向传动轴；4—电控油路；
5—液压控制阀；6—动力输出杆；7—步进电动机；8—回位弹簧

(1) 相位控制器。步进电动机驱动的扇形控制齿板的运动和由后轮转向传动轴驱动的大锥齿轮的运动合成后，将控制后轮偏转方向和偏转角度大小的运动信号传给液压控制阀，以驱动阀芯柱塞移动。相位控制器由步进电动机、扇形控制齿板、摆臂、大锥齿轮、小锥齿轮、液压控制阀联杆、液压控制阀主动杆组成，如图 5.46 所示。后轮转向传动轴与小锥齿轮连接，将前转向齿条的运动状态传送给小锥齿轮，前、后车轮转角比传感器安装于扇形控制齿板旋转轴上。

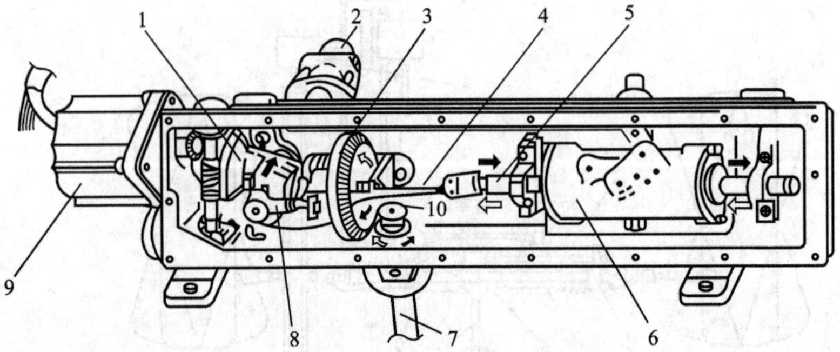

图 5.46 相位控制器

1—扇形控制齿板；2—转角比传感器；3—大锥齿轮；4—液压控制阀联杆；5—液压控制阀主动杆；6—液压控制阀；7—后轮转向传动轴；8—摆杆臂；9—步进电动机；10—小锥齿轮

(2) 液压控制阀。按照相位控制器给定的信号，控制由转向油泵输送给后轮转向动力缸的油量和供油方位，从而控制后轮的转角大小和偏转的方向。液压控制阀如图 5.47 所示，滑阀位置取决于车速和前轮转向系统转角。图 5.47 所示滑阀移到左侧，此时油泵送来的油液通过液压控制阀进入动力缸右腔，同时动力缸左腔通过液压控制阀与储油罐相通。在动力缸左右腔压力差作用下，输出杆左移，使后轮向右偏转。因为阀套与输出杆固定在一起，所以当输出杆左移时将带动阀套左移，从而改变油路通道大小。当油压与回位弹簧及转向力的合力达到平衡时，输出杆(连同阀套)停止移动。

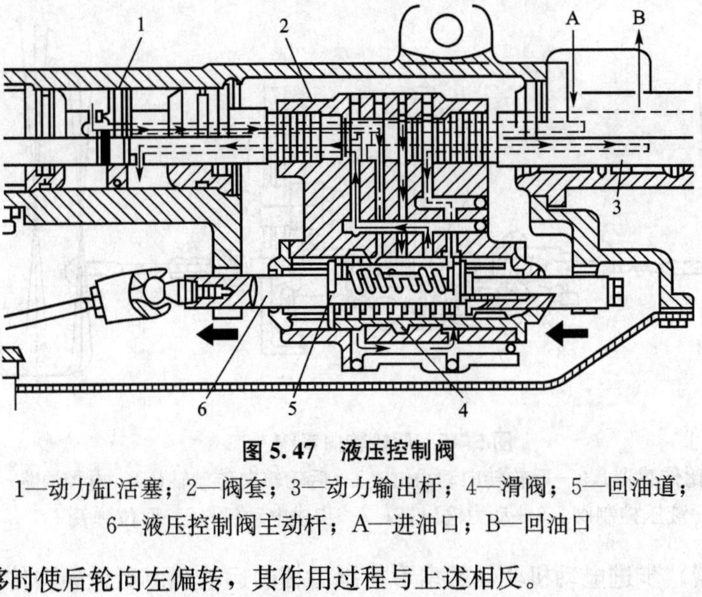

图 5.47 液压控制阀

1—动力缸活塞；2—阀套；3—动力输出杆；4—滑阀；5—回油道；6—液压控制阀主动杆；A—进油口；B—回油口

当滑阀右移时使后轮向左偏转，其作用过程与上述相反。

(3) 后轮转向动力缸。接受由液压控制阀送来的高压油，使之转化为水平推力，从而移动横拉杆的位置，使后轮做转向运动。

(4) 电子控制系统。根据车速传感器信号计算车速，再根据车速的高低计算汽车转向时前后轮偏转的转角比；比较前后轮理论转角比与当时的前后轮实际转角比，并向步进电动机发出正转或反转及转角大小的运转指令，另外还起监视控制四轮转向的电子线路工作是否正常的作用；发现四轮转向机构工作出现异常时，起动警告信号灯，并断开电控油阀的电源，使步进电动机处于两轮转向状态。

3) 转角比传感器

检测相位控制器中扇形控制齿板的转角位置，并将检测出的信号反馈给四轮转向控制器，作为监督和控制信号使用。

4) 电控油阀

控制由转向油泵输向后轮转向动力缸的油路通断。当液压回路或电子控制线路出现故障时，电控油阀就切断由转向油泵通向液压控制阀的油液通道，使四轮转向装置处于一般两轮转向工作状态，起到失效保险的作用。

2. 工作原理

车速前馈控制 4WS 工作原理如图 5.48 所示。ECU 根据来自车速传感器的信号，把对应于车速的信号传送到后转向控制箱的步进电动机，使控制拨叉转动；利用转向操纵，只在与此相对应的方向与角度上，利用后转向轴使后转向控制箱内的扇形齿轮旋转，控制叉的转动与扇形齿轮旋转在相位控制机构内叠加，以决定控制阀杆的行程方向和行程(与转向操纵、车速相对应的方向和行程)。这样，在控制阀内油路被切换，动力杆控制后轮转向。

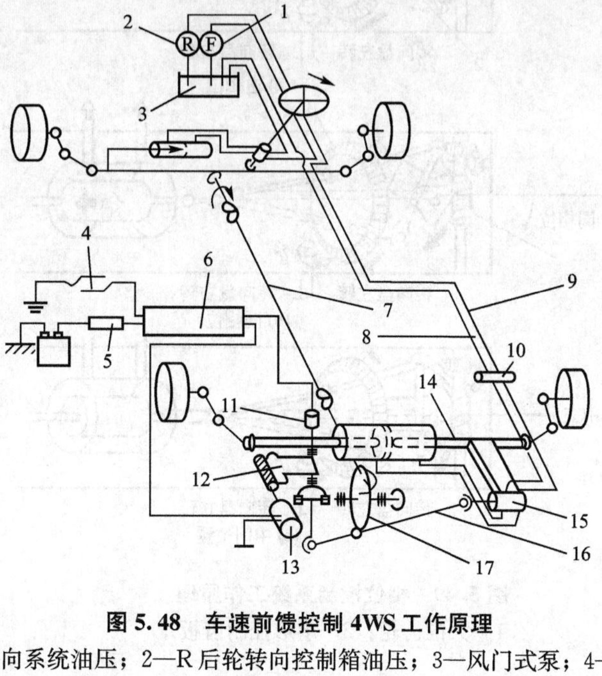

图 5.48 车速前馈控制 4WS 工作原理

1—F 前动力转向系统油压；2—R 后轮转向控制箱油压；3—风门式泵；4—车速传感器；5—四轮转向继电器；6—ECU；7—后转向轴；8—回流管；9—压力管；10—电磁螺线圈；11—后转向传感器；12—控制拨叉；13—步进电动机；14—动力杆；15—控制阀；16—控制阀杆；17—扇形齿轮

当车速低于35km/h时，如图5.49(a)所示。扇形控制齿板在步进电动机的控制下向负方向偏转，车速越低，其偏转角度越大。假设这时转向盘向右转动(前轮向右偏转)，与后轮转向传动轴相连接的小锥齿轮向空白箭头所示方向转动，与小锥齿轮啮合的大锥齿轮也向空白箭头所示方向转动，同时带动大锥齿轮中心贯通的控制杆也围绕大锥齿轮轴线旋转，控制杆的运动带动摆臂随之运动。由于扇形控制齿板向负方向转动，因此摆臂向右上方摆动。控制杆在摆臂这种合成运动的作用下，推动液压控制阀输入杆向右移动，其行程大小与扇形控制齿板的转角大小成正比。

当液压控制阀的输入杆向右移动时，由转向油泵输送的高压油液进入后轮转向动力缸的左腔，使后轮向左偏转，即后轮相对于前轮反向偏转。

当车速高于35km/h时，如图5.49(b)所示。相位控制器中的扇形控制齿板向正方向转动，若转向盘仍向右转动(前轮向右偏转)，则摆臂向左上方摆动，将控制杆向左拉动，结果使后轮向右偏转，即后轮相对于前轮同向偏转。

当车速等于35km/h时，相位控制器中的扇形控制齿板处于图5.49(c)所示的中间位置，摆臂处于与大锥齿轮轴线垂直的位置。控制杆和液压控制阀输入杆(柱塞)均不产生轴向位移，后轮转向动力缸左、右油腔均没有高压油液输入，后轮保持与汽车纵向轴线平行的直线行驶状态。

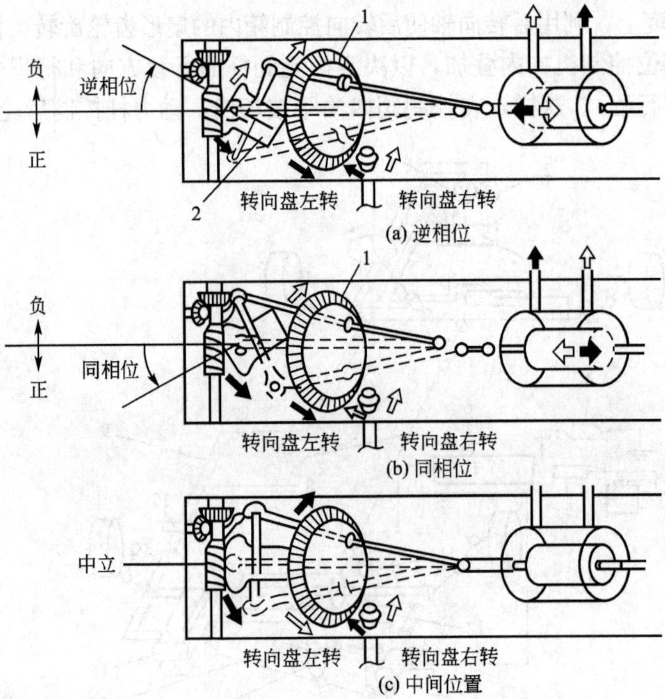

图5.49 相位控制系统工作原理

1—大锥齿轮；2—扇形控制齿板

为使四轮转向系统工作安全可靠，应满足以下要求。

(1) 当四轮转向系统的电子控制系统出现故障时，应使后轮处于中间位置，汽车转向系统自动进入前轮转向状态(两轮转向)。

(2) 当四轮转向系统的液压控制系统出现故障时，汽车也应保持在前轮转向(两轮转向)状态下行驶。

5.5 线控转向系统简介

线控技术(X-by-Wire)源于飞机控制系统，将这种控制方式引到汽车驾驶上，就是将驾驶员的操作动作经过传感器转变成电信号，通过电信号网络传输到功率放大器再推动执行机构。

在车辆高速化、驾驶人员大众化、车流密集化的今天，针对更多不同水平的驾驶人群，汽车的易操纵性设计显得尤为重要。线控转向系统(Steering-By-Wire Systerm，SBW)的发展，正是满足这种客观需求。

SBW系统一般由转向盘模块、转向执行模块和主控制器ECU、自动防故障系统以及电源等模块组成。图5.50是线控转向技术组成。

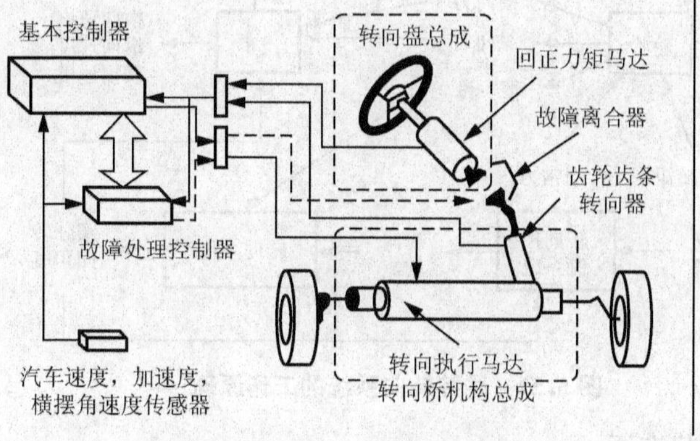

图5.50 线控转向技术组成

它是继EPS后发展起来的新一代转向系统，具有比EPS操纵稳定性更好的特点，它取消转向盘与转向轮之间的机械连接，完全由电能实现转向，彻底摆脱传统转向系统所固有的限制，提高了汽车的安全性和驾驶的方便性。

转向盘总成包括转向盘、转向盘转角传感器、力矩传感器、转向盘回正力矩电机。转向盘总成的主要功能是将驾驶员的转向意图(通过测量转向盘转角)转换成数字信号，并传递给主控制器：同时接收主控制器送来的力矩信号，产生转向盘回正力矩，以提供给驾驶员相应的路感信息。转向执行总成包括前轮转角传感器、转向执行电机、转向电机控制器和前轮转向组件等。转向执行总成的功能是接收主控制器的命令，通过转向电机控制器控制转向车轮转动，实现驾驶员的转向意图。

主控制器对采集的信号进行分析处理，判别汽车的运动状态，向转向盘回正力电机和转向电机发送指令，控制两个电机的工作，保证各种工况下都具有理想的车辆响应，以减少驾驶员对汽车转向特性随车速变化的补偿任务，减轻驾驶员负担。同时控制器还可以对驾驶员的操作指令进行识别，判定在当前状态下驾驶员的转向操作是否合理。当汽车处于非稳定状态或驾驶员发出错误指令时线控转向系统会将驾驶员错误的转向操作屏蔽，而自动进行稳定控制，使汽车尽快地恢复到稳定状态。

自动防故障系统是线控转向系统的重要模块．它包括一系列的监控和实施算法，针对不同的故障形式和故障等级做出相应的处理，以求最大限度地保持汽车的正常行驶。作为应用最广泛的交通工具之一，汽车的安全性是必须首先考虑的因素，是一切研究的基础，因而故障的自动检测和自动处理是线控转向系统最重要的组成之一。它采用严密的故障检测和处理逻辑，以更大地提高汽车安全性能。

汽车线控转向系统的工作原理如图 5.51 所示。用传感器检测驾驶员的转向数据，然后通过数据总线将信号传递给车上的 ECU，并从转向控制系统获得反馈命令，转向控制系统也从转向操纵机构获得驾驶员的转向指令，并从转向系统获得车轮情况，从而指挥整个转向系统的运动。转向系统控制车轮转到需要的角度，并将车轮的转角和转动转矩反馈到系统的其余部分，比如转向操纵机构，以使驾驶员获得路感，这种路感的大小可以根据不同的情况由转向控制系统控制。

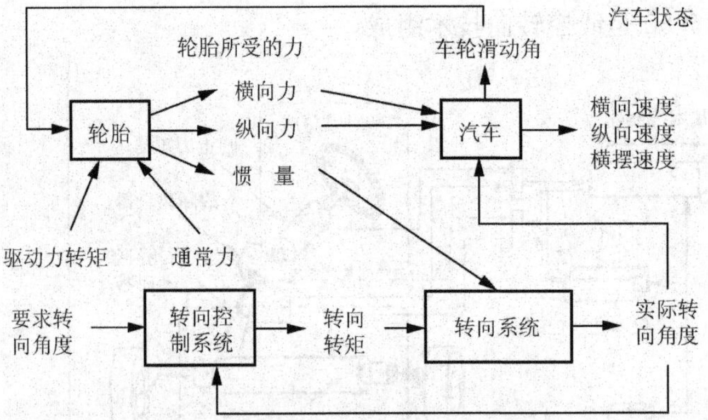

图 5.51　线控转向系统的工作原理

汽车线控转向的优势在于：

(1) 提高了整车设计自由度，便于操控系统布置。例如没有了机械连接，可以很容易把左舵驾驶换为右舵驾驶。

(2) 转动效率高，响应时间短。控制单元接收各种数据，可以在瞬时转向条件下，立刻提供转向动力，转动车轮。

(3) 改善驾驶特性，增强操纵性。

(4) 取消转向柱、转向器后，有利于提高汽车碰撞安全性和整车主动安全性。

(5) 有利于整合底盘技术和降低底盘综合开发成本。

围绕汽车开发的节能、环保和安全主题，未来汽车的主体将是零排放汽车。混合动力电动汽车(HEV)、燃料电池电动汽车(FCEV)等新型电动汽车的逐步推广应用为线控电动转向系统的应用带来了非常广阔的前景。

本章小结

本章主要介绍了液压式EPS、电动式EPS、四轮转向的组成及工作原理以及控制方式。

电控动力转向系统根据动力源不同可分为液压式电控动力转向系统(液压式EPS)和电动式电控动力转向系统(电动式EPS)。液压式EPS是在传统的液压动力转向系统的基础上增设了控制液体流量的电磁阀、车速传感器和电子控制单元等部件。电子控制单元根据检测到的车速信号，控制电磁阀，使转向动力放大倍率实现连续可调，从而满足高、低速时的转向助力要求。电动式EPS是利用直流电动机作为动力源，电子控制单元根据转向参数和车速等信号，控制电动机扭矩的大小和方向。

四轮转向汽车(4WS)是指4个车轮都是转向车轮的汽车，或4个车轮都能起转向作用的汽车，其控制方式有转向角比例控制、横摆角速度比例控制和车速前馈控制3种。

【关键术语】

汽车转向　液压助力EPS　电动助力EPS　四轮转向

综合练习

1. 填空题

(1) 汽车液压助力EPS主要由__________、__________、__________组成。

(2) 汽车电动助力EPS主要由__________、__________、__________组成。

(3) 汽车四轮转向控制方式有__________、__________、__________3种。

2. 简答题

(1) 简述汽车四轮转向技术原理。

(2) 简述EPS的基本要求。

第6章 汽车驱动防滑技术

教学目标

通过本章的学习，熟悉并掌握电控驱动防滑系统；了解它的理论基础、基本组成以及工作原理；了解防滑差速器(ASD)的相关内容。

教学要求

知识要点	能力要求	相关知识
电控驱动防滑系统的概述	了解什么是电控驱动防滑系统以及其作用，熟悉它的理论基础及控制方式	驱动防滑系统作用及相应的理论基础知识
电控驱动防滑系统的基本组成和工作原理	熟悉并掌握驱动防滑系统的基本组成与工作原理	驱动防滑系统的基本组成、工作原理及其相应的传感器、电控单元、执行器等
防滑差速器	了解防滑差速器的作用，熟悉几种防滑差速器	差速器的知识

导入案例

图6.1为电动驱动防滑系统(ASR，也称TRC)的示意图。ECU根据各轮速传感器的信号，确定驱动轮的滑转率和汽车的参考速度。当ECU判定驱动轮的滑转率超过设定的极限值时，就使驱动副节气门的步进电机转动，减小节气门的开度，此时，即使主节气门的开度不变，发动机的进气量也会减少，使输出功率减小，驱动轮上的驱动力矩就会随之减小。如果驱动车轮的滑转率仍未降低到设定的控制范围，ECU就会控制ASR制动压力调节装置和ASR制动压力装置对驱动车轮施加一定的制动压力，使制动力矩作用于驱动轮，从而实现对驱动轮的控制。

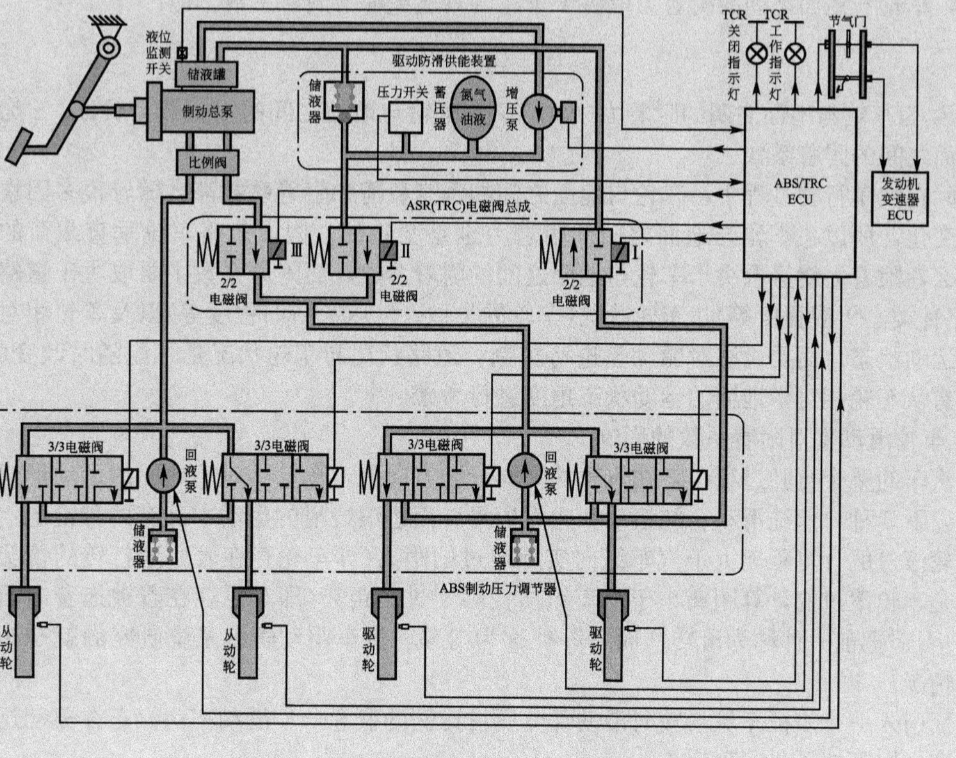

图6.1 电动驱动防滑系统(ASR)的示意图

6.1 汽车驱动防滑技术概述

防滑控制系统主要包括制动防滑系统和驱动防滑系统两种。前者的功能是防止汽车在制动过程中车轮被抱死滑移，使汽车的制动力达到最大，缩短车辆的制动距离，并且能提高汽车在制动过程中的方向稳定性和转向操纵能力，被称为制动防抱死系统(Anti-Lock Brake System，ABS)；但是当汽车在驱动过程(如起步、转弯、加速等过程)中，ABS系统不能防止车轮的滑转，因此针对这个要求又出现了防止驱动车轮发生滑转的驱动防滑系统(Acceleration Slip Regulation，ASR，也称TRC)。由于驱动防滑系统是通过调节驱动车轮的驱动力来实现工作的，故它也常被称为驱动力控制系统(Traction Control System，TCS)。

1. 电控驱动防滑系统的理论基础

在驾驶员、汽车、道路三者组成的行车系统中，影响车辆行驶状态的基本因素是车轮与路面之间的作用力，而该作用力又是由车辆行驶方向的纵向作用力和垂直于车辆行驶方向的水平横向作用力组成。驾驶员对车辆的控制其实质是控制车轮与路面之间的作用力，而该作用力又受车轮与路面间的附着条件(即附着系数)的限制。车辆纵向驱动力受纵向附着系数限制，而抵抗外界横向力则是受横向附着系数限制。

在硬质路面上，车轮与路面之间的附着力就是车轮与路面之间的摩擦力。由摩擦定律可推知，车轮与地面之间的附着力取决于车轮的垂直载荷与附着系数，即：

$$F_{\delta}=G\cdot\varphi$$

式中：F_{δ}为车轮与地面之间的附着力(N)；G为车轮与地面之间的垂直载荷(N)；φ为车轮与地面之间的附着系数。

实际在汽车行驶过程中，车轮与地面之间的垂直载荷和附着系数都会随着很多因素的变化而变化，所以，车轮与地面之间的附着力也是变化的。假设忽略车轮垂直载荷的变化，那么，附着力就只取决于车轮与地面之间的附着系数，而附着系数主要取决于道路状况(道路种类、干湿程度等)、车轮状况(车轮的类型、气压、新旧程度等)以及车轮相对于路面的运动状态。而要设法对驱动轮进行控制，道路状况与车轮状况是不能随时改变的，因此只有从车轮相对于地面的运动状态角度进行考虑。

1) 车轮滑动率对附着系数的影响

在汽车的整个行驶过程中，在汽车的纵向行驶方向上，车轮相对于地面的运动形式可以分为以下3种，即纯滑动、纯滚动和边滚边滑。而边滚边滑的运动中又有两种情况：一种是车轮滚过的计算距离大于汽车纵向实际走过的距离(即车轮存在着原地打转的情况)；另一种是车轮滚过的计算距离小于汽车纵向实际走过的距离(即车轮存在着被拖着向前的情况)。习惯把前一种称为滑转，而后一种称为滑移。汽车驱动防滑系统研究的就是车轮滑转的情况。

下面引入一个表征车轮滑转时滑动部分所占比例的概念——滑动率。汽车在驱动过程中滑动率由以下式子进行确定。

$$S_{驱}=(r\omega-v)/r\omega\times100\%$$

式中：$S_{驱}$为车轮相对于地面的滑动率；r为车轮的滚动半径(m)；ω为车轮的转动角速度(rad/s)；v为车轮中心点的纵向移动速度(m/s)。

若$S_{驱}=0$，说明车轮中心的纵向速度与车轮滚动的计算速度相等，即车轮做自由滚动(纯滚动$r\omega=v$)；若$S_{驱}=100\%$，说明车轮中心点的纵向移动速度为零(纯滑动$v=0$)；若$0<S_{驱}<100\%$，说明车轮处于边滚边滑状态，且$S_{驱}$值越大，车轮滑转得越严重。

经试验测得，在硬质路面上，弹性车轮与路面之间的附着系数φ和滑动率$S_{驱}$之间存在着图6.2所示的关系。

从图6.2中可以看出，当车轮的滑动率处于20%左右时，纵向附着系数达到最大，说明此时驱动车轮有最大的驱动力。表6-1列出的是各种路面条件下车轮与路面间的最大纵向附着系数。

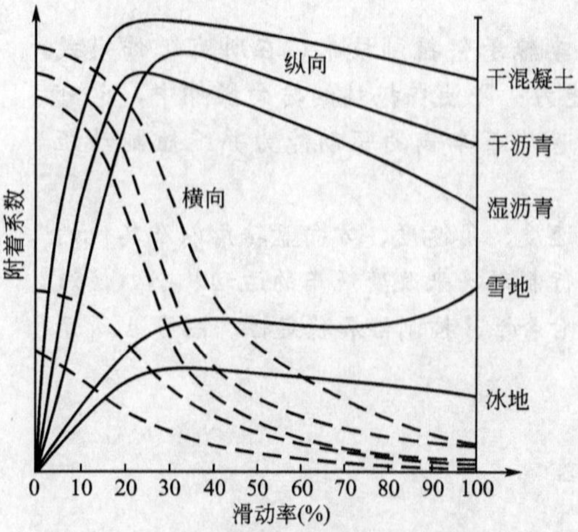

图6.2 附着系数与车轮滑动率之间的关系

表6-1 各种路面条件下最大纵向附着系数

路面种类及状况	最大纵向附着系数
沥青路面和水泥路面	0.8～0.9
沥青路面(湿)	0.5～0.7
水泥路面(湿)	0.8
石子路面	0.6
土路面(干)	0.68
土路面(湿)	0.55
雪路面(压实)	0.2
冰路面	0.1

从图6.2还可以看出：当车轮在地面上做纯滚动($S_{驱}=0$)时，其与路面之间的横向附着系数达到最大，随着车轮的滑动率的增大，横向附着系数迅速减小；当车轮在路面上产生纯滑动时，横向附着系数减到几乎为零，车轮则完全失去抵抗外界横向干扰力的能力，此时，若车轮上存在外界横向的干扰力(如汽车重力的横向分力、路面不平产生的横向力以及横向风力等)，车轮将会发生横向滑移。

当车轮的滑动率处于$S_{驱}$($S_{驱}$为最大纵向附着系数时的滑动率)左右时，横向附着系数达到了50%～70%，则车辆能达到最佳的行驶效果，因为此时纵向方向上的附着力最大，车轮具有最大的驱动力，而此时横向附着力也较大，有利于车辆的操纵和抵抗横向的滑移。

2) 驱动防滑系统的功能

为了使汽车获得较大的纵向和横向附着力，现代汽车中很多都已经装备了驱动防滑系统，其功能就是使汽车能够自动地将车轮控制在纵向和横向附着系数都比较大的滑动率范围内，一般滑动率为15%～20%。

前面在讨论最大附着力时，假设了车轮垂直载荷是不变的，而在车辆的实际运行过程中，垂直载荷不但与汽车实际装载质量及静态分布有关外，还与汽车的行驶状态有关。例如，汽车上坡时，后轮的垂直载荷会增大，而前轮的垂直载荷会减小；汽车下坡时，情况的变化与上述刚好相反；汽车转弯时，内侧车轮的垂直载荷会减小，而外侧车轮的垂直载荷会增大；汽车加速时，前轮的垂直载荷会减小，而后轮的垂直载荷会增大；此外，空气的作用和路面干扰引起的车轮跳动也会使车轮的垂直载荷发生变化。

综上所述可知，实际车轮附着力受很多因素影响，它是一个随机的变量。因此，为了控制车轮的滑动率，就要对作用于车轮上的力矩进行实时的自适应调节，即要求防滑控制系统具有足够快的反应速度和足够高的调节精度，否则，就难以将车轮的滑动率控制在最理想的范围内。

阅读材料6-1

车辆动力学控制(VDC)系统

除了ABS和ASR的优点之外，VDC集成了车辆悬架控制技术，在所有工作模式达到极限状态时可增强车辆的操纵稳定性和行驶能力；即使在极端的转向操作中，也可增强车辆的稳定性，使滑溜的危险迅速减少；同时改善车辆的驱动能力并缩短制动距离。车辆动力学控制系统布置如图6.3所示。

通过汽车上安装的各种传感器，检测到汽车的速度、角速度、方向盘转角以及其他的汽车运动状态信息，根据需要可以主动地对车轮进行制动，来改变汽车的运动状态，使汽车达到最佳的行驶状态和操纵性能，增加了汽车的附着性、控制性和稳定性。图6.4所示是在极端的转向操作时的情况。

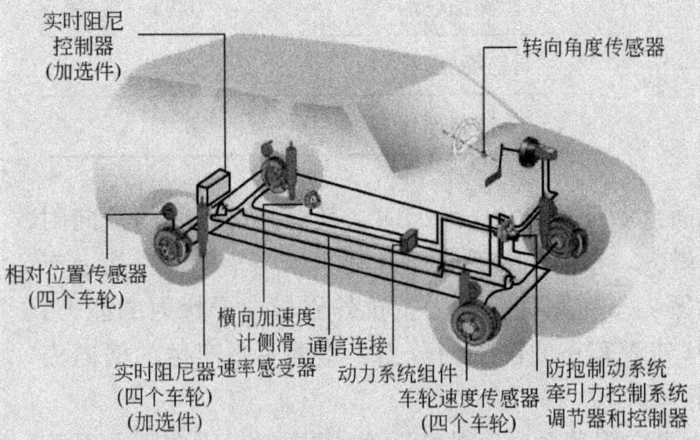

图6.3 车辆动力学控制系统布置示意图

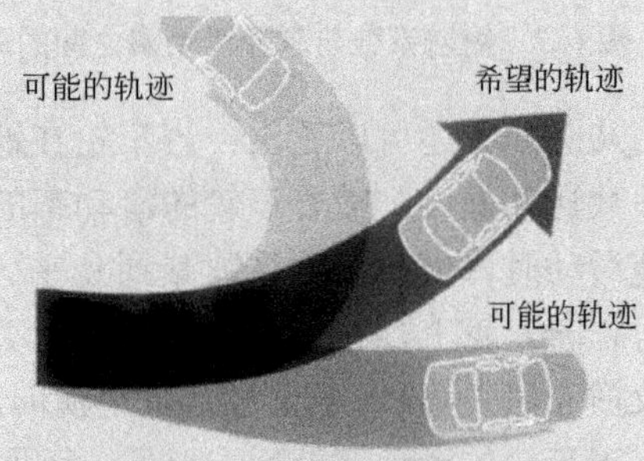

图6.4 车辆动力学控制实现

2. 驱动防滑的控制方式

控制车轮的滑转率是通过控制作用于车轮上的力矩实现的。合理地减小汽车发动机扭矩或动力传动中任一部件的扭矩都可以实现驱动防滑控制的目的。控制驱动车轮的滑转率主要有以下途径。

1) 发动机输出转矩控制

当驱动车轮发生滑转时，表明作用于驱动车轮的驱动力矩过大，此时如果以自适应的方式调节发动机的输出转矩使作用于驱动车轮的驱动力矩适度调节，就可对驱动车轮的滑转率进行控制，调节发动机输出转矩的途径主要有：①调节发动机的进气量；②调节发动机的供油量；③调整发动机的点火参数。

减小发动机的进气量可以通过设置由驱动防滑转电子控制装置控制的副节气门或可变配气相位机构进行自适应调节来实现，目前广泛采用节气门调节方式，即调节发动机的进气量。节气门开度调节是指在原节气门通道的基础上，串联一个副节气门，通过传动机构控制其开度，从而使其有效节气门开度获得调节。副节气门的开度通过步进电动机控制，但由于副节气门从全开位置驱动到全闭位置需要一定时间。因此，使用节气门调节发动机输出转矩的时滞大，响应时间略长。这种控制方式工作平稳，过渡圆滑，易于与其他控制方式配合使用。

供油量调节是减少供油或暂停供油，即当发现驱动轮发生过渡滑转时，电子调节装置将自动减少供油量，甚至中断供油来减小发动机的输出转矩。

点火参数改变主要是指减小点火提前角。点火参数调节是一种比较迅速的驱动防滑控制方式，反应时间仅为30～100ms。但是点火参数调整和供油量的调节都会导致汽油机的不正常工作，影响发动机和传动系统的使用寿命，发动机噪声偏大，振动比较厉害，发动机运转不平稳。由于燃烧不充分，造成排气污染。

2）驱动轮制动控制

驱动轮制动力矩调节是在发生打滑的驱动轮上施加制动力矩，使车轮转速下降，把滑转率控制在理想的范围内。该调节控制方式反应时间短，是防止滑转的最迅速的一种方式。但在车轮速度较高的情况下，制动控制方式会影响汽车行驶的舒适性和稳定性。同时，特别在高速行驶的状况下，制动力控制容易造成车身的抖震，而且由于制动系统的摩擦较大，摩擦力做功后，把车轮的动能转化为摩擦片的热能，使得摩擦片过热，影响摩擦片的寿命。所以制动力控制一般在高速的时候，作为发动机调节输出转矩控制的补充方式。

制动控制方式主要应用在左右车轮的路面附着情况不一样的情况下(图6.5)，汽车在这种路面上行驶就会造成左右车轮的附着情况差别，施加制动力矩能够起到控制差速作用。左右两轮行驶在分离高低附着力系数的路面上，右驱动轮处于低附着力系数路面，左驱动轮处于高附着力系数路面；这时，汽车的驱动力只取决于低附着力系数路面上的驱动力，要降低低附着力系数路面车轮的轮速，即降低滑转轮的轮速，可以在这个轮加上一制动力。通过对低附着系数路面上的驱动轮施加制动力，实际上加大了非滑转轮的驱动力，就可以充分利用高附着路面的附着条件，提高汽车的驱动力。从而使得两个半轴产生差速的作用，改善汽车的滑转情况。

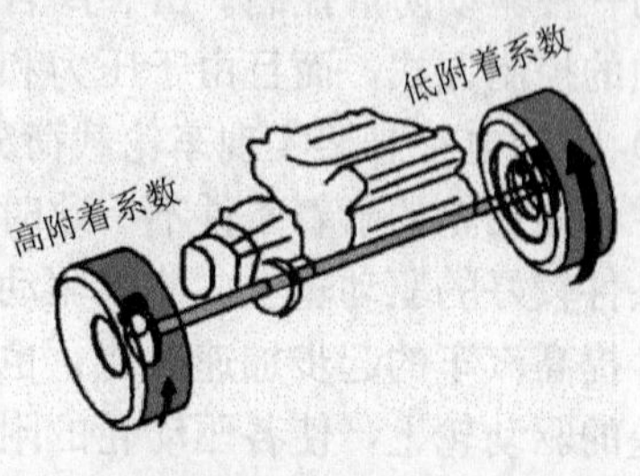

图6.5 车轮在不同附着系数上行驶

驱动轮制动控制的特点是反应速度、控制强度和灵敏度强，但控制强度大会影响车辆行驶的平稳与舒适，因此在高速行驶中使用制动控制会影响车辆行驶平稳舒适，应尽量避免使用。

3）差速锁控制方式

普通的开式差速器在任何时刻都向左右轮输出相同的扭矩，这在路面两侧附着系数差别较大时，如图6.6所示，高附着系数一侧驱动轮的驱动力得不到充分发挥，限制了车辆的牵引性。当汽车起步时，调节差速器的锁止程度，能使驱动力充分发挥，提高车速与行驶稳定性；当左右驱动轮在不同的分离附着系数路面上以及弯道上行驶时，能提高汽车稳定行驶的能力。但该方法成本较高，主要用在高档轿车上。

调节作用在离合片上的油液压力，即可调节差速器的锁紧程度。油压逐渐降低时，差速器锁紧程度逐渐减小，传递给驱动轮的驱动力就逐渐减小；反之油压升高时，驱动力将逐渐增大。

4）离合器或变速器控制

离合器控制是指当发现汽车驱动轮发生过度滑转时，减弱离合器的接合程度，使离合器主、从动盘出现部分相对滑转，从而减小传输到半轴的发动机输出扭矩。

变速器控制是指通过改变传动比来改变传递到驱动轮的驱动扭矩，以减小驱动轮滑转

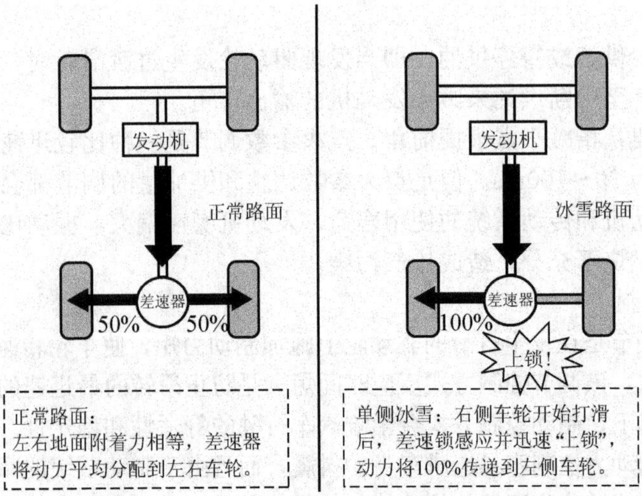

图 6.6　差速锁作用示意图

程度的一种驱动防滑控制。由于离合器和变速器控制反应较慢，变化突然，所以一般不作为单独的控制方式，而且由于压力和磨损等问题，使其应用也受到很大限制。

5）采用电控悬架实现车轮载荷分配

在各驱动轮的附着条件不一致时，可以通过电控悬架的主动调整是载荷较多地分配在附着条件较好的驱动轮上，使各驱动轮附着力的总和有所增大，从而有利于增大汽车的牵引力，提高汽车的起步加速性能；也可以通过悬架的主动调整使载荷较多的分配在附着条件较差的驱动轮上，使各驱动轮的附着力差异减小，从而有利于各驱动轮之间牵引力的平衡，提高汽车的行驶方向稳定性。目前在 ASR 领域中电控悬架参与控制技术还处在理论探索阶段，而且这项技术较为复杂，成本高，在 ASR 系统中很少采用。

表 6-2 是上述几种控制及其组合控制在性能上的对比。由于各自控制方式的局限性，所以一般不仅仅使用一种控制手段，而是组合应用。现在广泛采用的控制方式是发动机节气门开度调节和驱动轮制动力矩调节的组合应用。

表 6-2　几种控制及其组合控制在性能上的对比

控制方式	牵引性	操纵性	稳定性	舒适性	经济性
节气门开度调节	－－	－	－	＋＋	＋
点火参数及燃油供油调节	0	＋	＋	－	＋＋
驱动轮制动力矩调节（快）	＋＋	－	－	－	－
驱动轮制动力矩调节（慢）	＋	0	0	0	0
差速器锁止控制	＋＋	＋	＋	－	－－
离合器或变速器控制	＋	0	＋	－－	－
节气门开度＋制动力矩调节（快）	＋＋	＋＋	＋＋	＋	－
节气门开度＋制动力矩调节（慢）	＋	0	0	＋	－
点火参数＋制动力矩调节	＋	＋＋	＋＋	＋	－

6.2 电控驱动防滑系统

6.2.1 驱动防滑系统的基本组成与工作原理

1. 基本组成

驱动防滑系统(ASR)是制动防抱系统(ABS)功能的延伸。ASR系统判定车轮的运动状态往往采用的是与ABS系统共用的车轮转速传感器；而ASR系统的电子控制单元既可以是与ABS系统共用的，也可以是独立的；ASR系统的制动压力调节器也通常与ABS系统的制动压力调节器共用。在发动机输出功率的控制中，节气门开度的控制通常是通过副节气门和主节气门位置传感器(TPS)，最佳点火提前角的控制是通过发动机电子控制单元对点火系统的控制来实现。因此ASR系统并非独立，它的工作过程往往与ABS系统及发动机电子控制系统交织在一起。ASR有自己的警告装置(故障指示灯)。

图6.7所示为一种较为典型的具有制动防抱死和驱动防滑功能的ABS/ASR防滑控制系统，其中，ABS与ASR共用电子控制单元和车轮转速传感器，只是在通往驱动车轮制动轮缸的制动管路上增设了一个ASR制动压力调节器，在由加速踏板控制的主节气门的前方增设了一个由步进电机控制的副节气门，并在主、副节气门轴的一侧各设置了一个节气门位置传感器。

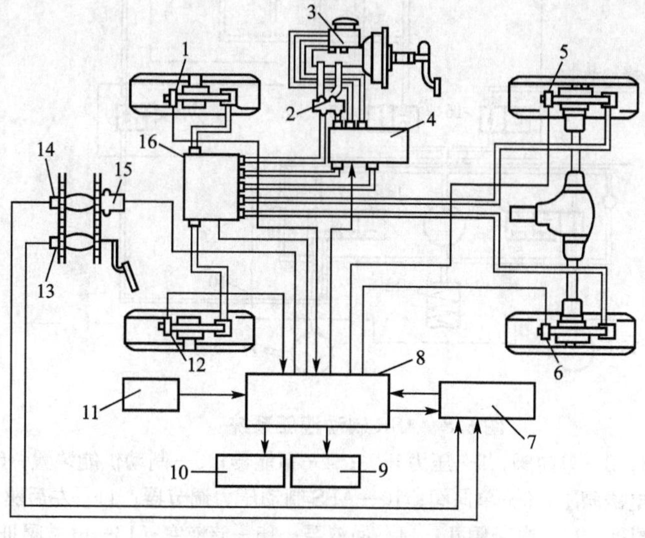

图6.7 典型ABS/ASR系统的组成

1—右前车轮转速传感器；2—比例阀和差压阀；3—制动主缸；4—ASR制动压力调节器；
5—右后车轮转速传感器；6—左后车轮转速传感器；7—发动机/变速器电子控制单元(ESU)；
8—ABS/ASR电子控制单元(ECU)；9—ASR关闭指示灯；10—ASR工作指示灯；
11—ASR选择开关；12—左前车轮转速传感器；13—主节气门开度传感器；
14—副节气门开度传感器；15—副节气门驱动步进电机；
16—ABS制动压力调节器

2. 工作原理

该系统的工作过程如下：汽车在驱动过程中，ABS/ASR 电子控制单元根据各车轮转速传感器发出的车轮转速信号，通过计算、分析、比较确定驱动车轮的滑动率和汽车的参考速度；当 ABS/ASR 电子控制单元判定驱动车轮的滑动率超过设定的极限值时，它就发出指令，驱动副节气门的步进电机就开始工作，以减小副节气门的开度；这个过程中，虽然主节气门的开度不变，但发动机的进气量也由于副节气门的开度减小而下降，发动机的输出功率随即减小，驱动车轮的滑动率也跟着减小。ABS/ASR 电子控制单元通过车轮转速传感器随时监测着车轮的运动状况，当它认为驱动车轮的滑动率还未降低到设定的范围时，ABS/ASR 电子控制单元就会控制 ASR 制动压力调节器和 ABS 制动压力调节器，向驱动车轮施加一定的制动压力，使驱动车轮受到制动力矩的作用。

如图 6.7 中的 ABS/ASR 中的 ASR 制动压力调节器主要由制动供能装置和电磁控制阀总成两部分组成。制动供能装置主要由电动泵和储能器组成；电磁阀总成中有 3 个二位二通电磁阀。ABS 制动压力调节器与 ASR 制动压力调节器所组成的制动液压系统如图 6.8所示。

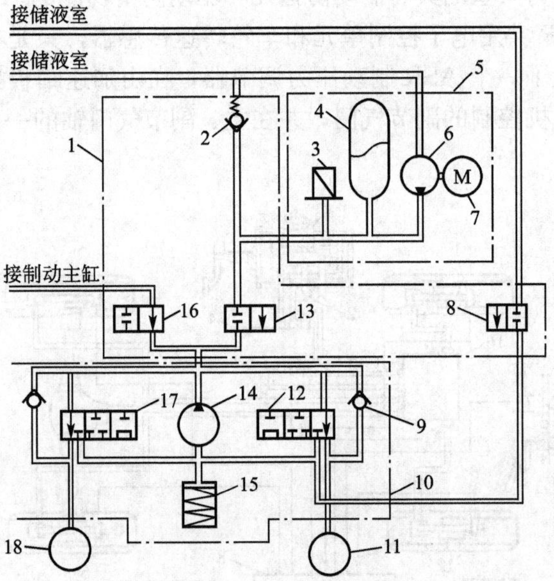

图 6.8　ASR 制动液压系统

1—ASR 电磁阀总成；2—单向阀；3—压力开关；4—蓄能器；5—制动供能装置；6—电动泵；7—电动机；8—电磁阀Ⅰ；9—单向阀；10—ABS 制动压力调节器；11—左后驱动车轮；12—电磁阀Ⅳ；13—电磁阀Ⅱ；14—回液泵；15—储液室；16—电磁阀Ⅲ；17—电磁阀Ⅴ；18—右后驱动车轮

当 ABS/ASR 电子控制单元判定要对驱动车轮施加制动力矩时，ABS/ASR 电子控制单元使 ASR 制动压力调节器中的 3 个二位二通电磁阀通电，电磁阀Ⅲ把制动主缸至后制动轮缸的制动管路切断，电磁阀Ⅱ打开储能器至 ABS 制动压力调节器的制动管路，电磁阀Ⅰ打开储液室与 ABS 制动压力调节器的制动管路。储能器中具有一定压力的制动液经过处于开启状态的电磁阀Ⅱ、电磁阀Ⅳ和电磁阀Ⅴ进入两后制动轮缸，驱动车轮的制动力矩随着制动轮缸制动压力的增大而增大；当ABS/ASR电子控制单元判断对两驱动车轮施加的制动力矩合适时，使ABS制动压力调节器中的两个三位三通阀Ⅳ和Ⅴ通以较小的电流，这时，电磁阀处于中间位置，两后制动轮缸的进、出油液管路被切断，两后制动轮缸的制动压力处于保持状态；当ABS/ASR电子控制单元判断两驱动车轮的制动力矩需要减小时，则使电磁阀Ⅳ和Ⅴ通以较大的电流，此时两个电磁阀把两后制动轮缸的进油管路切断，而出油管路打开，两后制动轮缸中的制动油液通过电磁阀Ⅳ、Ⅴ和Ⅰ流回到制动主缸，两后制动轮缸中的制动压力下降。

在上述ASR的整个制动压力调节过程中，ABS/ASR电子控制单元随时接收车轮转速传感器的信号，对驱动车轮的滑动率实施监控。并且通过控制流过电磁阀Ⅳ、Ⅴ中电流的情况，来实现对驱动轮缸中制动压力的控制，即进行以下循环：增大—保持—减小，从而使驱动车轮的制动力矩满足要求。如果ABS/ASR电子控制单元确定需要对两驱动车轮实行不同控制时，它就分别调节通过电磁阀Ⅳ和Ⅴ中的电流，对两驱动车轮的制动力矩进行独立的调节。如果ABS/ASR电子控制单元判断不需对驱动车轮实行防滑转控制时，则使所有的电磁阀都不通电，各电磁阀回到图6.8所示的状态，两后制动轮缸中的制动油液通过电磁阀Ⅳ和Ⅴ流回到制动主缸，制动力矩完全消除，在ABS/ASR电子控制单元解除驱动车轮的制动力矩的同时，它还控制步进电机，使副节气门打开。

尽管不同车上的ASR系统的具体结构有所差别，但它们都具有以下特点。

(1) ASR系统是否进入工作状态可以由驾驶员通过操纵ASR选择开关进行控制。当ASR系统工作时，ASR系统工作指示灯就会自动点亮；如果关闭ASR系统，则ASR关闭指示灯就会自动点亮。

(2) 当ASR系统处于关闭状态时，副节气门就会自动处于打开状态；ASR系统的制动压力调节器不会影响车辆制动系统的正常工作。

(3) 当ASR系统处于工作状态时，若驾驶员踏下制动踏板，则ASR系统就会自动退出工作状态，而不会影响车辆的正常制动过程。

(4) ASR系统的工作是有速度条件的，当车速超过某一值(一般为120km/h或80km/h)后，ASR系统就会自动退出工作状态。

(5) ASR系统在其工作范围内具有不同的优先选择性，当车速较低时，以提高牵引力为优先选择，此时，对两驱动轮所加的制动力矩可以不一样，即对两后制动轮缸进行独立调节。当车速较高时，以提高行驶的方向稳定性作为优先选择，此时，对两驱动车轮所加的制动力矩是相同的，即对两后制动轮缸进行统一调节。

(6) ASR系统具有故障自诊断功能，当ASR系统发生故障时，它将会自动关闭，同时向驾驶员发出警告信号。

6.2.2 驱动防滑系统的传感器

驱动防滑系统中的传感器主要由车轮转速传感器和主、副节气门位置传感器组成。前者的功能是检测车轮的速度，并把它转变为电信号送入ASR系统的电子控制单元。目前，汽车上用的车轮转速传感器主要有两种类型，即电磁式和霍尔式。气门位置传感器的功能是检测节气门的开度，并将开度的大小转换成电信号送入ECU。

1. 车轮转速传感器

1) 电磁式车轮转速传感器

电磁式车轮转速传感器的工作原理是通过改变磁通量来产生感应电动势，它的结构主要由传感头和齿圈两部分组成，如图 6.9 所示。

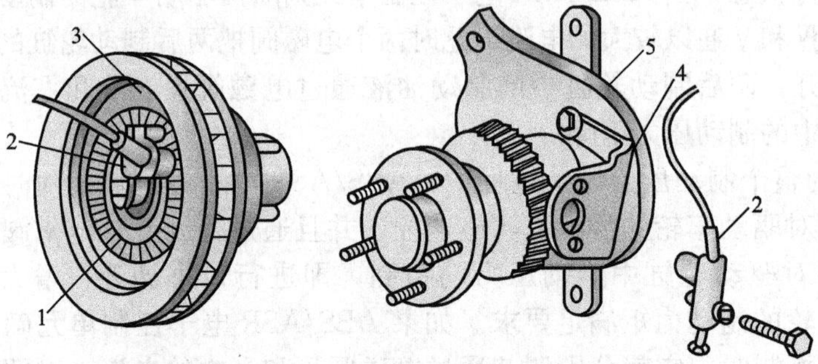

图 6.9 电磁式车轮转速传感器

1—齿圈；2—传感头；3—制动盘；4—托架；5—轴座

齿圈一般安装在轮鼓或轴座上，对于后轮驱动且后轮采用一同控制的汽车，齿圈也可以安装在差速器或传动轴上。齿圈与车轮或传动轴一起转动，传感头通过固定在车身上的支架安装在齿圈附近，传感头与齿圈之间的间隙约为 1mm，传感头的安装必须可靠，否则在汽车的制动过程中容易由于振动而产生干扰信号。

如图 6.10 所示为传感头的构造。它主要由永磁体 2、极轴 5 和感应线圈 4 组成，永磁体与极轴相连，感应线圈套在极轴的外面，极轴头部有凿式和柱式两种。齿圈 6 旋转时，齿顶和齿隙交替对向极轴，当齿顶与极轴相对时，磁路中的空气间隙最小，磁阻也最小，通过感应线圈的磁通量就最大；反之，当齿隙与极轴相对时，磁路中的空气间隙最大，磁阻最大，通过感应线圈的磁通量就最小。如此反复，在齿圈的旋转过程中，通过感应线圈的磁通量产生交替变化，因而在其内部产生感应电动势，该信号通过感应线圈末端的电缆 1 输入 ASR 系统的电子控制单元，当齿圈(车轮)转速发生变化时，感应电动势的频率也就发生变化(图 6.11)，ASR 系统的电子控制单元就是根据信号的频率来检测车轮的转速。

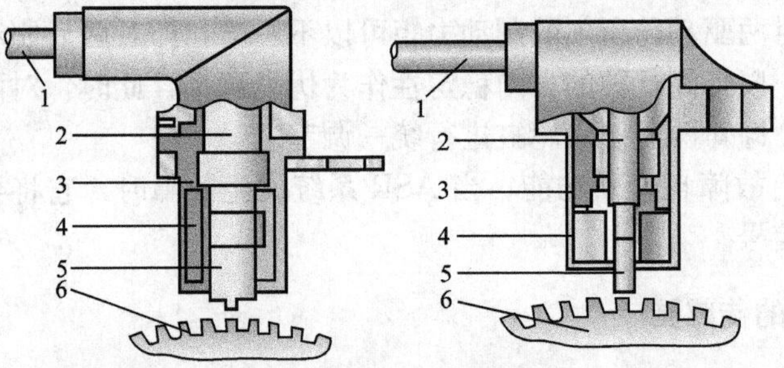

图 6.10 传感头的构造

1—电缆；2—永磁体；3—外壳；4—感应线圈；5—极轴；6—齿圈

电磁式车轮转速传感器的主要优点是结构简单，制造成本低。而它的主要缺点是输出

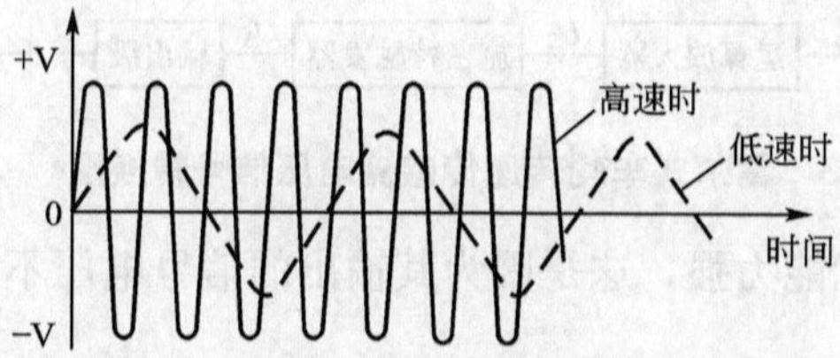

图 6.11　车轮转速传感器产生的电压信号

电压信号的幅值随转速的变化会发生变化，一般在规定的转速下，输出信号的幅值范围为1～15V。当车速过慢，车轮转速过低时，其输出的信号会低于1V，太低的信号电压将导致电子控制单元无法检测；当车速过高，车轮转速过快时，传感器频率的响应跟不上，容易产生误信号(信号失真)；还有就是抗电磁波的干扰能力差，尤其是在其输出电压信号幅值较小时。

目前国内外防滑控制系统的控制速度范围一般为5～160km/h，以后的控制范围要求达到8～240km/h，甚至更大，很显然，电磁式车轮转速传感器就很难适应，因此，霍尔式车轮转速传感器的应用理应越来越广泛。

2) 霍尔式车轮转速传感器

霍尔式车轮转速传感器主要由传感头和齿圈组成，如图6.12所示，传感头由永磁体、霍尔元件及电子电路组成，永磁体的磁力线穿过霍尔元件通向齿圈。

当齿圈转到图6.12(a)所示位置时，穿过霍尔元件的磁力线比较分散，磁场相对较弱；而当齿圈位于图6.12(b)所示位置时，穿过霍尔元件的磁力线比较集中，磁场相对较强。

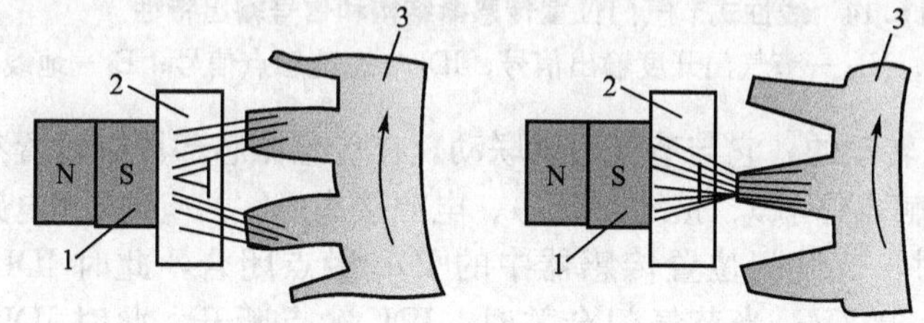

图 6.12　霍尔式车轮转速传感器示意图

1—永磁体；2—霍尔元件；3—齿圈

因此，当齿圈在转动过程中，穿过霍尔元件的磁力线密度发生变化，使得霍尔电压发生改变，于是霍尔元件就输出一个毫伏级的准正弦波电压，该电压信号再由电子电路转换成标准的脉冲电压。转换过程可由图6.13所示的流程图来表示。霍尔元件输出的电压经运算放大器放大为伏级的电压信号再送到施密特触发器，施密特触发器将正弦波信号转换成标准的脉冲信号，再送到输出级经放大后再输出。

霍尔式车轮转速传感器相对于电磁式具有以下优点：①输出电压信号的幅值不受转速的影响，在电源电压正常情况下，其输出信号电压为11.5～12V，即使车速降到接近零，其幅值也基本不变；②它的频率响应高，可达20kHz，相当于车速为1000km/h时所检测

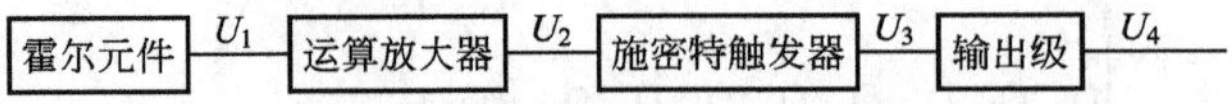

图 6.13　霍尔式车轮转速传感器电压信号转换图

的信号频率；③抗电磁波干扰能力强，这是因为其输出的信号电压不随转速而变化，且幅值较高的缘故。

2. 主、副节气门位置传感器

节气门位置传感器一般有开关型和线性式两种，以雷克萨斯 LS400 轿车为例，它属于线性式节气门位置传感器，安装位置在节气门轴的一侧，其结构和信号特性如图 6.14 所示。

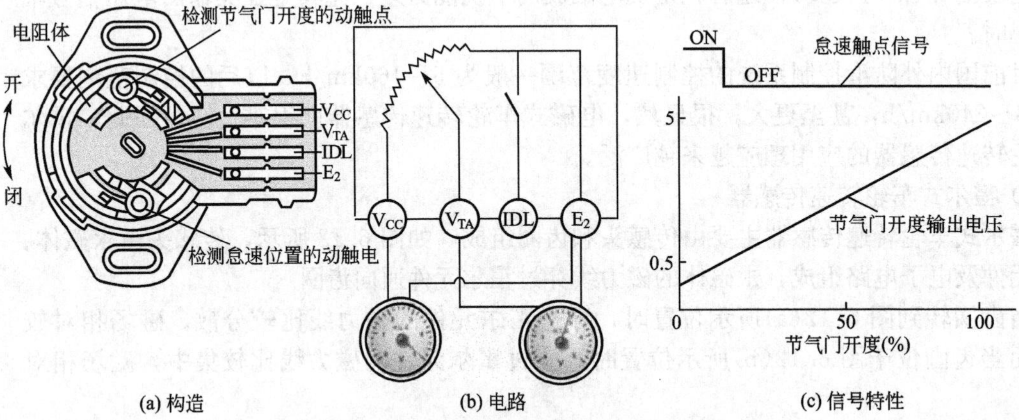

图 6.14　线性式节气门位置传感器结构和信号输出特性

V_{CC}—电源；V_{TA}—节气门开度输出信号；IDL—怠速触点信号；E_2—地线

传感器芯部是可以转动的，它与节气门轴联动，在传感器芯部周围设置有固定的怠速触点(IDL)、信号输出触点(V_{TA})、接地点(E_2)、电源接头(V_{CC})，其内部电路实质为滑动电阻。当节气门全开时，节气门位置传感器中的 IDL 触点闭合，此时 IDL 上的电压为 0V，V_{TA}上的电压约为 0.7V；当节气门全关时，IDL 触点断开，此时 IDL 上的电压为 ECU 的参考电压(5V)，而 V_{TA}上的电压随节气门开度变化而成正比例变化；当节气门全开时，该电压为 3.5～5.0V，ECU 根据 V_{TA}端子和 IDL 端子输入的信号判断节气门的开度，从而进行空燃比修正、功率修正的断油控制。

3. 驱动防滑系统的电子控制单元

电子控制单元是 ASR 系统的中枢，它的功能是接收传感器的信号，并对信号进行放大、分析、运算、比较、处理，得出驱动车轮的滑动率，再发出指令，从输出级输出，控制制动压力调节器、点火系及副节气门电机。

电控单元由输入级电路、运算电路、输出级电路、安全保护电路等组成。

(1) 输入级电路。输入级电路的功能是把车轮转速传感器输入的正弦交流信号转换成方波脉冲信号，经整形放大后输入运算电路，输入级电路主要由低温滤波器和用以抑制干扰并放大输入信号的输入放大器组成。

(2) 运算电路。运算电路的主要功能是进行车轮线速度、初速度、滑动率、加减速度的运算，以及调节电磁阀控制参数的运算和监控运算。把放大处理后的车轮转速传感器信号输入运算电路，由电路运算出车轮的瞬时速度。对瞬时速度进行积分、比较运算，得出车轮的初速度、滑动率及加减速度，电磁阀控制运算电路根据滑动率、加减速度，计算出电磁阀控制参数。

电子控制单元一般都有两套运算电路，同时进行运算和传递数据，利用各自的运算结果进行比较，相互监督，以确保工作的可靠性。

(3) 输出级(电磁阀控制)电路。输出级电路的功能是接收运算电路输入的电磁阀控制参数信号，控制大功率三极管向电磁阀提供控制电流。

(4) 安全保护电路。安全保护电路的功能是将汽车电源系的电压(12V或24V)转变为电脑标准电压5V，对电源电压是否稳定进行监控，同时对车轮转速传感器输入放大电路、运算电路以及输出级电路的故障进行监控。当系统出现故障时，安全保护电路将停止系统的工作，车辆转入正常的驱动状态，警告指示灯点亮，并自动将故障以代码的形式存入存储器中。

4. 驱动防滑系统的执行器

驱动防滑系统的执行器主要由ASR制动压力调节器和辅助节气门执行器组成。

1) ASR制动压力调节器调压方式

ASR制动压力调节器可以采用流通调压方式或变容调压方式进行防滑转制动压力调节，因此，ASR制动压力调节器有循环式和可变容积式两种。

(1) 循环式防滑转制动压力调节器。循环式防滑转制动压力调节器一般与ABS制动压力调节器组合成一个整体，它主要由供能装置和电磁阀组成，供能装置包括电动泵、储能器和储液室，如图6.15所示。

当ASR系统不工作时，电磁阀Ⅰ将制动主缸与电磁阀Ⅱ和Ⅲ相通；当ASR系统工作时，分为对两驱动车轮一同控制和分别控制两种情况。

在对两驱动车轮进行一同防滑转控制时，电磁阀处于图6.15所示的状态。当需要增大两驱动车轮的制动力时，ECU通过控制三位三通阀Ⅰ切断制动主缸与制动轮缸之间的油路，而连通制动轮缸与储能器之间的油路，于是，储能器中具有一定压力的制动液就进入制动轮缸，两制动轮缸的制动压力增大；当驱动车轮的滑动率处在比较理想的范围时，ECU通过控制电磁阀Ⅰ切断制

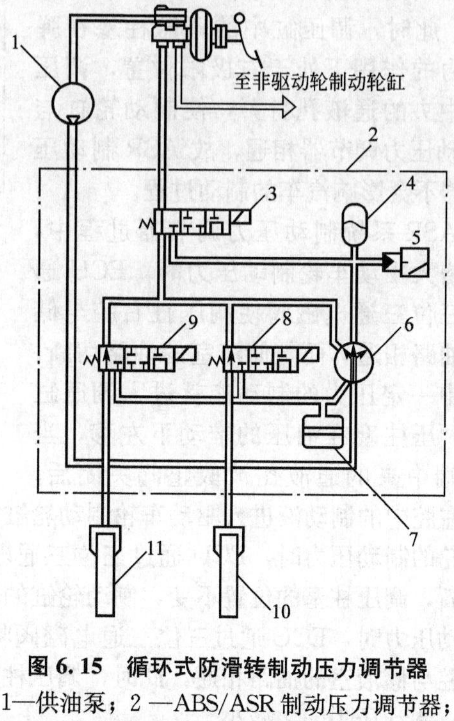

图6.15 循环式防滑转制动压力调节器

1—供油泵；2—ABS/ASR制动压力调节器；3—三位三通电通阀Ⅰ；4—储能器；5—压力开关；6—回油泵；7—储液室；8—三位三通电磁阀Ⅱ；9—三位三通电磁阀Ⅲ；10—驱动车轮制动器Ⅰ；11—驱动车轮制动器Ⅱ

动主缸与制动轮缸以及储能器与制动轮缸之间的油路，两制动轮缸的制动压力就保持不变；当需要减小两制动轮缸的制动压力时，ECU 就通过控制电磁阀Ⅰ使制动轮缸与制动主缸的油路相通而与储能器的油路切断，制动轮缸中的压力油就流回制动主缸，其制动压力随之下降。储液室中的制动液先由供油泵供给回油泵，再由回油泵泵入储能器，使储能器中的制动液保持有一定的压力，以作为防滑转制动压力调节的能源。

在对两驱动车轮进行分别防滑转控制时，ECU 通过控制电磁阀Ⅰ将制动主缸与制动轮缸之间的油路切断，而储能器与两个三位三通电磁阀Ⅱ和Ⅲ相通，再通过分别控制电磁阀Ⅱ和Ⅲ对两制动轮缸的制动压力进行分别增大、保持和减小的调节，在制动压力减小的过程中，制动轮缸流入储液室的制动液再由回油泵泵入储能器。

(2) 可变容积式防滑转制动压力调节器。可变容积式防滑转制动压力调节器中的 ASR 制动压力调节器与 ABS 制动压力调节器分开，其结构如图 6.16 所示。

ASR 制动压力调节器主要由调压缸、电磁阀和供能装置组成，而供能装置与 ABS 系统共用，ASR 系统制动压力调节器位于 ABS 制动压力调节器至车轮制动轮缸的制动管路中。在 ASR 制动压力调节器不工作时，三位三通电磁阀将调压缸右腔与储能器之间的油路切断，而与储液室的油路相通，此时，调压缸中的调压柱塞在弹簧预紧力的作用下处于右极限位置，调压缸左端中央的通液孔打开，使制动轮缸与 ABS 制动压力调节器相通，故 ASR 制动压力调节器不会影响汽车的制动过程。

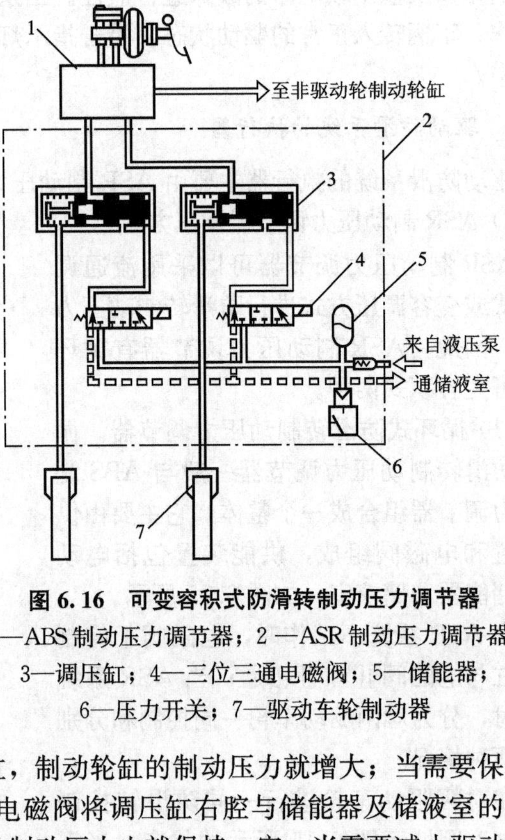

图 6.16　可变容积式防滑转制动压力调节器

1—ABS 制动压力调节器；2—ASR 制动压力调节器；3—调压缸；4—三位三通电磁阀；5—储能器；6—压力开关；7—驱动车轮制动器

在 ASR 系统制动压力调节器过程中，当需要增大驱动车轮制动压力时，ECU 通过控制三位三通电磁阀使调压缸右腔与储能器的油路相通，而与储液室的油路切断，储能器中一定压力的制动液就进入调压缸右腔，调压柱塞在油压的推动下左移，当柱塞左端中央的通液孔被截止阀关闭后，调压缸左腔中的制动液进入驱动车轮制动轮缸，制动轮缸的制动压力就增大；当需要保持驱动车轮的制动压力时，ECU 通过三位三通电磁阀将调压缸右腔与储能器及储液室的油路都切断，调压柱塞的位置不变，制动轮缸的制动压力也就保持一定；当需要减小驱动车轮的制动压力时，ECU 通过三位三通电磁阀将调压缸右腔与储能器的油路切断，而将调压缸右腔与储液室的油路相通，此时，调压柱塞右移，制动轮缸中的制动液就流回调压缸的左腔，制动压力随之减小。

2) 辅助节气门执行器

具有 ASR 系统的汽车发动机一般有两个节气门(主节气门和辅助节气门)，如图 6.17 所示，主节气门与加速踏板相连，由驾驶员控制其开度大小；辅助节气门由执行器控制，它实际上是一个步进电机受控于 ECU。当 ASR 系统不工作时，辅助节气门处于全开状态，进入气缸的空气量完全取决于驾驶员操纵的主节气门开度；当ASR系统工作时，ECU发出指令驱动步进电机工作，通过凸轮齿轮机构控制辅助节气门的开度；在步进电机发生故障时，电机电源被切断，辅助节气门在弹簧的作用下处于全开状态。

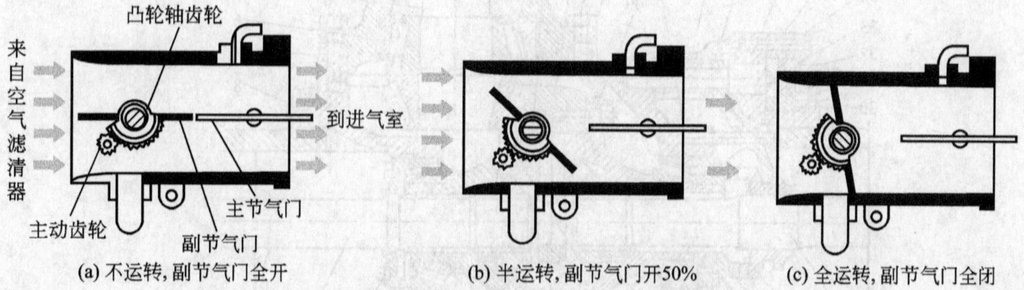

图 6.17 辅助节气门执行器工作状况

辅助节气门关小时，进入气缸的空气量减少，喷油量也随之下降，致使发动机的输出功率及转速都降低，从而减轻驱动轮的打滑程度。

6.3 防滑差速器

普通差速器使汽车通过坏路面的行驶能力受到限制，为了提高汽车在坏路面上的通过能力，一些越野汽车、高速小客车和载重汽车装用了防滑差速器(ASD)。

汽车上常用的防滑差速器有人工强制锁止式和自锁式两大类，近年来又发展了电子控制式防滑差速器。人工强制式差速器是人为地将差速器暂时锁住，使差速器不起差速作用。而自锁式差速器是在汽车行驶过程中，根据路面情况自动改变驱动轮间的转矩分配。自锁式差速器又有摩擦片式、滑块凸轮式和托森式等多种形式。下面简单介绍人工强制式差速器及摩擦片式自锁差速器的工作原理。

1. 人工强制锁止式差速器

强制锁止式差速器是在普通差速器上设计了差速锁，图6.18所示为奔驰20026A型汽车上用的强制锁止式差速器。它的差速锁由牙嵌式接合器及操纵机构两大部分组成。牙嵌式接合器的固定接合套26用花键与差速器壳24左端连接，并用弹性挡圈套27轴向限位。滑动接合套28用花键与半轴29连接，并可轴向滑动。操纵机构的拨叉37装在拨叉轴36上并可沿导向轴39轴向滑动，其叉形部分插入滑动接合套28的环槽中。

当汽车在好路面上行驶时，牙嵌式接合器的固定接合套26与滑动接合套28不嵌合，即处于分离状态，此时为普通行星锥齿轮差速器。

当汽车通过坏路面时，通过驾驶员的操纵，压缩空气由进气管接头30进入气动活塞缸左腔，推动活塞31右行，并经调整螺钉33和拨叉轴36推动拨叉37复位弹簧38右移，从而拨动滑动接合套28右移，与固定接合套26接合，将左半轴29与差速器壳24连成一个整体，则左方两半轴被锁成一个整体转动，即差速器锁死不起差速作用，这样发动机转

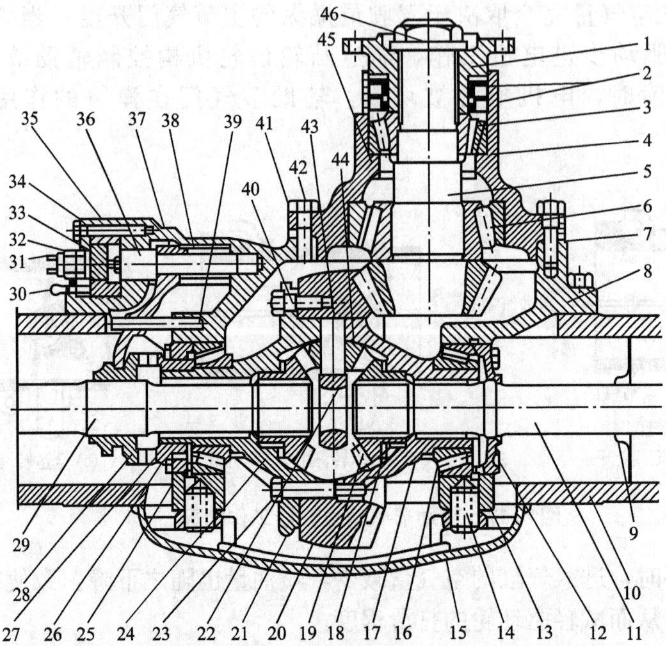

图 6.18 奔驰 20026A 型汽车强制锁止式差速器

1—传动凸缘；2—油封；3、6、16—轴承；4—调整隔圈；5—主减速器主动齿轮；7—调整垫片；8—主减速器壳；9—挡油盘；10—桥壳；11、29—半轴；12—带挡油盘的调整螺母；13—轴承盖；14—销；15—集油槽；17、24—差速器壳；18、44—推力垫片；19—半轴齿轮；20—主减速器从动齿轮；21—锁板；22—衬套；23、42—螺栓；25—调整螺母；26—固定接合套；27—弹性挡圈套；28—滑动接合套；30—气管接头；31—带密封圈的活塞；32—差速器锁指示灯开关；33—调整螺钉及其锁紧螺母；34—缸盖；35—缸体；36—拨叉轴；37—拨叉；38—复位弹簧；39—导向轴；40—行星齿轮；41—密封圈；43—十字轴；45—轴承座；46—螺母

矩就直接分配给了好路面上的车轮。

当需要解除差速器的锁止时，通过操纵机构，放出气缸内的压缩空气，接合套在复位弹簧 38 的作用下左移，接合器分离，差速器恢复差速作用。

强制锁止式差速器结构简单，制造方便，但要在停车时才能操纵。

2. 摩擦式自锁差速器

摩擦式自锁差速器是在普通差速器基础上发展起来的，其结构如图 6.19 所示，两半轴齿轮背面与差速器壳 1 之间各安装了一套摩擦式离合器，用以增大差速器内部摩擦阻力矩。摩擦式离合器由推力压盘 4，主、从动摩擦片 3 和 2 组成。推力压盘的内花键与半轴相连，而其外花键与从动摩擦片 2 的内花键连接。主动摩擦片 3 的外花键与差速器壳 1 的内花键连接。主、从动摩擦片及推力压盘均可做微小的轴向移动。十字轴 6 由两根互相垂直的行星齿轮轴组成，其轴颈的端部均切有凸 V 形斜面，两根行星齿轮轴是反向安装的。

在汽车直线行驶过程中，两根半轴的转速相等，发动机的转矩平均分配给两根半轴。由于差速器壳是通过 V 形斜面驱动行星齿轮轴，在传递转矩时，斜面上产生的平行于差速器轴线的轴向分力迫使两根行星齿轮轴分别向左、右方向略微移动，通过行星齿轮推动压盘压紧摩擦片。此时，转矩经两条路线传给半轴：一条经行星齿轮轴、行星齿轮和半轴齿

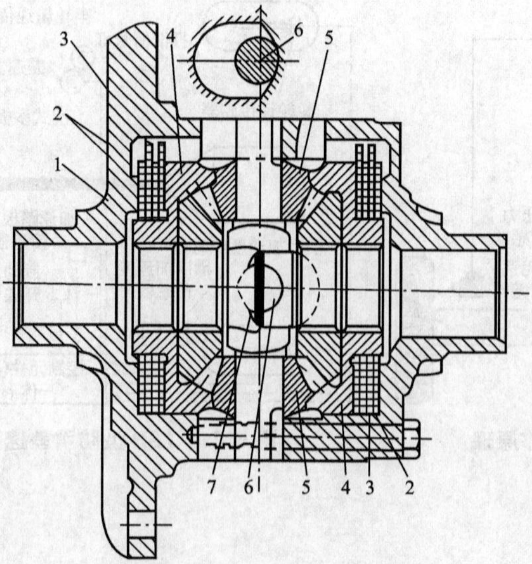

图 6.19 摩擦式自锁差速器

1—差速器壳；2—从动摩擦片；3—主动摩擦片；4—推力压盘；
5—行星齿轮；6—十字轴；7—V形斜面

轮将大部分转矩传给半轴；另一路则由差速器壳，主、从动摩擦片，推力压盘传给半轴。

当汽车转弯或其中一侧的车轮在坏路面上滑转时，两根半轴的转速不等，即其中一侧半轴的转速高于差速器壳的转速，而另一侧低于差速器壳的转速。这样，由于转速差及摩擦力的存在，主、从动摩擦片间将产生摩擦力矩，且经从动摩擦片及推力压盘传给两半轴的摩擦力矩方向正好相反：与快转速半轴的转向相反，而与慢转速半轴的转向相同。因此，慢转速半轴所分配到的转矩大于快转速半轴所分配到的转矩，且摩擦作用越强，两半轴的转矩差越大，最大可达5～7倍。

摩擦式自锁差速器具有结构简单、工作平稳的特点，常被应用于轿车和轻型货车上。

3. 电子控制式防滑差速器

电子控制式防滑差速器目前主要是装有湿式差速器(V－TCS)的防滑控制和主动防滑控制(LSD)差速器两种，其电子控制均采用模糊控制技术。

V－TCS(Vehicle Tracking Control System)型防滑差速器是根据汽车驱动轮的滑移量，通过电子控制装置来控制发动机转速和汽车制动力进行工作的，也有按照左、右车轮的转速差来控制转矩，并采用提高转向性能的后湿式防滑差速器与后轮制动器相结合的方法，最优分配后轮的驱动力，同时减少侧向风力的影响，从而增强车辆行驶的稳定性，原理如图6.20所示。这种防滑差速器已在日本日产(Nissan)公司生产的总统(President)牌和公爵(Cedric)牌轿车上得到应用。

LSD(Limited Slip Differential)型防滑差速器的工作是利用车上某些传感器，掌握各种道路情况和车辆运动状态，通过操纵加速踏板和制动器，采集或读取驾驶员所要求的信息，并按照驾驶员的意愿和要求来最优分配左、右驱动车轮的驱动力。LSD型防滑差速器控制系统结构如图6.21所示。

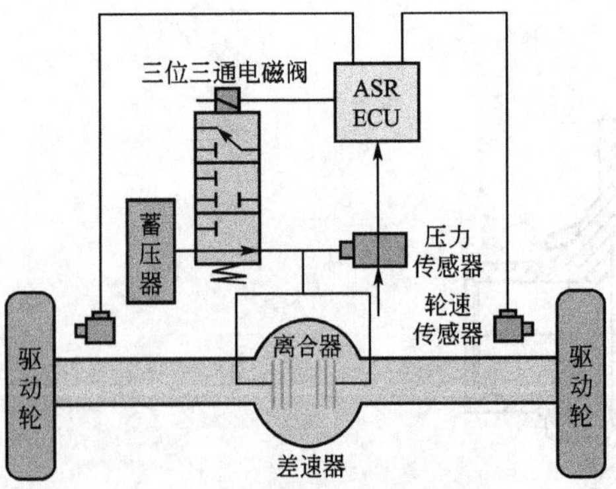

图 6.20 防滑差速器工作原理

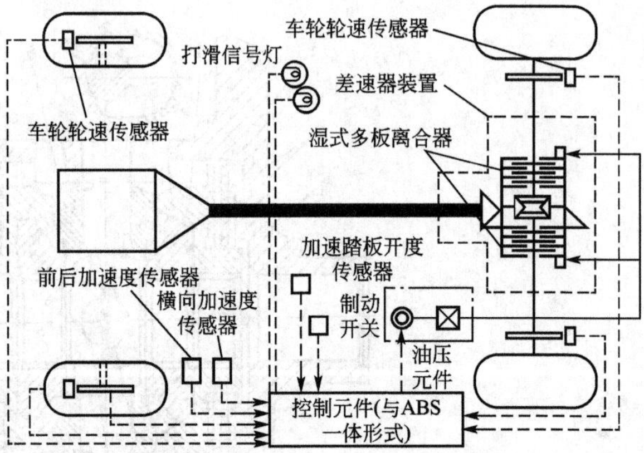

图 6.21 LSD 型防滑差速器控制系统结构

阅读材料 6-2

四轮驱动防滑差速器结构如图 6.22 所示其包括：①中央差速器，将变速器输出动力均匀分配给前后驱动轴和吸收前后驱动轴的转速差；②差速限制机构；当前后车轮间发生转速差时，按照转速差控制油压多片离合器的接合力，从而控制前后轮的转矩分配。

防滑差速器电子控制系统如图 6.23 所示。主要根据节气门开度、车速和变速器变速信号，由 ECU 控制并改变差动，限制离合器的压紧力。可以实现①起步控制；②打滑控制；③通常控制。

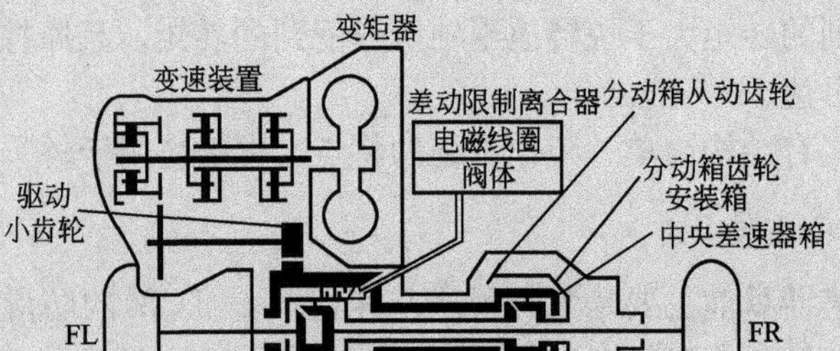

图 6.22 四轮驱动防滑系统图

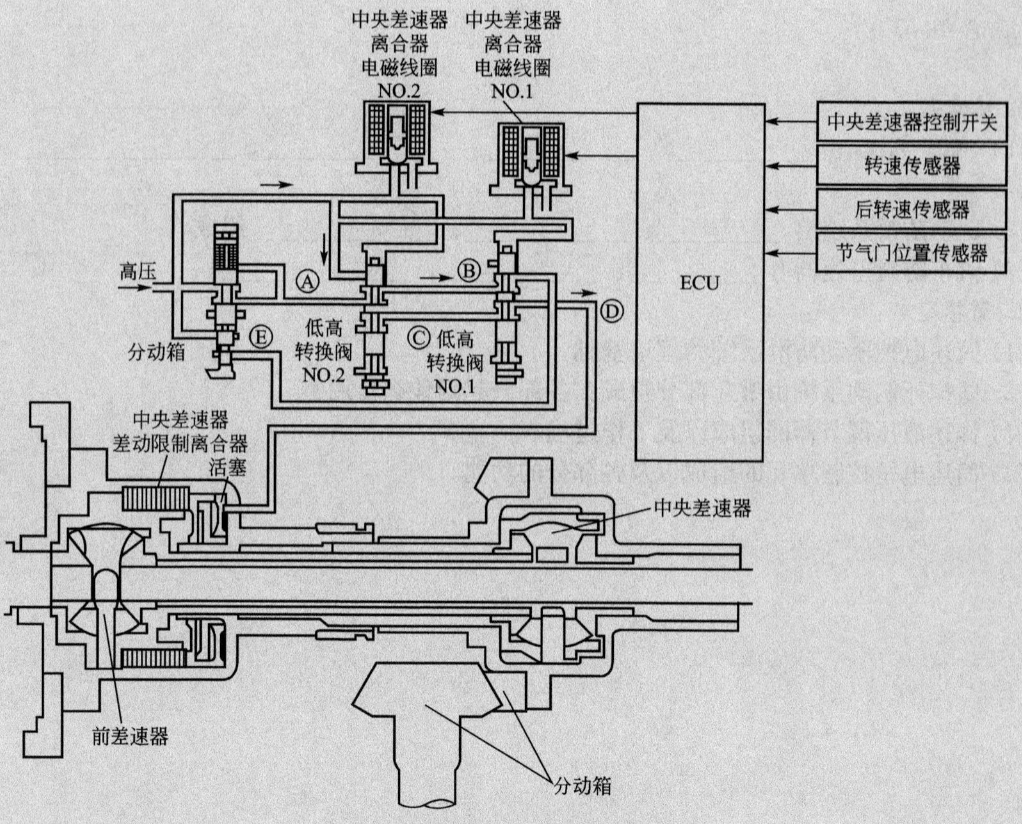

图 6.23　防滑差速器电子控制系统

本章小结

本章主要介绍了防滑控制系统，主要包括制动防滑系统和驱动防滑系统两种。为了控制车轮的滑动率，就要对作用于车轮上的力矩进行实时的自适应调节，将车轮的滑动率控制在最理想的范围内。

驱动防滑系统(ASR)是制动防抱死系统(ABS)功能的延伸。驱动防滑系统中的传感器主要由车轮转速传感器和主、副节气门位置传感器组成。驱动防滑系统的执行器主要由ASR制动压力调节器和辅助节气门执行器组成。

普通差速器使汽车通过坏路面的行驶能力受到限制，本章介绍了防滑差速器，汽车上常用的防滑差速器有人工强制锁止式和自锁式两大类。

【关键术语】

汽车驱动　汽车制动　驱动防滑　防滑差速器　ASR

综合练习

1. 填空题

(1) 汽车 ABS 由__________、___________、____________、______________组成。

(2) 驱动防滑系统由__________、___________、_____________组成。

(3) 汽车防滑差速器有__________、___________、_____________。

2. 简答题

(1) 简述电控驱动防滑系统的理论基础。

(2) 防抱死制动系统由哪几部分组成?各部分起到什么作用?

(3) 详述液压调节器的组成以及工作过程。

(4) 简述电子控制单元的组成以及各部分的功能。

第7章 现代汽车悬架技术

教学目标

通过本章的学习，了解电控悬架的类型，熟悉电控悬架系统的基本组成和工作原理。

教学要求

知识要点	能力要求	相关知识
电控悬架的概述	了解电控悬架与一般悬架的区别，了解电控悬架的优势、特点	悬架的主要功能，电控悬架的主要功能及优势
电控悬架的类型	了解电控悬架有哪些类型以及各类型的特点	几种典型的电控悬架
电控悬架系统的基本组成	掌握电控悬架系统的3种基本组成元件，并熟悉各种组成元件的构成以及相关的工作原理	电控悬架系统的基本组成，各元件的相关知识
电控悬架的工作原理	熟悉电控悬架的结构和相应的工作原理	半主动悬架系统和主动悬架系统的结构和工作原理

导入案例

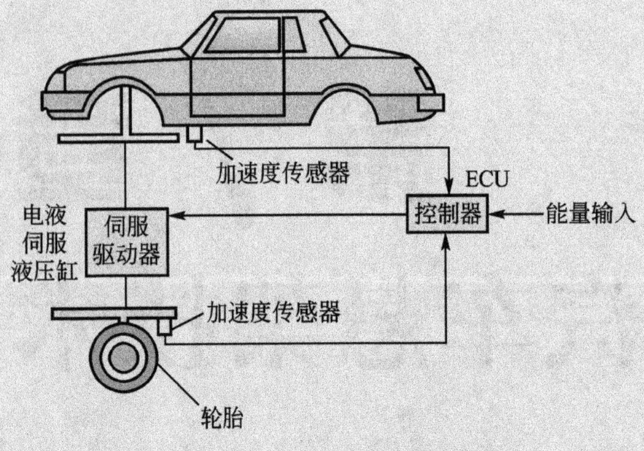

图 7.1　现代汽车电控悬架的基本组成

现代汽车电控悬架的基本组成如图 7.1 所示。

汽车电子控制悬架系统的作用是根据悬架的位移、车速、转向及制动等传感器信号，由电控单元处理后，控制电磁式或步进电动机式执行元件，实施悬架刚度与车身高度的自动调节，从而提高汽车的乘坐舒适性和操纵稳定性。

汽车电子控制悬架系统的控制特点主要有以下几个方面。

1. 抗侧倾

当汽车转向行驶时，由于离心力的作用，使车身向外侧倾斜。此时，转向传感器输出转弯方向和转向角度的信号，车速传感器输出车速信号，电控单元通过执行元件使弹簧刚度和减振器阻尼力转换到高值，从而抵抗车身侧倾。

2. 抗后坐前仰

当汽车加速时，由于惯性力的作用，车身将后坐前仰。此时悬架电控单元通过与发动机和自动变速器电控单元之间的联系，可检测到节气门的开启角度和开启速度。电控单元通过执行元件将弹簧刚度和减振器阻尼力调到高值，从而抵抗车身后坐前仰。

3. 抗前俯后仰

当汽车制动时，由于惯性力的作用，车身将前俯后仰。此时，悬架电控单元根据制动开关的信号，使前悬架的刚度和减振器的阻尼力增加，从而抵抗车身前俯后仰。

4. 抗高速效应

当汽车高速行驶，一旦车速超过设定值(如 110km/h)时，悬架电控单元便会使悬架的刚度变大，减振器的阻尼力变小，从而提高了高速行驶时的操纵稳定性。

5. 抗坏路、振动感应

在坏路面上行驶时，悬架电控单元根据车身高度传感器信号变化的速率，对悬架的刚度和减振器的阻尼力进行控制，以使刚度和阻尼力随路面的变化而进行或大、或小的变化，以抑制车身的前后颠簸，跳动等大动作，从而可有效地提高乘坐的舒适性。

6. 自动控制车身高度

电子控制悬架系统根据车身质量的增加，其高度会自动下降。当高度下降至一定值，低于原设计的设定值时，悬架电控单元系统就根据车身高度传感器输送来的、经处理后的反映车身高度的电压信号，经解析处理以后，输出控制指令，以使车身升高到设定的高度。

当车身质量减少时，其高度便上升。当高度高于设定值时，悬架电控单元根据车身高度传感器的信号进行处理，以保持该高度为正常值。

7. 停车车高控制

在停车时断开点火开关以后，如果车身高度高于正常值，则悬架电控单元根据点火开关信号和车身高度传感器输送来的信号，将车身降至正常高度，或者比正常高度高出30～50mm，以改善汽车停车时的姿势，保证停车时车辆的平稳性。

7.1 现代汽车悬架技术概述

悬架是连接车架(承载式车身)和车桥(或车轮)之间的传力连接装置的总称。悬架系统的主要功能如下。

(1) 与轮胎一起，吸收和减缓汽车行驶中由于路面不平所造成的各种颤动、摇摆和振动，从而保证乘客和货物的安全，并提高驾驶稳定性。

(2) 将路面与车轮之间摩擦所产生的驱动力和制动力传递到底盘和车身。

(3) 支撑车身，并使车身与车轮之间保持适当的几何关系。

当汽车在不同的路面上行驶时，由于悬架系统实现了车身和车轮之间的弹性支撑，有效地降低了车身与车轮的振动，从而改变了汽车行驶的平顺性和操纵稳定性。同时，它也引起在汽车起步、制动、转向时车身的俯仰、点头和侧倾等现象，影响汽车的平顺性和操纵稳定性。

传统悬架主要由弹性元件、减振器和导向机构等组成，如图7.2所示。其中弹簧、减振器和轮胎的综合特性决定了汽车的行驶性、操纵性和乘坐的舒适性。由于传统悬架系统使用的是定刚度弹簧和定阻尼系数减振器，只能适应特定的道路与行驶条件，无法满足变化莫测的路面状况和汽车行驶状况，而且这种悬架只能被动地承受地面对车身的各种作用力，无法对各种情况进行主动地调节，从而使操纵性和乘坐舒适性达到和谐。

图7.2 传统悬架系统

电子控制悬架系统(简称电控悬架系统)的主要功能是：汽车在行驶过程中，根据实际的需要，使悬架的基本参数(如刚度、阻尼)随时调节，从而达到最佳的行驶平顺性和操纵稳定性。电控悬架系统的基本功能有以下3个。

(1) 车高调整功能。无论汽车的负荷是多少，均能使车高保持一定。当汽车在很差的道路上行驶时，可以使车高增加，加大离地间隙；当汽车高速行驶时，又可以使车高降低，以便减小空气阻力，提高操纵稳定性。

(2) 衰减力控制功能。作用是提高汽车的操纵稳定性，在急转弯、急加速和紧急制动的情况下，可以抑制汽车姿势的变化。

(3) 弹簧弹性系数的控制功能。利用控制弹簧弹性系数的办法，控制汽车起步时的姿势。按使用目的，本项功能分为运动型(Sport)和舒适型(Touring)两种。

电控悬架系统主要有半主动悬架和主动悬架两种。

(1) 半主动悬架是指悬架元件中的弹簧刚度和减振器阻尼系数之一可以根据需要进行调节。为减少执行元件所需的功率，主要采用调节减振器的阻尼系数法。可以根据路面的激励和车身的响应对悬架的阻尼系数进行自适应调整，使车身的振动被控制在某个范围之内。半主动悬架是无源控制，因此，汽车在转向、启动、制动等工况时不能对刚度和阻尼进行有效的控制。

(2) 全主动悬架简称主动悬架。它是有源控制，具有做功能力的悬架。它通常包括产生力和转矩的主动作用器(液压缸、气缸、伺服电动机、电磁铁等)、测量元件(加速度、位移和力传感器等)和反馈控制器等。当汽车载荷、行驶速度、路面状况等行驶条件发生变化时，主动悬架系统能自动调整悬架刚度和阻尼(包括整体调整和单轮调整)，从而能同时满足汽车行驶平顺性和操纵稳定性等各方面的要求。此外，主动悬架还可根据车速的变化控制车身的高度。

另外，根据悬架介质的不同，电控悬架系统又可分为油气式主动悬架和空气式主动悬架。

(1) 油气式电控悬架系统主要由油泵、车高传感器、加速度传感器、电控单元、液压气动缸、控制阀等组成。油泵产生油压，供给各悬架的液压气动缸，ECU根据各种传感器的输入信号，经积分、比例运算等，对油压进行控制，可使转弯时侧倾很小，制动时抑制前倾以及控制恶劣路面上的汽车上下跳动。

(2) 空气悬架是用空气弹簧代替普通的螺旋弹簧，并使密封在气囊里的空气具有弹簧的性能。同时还能根据行驶条件，通过计算机对弹簧刚度、阻尼力和车高进行自动控制。

阅读材料7-1

各种独立悬挂形式的应用实例

双横臂式如图7.3所示。它是红旗CA7560、依维柯等使用的前悬挂类型。它有两个不等长的摆臂，当车辆在不平路面行驶时，车轮可以上下跳动、左右摆动旋转。装在横梁与下臂间的螺旋弹簧与减振器可支撑车重并减缓冲击载荷。此外，在左右轮下摆臂处，装有稳定杆；并且，有橡胶缓冲块，装于上下摆臂或车架。

纵臂式如图7.4所示。单纵臂式是富康、桑塔纳、捷达、雷诺5型等轿车使用的后

图7.3 典型的双横臂式独立悬架结构图

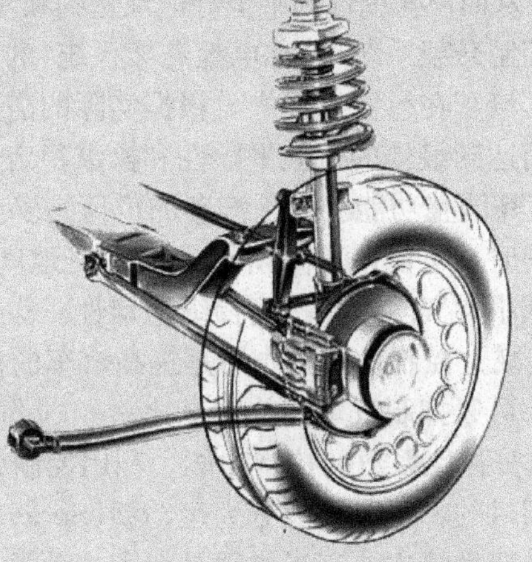

图7.4 典型的纵臂式独立悬架结构图

悬挂类型。纵臂式独立悬架是指车轮在汽车纵向平面内摆动的悬架结构，又分为单纵臂式和双纵臂式两种形式。单纵臂式悬架当车轮上下跳动时会使主销后倾角产生较大的变化，因此单纵臂式悬架不用在转向轮上。双纵臂式悬架的两个摆臂一般做成等长的，形成一个平行四杆结构，这样，当车轮上下跳动时主销的后倾角保持不变。双纵臂式悬架多应用在转向轮上。

麦弗逊式(滑柱摆臂式)是捷达、桑塔纳、高尔夫、奥迪 100、红旗 7220 等使用的前悬挂类型。这种悬架目前在轿车中采用很多，如图 7.5 所示。麦弗逊式悬架将减振器作为引导车轮跳动的滑柱，螺旋弹簧与其装于一体。这种悬架将双横臂上臂去掉并以橡胶做支撑，允许滑柱上端做少许角位移。内侧空间大，有利于发动机布置，并降低车子的重心。车轮上下运动时，主销轴线的角度会有变化，这是因为减振器下端支点随横摆臂摆动。以上问题可通过调整杆系设计布置合理得到解决。

单斜臂式是 Sierra 轿车、宝马 5 系列轿车使用的后悬架类型，如图 7.6 所示。这种悬架是单横臂和单纵臂独立悬架的折中方案。其摆臂绕与汽车纵轴线具有一定交角的轴线摆动，选择合适的交角可以满足汽车操纵稳定性要求。这种悬架适于做后悬架。

图 7.5 麦弗逊式独立悬架结构示意图

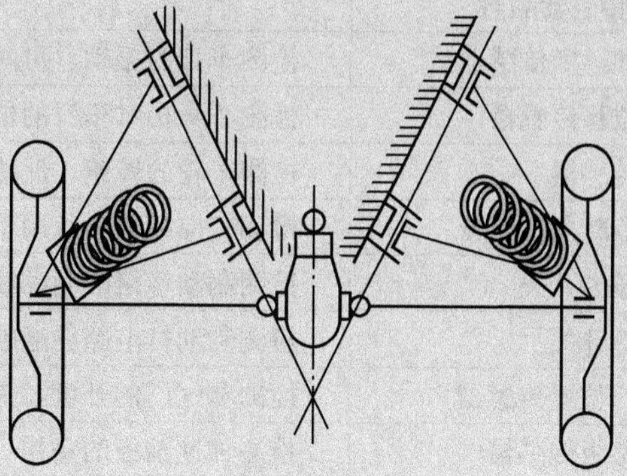

图 7.6 单斜臂式独立悬架

7.2 电控悬架系统的基本组成

虽然现代汽车电控悬架系统由于控制功能和控制方法的不同，其结构形式多种多样，但它们的基本组成都是相同的。如图 7.7 所示，电控悬架系统主要由反映汽车运行状况的各种传感器、开关、电子控制单元(EMS、ECU)及执行机构等组成。传感器和控制单元向 EMS、ECU 输入信号，EMS、ECU 接收传感器和控制单元输入的电信号，并向执行元件发出控制指令，执行元件产生一定的机械动作，从而改变车身高度、空气弹簧的刚度或减振器的阻尼。传感器一般有车高传感器、车速传感器、加速度传感器、转向盘转角传感器、节气门开度传感器等。表7-1列出了各种用于电控悬架系统的传感器。开关有模式选择开关、制动灯开关、停车开关和车门开关等。执行机构有可调阻尼力的减振器，可调节弹簧高度和弹性大小的弹性元件等。

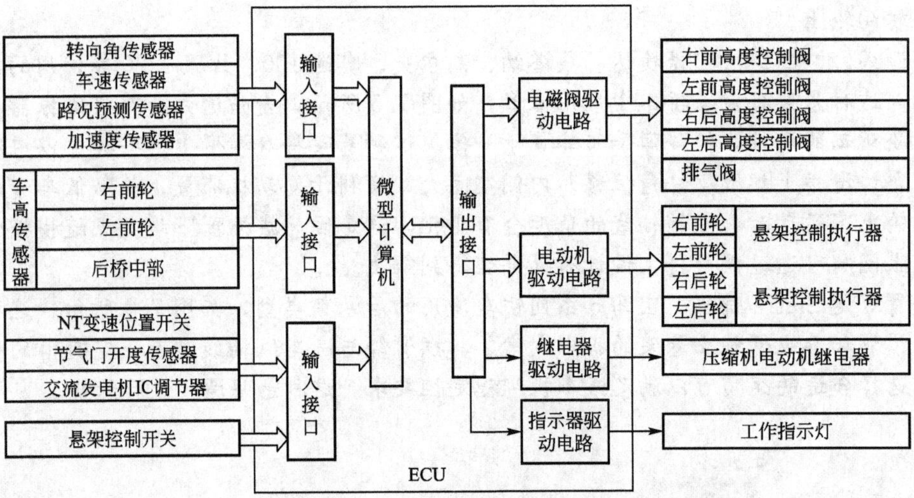

图7.7 电控悬架系统的组成

表7-1 用于电子控制悬架系统的传感器

传感器名称	传感器用途
车身加速度传感器	检测车身的振动，可间接反映汽车行驶的路面状况
车身位移传感器	检测车身相对车桥的位移，可反映车身的平顺性和车身的高度
车速传感器	检测车轮的转速，反映车速和用于计算车身侧倾程度
转向盘转角传感器	检测转向盘转角，用于计算车身侧倾程度
制动压力开关	检测制动管路的制动液压力，提供汽车制动信号
制动灯开关	检测制动灯电路的通断，提供汽车制动信号
节气门位置传感器	检测节气门的开度，提供汽车加速度信号
加速踏板传感器	检测加速踏板的动作，提供汽车加速信号

1. 电控悬架系统的传感器

国家标准GB 7665—87对传感器下的定义是：“能感受规定的被测量并按照一定的规律转换成可用信号的器件或装置，通常由敏感元件和转换元件组成”。汽车传感器的主要作用是将汽车行驶的速度、起动、加速度、转向、制动和路面状况、汽车振动状况、车身高度等信号输送给电子控制模块。这里主要介绍电控悬架中的几种传感器。

1）车身高度传感器

车身高度传感器的作用是把车身与车桥之间的相对位置变化量转化为电信号送给悬架ECU，然后通过有关执行元件，随时对车身高度进行调节，以维持车身高度基本不随载荷的变化而变化；还可以在汽车起步、转向、制动以及前、后、左、右车轮载荷相应发生变化时，随时调整有关车轮悬架的刚度，以提高汽车抗俯仰、抗侧倾的能力，从而保证良好的操纵稳定性；也可以在汽车各轮载荷不同时，分别对各轮悬架的高度进行调节，以维持车身姿势基本不变。高度传感器的数量与车上装备的电控悬架系统的类型有关。图 7.8 所示为车高传感器的结构。高度传感器的一端与车架连接，另一端装在悬架系统上，如图 7.9 所示。

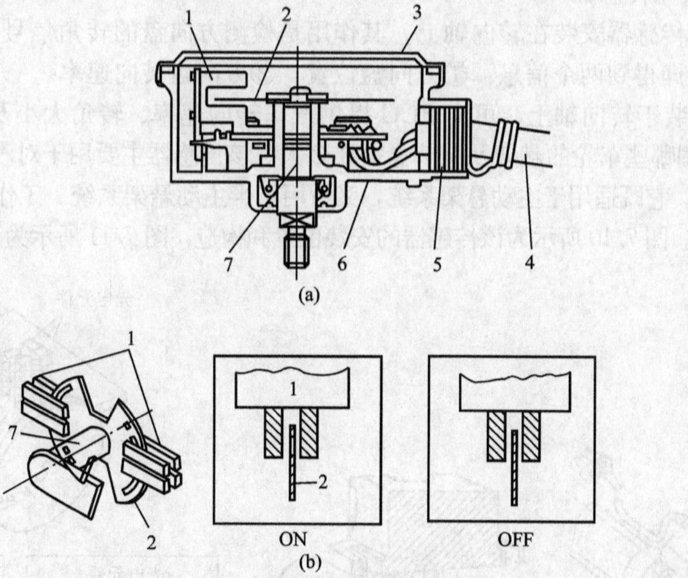

图 7.8　车高传感器结构

1—遮光器；2—圆盘；3—盖；4—电缆；5—金属封油环；6—壳体；7—轴

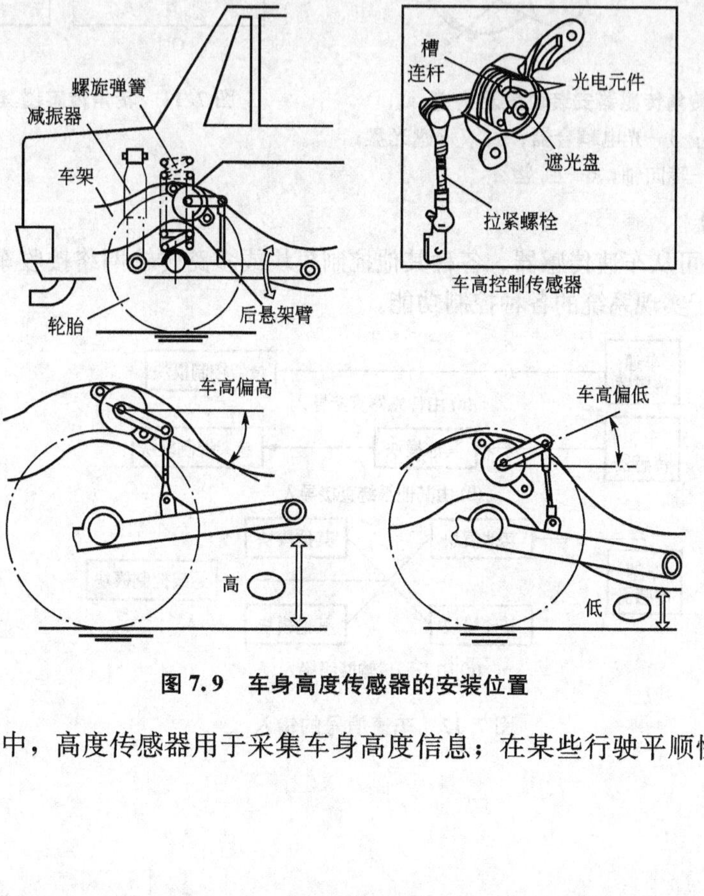

图 7.9　车身高度传感器的安装位置

在空气悬架中，高度传感器用于采集车身高度信息；在某些行驶平顺性控制系统上，高度传感器还用来探测悬架运动情况以确定是否需要硬阻尼。

车身高度传感器可以是模拟式的，也可以是数字式的；可以是线位移式，也可以是角位移式的。

2）方向盘转角传感器

方向盘转角传感器安装在转向轴上，其作用是检测方向盘的转角信号，从而得到汽车转向程度信息，即得到两个信息：①方向盘位置；②方向盘转向速率。

转角传感器装于转向轴上，可向 ECU 提供汽车转向速率、转角大小及转向方向信息，由 ECU 确定需调哪些车轮的悬架及调节量需要多大。该传感器主要用于对汽车悬架系统的侧倾刚度进行调节。它既适用于主动悬架系统，又适用于半主动悬架系统。工作中主要与车速传感器信号相配合。图 7.10 所示为该传感器的安装位置和构造，图 7.11 所示为其工作原理。

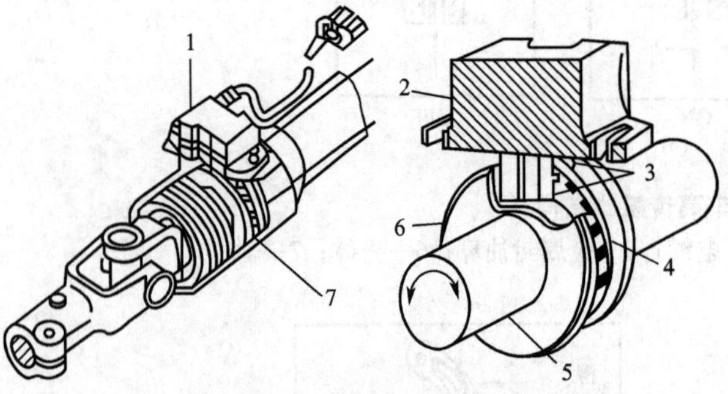

图 7.10　转角传感器安装位置及构造

1、2—转角传感器；3—光电耦合器；4、7—遮光盘；5—转向轴；6—圆盘

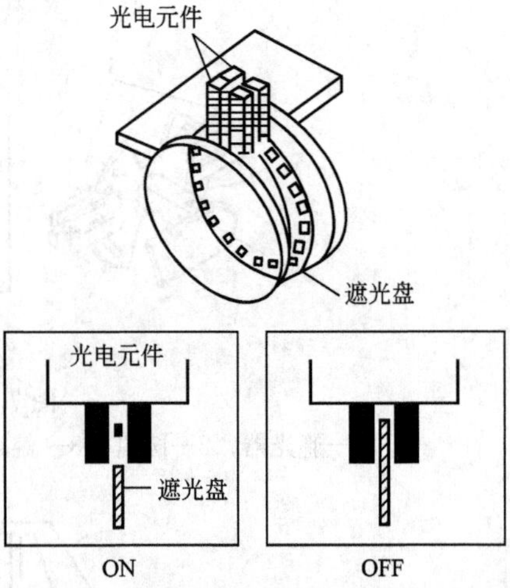

图 7.11　转角传感器其工作原理图

3）车速传感器

悬架控制模块可从车速传感器、各种其他控制模块或多路传输网络接收车速信号，如图 7.12 所示，用于实现系统的各种控制功能。

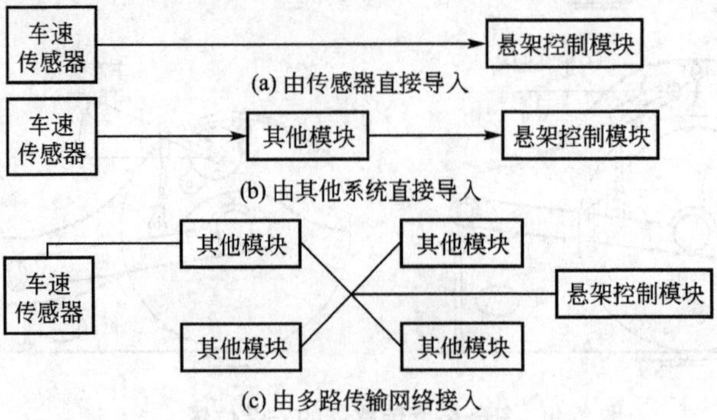

图 7.12　车速信号的输入

车速传感器信号是交流波形信号、其频率和电压随车速提高而增加，由信号频率便可获知车速。

4）加速信号

当汽车启动或突然加速时，动力传动控制模块(PCM)根据节气门位置传感器信号或空气流量信号生成加速信号，然后将加速信号提供给悬架控制模块，悬架控制模块控制执行器使其转换到硬阻尼状态，以便减少汽车抬头(后坐)。

5）车门信号

悬架控制模块利用车门信号实现系统的某些功能，如在车门打开时防止排气或保持目前行驶高度等。在车门关闭时，系统恢复正常工作状态。

6）制动开关

当汽车制动时，制动开关给悬架控制模块一个制动信号，悬架控制模块收到制动信号后，控制执行器将悬架由软转换到硬的状态，以防止汽车点头(翘尾)。

7）悬架控制开关

悬架控制开关包括悬架刚度和阻尼选择(LRC)开关、车高控制开关和锁止开关(高度控制 ON/OFF 开关)，前两个开关一般都装在驾驶室内变速器控制杆旁边，如图 7.13 所示，锁止开关一般装在后备箱内，如图 7.14 所示。

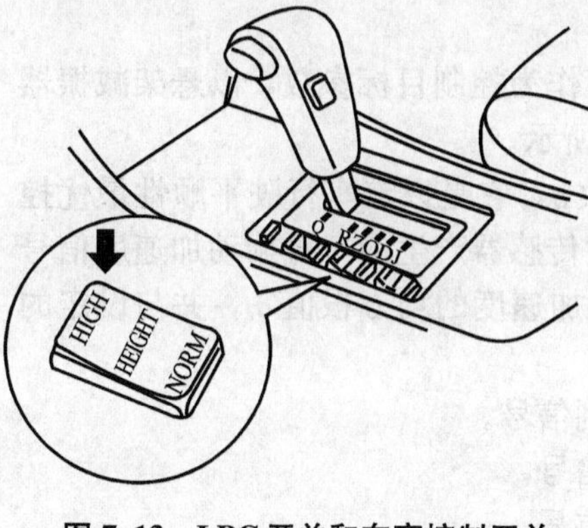

图 7.13 LRC 开关和车高控制开关

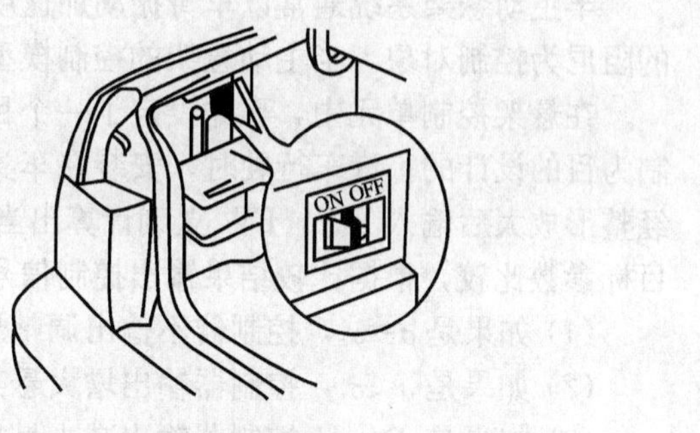

图 7.14 锁止开关(高度控制 ON/OFF 开关)的安装位置(凌志 400)

(1) 锁止 ON/OFF 开关装在汽车尾部后备箱的左边，当此开关处于 ON 位置时，电子控制悬架系统可按驾驶员的选择方式自动控制车身高度；反之，当此开关处于 OFF 位置时，电子控制悬架系统不进行车身高度控制。

(2) 高度控制开关位于驾驶室内变速操纵杆旁边，用于选择控制车身高度。当此开关处于 HIGH(高)位置时，电子控制悬架系统对车身高度进行“高值自动控制”状态；当此开关处于 NORM(标准)位置时，电子控制悬架系统对车身高度的调整进入“常规自动控制”状态。

(3) LRC 开关位于驾驶室内变速操纵杆旁边，用于选择控制悬架的刚度、阻尼力参数。当此开关处于 SPORT(运动)位置时，电子控制悬架系统进入“高速行驶自动控制”状态；当此开关处于 NORM(标准)位置时，电子控制悬架系统对悬架刚度、阻尼力进行“常规值自动控制”状态。此时，悬架 ECU 根据转速传感器等信号，使悬架的刚度、阻尼力自动处于 Soft(软)、Medium(中间)、Firm(坚硬)3 个位置。

2. 电控悬架系统的电子控制模块

电子控制模块(悬架ECU)接收各种传感器的输入信号并进行各种计算，然后对执行器输出控制悬架的刚度、阻尼力和车身高度的信号。同时，悬架ECU还监测各种传感器的信号是否正常，若发现故障，则存储故障码和相关参数，并点亮故障指示灯。

3. 电控悬架系统的执行元件

通常所用的执行元件是电磁阀、步进电动机和气泵电动机等。当执行元件接收悬架ECU的控制信号后，及时准确地执行操作，从而按照要求调节悬架的刚度、阻尼力和车身高度。

7.3 电控悬架的工作原理

7.3.1 半主动悬架系统的结构和工作原理

从行驶平顺性和舒适性出发，弹簧刚度和减振器的阻尼系数应能随汽车运行状态而变化，使悬架系统性能总是处于最优状态附近。但是，弹簧刚度选定后，又很难改变，因此从改变减振器阻尼入手，将阻尼分为两级或三级，由驾驶员选择或根据传感器信号自动选择所需要的阻尼级。

半主动悬架系统通常以车身振动加速度的均方根值作为控制目标参数，以悬架减振器的阻尼为控制对象。半主动悬架的控制模型如图7.15所示。

在悬架控制单元中，事先设定了一个目标控制参数σ，它是以汽车行驶平顺性最优控制为目的设计的。汽车行驶时，安装在车身上的加速度传感器产生的车身振动加速度信号经整形放大后输入EW，EW立刻计算出当前车身振动加速度的均方根值σ_i，并与设定的目标参数比较，根据比较结果输出控制信号。

(1) 如果是$\sigma=\sigma_i$，控制器不输出调整悬架阻尼控制信号。

(2) 如果是$\sigma<\sigma_i$，控制器输出增大悬架阻尼控制信号。

(3) 如果是$\sigma>\sigma_i$，控制器输出减小悬架阻尼控制信号。

控制器的悬架阻尼控制过程如图7.16所示。

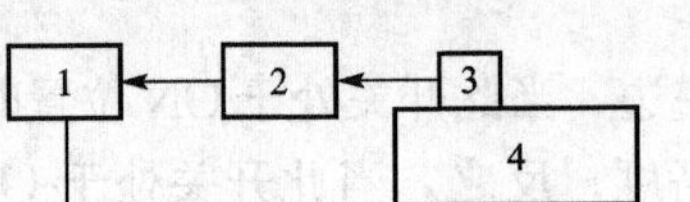

图7.15 半主动悬架控制模型图

1—控制器；2—整形放大电路；3—加速度传感器；
4—悬架质量；5—阻尼可调减振器；6—悬架弹簧；
7—非悬架质量；8—轮胎的当量质量

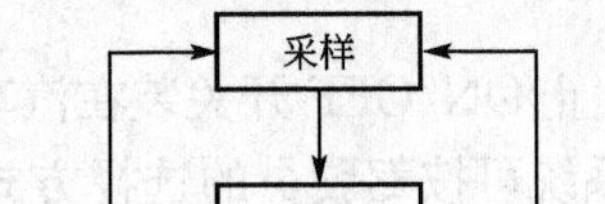

图7.16 控制器的悬架阻尼控制过程

图 7.17 所示为一个由外部电磁铁控制的减振器简图。满足舒适性要求时，可选择较低阻尼级；汽车高速行驶时，可选择较高阻尼级。高阻尼可提高汽车行驶安全性，但舒适性下降；低阻尼可降低系统自振频率，减少对车身的冲击，利于提高舒适性，但安全性下降。

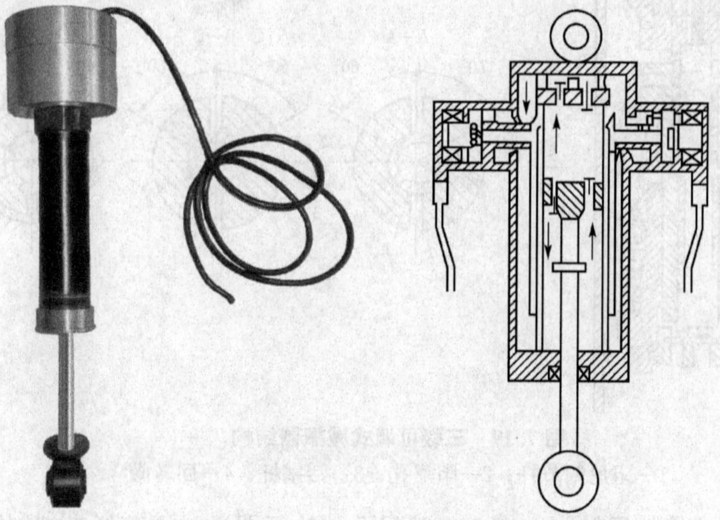

(a) 实物图　　(b) 结构简图

图 7.17　外部电磁铁控制的减振器

悬架阻尼的改变一般是通过控制步进电动机驱动可调阻尼减振器中的有关部件改变阻尼孔的大小实现的，图 7.18 中所示为一种阻尼力可连续调节的半主动悬架系统。其阻尼力能在几毫秒内由最小变到最大，ECU 接收速度、位移、加速度等传感器信号后，计算出相应的阻尼值，向步进电动机发出控制信号，经阀杆调节阀门，使节流孔阻尼连续变化。

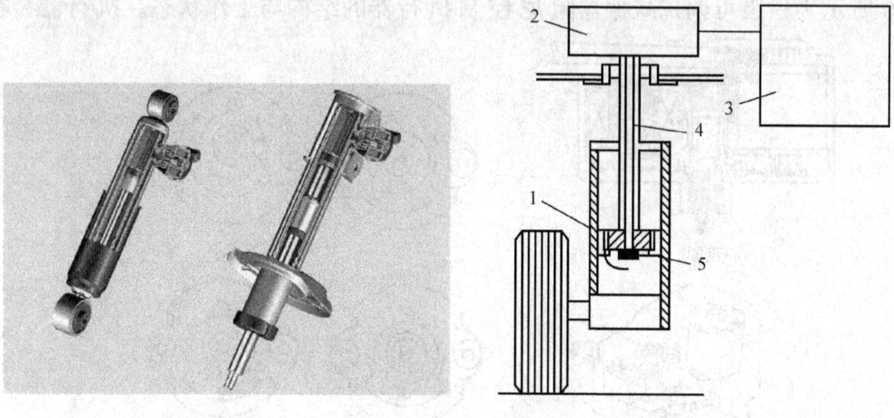

(a) 实物图　　(b) 结构系统图

图 7.18　阻尼力可连续调节的半主动悬架系统

1—节流孔；2—步进电动机；3—ECU；4—阀杆；5—阀门

图 7.19 所示的悬架阻尼调节装置为三级可调式减振器。三级可调式减振器的旁路控制阀调节电动机带动控制杆使回转阀转动，便可通、断油孔和控制油路截面积的变化，使

控制阀具有小、中、大3个位置，产生3个阻尼值，以适应不同的行驶条件。

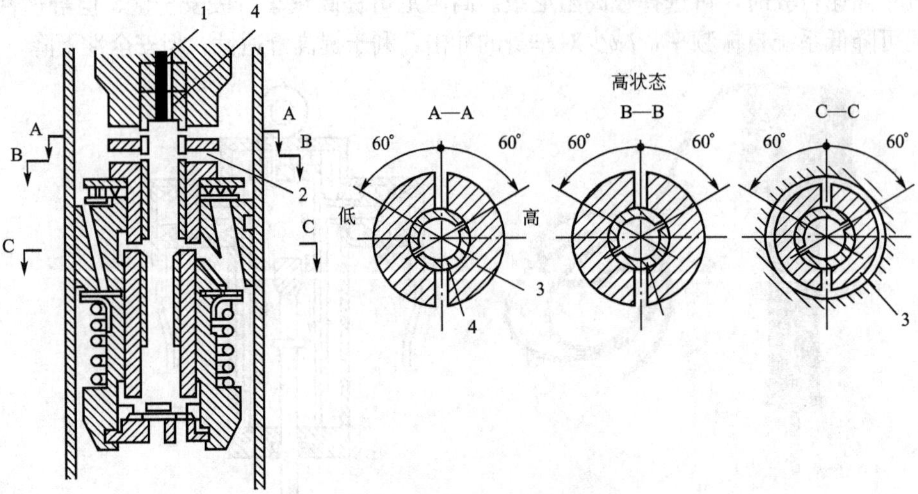

图 7.19　三级可调式减振器结构

1—阻尼调节杆；2—阻尼孔；3—活塞杆；4—回转阀

与阻尼调节杆连接的回转阀上有3个阻尼孔，执行器通过调节杆来控制阻尼孔的开闭，从而改变悬架阻尼的大小。

如图7.19右边所示，A—A、B—B、C—C这3个截面的阻尼孔全部被回转阀封住，此时只有减振器下面的主阻尼孔仍在工作，所以这时阻尼为最大，减振器被调节到“硬”状态。当回转阀从“硬”状态位置顺时针转动60°时，B—B截面的阻尼孔打开，A—A、C—C两截面的阻尼孔仍关闭。因为多了一个阻尼孔参加工作，所以减振器处于“运动”状态。当回转阀从“硬”状态位置逆时针转动60°时，A—A、B—B、C—C 3个截面的阻尼孔全部打开，这时减振器的阻尼最小，减振器处于“软”状态。

图7.20所示为三级可调式减振器阻尼控制执行器的结构与工作状态。执行器装在减

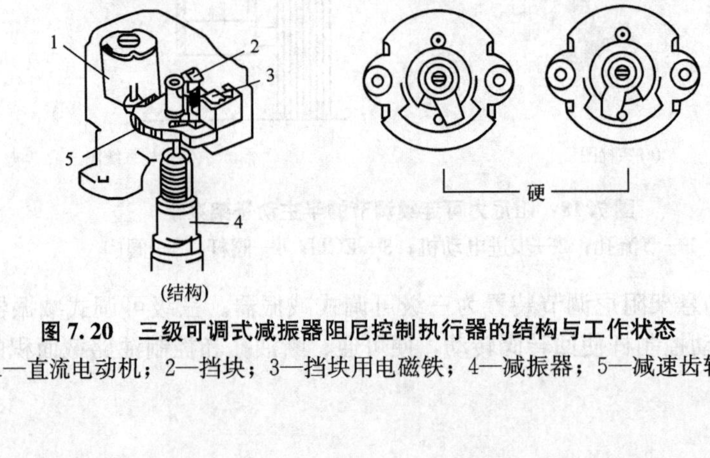

图 7.20　三级可调式减振器阻尼控制执行器的结构与工作状态

1—直流电动机；2—挡块；3—挡块用电磁铁；4—减振器；5—减速齿轮

振器的上部，执行器可以带动回转阀转动，从而转换阻尼力大小。执行器由直流电动机、限制减速齿轮旋转的挡块、带动挡块的电磁铁、减速齿轮等组成。

根据电动机与电磁铁的通电方式，可以形成3种阻尼，通电方式见表7-2。

表7-2 电动机与电磁铁的通电方式

现在的角度	驱动角度	电动机		电磁铁
		正极	负极	
—	软	—	+	断开
—	运动	+	—	断开
软	硬	—	+	接通
运动	硬	+	—	接通

用直流电动机和电磁铁作为执行器的优点如下。

(1) 可缩小体积、减轻部件的质量。

(2) 在不继续通电的情况下，也能保持执行器输出轴的旋转角度。

(3) 驱动电流小。12V系列电动机，20°时电流约为0.75A，电磁铁电流约为1A。

(4) 响应运度快。

7.3.2 主动悬架系统的结构和工作原理

主动悬架系统能根据车身高度、车速、转向角度及速率、制动等信号，由电子控制单元控制悬架执行机构，进而改变悬架系统的刚度、减振器的阻尼力及车身高度等参数，从而使汽车具有良好的乘坐舒适性和操纵稳定性。

1. 空气弹簧主动悬架系统

图7.21是一种空气式主动悬架的工作原理图。在这个控制系统中，用到了5个基本行车工况和车身状态传感器。

(1) 车身位移传感器。安装于车身与车桥之间，用来监测车身与车桥的相对高度，其变化频率和幅度反映了车身的振动。

(2) 节气门开度传感器。它通过监测节气门开度的变化向控制器提供汽车的加速度信息。

(3) 转向盘转角传感器。安装于转向柱上，通过监测转向盘的转角，向控制器提供汽车转向的程度，包括转向的快慢和大小。

(4) 车速传感器。它实际上就是装于车轮上的车轮转速传感器，控制器可根据它输入的脉冲信号和转向信号，计算出车身的侧倾程度。

(5) 制动灯开关。它送入控制器的是一个阶跃信号，向控制器提供了汽车制动信息，控制器可据此产生抑制车身“点头”的控制信号。

模式选择开关用于手动选择“软”或“硬”两种模式，有的悬架控制系统则是由计算机来确定“软”或“硬”模式的。

车门传感器是为防止行车中车门未关而设置的。

控制器(电脑)根据各个传感器输入的信号，经过运算分析后输出控制信号，使执行

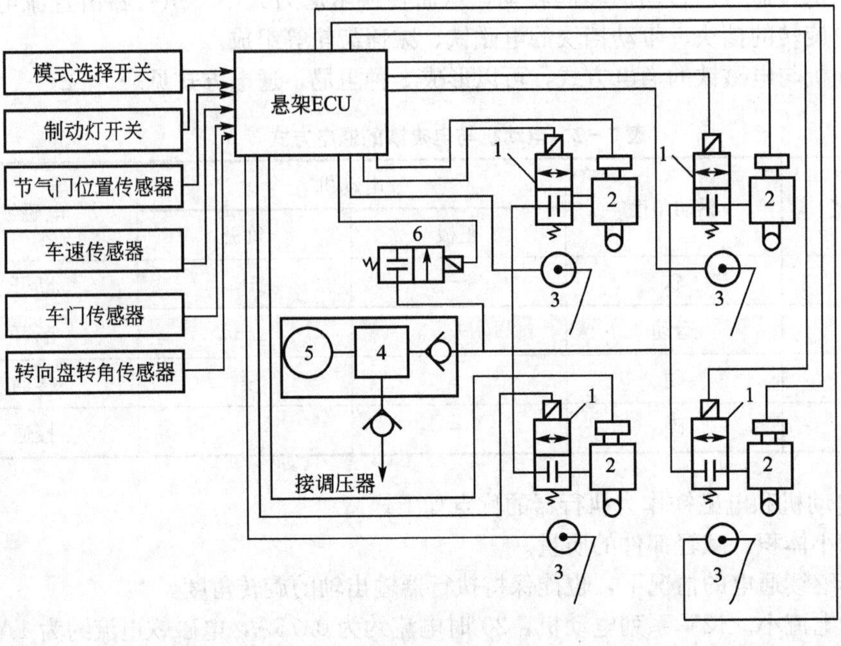

图 7.21　电子控制空气式悬架原理图

1—高度控制阀；2—空气悬架；3—车身位移传感器；4—干燥器；5—空气泵；6—排气阀

机构准确地执行动作，及时改变悬架的刚度、阻尼系数和车身高度，以确保汽车行驶过程中的操纵稳定性和乘坐舒适性。高度控制阀按照控制器的控制信号完成开闭动作，以改变空气悬架的充气量，实现车身的高度调节。调压器使气泵输出的压缩空气压力保持稳定。

主动悬架按其控制功能，可分为车速与路面感应控制、车身姿态控制和车身高度控制。

1）车速与路面感应控制

车速与路面感应控制主要是根据车速与路面的变化来改变悬架的刚度和阻尼系数。可以有“软”和“硬”两种选择，由电脑控制或由驾驶员通过手动开关选择。空气主动悬架是驾驶员通过模式选择开关来选择“软”或“硬”这两种模式。在这两种模式中，又按刚度和阻尼的大小分为低(软)、中(标准)、高(硬)3 种状态。在“软”模式中，悬架常处在“低”状态，而在“硬”模式中，悬架则经常处于“中”状态。在这两种不同的模式下，悬架由控制器控制这 3 种状态，根据车速和路面的变化自动地调节刚度和阻尼系数，使车身的振动达到最佳状态。

车速路面感应控制又包括高速感应控制、前后车轮相关控制和坏路面控制 3 种控制功能。

(1) 高速感应控制。在车速很高时，控制器输出控制信号，使悬架的刚度和阻尼相应增大，以提高汽车高速行驶时的操纵稳定性。

(2) 前后轮相关控制。当汽车前轮在遇到路面接缝等突起时，控制器输出控制信号，相应减小后轮悬架的刚度和阻尼，以减小车身的振动和冲击。当后轮越过障碍后悬架又自动回到选定模式。

(3) 坏路面感应控制。当汽车进入坏路面行驶时，为抑制车身产生大的振动，控制器输出控制信号，相应增大悬架的刚度和阻尼。

2) 车身姿态控制

车身姿态控制是指在汽车车速突然改变及转向等情况下，控制器对悬架的刚度和阻尼实施控制，以抑制车身的过度摆动，从而确保汽车乘坐舒适性和操纵稳定性。它包括转向车身侧倾控制、制动车身点头控制和起步车身俯仰控制。

(1) 转向车身侧倾控制。在汽车急转弯时，应增大悬架的刚度和阻尼，以抑制车身的侧倾。

(2) 制动车身点头控制。在汽车紧急制动时，应增大悬架的刚度和阻尼，以抑制车身的点头。

(3) 起步车身俯仰控制。在突然起步或突然加速时，也应增加悬架的刚度和阻尼，以抑制车身的俯仰。

3) 车身高度控制

车身高度控制是控制器在汽车行驶车速和路面变化时，控制器对悬架输出控制信号，调整车身的高度，以确保汽车行驶的稳定性和通过性。车身高度控制也分“标准”模式和“高”模式两种情况，在每种模式中又分“低”、“中”、“高”3种状态。控制方式包括高速感应控制和连续坏路面行驶控制。

(1) 高速感应控制。当车速超过90km/h时，为了提高汽车的行驶稳定性和减少空气阻力，控制器输出控制信号，使排气阀和高度控制阀通电工作，悬架气室向外排气，以降低车身的高度。如果悬架是在“标准”模式下，则车身将从“中”状态降低到“低”状态；如果是“高”模式，则从“高”状态转入“中”状态。当车速低于60km/h时，又恢复原有的高度。提高车身高度是通过控制器输出的控制信号，使空气压缩机和高度控制阀通电工作，将压缩空气送入悬架空气室实现的。

(2) 连续坏路面行驶控制。汽车在坏路面行驶时，应该提高车身，以减弱来自路面的突然抬起感，并提高汽车的通过性能。

当车身位移传感器连续2.5s以上输出大幅度的振动信号，且车速在40～90km/h时，如果悬架处于“标准”模式，则车高从“中”状态转为“高”状态；如果是“高”模式，则维持在“高”状态不变。

当汽车在连续不平路面行驶的速度在90km/h以上时，汽车的行驶稳定性优先考虑。因此，在标准模式下将维持“中”状态不变，在“高”模式下则从“高”转入“中”的状态。

另外，还具有驻车时车高控制功能。当汽车处于驻车控制模式时，为了使车身外观平衡，保持良好的驻车姿势。当点火开关关闭后，ECU即发出指令，使车身高度处于常规模式的低控制模式。

电子控制主动式空气悬架系统元部件在车上的布置如图7.22所示，主要由空气压缩机、干燥器、空气电磁阀、车身高度传感器、带有减振器的空气弹簧、悬架控制执行器、悬架控制选择开关及ECU等组成。空气压缩机由直流电动机驱动产生压缩空气，压缩空气经干燥器干燥后由空气管道经空气电磁阀送至空气弹簧的主气室。当车身需要降低时，ECU控制电磁阀使空气弹簧主气室中压缩空气排到大气中去，如图7.23(a)所示，空气弹簧压缩，车身降低；当车身需要升高时，ECU控制空气电磁阀使压缩空气进入空气弹簧的主气室，使空气弹簧伸长，车身升高，如图7.23(b)所示。在空气弹簧的主、辅气室

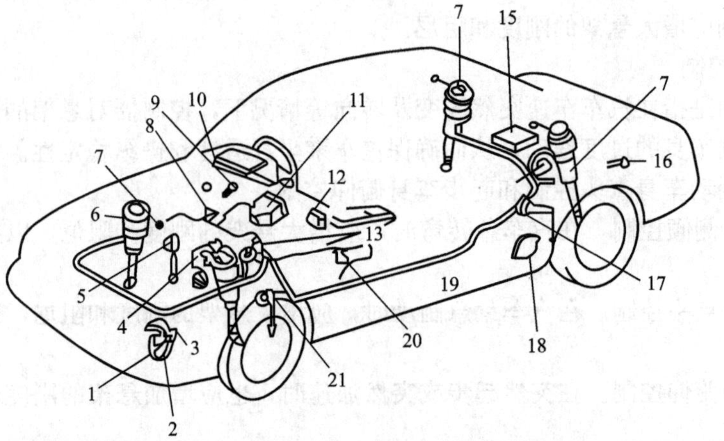

图 7.22　电子控制主动式空气悬架系统元部件的车上布置

1—空气压缩机；2—空气电磁阀；3—干燥器；4—节气门位置传感器；5—车身高度传感器；6—带减振器的空气弹簧；7—悬架控制执行器；8—转向传感器；9—停车灯开关；10—TEMS 指示灯；11—电子多点视频器；12—悬架控制开关；13—1 号高度控制阀；14—2 号高度控制阀；15—显示器 ECU；16—诊断用接栓；17—车身高度传感器；18—悬架用 ECU；19—空气管道；20—车速传感器；21—车身高度传感器

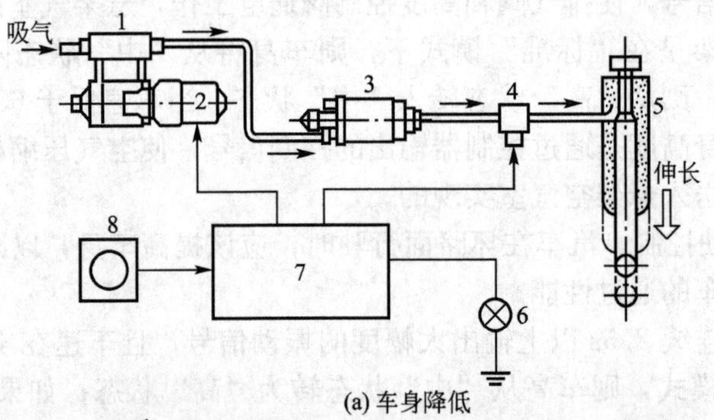

(a) 车身降低

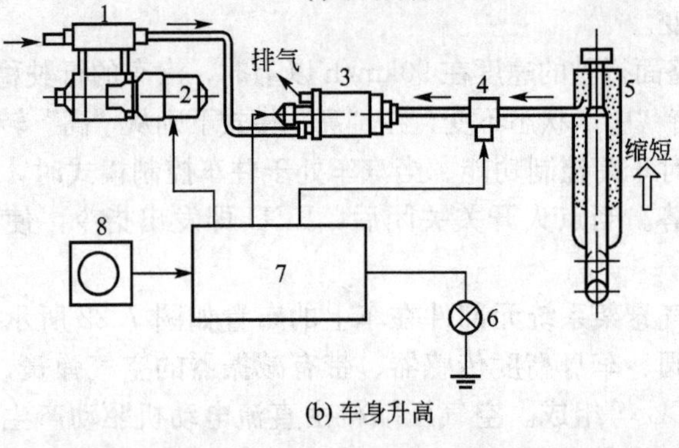

(b) 车身升高

图 7.23　车身高度调整过程

1—压缩机和调压器；2—电动机；3—干燥器和排气阀；4—高度控制电磁阀；5—空气悬架；6—指示灯；7—ECU；8—车身高度传感器

之间有一个连通阀，空气弹簧的上部装有悬架控制执行器。ECU根据各传感器输出信号，控制悬架执行器，一方面使空气弹簧主、辅气室之间的连通阀发生改变，从而使主、辅气室之间的气体流量发生变化，因此改变悬架的弹簧刚度；另一方面，执行器驱动减振器的阻尼力调节杆改变减振器的阻尼力。

2. 油气弹簧主动悬架系统

油气弹簧以气体作为弹性介质，而用油液作为传力介质，一般由气体弹簧和相当于液压减振器的液压缸组成。通过油液压缩气室中的空气实现刚度特性，通过电磁阀控制油液管路中的小孔节流实现变阻尼特性。图7.24所示为雪铁龙XM轿车的主动式油气弹簧悬架布置图，该系统采用了5个基本行车状态的传感器。

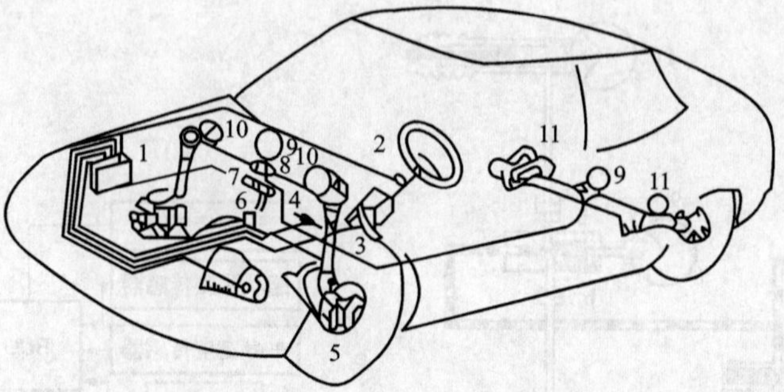

图7.24 雪铁龙XM轿车的主动式油气弹簧悬架系统

1—ECU；2—转向盘转角传感器；3—加速度传感器；4—制动压力传感器；5—车速传感器；
6—车身位移传感器；7—电磁阀；8—辅助压力阀；9—刚度调节器；
10—前油气室；11—后油气室

(1) 转向盘转角传感器安装在转向柱上，用于测量转向盘转角信号，并将信号送入ECU。

(2) 加速度传感器与油门踏板连接，将测得的加速动作信号送给ECU。

(3) 制动压力传感器安装于制动管路中，制动时向ECU发送一个阶跃信号表示制动，使ECU产生抑制“点头”的信号输出。

(4) 车速传感器安装于车轮上，送出与转速成正比的脉冲，ECU利用它和转向盘转角信号，可以计算出车身的侧倾程度。

(5) 车身位移传感器安装于车身与车桥之间，用来测量车身与车桥的相对高度，其变化频率和幅度可反映车身的平顺性，同时还用于车高自动调节。

油气主动悬架系统工作原理如图7.25所示，电磁阀在ECU指令下向右移动，接通压力油道，使辅助液压阀的阀芯向左移动，中间的油气室与主油气室连通，使总的气室容积增加，气压减小，从而刚度变小。a、b节流孔是阻尼器，在图7.25(a)所示位置，系统处于“软”状态。在图7.25(b)所示位置，电磁阀中无电流通过，在弹簧作用下，阀芯左移，关闭压力油道，原来用于推动液压阀的压力油通过电磁阀的左边油道泄出，辅助液压阀阀芯右移，关闭刚度调节器，气室总容积减小，刚度增大，使系统处于“硬”状态。

在正常行车状态时，系统处于“软”状态，以提高乘坐舒适性；当高速、转向、起步和制动时，系统处于“硬”状态，以提高汽车的操纵稳定性。

3. 带路况预测传感器的主动悬架系统

图 7.26 所示为带路况预测传感器的主动悬架系统。该系统包括一个悬架弹簧和一个单向液压执行器，控制阀 6 通过油管 8 与单向液压执行器的油压腔相通。油管上还接有一个支管 8a，该支管与一个蓄能器 11 相连，蓄能器内充有气体，该气体具有弹簧的作用。另外，支管中间还没有一个主节流孔 12，以限制蓄能器和油压腔之间的油流，从而形成减振作用。在油管和蓄能器之间还设有一个旁通管路 8b，该旁路上带有一个选择阀 10 和一个副节流孔 9，副节流孔的直径大于主节流孔的直径。当选择阀打开时，油流通过选择阀的副节流孔，在蓄能器和油压腔之间流动，从而减小振动阻尼。因此，悬架系统在选择阀的作用下，具有两种不同的阻尼参数。

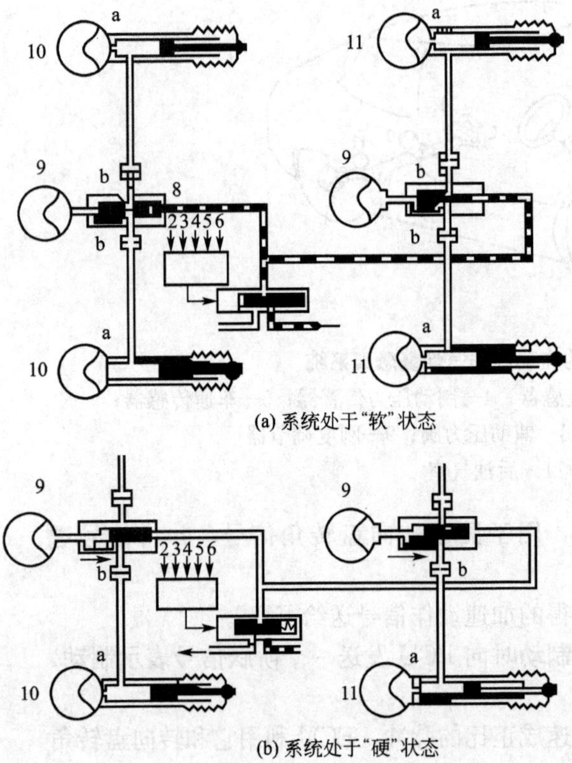

(a) 系统处于"软"状态

(b) 系统处于"硬"状态

图 7.25　油气主动悬架系统的工作原理

1—ECU；2—转向盘转角传感器；3—加速度传感器；4—制动压力传感器；5—车速传感器；6—车身位移传感器；7—电磁阀；8—辅助压力阀；9—刚度调节器；10—前油气室；11—后油气室

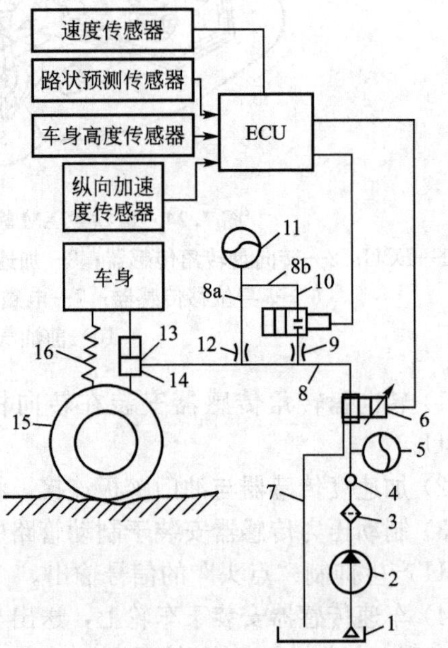

图 7.26　带路况预测传感器的主动悬架系统

1—油箱；2—油泵；3—滤清器；4—单向阀；5—蓄能器；6—控制阀；7—回油阀；8—油管；8a、8b—支管；9—副节流孔；10—选择阀；11—蓄能器；12—主节流孔；13—油压腔；14—液压执行器；15—车轮；16—悬架弹簧

控制阀的开度可以随控制电流的大小而改变，以控制进入油管的油量，进而控制施加到液压执行器的油压，随着输入控制阀的电流的增加，液压执行器承载能力也增加。

在该悬架系统中，输入到控制单元ECU的信号有：各车轮上设置的检测车身纵向加速度的传感器输出的信号、路面预测传感器测出的汽车前方是否有凸起物及其大小的检测信号、在各车轮处检测车身高度的传感器输出的信号及车速传感器输出的车速信号等。控制单元根据这些信号，对设置在各车轮上的控制阀和选择阀进行控制。

路况预测传感器的设置情况如图7.27所示。该传感器通常为超声波传感器，频率为40kHz左右。它安装在车身的前面，以便对其下方的路面状况进行检测。

在汽车正常行驶时，选择阀关闭，液压执行器的油压腔通过主节流孔与蓄能器相通，它可以吸收并降低因路面不平面引起的微小振动。当路况预测传感器发现路面上有将引起振动的凸起物时，ECU控制选择阀打开，并将悬架系统的阻尼系数减小到一特定值。

图7.28所示为路况预测传感器的输出信号。输出信号的幅值与路面凸起物的大小成正比。如果完全按照传感器输出信号进行控制，悬架系统的阻尼变化就会过于频繁，因此，在控制系统中设置了一个低阈值 V_1。另外，如果在汽车通过一个很大的凸起物时，悬架系统的阻尼系数调整得过低，就可能会产生极大的冲击力，形成悬架底部与车桥的刚性碰撞。因此，控制系统中还没定了一个高阈值 V_2。只有在路况预测信号介于 V_1 和 V_2 之间时，ECU才输出一个打开选择阀的控制信号。

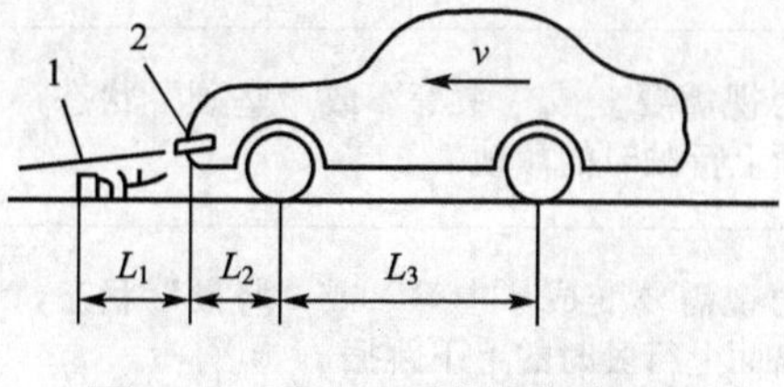

图7.27 路况预测传感器的位置

1—凸起物；2—路况预测传感器

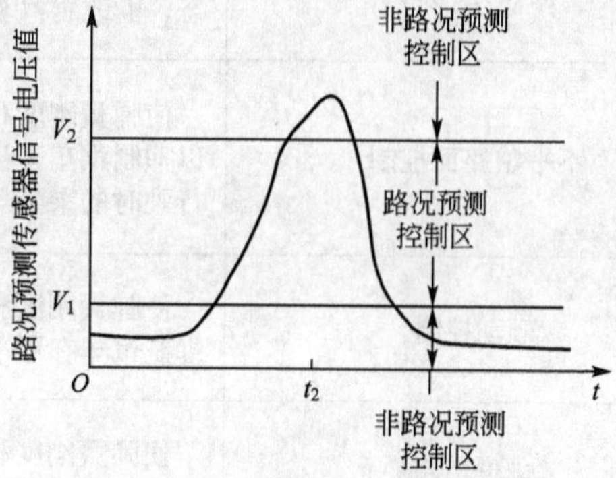

图7.28 路况预测传感器的输出信号

ECU根据车速可以估算出测得的凸起物和实际车轮通过凸起物之间的滞后时间，控制选择阀应恰好在车轮通过凸起物时打开，使悬架的阻尼系数做短暂变化，车轮过了凸起物后，选择阀再次关闭。具有路况预测传感器的主动悬架系统可以在汽车到达之前对路面情况进行预测处理，因而大大改善了悬架的工作性能。

阅读材料7-2

丰田公司LS400轿车的电控空气悬架系统

电控空气悬架系统由空气压缩机、干燥器、排气阀、高度控制阀、高度控制继电器、高度传感器、转向传感据、悬架控制执行器、悬架ECU、悬架刚度调节装置和减振器阻尼力调节装置等组成。

该车电控悬架系统为主动式空气悬架，弹簧刚度和汽车高度控制可根据驾驶条件自动实现。减振器阻尼力的大小由电子控制，以抑制汽车侧倾、制动时前部点头和高速行驶时后部下沉等汽车行驶状态变化，因此能明显改善乘坐舒适性和操纵稳定性。系统控制功能见表7-3。

表7-3　LS400轿车电控空气悬架系统控制功能表

控制项目	功　能
防侧滑控制	使弹簧刚度和减振力变成“坚硬”状态，能抑制倾侧而使汽车的姿势变化减至最小，以改善操纵性
防点头控制	使弹簧刚度和减振力变成“坚硬”状态，能抑制制动时点头而使汽车的姿势变化减至最小
防下挫控制	使弹簧刚度和减振力变成“坚硬”状态，能抑制汽车加速时后部下挫而使汽车的姿势变化减至最小
高车速控制	使弹簧刚度变成“坚硬”状态或使减振力变成“中等”状态，能改善汽车高速时的行驶稳定性和操纵性
不平整路面控制	使弹簧刚度和减振力视需要变成“中等”或“坚硬”状态，以抑制汽车车身在悬架上下垂，从而改善汽车在不平坦路面上行驶时的乘坐舒适性
颠动控制	使弹簧刚度和减振力视需要变成“中等”或“坚硬”状态，抑制汽车在不平坦路面上行驶时的颠动
跳振控制	使弹簧刚度和减振力视需要变成“中等”或“坚硬”状态，能抑制汽车在不平坦路面上行驶时的上下跳振
自动高度控制	不管乘客和行李的质量情况如何，使汽车高度保持某一恒定的高度位置，操作高度控制开关使汽车的目标高度变为“正常”或“高”的状态
高车速控制	当高度控制开关在HIGH(高)位置时，汽车高度会降低至正常状态，从而改善高速行驶时的稳定性
点火开关OFF控制	当点火开关关闭后因乘客和行李质量变化而使汽车高度变为高于目标高度时，能使汽车高度降低至目标高度，从而改善汽车驻车时的姿势

图7.29为LS400轿车电控空气悬架系统的线路连接图。

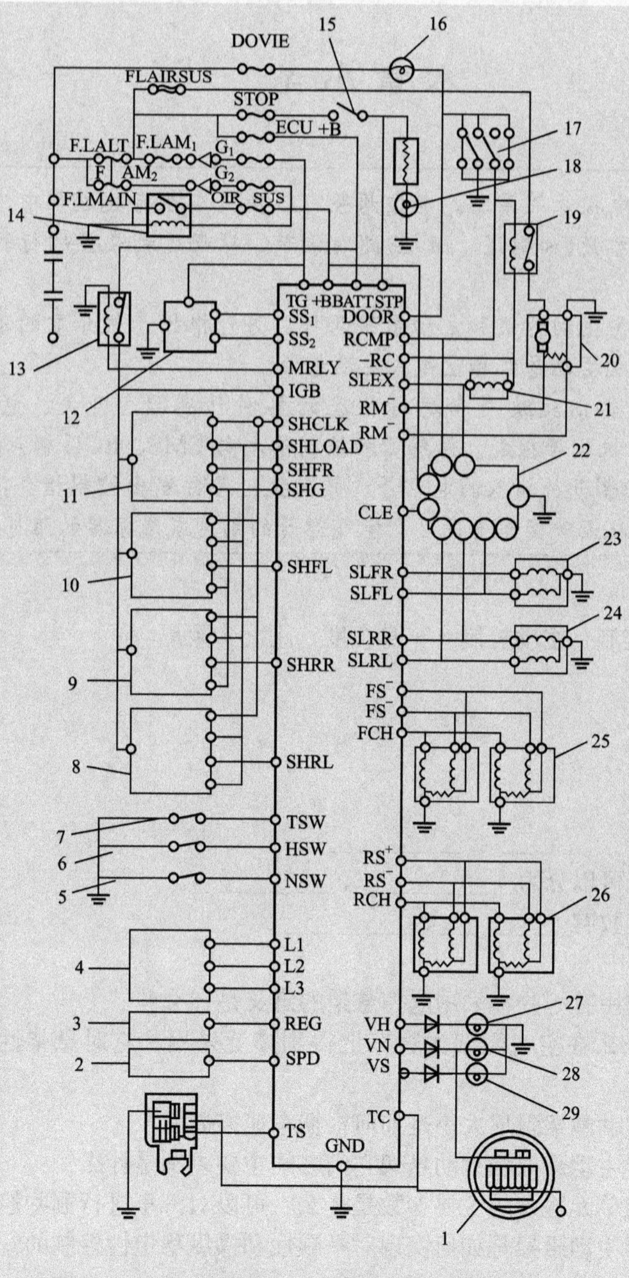

图 7.29 LS400 轿车电控空气悬架系统的线路连接图

1—诊断器接口；2—车速传感器；3—IC 调节器；4—发动机和变速器 ECU；5—高度控制 ON/OFF 开关；6—高度控制开关；7—平顺性开关；8—后左侧高度控制传感器；9—后右侧高度控制传感器；10—前左侧高度控制传感器；11—前右侧高度控制传感器；12—转角传感器；13—2 号高度控制继电源；14—发动机主继电器；15—制动灯开关；16—门指示灯；17—门控灯开关；18—制动灯；19—1 号高度控制继电器；20—空压机；21—排气阀；22—高度连接控制盒；23—1 号高度控制阀；24—2 号高度控制阀；25—前悬架控制执行器；26—后悬架控制执行器；27—高位置指示灯；28—正常位置指示灯；29—平顺性指示灯

本章小结

本章主要介绍了电控悬架系统。电控悬架可以使汽车在行驶过程中，根据实际的需要，使悬架的基本参数(如刚度、阻尼)随时调节，从而达到最佳的行驶平顺性和操纵稳定性。

电控悬架系统有半主动悬架和主动悬架两种。另外根据悬架介质的不同，电控悬架系统又可分为油气式主动悬架和空气式主动悬架。

电控悬架系统主要由反映汽车运行状况的各种传感器、开关、电子控制单元(EMS、ECU)及执行机构等组成。传感器和控制单元向EMS、ECU输入信号，EMS、ECU接收传感器和控制开关输入的电信号，并向执行元件发出控制指令，执行元件产生一定的机械动作，从而改变车身高度、空气弹簧的刚度或减振器的阻尼。

【关键术语】

汽车悬架　电子控制　主动控制　车身高度　刚度　阻尼

综合练习

1. 填空题

(1) 电控悬架包括__________、__________。

(2) 电控悬架系统可以分为____________、__________。

(3) 悬架的基本参数有__________、__________。

2. 思考题

(1) 汽车悬架的作用有哪些？采用电控悬架的意义是什么？

(2) 车高控制为什么在空气悬架大客车上得到广泛采用，它对悬架性能有哪些主要改进？

(3) 可调阻尼半主动悬架阻尼大小是如何根据车速控制的？

(4) 主动悬架、半主动悬架和被动悬架它们之间主要差别是什么？

(5) 主动悬架电控单元输入的主要参数是什么？可以对汽车进行哪些控制？

(6) 主动悬架、半主动悬架是如何实现对平顺性和操纵稳定性控制的？

第8章 车用新材料

教学目标

通过对典型汽车新材料选材的介绍，了解当前国内外新材料的发展动向，掌握汽车常用金属材料、非金属材料和新型材料的性能、分类、品种，以及合理选择、正确使用等基本知识。

教学要求

知识要点	能力要求	相关知识
汽车材料的分类	掌握汽车材料的分类并了解汽车材料的发展趋势	金属材料的力学性能
车用钢材类型及有色金属材料	掌握车用钢材类型及有色金属材料在汽车各部件的应用范围	黑色金属、有色金属及其合金，汽车零件的选材
复合材料、塑料以及纳米材料	理解复合材料、塑料以及纳米材料等车用新材料在汽车零部件上的应用领域	复合材料的低成本制造技术，复合材料的界面控制和优化技术，不同尺度、不同结构异质材料复合新技术，以及复合增强材料的高性能、低成本化技术

导入案例

站在汽车材料的临界点上

图 8.1　新材料制成的跑车

最新面世的跑车 Splinter 从车身、底盘到轮毂都由木头打造，由此带来的超轻车身赋予它比保时捷更快的天赋；而宝马发布的 GINA 概念车则采用布料作为车身，能在瞬间变幻外形。这两款车试图突破汽车设计的边界，在车身轻量化的临界点实现突围，改变人们对现代汽车的固有认知。新材料制成的跑车如图 8.1 所示。

Splinter 是一辆快过保时捷的木头跑车。木头在历史上曾是制作汽车的主要材料之一，这也是为何福特曾在美国密歇根州北部买下大片森林的原因。今天，在汽车身上已经看不到太多木材的使用，尤其是外形方面，但这个趋势没有阻止美国北卡罗来纳州立大学的毕业生们设计出 Splinter 这样由复合木材制成的跑车。这款全球首辆木头制成的超级跑车最近揭开了它的面纱——它比保时捷和林宝坚尼还快。Splinter 双机械增压的 4.6L V8 引擎能够爆发出 510kW 的动力——比保时捷 911 几乎多出了 220kW，而 386km/h 的最高速度则让保时捷甚至林宝坚尼最新的 Reventon 等都望尘莫及。

这款由枫木和夹板等材料打造的跑车重量只有 1134kg，比保时捷 911 足足轻了 240kg。这款两座环保车型配备了同样用于 Corvette 跑车的六速手动变速箱，能在 3 秒多一点的时间内破百。除了杰出的动力，设计师声称这款造型极酷的木制跑车百公里综合油耗只有 12.3L 左右。

这款超级跑车在设计上试图突破汽车工业的边界，从而证明木头作为汽车材料的潜力。这款 4.57m 长的跑车采用了层压胶合式木头底盘和内里由木材构成的 20 英寸轮毂，而悬挂系统则通过层压式的木臂实现，弹簧也由橘黄色的木头制成——从车身到各个组件，只要能用木头的地方就尽可能地使用木头。

GINA 是一辆瞬间变化外表的布料跑车。GINA 这个名字听起来更像是香奈尔旗下的高级时装，而不是一辆汽车。然而，这个名字确是 Geometry and Functions in ‘N’ Adaptations(N 种变化的几何学与功能)的缩写。GINA 是一辆车身使用以莱卡为主的织物而非金属制造的汽车，这种织物由 BMW 集团独家开发，能够在片刻之间改变其形态——的确，GINA 甚至能够“眨眼”。

理论上而言，这层织物在汽车上任意一点都能移动。驾驶者在方向盘前只需按一个按钮即可调节某些点、线、面，而其他地方可以在行进当中自动调节自身的形态。以较高车速行驶及空气阻力增加时，车体结构就会自动变硬，侧面框梁也会自动调节其轮廓，后部则自动向上延伸，以形成一种扰流器。开启车灯时，发动机罩侧前端会像眼皮一样“睁开”，露出两侧的头灯。转向指示器则保留在织物车表之下，透过半透明的织物发出指示灯光。

8.1 车用新材料概述

材料作为现代工业发展的三大核心支柱之一，在汽车工业中起到非常重要的作用。材料对于汽车整体性能的提高有着重要的影响，同时也和汽车的制造成本密切相关。因此，汽车材料技术的进步和革新是推动汽车工业发展和工业化进程的重要因素。

1. 汽车用材料的分类

汽车用材料含汽车工程材料与运行材料两类。汽车工程材料指用于制造汽车的材料，按照物理特性分为金属材料和非金属材料。金属材料包括黑色金属(钢和铸铁)、有色金属(铝、铜、铅等)及其合金；非金属材料又分为有机高分子材料(塑料、橡胶等)、无机非金属材料(玻璃、陶瓷等)以及新型的复合材料。汽车运行材料是在汽车运行中所消耗的燃料、润滑剂、工作液和轮胎等一些使用周期短、消耗费用大的非金属材料。

2. 汽车用材料的应用现状

1) 研究汽车用材料的意义

汽车的性能、寿命、安全性、舒适性等与采用的材料息息相关。只有采用高性能的材料，配以先进的设计和生产技术，才能生产出高性能的汽车。汽车要降低使用费用，必须提高可靠性、减轻自身质量、降低燃料消耗；而采用高强度合金材料、轻金属材料、工程塑料等是实践证明的有效途径。

一辆车约由3万个零件构成，因而使用的材料也是多种多样的，自1978年石油危机以来，国外轿车原材料中生铁、普通钢、特殊钢的比例下降，而轻量化材料、高强度钢板逐年上升。新材料的转化越加明显，有色金属材料总体有所增加，其中铝的增加显著，且应用范围广。非金属材料逐年增长，其中塑料的增长显著。近年来高能树脂——工程塑料的引进，可替代金属材料。此外，陶瓷材料主要用于传感器，可望将来用于结构件。从国外轿车原材料的构成变化来看，今后以工程塑料为主，新金属材料、复合材料、工程陶瓷的采用将加快步伐。在克服石油危机、强化排放限制的过程中，汽车生产厂对材料技术的理解不断加强，并与材料生产厂、科研机构通力合作，使新材料的利用十分活跃。世界各汽车生产厂家正在积极开发新材料，并陆续在一些汽车上采用。

各种复合材料、陶瓷材料等在汽车上的应用使汽车的性能进一步强化，寿命进一步提高。各种涂覆材料、粘结剂、减振隔声阻热材料等在汽车上的广泛应用，使汽车、特别是轿车，变得越来越好看，成为人们的最佳“伴侣”。各种催化转化、吸附材料的发展及在汽车上的应用，使得汽车排污降低，进一步改善了人们的生活环境。

2) 汽车用材料的应用现状

我国40年的汽车生产历史，主要是中型卡车的生产历史，汽车用材的现状也就是中型卡车用材料的现状。我国自行开发中型卡车材料构成比，钢材为64%、铸铁为21%、有色金属为1%、非金属材料为14%。汽车中塑料用量约为17kg/辆。引进轿车(一汽奥迪)的材料构成比，钢材为52%、铸铁为9.67%、粉末冶金为1.23%、有色金属为8.5%、非金属材料为18.6%。

我国汽车工业钢材年耗量占全国钢材产量的6.15%左右(国外占20%～25%)、铁的年耗量48.2万吨、铜材年耗量1.06万吨、铝材年耗量1.7万吨。国产汽车用金属材料同国外相比，优质钢中含Cr、Ni元素较少；低合金高强度钢的用量比国外同吨位载货车多，约占全部钢材用量的25%；铸铁的用量比国外多，尤其是球墨铸铁的用量；钢铁比为3∶1，有色金属用量比国外少；精铸、精锻、粉末冶金更少，无切削工艺不普及等。钢板和优质钢是汽车的主要钢材，过去有1/3靠进口，其中冷轧钢板占一半以上。国产、中型载货汽车用钢板中，60%为4mm以下的薄板，其中16%为普通碳素钢板，44%为碳素优质钢板，其余为低合金高强度钢板。

国产中型载货汽车中优质钢板用量约占车中21%，约占钢材用量的30%。其钢材构成有碳素结构钢、合金结构钢、弹簧钢；还有构成比例比较小的冷墩钢、易切削钢、耐热钢等。为节约Cr、Ni，汽车行业委托冶金厂成功地开发了一批汽车用渗碳、调质、弹簧硼钢，并形成了系列。20世纪90年代开发的含微量Mn、V、Ti、Nb的非调质钢以及加Ca、S、CaS的非调质易切削钢已取得优良效果。

国产中型载货汽车每辆用有色金属20～60kg，其构成为铜60%～70%、铝10%～20%、锌15%～20%、锡和铅5%～10%。随着我国轿车工业的发展，汽车用有色金属用量逐年增加。

我国粉末冶金能力在2万吨左右，汽车工业约占全国用量的24%，所采用的零件大多是轴套类和中、低强度的结构件。粉末锻造差速齿轮、半轴齿轮将用于国产汽车。

我国汽车工业的塑料消费约占全国塑料总产量的0.4%，每辆汽车塑料用量约为20kg左右，占汽车自重约为0.5%。国内石油化工、轻工、建材等部门正为汽车塑料开展加工和相应的研究，并开发了一批塑料和合金的新品种。近年来，我国先后有多种汽车采用纤维增强塑料零件，如增强聚丙烯和增强尼龙，用于汽车结构件和外装件。目前，各主要汽车厂家均引进新车型，促使产品更新换代，汽车塑料用量都大幅度增加。

我国现有的涂料生产能力100万吨，品种基本齐全，汽车涂料目前的产量能满足国产车要求。近年来我国汽车行业分别引进多条汽车涂装线，其中包括漆前磷化处理、阳极电泳涂装、H送风喷漆室等新工艺及全套涂装设备及技术。涂装工业也引进了成套的设备，使国产汽车的涂装质量达到或接近国际同类汽车水平。

当前我国汽车工业制造及维修用橡胶零件总消耗量占总产量的30%左右，车用胶带量、品种基本上满足国产汽车要求，但对于引进车型则无论是种类和质量都不能满足要求。

3）现代车用材料的发展趋势

近年工业发达国家对汽车的发展方向提出的主要目标是：节约能源、防止环境恶化、改进汽车安全性等。具体体现在下列几个方面。

(1) 新材料回收再用性的研究。汽车上约占自重25%的材料无法回收再利用，其中1/3为各种塑料，1/3为橡胶，还有1/3为玻璃、纤维。鉴于这种情况，世界各国都花费大量的人力、物力进行材料的回收再生问题的研究。目前可以通过3种途径进行回收：颗粒回收，重新碾磨；化学回收，高温分解；能源回收，将废弃物作为燃料。

德国在回收塑料等材料的法规是世界上最为完善的，其管理方式非常明确，即首先是避免产生，然后才是“循环使用”和“最终处理”。1991年规定回收塑料中的60%必须是机械性回收，另有40%可以机械回收，也可以采用填埋或能量回收的方式。通过10年的努力，现在的回收率已高达87%。日本是循环经济立法最全面的国家，其目的是建立一个资源“循环型社会”，为此日本对废旧塑料的回收利用一直保持积极态度，此外日本还大力支持以废塑料为主的工业垃圾发电事业。2010年已在全国建立150个废塑料发电设备。

(2) 减少材料的品种。未来汽车在工程塑料类型的选择上将会发生巨大的变化。目前汽车使用的塑料由几十种高分子材料组成，世界各大汽车公司致力于减少车用塑料的种类，并尽量使其通用化，这将有利于材料的回收再生和生态环境的保护。

(3) 降低成本。制约汽车车身新材料应用的重要因素是价格。作为主要新材料的高强度钢、玻璃纤维增强材料、铝和石墨使用率增高，其成本分别为普通碳钢的1.1倍、3倍、4倍和20倍。所以只有大幅度降低这些新材料的制造成本，才可能使诸多新材料进入批量生产阶段。如玻璃纤维增强材料将在成本上成为钢材的有力竞争者，虽然它的重量减轻有限，但价格却能为用户接受。石墨合成材料尽管性能良好，但因其成本居高不下，目前它在汽车工业上很难有所作为。

(4) 先进制造工艺的研发。采用新材料与先进的制造工艺是相辅相成的，汽车工业正在努力开发新的制造方法，对传统的工艺进行更新。例如，适用于轻量化设计的焊接工艺近年来有所发展，如德国某汽车公司在大批生产的轿车上采用CO_2激光束焊接，与传统的焊接工艺相比，焊接成的高强度钢板车身的强度提高了50%；又如，一些复合材料的SMC壳体的材料较厚，大约为2.5～3mm，限制了轻量化的幅度，法国雷诺公司采用新的A级表面精度的SMC模压技术和低密度填料，减薄了零件厚度，使轿车壳体重量比普通SMC工艺下降了30%。

(5) 车身设计方法的革命。据欧洲汽车界人士预测，在今后10年中，轿车自身质量还将减轻20%，除了大量采用复合材料和轻质合金外，车身设计方法也将发生重大变化。

由于大量采用新型材料，传统的车身结构及其设计方法可能不再适用，取而代之的是一种基于生物学增长规律的形状优化设计法，这种设计方法既能减少零件质量，又延长了零件的使用寿命。此外，采用新的设计方法还能使车身零件数大幅度减少。如某车型的零件数已由400个减少到75个，质量减轻30%。美国克莱斯勒汽车公司尚未投放市场的概念车由于采用了创新的优化设计法，使整车自重降至544kg，这说明轻量化设计具有极大的潜力。

8.2 汽车用钢材

长期以来，钢铁一直是构成汽车的主要材料，在汽车用钢中，合金钢比例较高。国外不少汽车采用含Cr、Ni、Mo等元素的结构钢和含Co量很高的永磁材料，而这些元素的资源都较稀缺，节约合金资源成为指导汽车材料开发和应用的方针之一。

阅读材料8-1

汽车用钢发展与趋势分析

现在，全世界汽车年产能力约6500万辆，年汽车总产量接近6000万辆，汽车销量规模接近5800万辆。全球汽车生产和消费的总体特征：①美国、日本和欧洲等发达国家及地区，汽车生产和销量均达到了一定的饱和状态，面临的课题是提高质量，包括汽车的整体质量，如轻量化、节能、安全舒适和多功能，低污染到无污染的环保质量；②广大发展中国家和新兴发展中国家的汽车生产和消费尚处于规模扩张阶段。以上两个特征对钢材均提出新要求。

汽车用钢中的板材(包括热轧钢板、冷轧钢板和镀层板)是生产汽车的最主要原材料，发达国家板材产量的50%以上是供应给汽车制造厂的。目前，全球汽车制造业在全球所消费的钢材已超过了1亿吨，加上生产汽车部件所消费的钢材，全球每年仅汽车行业消费的钢材就超过1.5亿吨。另一方面，汽车用钢材、钢板均为高附加值产品，且需求量大、价格高、市场前景好，这些推动着世界各主要钢铁企业都将汽车用钢材、钢板列为最重要的开发、生产和推销的产品。如日本的新日铁、欧洲的钢铁联合企业阿赛勒、美国的US钢铁、韩国的浦项制铁和中国的宝钢都是如此。

新日铁是亚洲地区汽车用钢板市场最具有竞争力的企业，同时，它生产的汽车用镀锌板和高性能车用钢材，其技术在世界上居第一位。它生产汽车用钢材最突出的特点是：实行产品“差别化”市场战略，即避免与其他钢铁业界同行生产雷同化的产品，坚持不懈地开发生产别人生产不了或生产量较少的市场短浅、高档产品。在这方面，它的开发研究中心发挥着特殊作用，并于2001年初与欧洲的强手阿赛勒钢铁公司合作，共同构筑起合作研究开发体系。

阿赛勒是欧洲地区最大的汽车用钢板生产企业，它在企业内专门设有阿赛勒汽车部(Arcelor Auto)。阿赛勒汽车用钢板生产的最显著的特点是：它在全球的钢铁企业界当中，是第一家与汽车制造生产厂商建立起共同“设计与伙伴”合作关系的企业，这一合作关系的构筑，使它与汽车生产企业从开发、设计直至生产的全过程中，确立起与客户的紧密战略协作关系，受益匪浅。

美国的US钢铁公司在美国国内是最大的一家汽车用钢板生产企业。为适应汽车生产对钢材需求迅速扩大和质量性能不断提高的要求，US钢铁公司将它的汽车用钢板生产部门专门分离出来，并于1999年设立了汽车中心。汽车中心的最主要职能特征是将汽车用钢材的研究开发机构和销售机构结合为一个整体，其内部设为研究开发、试验检验和营业销售3个部门。

韩国的浦项制铁公司在汽车用钢材，特别是钢板生产领域积极引进欧洲的技术和设备，扩大产量、提高质量，其实力在亚洲仅次于日本。它的汽车钢板出口市场主要是中国等亚洲发展中国家，同时也向日本出口。

当前全球汽车工业正积极寻求减轻汽车自重的方法和途径。汽车工业用来减轻汽车自重的先进的高强度钢材主要用于汽车外壳和结构件，并和轻金属进行竞争。这种高强度钢材强度为300～800MPa，厚度可以更薄些，称作“轻型钢材”。同时，夹层钢板也是改善刚度减轻汽车自重的另一种材料选择。法国钢铁公司Usinor开发出汽车工业用夹层钢板产品，其中一种夹层钢板为两层0.2～0.15mm厚钢板中间夹有一层25～45mm厚的黏弹性聚合物芯板，这种夹层钢板具有减振、降低噪声和减轻重量的优点；另一种夹层钢板为两层0.25mm厚钢板中间夹有一层0.4～0.8mm厚聚合物芯板，用于汽车车体自重减轻，比传统钢板减轻重量35%，并提高了挠性和扭力刚性。

1. 钢板

钢板是汽车的主要用材，按生产工艺分为热轧钢板和冷轧钢板，热轧钢板的厚度多在3mm以上，冷轧钢板在3mm以下，如图8.2和图8.3所示。

图8.2 热轧钢板

图8.3 冷轧钢板

目前，汽车车身生产中，特别是冲压生产中，使用得最多的是普通低碳钢板。低碳钢板具有很好的塑性加工性能，其强度和刚度也能完全满足汽车车身的强度和刚度要求，同时能满足车身拼焊的焊接要求。随着汽车向安全、环保、节能目标发展的要求，冶金企业和汽车生产厂开发出了高强度钢板、深冲钢板、镀层钢板等新型汽车用钢。

1) 低合金钢高强度热轧钢板

随着汽车向轻量化和节能方向发展，用高强度钢板生产汽车零件已成为发展趋势。热轧高强度钢板在载货汽车上用量很大，约占载重车用热轧钢板总量的60%～70%。主要用于汽车车架纵梁、横梁，车厢的纵梁、横梁以及制动盘等受力结构件和安全件。经过多年的开发和应用研究，我国已形成锰钢或锰稀土系列，硅—钒钢、含钛钢系列和含钒钢系列。

(1) 含钛热轧钢板。含钛热轧钢板在汽车上的用量很大。由于含钛钢板强度高，实际冲压性能好，不仅可大幅度降低汽车自重，同时使汽车使用寿命成倍提高。钢中加入钛，既提高钢板的强度，又改变钢中硫化物夹杂的形态和分布，含钛钢板的冲击韧度很高。但热轧含钛钢也存在一些问题，如钛对温度很敏感，当热轧后冷却速度控制不当，会导致含钛钢板的头、中、尾的强度波动大，形成强度分布的盆形曲线。

(2) 热轧含铌钢系列。为节约合金元素，降低钢的生产成本，目前，国内外大量应用热轧含铌钢板。铌的强化能力大于钛，由于钛优先与氮化合并与硫形成钛硫化合物，直接增加了钛在钢中的含量。铌只是强化元素，要获得同级强度的钢板，钢中含铌量仅为含钛量的1/3左右，显示了含铌的优越性。

(3) 双相钢板。其主要添加元素为Si、Mn、Nb、Cr。已形成了Si-Mn系、Si-Mn-Cr系和Si-Mn-Mo系，有540MPa、590MPa和640MPa 3种强度级别材料，强度和延伸率都很高、屈服强度较低，更易变形，具有良好的冷成型性，其重要特性是具有优良的翻边性能，很适合冲压翻边性能良好的部件。东风汽车公司生产东风EQ1090汽车的车厢横梁使用的是低合金T52，厚3.5mm，强度级别为510MPa。

(4) TRIP钢。TRIP钢是含有残余奥氏体的低碳、低合金高强度钢，主要化学成分为C-Si-Mn元素，强度级别为500～700MPa，强度和塑性配合良好，用于生产汽车的零部件。浦项钢铁公司现在正开发1000MPa级TRIP钢，并已商业化。在冷轧条件下，Nb有利于残余奥氏体的形成。对于汽车用热轧低合金钢，宝钢主要生产有：热轧QSTE系列汽车结构用钢、热轧汽车大梁用钢和热轧汽车传动轴用钢。据报道，日本川崎钢铁公司成功开发具有世界最高级成型性能的汽车用低合金高强度钢板——SUPERHSLA钢板。钢板的平均晶粒微细到2μm以下，同时添加微量的钛，延伸率提高30%以上、扩孔加工性能提高30%以上、冲击能吸收特性提高10%以上。同时，该公司成功开发了强度高、耐疲劳性好、扩孔率高的热轧钢板，实现了世界上首次采用超高强度钢作为车轮材料。

2）汽车用冷轧钢板

冷轧钢板比热轧钢板的加工性更优良且表面美观，所以大都使用在汽车车身、机械零件、电机器具等表面平滑美观的构造物以及零件上，用途很广泛。冷轧高强度钢板，主要用于车体内外板，一般对冲压成型性、表面质量、板形和尺寸公差有要求。低合金高强度钢板的品种主要有含磷冷轧钢板、烘烤硬化冷轧钢板、冷轧双相钢板和高强度IF冷轧钢板等，车身设计师可根据板制零件受力情况和形状复杂程度来选择钢板品种。

(1) 含磷高强度冷轧钢板。含磷高强度冷轧钢板主要用于轿车外板、车门、顶盖和行李箱盖板，也可用于载货汽车驾驶室的冲压件。主要特点为：具有较高强度，比普通冷轧钢板高15%～25%；良好的强度和塑性平衡，即随着强度的增加，伸长率和应变硬化指数下降甚微；具有良好的耐腐蚀性，比普通冷轧钢板提高20%；具有良好的点焊性能。

(2) 烘烤硬化冷轧钢板。经过冲压、拉延变形及烤漆高温时效处理，屈服强度得以提高。这种简称为BH钢板的烘烤硬化钢板既薄又有足够的强度，是车身外板轻量化设计首选材料之一。

(3) 冷轧双向钢板。具有连续屈服、屈强比低和加工硬化高、高强度及高塑性的特点，如经烤漆后其强度可进一步提高。适用于形状复杂且要求强度高的车身零件。主要用于要求拉伸性能好的承力零部件，如车门加强板、保险杠等。

(4) 超低碳高强度冷轧钢板。在超低碳钢(C≤0.005%)中加入适量的钛或铌，以保证钢板的深冲性能，再添加适量的磷以提高钢板的强度，实现了深冲性与高强度的结合，特别适用于一些形状复杂而强度要求高的冲压零件。

2. 新型弹簧钢

近年来，随着汽车的轻量化和高性能化，迫切要求提高弹簧钢的强度，提高弹簧的设计应力，进一步提高弹簧钢的强度水平和使用寿命。汽车用弹簧钢可分悬架用弹簧钢和气门弹簧用弹簧钢，如图8.4和图8.5所示。

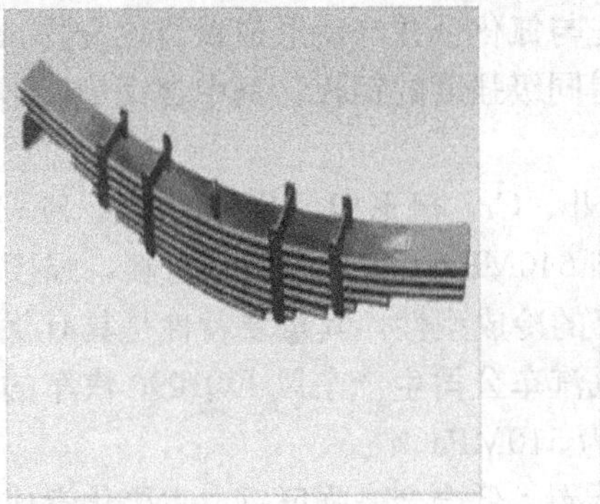

图8.4　悬架弹簧

图8.5　气门弹簧

1）悬架弹簧钢

悬架用的弹簧可分为螺旋弹簧、钢板弹簧和扭杆弹簧。目前弹簧钢的主要系列为Si－Mn系、Cr－Mn系、Cr－V系和Si－Cr系。Si－Mn系弹簧钢是用量最大的弹簧钢，以牌号$60Si_2Mn$用量最大，在热轧弹簧钢中占总量的30%左右。对于淬透性要求较高的钢种，有的采用55SiVB钢，如EQ140汽车板簧等，但近年来由于其价格和交货硬度偏高，用量在下降。而大截面板簧和变截面板簧多采用Cr－Mn钢和Cr－V钢系；对于厚度较大的变截面板簧则采用60CrMnB钢制造，如东风EQ153汽车变截面板簧就是用该钢制造的。

悬架弹簧经冷、热成型后，均需热处理。通常根据弹簧截面的大小选择淬透性合适的钢种，一般认为截面的中心应能达到80%的马氏体，弹簧才会具有较高的疲劳性能和冲击韧度，因此，淬透性是弹簧钢的重要指标。淬透性的高低决定了该类弹簧钢所能够制成的板簧的最大厚度。

在轿车上螺旋弹簧悬架应用较多的是Si－Cr系弹簧钢(如美国SAE9254)。这类钢的抗回火稳定性好、松弛抗力高、疲劳寿命较理想，但在一些微型车上，悬架螺旋弹簧也常用$60Si_2Mn$或50CrVA钢。扭杆弹簧结构简单，有利于车辆整体布置，在一些轿车和轻型车上应用，也有在重型军用车上应用的，如法国贝利埃军用车上的扭杆弹簧就用$45SCD_6$、$45MB_5$等。

2）气门弹簧钢

气门弹簧工作时承受高频交变负荷，一般发动机转速可达2000～5000r/min，气门弹簧的平均剪应力在500～800MPa，高则达到900～1000MPa，要求气门弹簧具有高的疲劳极限。另一方面气门弹簧在150～200℃的润滑油环境下工作，因此希望具有一定的耐热性，并希望对发动机排出气体具有良好的抗腐蚀性能。

目前，气门弹簧用材料大部分为油淬钢丝。油淬钢丝的性能均匀性好，硬度和强度范围较为一致，在冷卷成型后，只需进行消除应力回火。目前，这类钢丝已列入世界各国标准。

另一类是退火状态供应的弹簧钢丝，这种弹簧钢丝要经绕簧、淬火和回火以达到所需的性能，然后进行喷丸强化处理。目前，气门弹簧钢丝的牌号为Si－Mn系、Cr－V系、Si－Cr系，以$60Si_2Mn$、50CrV、55SiCr等钢种为多。

当今弹簧钢的发展趋势是向经济性和高性能化方向发展。国外现有弹簧钢牌号比较齐全，力学性能、淬透性和疲劳性能等基本上可以满足目前的生产和使用要求。一方面是充分发挥现有弹簧钢的潜力，如改进生产工艺、采用新技术对成分进行某些调整等，进一步提高其性能，扩大应用范围，如针对发动机用高性能气门弹簧而提出的超纯净弹簧钢；另一方面是进行新钢种的研究开发，由于影响提高弹簧设计应力的两个最主要因素是抗疲劳和抗弹性减退，因而这两个因素成为当今弹簧钢钢种研究开发的主题。

3. 微合金非调质钢

微合金非调质钢是一种将轧制(或锻造)与热处理结合为一体，在钢中加入微量V、Ti、Nb等元素，经锻造或轧制冷却后在铁素体、珠光体中析出碳化物或碳氮化物而达到强化，省去调质(淬火＋高温回火)工序的新型节能结构材料，避免热处理变形和淬火裂纹造成的废品，降低能耗和生产成本。它是伴随国际上能源短缺而发展起来的一种高效节能钢，其性价比远优于传统合金结构钢，可广泛用于装备制造业。汽车工业中，非调质钢因具备一系列优点而被广泛应用。德国、瑞典和日本对非调质钢的研究与应用进行得比较好，如德国大众、美国福特、意大利菲亚特及俄罗斯伏尔加汽车都采用非调质钢来制造其曲轴、连杆等零件，日本目前90％以上的曲轴、连杆均采用非调质钢制造。目前我国非调质钢的年用量在10～15万吨，其中汽车行业的年用量就达5～8万吨，如图8.6所示。

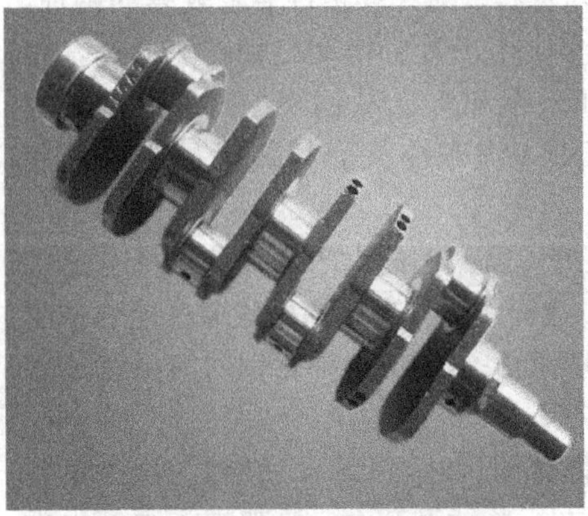

图8.6　49MnVS3制造的曲轴

1）曲轴、连杆用铁素体/珠光体型非调质钢

在非调质钢中，应用得较多的是铁素体/珠光体型非调质钢。这类非调质钢最初用于制造汽车发动机曲轴等零件，现已扩展到汽车其他零件。目前国内常用的曲轴用F/P非调质钢包括48MnV、38MnVS、38MnSiV、49MnVS3以及国外牌号C38(N2)等，分别可应用于摩托车曲轴、奥托汽车曲轴以及卡车曲轴等。应用非调质钢最成功的零件是各种汽车发动机连杆，用量约占全国非调质钢生产总量的一半。

2）贝氏体型和马氏体型非调质钢

在我国汽车工业上应用较多的低碳贝氏体型非调质钢为12Mn2B和12Mn2VB，以及为改善切削加工性能而开发的12MnBS。贝氏体钢前桥已在一汽、二汽、重汽以及攀钢、兴澄钢厂、本溪钢厂、抚顺钢厂、唐山贝钢厂等厂家生产。二汽及江铃汽车厂分别用贝氏体钢做汽车前桥、转向节、弯直臂等，装车40万余辆。马氏体型非调质钢具有异常好的韧性及较好的强韧性配合，可用于制作汽车的连轴节臂等零件。

4. 高强度钢板

各主要工业国家在开发汽车用高强度钢板方面都有长足进步，特别是日本在这方面发展较快，开发出多种高强度钢板。采用高强度钢板，既可以减少汽车自身的质量，又可以提高汽车的安全性和可靠性。含磷深冲压高强度钢板主要应用在车身、驾驶室上的深冲压件，使用得当，可降低材料消耗10％。双相钢板其有较低的屈服强度和高的加工硬化能力，比较适宜于制造变形程度大的冲压或拉延伸件，根据成型特点，可使零件质量减轻30％～60％。现在的高强度钢板是在低碳钢内加入适当的微量元素，经各种处理轧制而成，其抗拉强度高达420N/mm^2，是普通低碳钢板的2～3倍，拉延性能极好，可轧制成很薄的钢板，是车身轻量化的重要材料。图8.7为马自达官方公布的高强度钢板用量分布。中国奇瑞汽车公司与宝钢合作，2001年在试制样车上使用的高强度钢用量为262kg，占车身钢板用量的46％，对减重和改进车身性能起到了良好的作用。

高强度钢板有3种基本类型：普通高强度钢板、回复退火高强度钢板、双相高强度钢板。

5. 齿轮钢

齿轮是汽车的重要基础零件，应按其模数和工况选用不同级别的齿轮钢。在我国目前变速器和后桥齿轮中大都使用20CrMnTi，我国需仿制国外成熟的先进钢种，形成汽车齿轮用钢系列化。齿轮钢不仅影响车辆寿命、能耗等技术经济指标，而且对于满足安全、环

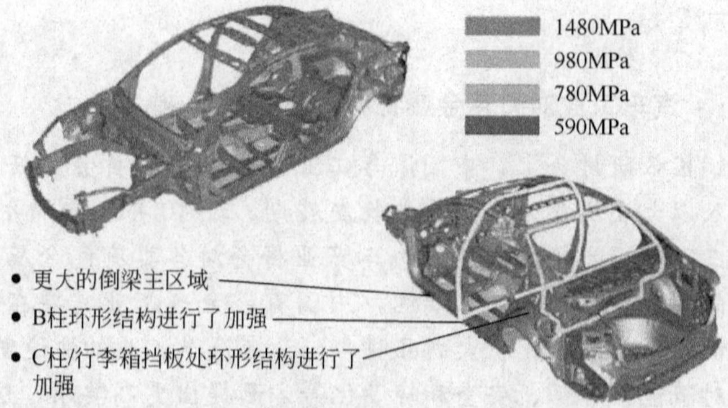

图 8.7 马自达的高强度钢板用量分布

保及舒适要求也是至关重要的，如图 8.8 所示。

6. 镀覆钢板

镀层钢板和钢管的研制与应用是为了改善钢板的耐腐蚀性等性能。国外在汽车上大量使用覆层钢板，如图 8.9 所示。镀铝或渗铝钢管主要用来制造消声器，排气净化装置的接触容器反应器部件。镀锌钢板用来制造车身、车架、驾驶室、油箱等零件。含锌、铬的高分子化合物涂层钢板主要用于制造防腐蚀要求高和不便于涂装的车身、驾驶室零件。

图 8.8 ZF 标准轿车用高性能齿轮钢加工成的齿轮

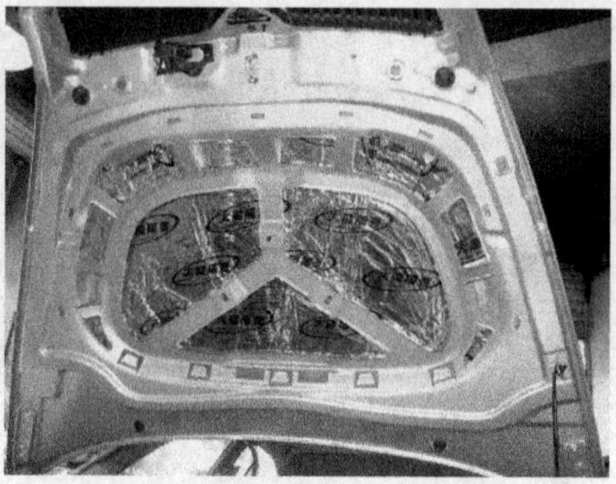

图 8.9 镀覆钢板加工的引擎罩

8.3 汽车用有色金属材料

随着汽车工业的迅速发展，有色金属材料在汽车材料中所占的比例将越来越大，在代替传统材料，实现汽车轻量化，提高汽车强度、刚性、耐热性、耐磨性和低公害性等方面起着重要的作用。常见的车用有色金属材料主要有铝合金、铝基复合材料、镁合金、钛合金、铁基粉末冶金材料。

阅读材料8－2

汽车工业对有色金属材料提出更高要求

在中国首届国际铜板带研讨会上，中国汽车工业协会专家委员会主任荣惠康介绍，中国汽车市场已经进入以大众消费为基础的成长发展期，近10年来平均年增长率10%以上，已成为世界第三大市场。快速发展的汽车产业将会对各类有色金属产品的品种、质量和数量提出更高的要求。“十一五”期间，中国有色金属工业需要在做大、做专、做精、做强的同时，调整产业结构，扩大新品种，以适应汽车工业的快速发展。

汽车发展中不断对节能、环保、安全和轻量化等方面提出更高要求，这些性能的提高都与有色金属的性能提高和品种的扩大有直接关系。目前，我国汽车企业和合资企业中的中高档、高档轿车都在逐步换型和提高产量，对有色金属材料会提出更高要求。

我国提出建立节约型社会的长远目标，汽车在节能、节材和轻量化方面将有大量工作可做。今后10年中，汽车为不断降低自重、提高有效负荷能力，将在采用新材料、改进汽车结构、零部件结构一体化、薄壁化、中空化、小型化、轻量化等方面对高强度轻质金属材料、复合材料、短纤维塑料等新材料提出一系列品种、质量和数量上的要求。

镁合金代替钢铁，使重量大大减轻。近年来，全球镁合金替代钢铁降低整车自重的推广工作正在普及中，汽车壳体、车身件、骨架等零部件的轻量化正在实施中，福特汽车公司每辆车镁合金用量1990年只有2kg，2000年增加到70kg；一汽已在转向盘骨架、踏板和汽缸罩盖等零件上采用了镁合金，并正在车身件，铸造壳体件等10余种零部件上推广，预计近两年可达到每辆车使用有色金属材料40kg以上。

表8－1 汽车零部件材料组成的变化(质量分数%)

材料 \ 年代	1980年（每辆车重1500kg）	1990年（每辆车重1400kg）	2000年（每辆车重1225kg）	2010年（每辆车重1100kg）
钢铁	69	58	35	21
轻合金（铝材）	5 (4)	10 (8)	27 (16.5)	31 (29)
非金属	12	14	20	24
其他	14	18	18	24

表8－1所示铝合金代替钢铁降低汽车自重的工作正大量成熟地推进中，钢铁的比例不断下降，而铝材比例由1980年的4%提高到2010的29%，而且还有上升的趋势，预计到2015年可达35%以上。同时铝车轮正在普及，铝车轮的尺寸有大型化的倾向，直径从355.60mm向531.80mm发展，目前国外汽车铝车轮的安装率达到90%以上，我国的比率尚未达到70%（特别是重型汽车运用甚少）。

近年我国铝车轮出口量大幅度增长，对铝合金需求很大。20世纪90年代初，奥迪公司首先在奥迪A8上采用全铝车身解决了铝板件焊接工艺，今后为汽车减轻自重，铝合金的推广将迅速普及；一汽新开发的大红旗轿车，拟采用全铝车身，可降低车身重量30%以上。

各种铜板、铜带、铜粉等铜材用量将不断提高。目前，每辆中、重型载重车上约16～20kg铜材，变速箱同步器的用铜量也在逐年提高；水箱、冷凝器、蒸发器的材质逐渐由铝材替代铜材，以降低重量，但对铜材的需求仍然很大，精度要求也较高。另外，对电解铜、电解黄铜粉、雾化黄铜粉的纯度和供应也提出了较高的需求。

水箱散热器、空调冷凝器、蒸发器用铝材的精度要求也在不断提高。汽车铸铝件生产中所需高纯度铝材的供应有时比较紧张，望能增加资源。同时，应增加汽车用薄壁电焊铝管、汽车用复硅铝带基体、复层Al－Si合金以及汽车发动机的重要零件轴瓦需要的双金属轴瓦带Cu－Pb、高锡铝合金、低锡铝合金和Al－Pb等产品的供应。

1. 铝合金

铝合金具有比强度高、耐腐蚀性能优良、适合多种成型方法、较易再生利用等优点，是汽车工业应用较多的金属材料。特别是能源、环境、安全等方面的原因使对汽车轻量化的要求越来越迫切。使用轻量化材料是实现汽车轻量化的重要途径，而铝是应用得比较成熟的轻量化材料，理论上铝制汽车可以比钢制汽车减轻重量达30％～40％，其中铝制发动机可减重30％，铝散热器比铜轻20％～40％，轿车车身比钢材制品减重40％以上，汽车铝车轮可减重30％。此外铝合金材料还有较高的回收率，有60％的汽车用铝合金材料来自回收的废料，预计到2015年铝材料的回收率可达到90％以上。近20年来，铝在汽车上的用量和在汽车材料构成比中所占份额都有明显的增加。由铝合金制造的零件已经遍及汽车的发动机、底盘、车身等各个部分，甚至在国外已有全铝汽车面世。车用铝合金型材如图8.10所示。

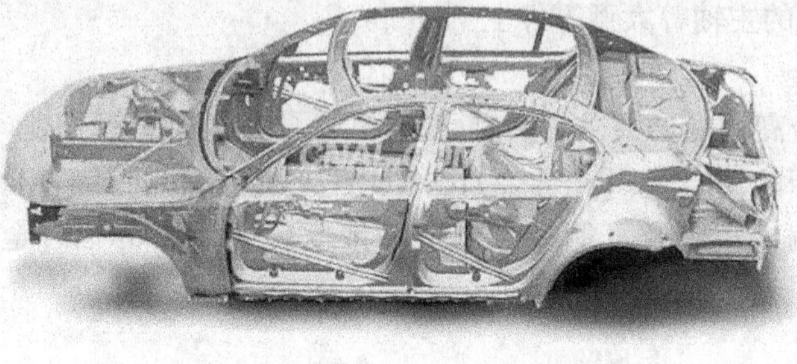

图8.10 汽车用铝合金型材

1）铸造铝合金

铸造铝合金具有优良的铸造性能，铸造方法也很多，可根据使用目的、零件形状、尺寸精度、数量、质量标准、机械性能等各方面的要求和经济效益，选择最适宜的合金和铸造方法，尤其是采用压铸法生产的铝合金零件，其成品率高，能减少壁厚和后续加工量，表面质量好、尺寸精度高，很适于大批量生产。

铸造铝合金在汽车上的使用很普遍，主要用于制造离合器壳、变速箱壳、后桥壳、转向器壳、摇臂盖、正时齿轮壳等壳体类零件，以及保险杠、车轮、发动机框架、转向节液压泵体、制动钳、油缸及制动盘等非发动机结构件，且今后有进一步扩大应用的趋势。

2) 形变铝合金

形变铝合金在成形加工时会产生加工硬化，强度增加，故形变铝合金与铸件相比，强度、韧性都大为优越。形变铝合金在汽车上主要用于制造保险杠、发动机罩、车门、行李箱及车身面板、车轮的轮辐、轮毂罩、轮外饰罩、制动器总成的保护罩、消声罩、防抱制动系统、热交换器、车身构架、座位、车厢底板等结构件以及仪表板等装饰件。美国汽车工业中形变铝材(铝板材和挤压件等)占较大比例，达36.3%。北京航空材料研究所研制出了7A55合金，该合金在具备较高塑性的同时，静强度突破了700MPa，是目前所公开的变形铝合金中强度级别最高的之一。

3) 锻造铝合金

锻造件由于价格昂贵，目前只在欧美轿车上少量使用，且多用于形状复杂、厚薄不均匀的托架、货车的车轮和前轴等重要零件，用量仅占所有汽车铝材总量的1.3%左右。但由于锻造铝合金具有比强度(强度/质量)高，可与合金钢相媲美，热锻时不氧化、表面光洁、机械加工余量小、无加工缺陷等优点，在汽车上的应用正在逐渐扩大。实验证明，锻铝合金产品在受到碰撞后所吸收的能量，要比铸铝高出50%左右。因此，它们在安全部位的使用前景十分广阔。据欧洲生产企业估计，在未来10～15年里，该技术产品在汽车领域的应用范围将有明显的扩大。

6000系列铝合金锻造性能好，热锻时表面无氧化皮、锻后表面质量好、加工余量小、材料耐蚀性好、无应力腐蚀开裂倾向。其适宜制造汽车底盘中的转向节、摇臂等关键汽车零部件和车身、动力传动框架、发动机托架等结构件。

7075是强度最高的铝合金，但锻造性稍差，有应力腐蚀开裂倾向，若在设计时就预先考虑锻造性，并采取特殊调质处理消除应力腐蚀开裂，它将是最理想的汽车轻量化材料，可用于重型载货车的主轴等大型零件上。

4) 快速凝固铝合金

为适应汽车铝合金高性能的要求，目前已开发出了快速凝固铝合金(PM合金)。这种合金与用熔铸法生产的铝合金(IM合金)比，具有金属组织晶粒细，合金元素能过饱和固溶，能减少宏观偏析，以及可能通过制造高浓度合金元素的铝合金来提高性能等优点。

5) 粉末冶金铝合金

粉末冶金铝合金产品目前只在日本有少量应用，但欧洲的汽车公司已对此表现出浓厚兴趣。其使用部位主要有汽车空调电动机转子、发动机活塞、气缸衬套进气门及气门座等。使用粉末冶金铝合金产品，可进一步扩大铝合金在汽车上的使用范围，从而进一步减轻质量。以连杆为例，目前汽车发动机连杆使用的材料中，碳钢和合金钢的强度在600～1000MPa之间，现已研制出的粉末冶金铝合金一般强度可达700～900MPa，因此铝合金的比强度是中碳钢的3倍，其质量只有中碳钢质量的1/3。

6) 超塑铝合金

超塑铝合金在一定加工条件下，可产生异常大的延伸变形，如Al-78Zn在250℃时延伸率可达1500%；2004(T6)在470℃时延伸率可达1600%。利用这一超塑性，汽车上形状复杂的零件可一次冲压成型。

7）纤维增强型铝合金

纤维增强型铝合金具有较高强度、弹性模量、耐热性和耐磨性等优点，各种纤维增强型铝合金的高温抗拉强度与传统材料(未复合)相比，其提高幅度从低到高，范围很宽。更为重要的是其强度、刚性和热胀系数等可以随意变化，而且能够预测。此材料已成功用于发动机活塞环、连杆和气缸套等重要零件。如日本本田公司开发的连续铝纤维增强的铝基复合材料用于取代铸铁缸套，不仅可达到减轻质量的目的，而且能够减小气缸变形，提高气缸和活塞的耐磨性，这种缸体在汽油机缸体上已大量使用。

2. 铝基复合材料

金属基复合材料是20世纪60年代诞生的一种材料，它是在连续的金属基体上分布着其他金属或陶瓷等增强体的一种物质。这种材料综合了基体金属和增强体的性能，因而具有单一材料难以达到的优良性能。铝基复合材料质量轻，比强度和比模量高、抗热疲劳性能好、耐磨性好，是金属基复合材料中应用最为广泛的一种。用于铝基复合材料的增强体有连续纤维、短纤维、晶须、颗粒等多种，如图8.11所示。

为了减小车辆的总重，几乎所有大型汽车制造商已经或者正在开发铝发动机组用来代替铸铁发动机组，一般可以减重15～35kg。通常含有中等水平Si含量的铝合金被用来制作这些发动机组。但是，这样的铝合金不耐磨，并且承受不住汽缸套的极端工作条件。非连续增强铝基复合材料汽缸套以及先进复合材料制作的镀层材料使得减重3～4.5kg成为可能。此外，这些替代的轻质材料还可以提高热传导性能，提高发动机组的刚度和尺寸稳定性，从而减小发动机的摩擦，进而提高发动机的运行效率。

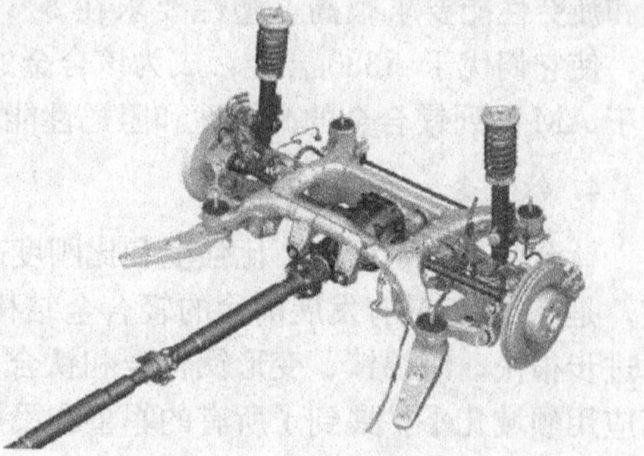

图8.11 铝基悬挂连杆

3. 镁合金

镁是一种轻质的银白色金属，在镁材中添加一些其他的金属元素，例如铝、锌或者铝、锰等，它就会改变了自己的特征，变成了一种具有较高强度和刚度，具有良好铸造性能和减振性能的轻质合金材料，镁合金材料在现代汽车中已得到广泛的应用。镁合金零件带给汽车的好处是显而易见的。

(1) 质量轻，其密度只有1.7，是铝的2/3，钢的1/4，换用镁合金就能减轻整车重量，也就间接减少了燃油消耗量。

(2) 比强度高于铝合金和钢，比刚度接近铝合金和钢，能够承受一定的负荷。

(3) 具有良好的铸造性和尺寸稳定性，易加工，废品率低，从而降低生产成本。

(4) 具有良好的阻尼系数，减振量大于铝合金和铸铁，用于壳体可以降低噪声，用于座椅、轮辋可以减少振动，提高汽车的安全性和舒适性。

从历史上看，早在20世纪30年代就有大众汽车使用镁合金，由于镁的价格上升才停止了使用。20世纪80年代初，由于采用新工艺，严格限制了铁、铜、镍等杂质元素的含量，使镁合金的耐蚀性得到了解决，同时成本下降又大大促进了镁合金在汽车上的应用。

从20世纪90年代开始，欧美、日本、韩国的汽车商都逐渐开始把镁合金用于许多汽车零件上，如图8.12所示。

图8.12　镁合金汽车轮毂

近年来，很多种轿车铸件开始采用镁合金，以适应汽车轻量化的要求。这些镁合金铸件包括：离合器外壳、发动机罩壳、变速箱外壳、变速箱上盖、发动机罩盖、方向盘、座椅支架、仪表盘框架、车门内板、轮辋、转向支架、刹车支架、气门支架等，甚至还有缸盖和缸体。有60多种零部件已采用或正在开发应用镁合金。车用镁合金可以分为非承重铸件和承重铸件。前者普遍应用在封装部件，无大的承重要求，而后者要求承受一定的载荷，抑制断裂。汽车工业用非承重镁合金铸件主要有变速箱、阀/凸轮盖、离合器箱、交流发电机壳、进气歧管及油盘等。承重镁合金压铸件一般用AM50和AM60合金，其主要应用在轮毂、方向盘、车梁、座椅、油箱及制动系统上。这些承重件对拉伸性能和疲劳性能要求很高，塑性要求在8%～10%之间。因为AM系列镁合金具有的高塑性，使它们优于A380合金，成为该合金的替代品。开发镁合金汽车轮毂可以减重，同时由于AM系列镁合金的高塑性和阻尼性能，镁合金轮毂完全可以代替原有的铝和铁轮毂。

4. 钛合金

钛合金具有密度小、比强度和比刚度高、抗腐蚀和疲劳、耐高温、可焊接等一系列优点，是21世纪最有发展前途的轻合金结构材料之一。近年来，世界钛工业和钛材加工技术进步很快。海绵钛、变形钛合金和钛合金加工材料的生产和消费都达到了很高的水平，其应用领域几乎扩展到了所有的军事和民用工业部门。

轿车采用钛是因为钛优良的强度与密度比及耐蚀性。钛材的采用，使车体质量减轻，其结果自然是提高了燃料利用率。除Ti-6Al-4V合金等普通材料外，TiAl基金属化合物及未来的强化钛材具有更高的耐热性及刚性与耐磨性。

一般情况下，汽车所使用钛的耐磨性不好、弹性低于钢，难以进行机械加工。但是耐磨性可通过涂层或强化进行改善，弹性可采用补强来改善，机械加工若采用近净成形技术或活用其他的加工条件，则可把缺点降到最低。而真正妨碍钛广泛应用的是钛的高成本，这是由其熔炼成本及加工过程中的复杂工艺所决定的。

钛合金适于制造悬架弹簧和气门弹簧、气门。用钛合金制造板簧抗拉强度达2100MPa，与高强度钢相比，可降低自重20%。用钛合金制造弹簧时必须注意的一个问题是，当合金强度达到某一水平之后，疲劳强度对抗拉强度有逆依存关系。用钛合金还可以制造车轮、气门座圈、排气系统零件，还有些公司尝试用纯钛板作车身外板。钛和钛合金应用的最大阻力来自于其高价格，所以合金的研制和生产工艺的开发重点都在于降低成本。

用钛合金制造连杆对减轻发动机重量最有效，能大大提高性能，还有制作其他部件，包括汽车上的螺栓，如图8.13所示。

5. 铁基粉末冶金材料

烧结金属是以金属粉末为原料，在金属模具内压缩成型，后烧结而成的材料，无需加工，材料的成分配制能自由控制，它已应用于轴承、排气门座、凸轮、齿轮、支架上。这种材料也可以用来制造连杆、消声器、离合器、转向系及制动系部件，如图 8.14 所示。

图 8.13 RAV4 发动机钛合金护板

图 8.14 粉末冶金汽车机油泵齿轮

随着粉末冶金工艺和技术新发展，高强度、高耐磨性、耐热、形状复杂的烧结结构零件和高性能减摩材料将大量应用于汽车制造中。所以，高强度烧结合金钢、烧结不锈钢等结构材料、低噪声轴承材料、高温高真空减摩材料、半金属减摩材料等将进一步得到发展和应用，这将对汽车制造产生巨大的影响。

粉末冶金是一种少、无切削的零部件制造工艺，具有材料利用率高、生产效率高，大量生产时成本较低等优点。粉末冶金件在汽车上应用越来越多，而汽车工业也成为粉末冶金业的最大市场。日本生产的汽车上每辆平均有粉末冶金件 6.52kg，美国汽车上粉末冶金件的平均使用率约为日本的 2 倍。虽然多种有色合金也可以用粉末冶金工艺加工，但在汽车上应用的主要还是铁基粉末冶金材料。粉末冶金件的 1/3 用于发动机，1/3 用于变速器，其余的 1/3 用于汽车的其他部分。粉末冶金在汽车上应用的进步，主要依靠高强度材料与高强度化的生产技术的开发与应用。在 20 世纪 60 年代应用的铁基粉末冶金零件基本上是低密度多孔质零件。20 世纪 70 年代开发并大量生产了高压缩性铁粉和低合金钢粉，应用了大型多级成型压力机、高温烧结炉和连续真空烧结炉，进入了大批量生产，接近最终形状甚至完全不用加工的高密度结构件的时代。

采用高温烧结、渗碳淬火和回火处理，材料的抗拉强度能达到 1000MPa，疲劳强度达到 400MPa。它们适用于变速器零件和玻璃升降器齿轮等。此外，粉末冶金还在诸如传感器等具有特殊功能部件上广泛应用，结构件和功能件的复合化可能是粉末冶金发挥其优势的一个方面。

6. 车用金属材料的发展趋势

1）汽车板料成型的发展趋势

为满足较高的安全标准及乘坐的舒适性，就必须增加轿车的质量，但轿车质量的增加又极大地影响着轿车的油耗及尾气的排放量，因此，汽车工业正努力采用轻型结构来减轻汽车质量，这就涉及对材料及生产工艺的战略决定，20%～25%的车身具有很大的减轻质量潜力，车身结构对减轻车身质量的潜在能力起决定性的作用，可以实现车身减重的方法一类为分开的生产方式(自支撑底盘及独立车身和承载构架及独立车身)，另一类为集成式的加工方法(金属板材整体式车身和无车架车身)。如今金属板材整体式车身在大批量生产中已广泛使用。

2) 减轻车身质量的方法

大量使用轻质材料是车身减轻质量的主要手段。如今，中型车质量有50%～60%由钢组成，车身中铝的结构比例限于3%～7%(质量)，集中于发动机及底盘生产中，塑料占10%～15%(质量)。在当今大批量生产中，白车身的主要材料是钢，但其他材料如铝合金及塑料正显得愈加重要，过去白车身材料采用常规低碳钢，然而为了减轻质量及增加结构性能，高强度钢(HSS)已变得愈加有前景了。

在可靠的生产工艺下，采用高强度钢可减轻质量。在大多数情况下，结构板件要求更大的拉伸强度以及更加复杂的负荷。大批量生产中，屈服强度高达420MPa的微合金钢和含磷合金钢在结构部件中(防撞击部件)，如车体内侧板、内侧柱等，已广泛应用。

3) 对大批量和小批量生产的影响

在金属车身面板和结构面板的生产成型过程中，深冲压为主要的生产工艺。然而在材料成型方面仍然可以进一步改进。生产工艺必须根据生产规模划分，车身内面板和外面板的大规模生产通常由冲压线和多工位压力机生产，因为这些生产方式可以满足批量的要求。而材料(尤其是超高强度钢)对压力机最大许可压力和单位工件生产时间有很大影响。

4) 泡沫金属在未来汽车中的应用

从泡沫塑料在建筑中广泛使用中得到启发，科学家们考虑在汽车工业中使用“泡沫金属”。目前汽车工业是消耗金属最多的工业之一。金属制造业虽然能生产2500多种性能各异的钢材和千百种有色金属。但仍然满足不了汽车制造业的特殊需要。如果“泡沫金属”能研制出来，它将成为未来汽车的最佳材料，这种泡沫金属零件的结构是：外表用薄钢制成，中心则用泡沫金属填充。

为了提高汽车的安全性和可靠性，需要从设计上、制造上，特别是材料方面考虑。例如，提高汽车结构材料的强度和韧性，使之更加坚固可靠，一旦发生撞车、翻车等交通事故时，能最大限度地减轻损伤程度，保证人员的乘车安全。同时，大力发展各种汽车用的具有特殊功能的材料，以提高汽车的自控能力，进一步改善汽车的性能。

由于节省能源、轻量化的需要有所改变，新材料相继推出和应用。在比较成熟的金属材料中，钢铁材料和轻金属材料也出现了新的发展趋势。

8.4 汽车用塑料

阅读材料8-3

全塑料汽车在英国上路——最高时速达100km

一款几乎和卡通片中小车一模一样的敞篷汽车在英国上路了，而更让人惊奇的是，这辆汽车各部件完全是由塑料制成，如图8.15所示。

这款名叫“欢乐敞篷”的汽车，由法国科研人员发明，有黄色、绿色、白色和银色4种颜色，和诺迪的座驾在外形上几乎相同，没有车顶和车门，前挡风玻璃也只有普通汽车的一半，因此开起来更像是一部摩托车。

图 8.15 全塑料汽车

而它的与众不同之处在于，整部车子包括内部的各种部件都是由塑料制成的，因此永远不用担心生锈的问题。车子的座椅也采用防水设计，即使下雨也可以放心地将车停在户外。这部塑料车的重量仅为370kg，是普通车子的1/3，并且装配了500毫升15kW的发动机，最高时速达100km，使得车子的动力—重量比配合得非常完美。设计者表示，轻便的车身可以使车子在弯道上表现得更加敏捷。有意思的是，这款车只有前进和倒退两个挡位，没有变速箱，而且是靠皮带传动。

1. 汽车用塑料的优缺点

塑料在汽车上的应用已有近50年的历史，其在汽车减重、安全、节能、美观、舒服、耐用等方面功不可没。这是因为塑料与其他材料相比，具有如下优点。

(1) 密度小、质量轻。轻量化是汽车追求的目标，塑料在此方面可以大显其威。一般塑料的密度在0.9～1.5kg/cm³之间，是铝的1/2；纤维复合强度密度也不会超过2.0kg/cm³，应用塑料是减轻车体质量的有效途径。每100kg的塑料可代替其他材料200～300kg，可减少汽车自重，增加有效载荷。

(2) 塑料的抗冲击性、柔韧性优良。耐磨、避振，能吸收大量的碰撞能量，能对强烈撞击有较大的缓冲作用，能对车辆和成员起到保护作用。因此，现代汽车上都采用塑化仪表板和方向盘，以增强缓冲作用。前、后保险杠、车身装饰条都采用塑料材料，以减轻物体对车身的冲击力。另外，塑料还具有吸收和衰减振动和噪声的能力，可以提高乘坐的舒适性。

(3) 比强度高。工程塑料的比强度是材料中最高的。如玻璃纤维增强的环氧树脂(玻璃钢)其比强度比刚高2倍左右。通过不同组分搭配的复合材料有含硬质金属的颗粒复合材料，有以夹层板材和树脂胶合纤维为主的层板复合材料和以玻璃纤维、碳纤维为主的纤维复合材料，这些复合材料具有很高的机械强度，可以代替钢板制作车身覆盖件或结构件，减轻汽车的质量。

(4) 耐化学耐腐蚀，局部受损不会腐蚀。塑料对酸、碱、盐等化学物质的腐蚀具有很强的抵抗能力。其中聚四氟乙烯是化学性能最稳定的材料(俗称塑料王)，把它放在浓硫酸中煮沸也不起变化。塑料对酸、碱、盐等抗腐蚀能力大于钢板，如果用塑料做车身覆盖件，十分适宜在污染较大的地区使用。

(5) 电绝缘性和绝热性优良。是电和热的绝缘导体，可与陶瓷、橡胶等绝缘材料相媲美。

(6) 设计自由度大，外观多样，可制成透明、半透明或不透明的制品，表面可制作具有特色的花纹。

(7) 着色性良好，可按需要制成各种各样的颜色。添加不同的材料和增塑剂，可适应车上不同部件的用途要求。例如保险杠要有相当的机械强度，而坐垫和靠背就要采用柔软的聚氨酯泡沫塑料。塑料可以通过添加调色剂形成不同的颜色，可以省去喷漆。

(8) 成型加工性优良。复杂形状的制品可一次成型，能采用各种成型方法大批量生产，生产效率高，成本低。大量使用会引起传统汽车零部件生产工艺(如大规模冲压、焊接)改变和生产设备(如冲、锻、车、削、磨等)变革。

(9) 环保、节约资源。可回收利用，能满足环境保护要求，是省资源、节能型的材料。

塑料也有如下若干缺点。

(1) 热性较差，多数只能在60～150℃下使用。导热性差、线膨胀系数大，约为金属材料的3～10倍。

(2) 收缩率大，难以制得高精密度的制品，尺寸稳定性差。

(3) 长期使用性能较差，易老化，易发生蠕变、疲劳、冷流、结晶等。

(4) 易燃烧，燃烧时会产生大量黑烟和有毒气体，污染环境、影响人类健康。

基于塑料有上述其他材料所不具备的特性，所以被汽车工业大量采用。特别是随着3次石油危机的爆发及石油资源日益枯竭，对汽车轻质节能要求日益增高，再加上对乘坐舒适安全的要求，发达国家汽车塑料件的用量逐年增加。

2. 塑料在汽车上的应用状况

塑料应用于汽车始于19世纪60年代，主要用于汽车的内饰件上，例如车内顶棚、仪表板、方向盘、车门内板、座椅和扶手等，目的是实现汽车内饰柔软化，使乘客有安全舒适感。到了20世纪70年代，能源危机促使汽车制造业开始大量采用塑料，以减轻汽车自重，降低油耗。20世纪80年代以后，汽车零部件的塑料化得到迅速发展，出现了塑料覆盖件、塑料功能件和结构件。特别是近年来，一些高性能的工程塑料和塑料复合材料已经应用于汽车外部结构件上，见表8-2。

表8-2 国外汽车用塑料种类及主要应用范围

种类	主要应用范围
PP	保险杠、蓄电池壳、仪表壳、挡泥板、嵌板、发动机罩、采暖及冷却系统制件、空滤器壳、水箱
PUR	座椅、仪表板、翼子板、车内地板、遮阳板、减振器、护板、保险杠
ABS	收音机壳、仪表壳、制冷与采暖系统、工具箱、扶手、散热格板、变速箱壳、内护板、反射镜壳体
PE	内护板、地板、油箱、行李架、刮水器、扶手骨架
聚酯类	气门罩、结构件、空调排气管、外模
PA	散热器盖、衬套、齿轮、皮带轮、气缸头盖、水泵叶轮
PVC	电线电缆包材、外装材料、地板垫、嵌材

续表

种类	主要应用范围
POM	加载齿轮、燃油系统、电气设备系统、各种轴承、衬套
PC	保险杠、前端板、车门把手、挡泥板、前灯
PMMA	后挡板、遮阳罩、灯罩
PPO	嵌板、耐冲击格栅
PF	化油器

目前在汽车中采用的塑料品种多达数10种。最早用于汽车上的塑料是热固性塑料，如酚醛等，主要用作电器绝缘及点火系统，其后是用于内装饰材料的聚氯乙烯和聚氨酯。随着汽车轻量化技术的发展，汽车外装件和结构件用的聚烯烃(PP、PE等)以及工程塑料(PA、POM、PC等)和纤维增强塑料复合材料(FRP)也大量用于汽车制造业中。表8-3列举了国内几种主要汽车的塑料用量及种类。

表8-3　目前国内主要汽车的塑料用量及种类

车型	PVC	ABS	PP	PE	PU	POM	PA	其他	合计
CA7220	21.34	13.64	16.86	4.13	9.70	0.16	2.40	20.20	88.33
捷达	11.77	13.50	25.50	6.80	7.42	0.60	2.00	2.40	70.00
桑塔纳	11.77	10.55	18.80	6.20	10.00	0.22	2.90	6.13	66.57
富康	24.00	4.00	30.00	9.00	12.00	1.00	5.00	6.50	91.50
夏利	6.50	4.00	20.00	10.00	8.50	0.50	1.50	4.00	55.10
切诺基	8.00	10.00	20.00	10.00	20.00	1.00		34.00	103.00
CA1046L	17.33	2.20	12.20	3.80	8.50	1.50		4.30	49.83
IV ECO	15.00	15.00	45.00	5.00	60.00	1.50	2.00	8.00	151.50
CA1092-Ⅰ	3.15	1.20	67.30	16.80	10.00	0.30	1.10	2.90	43.18
EQ 1092-Ⅱ	13.00	35.00	20.00	20.0	8.20	0.50	1.30	8.40	38.90
EQ1141G	15.00	4.60	10.90	2.50	7.50	0.40	1.50	17.40	59.80
JN 1419	27.10	1.00	0.15	0.03	32.50	1.00	0.60	20.00	82.38

1）聚烯烃

聚乙烯(PE)、聚丙烯(PP)都属于聚烯烃塑料。聚乙烯可用于制造燃油箱、挡泥板、转向盘、各类液体储罐、车厢内饰件以及衬板等，但聚乙烯最重要的用途是制造燃油箱。用高分子结构的高密度聚乙烯吹塑成型的塑料油箱与金属油箱相比主要优点是：设计自由度大，可充分利用空间，质量轻，耐腐蚀性好，尤其是遇到含甲醇汽油以及含氧元素的燃料情况下，更能显出塑料燃油箱的耐腐蚀性。另外，塑料燃油箱可将附件一体成型，从而能降低成本，简化工艺。

在汽车零部件中，聚丙烯是用量最大的热塑性塑料，仅北美每年的用量就可达到27

万吨。聚丙烯主要用于车身内装件、通风取暖系统的配件、发动机有关部件以及外装件，如汽车转向盘、仪表板、前后保险杠、冷却风扇、蓄电池壳、暖风管道等。例如，目前轿车上的保险杠多采用三元乙丙橡胶(EPDM)改性PP，经注射成型，这种增韧交联改性材料具有网状结构，大幅度提高了冲击强度，可满足保险杠耐冲击、耐热、耐老化、耐低温及刚性强、韧性好的要求。国内先后为切诺基、大众、夏利、桑塔纳、富康等车型配套研制开发了多个牌号的汽车保险杠PP专用材料，质量达到了标准要求。桑塔纳轿车的挡泥板也是用增韧改性PP经注射成型而成，如图8.16所示。

图8.16 汽车高度定向聚烯烃同轴喇叭

2) 汽车工程塑料

(1) 尼龙(PA)。尼龙具有较好的综合性能，尤其是玻纤改性后的尼龙，其强度、制品精度、尺寸稳定性等均有很大的提高。尼龙主要用于汽车发动机部件。进气歧管是改性尼龙在汽车中最为典型的应用。1990年德国宝马汽车公司首先将以玻纤增强尼龙为原料制造的进气歧管应用在六缸发动机上，以后美国福特与杜邦公司合作，共同用玻纤增强PA66制造进气歧管应用在V6发动机上。其后世界各大汽车公司纷纷跟进，改性尼龙进气歧管得到广泛应用。由于进气歧管的形状复杂，过去多数都采用铸铁或铸铝件。进气歧管塑料化有若干优点：①可大幅度减轻零件质量；②塑料管内表面比铸铁或铸铝件内表面光滑，空气流动阻力小，因此充气效率高，有利于提高发动机功率；③塑料的导热系数低，进气不受加热影响，从而提高混合气中的含氧量，有利于燃油充分燃烧和排气净化；④塑料的吸音和吸振性好，因此，塑料进气歧管的减振和降噪效果好。另外，发动机盖、发动机装饰盖、气缸头盖等部件一般也把改性尼龙作为首选材料。用改性尼龙代替金属制造气缸头盖，质量可减轻50%，成本降低30%。除了发动机部件外，汽车的其他受力部件也可使用增强尼龙，如机油滤清器、刮水器、散热器格栅等。我国自1998年开始限制汽车燃油蒸发排放污染量，用于制作燃油蒸发污染控制器(碳罐)的罐体材料要求耐热、耐油，且易焊接，一般都采用PA6制成，如图8.17所示。

图8.17 尼龙进气歧管

(2) 聚甲醛(POM)。聚甲醛是一种综合性能良好的热塑性塑料，在汽车制造业中获得越来越广泛的应用。聚甲醛具有很高的刚度和硬度，耐疲劳性和耐磨性突出，蠕变性和吸水性较小，尺寸稳定性和化学稳定性优良，电气绝缘性良好等，可用于制造多种汽车零件，如汽油泵、输油管、动力阀、齿轮、曲柄、把手、仪表板、汽车窗升降机装置、电开关、安全带扣等。聚甲醛生产的汽车部件质量轻。噪声低、成型装配简便，因此，可以广泛代替有色金属和合金生产轴承、齿轮、拉杆等。改性聚甲醛的耐磨系数很低，刚性很强，尤其适合制造轴套、齿轮、滑块等耐磨零件，如图8.18所示。

(3) 聚碳酸酯(PC)。聚碳酸酯在汽车上的应用主要是利用其透明性制造灯具、仪表标牌、遮阳板和窗玻璃。改性聚碳酸酯由于具有高机械性能和良好的外观，在汽车上可用于外装件和内装件，用途最为广泛的是 PC/ABS 合金和 PC/PBT 合金。PC/ABS 合金具有优异的耐热性、耐冲击性和刚性，以及良好的加工流动性，是制造汽车仪表板的理想材料，而且用 PC/ABS 合金制成的仪表板无需进行表面预处理，可以直接喷涂软质面漆或覆涂 PVC 膜。除仪表板外，PC/ABS 合金还用来制造车门把手、转向柱护套、汽车车轮罩、反光镜外壳、尾灯罩、汽车挡泥板等。PC/PBT 合金既具有 PC 的高耐热性和高冲击性，又具有 PBT 的耐化学药品性、耐磨性和成型加工性，是制造汽车外装件的理想材料，如汽车车身板、汽车侧面护板、挡泥板、汽车门框、保险杠等，如图 8.19 所示。

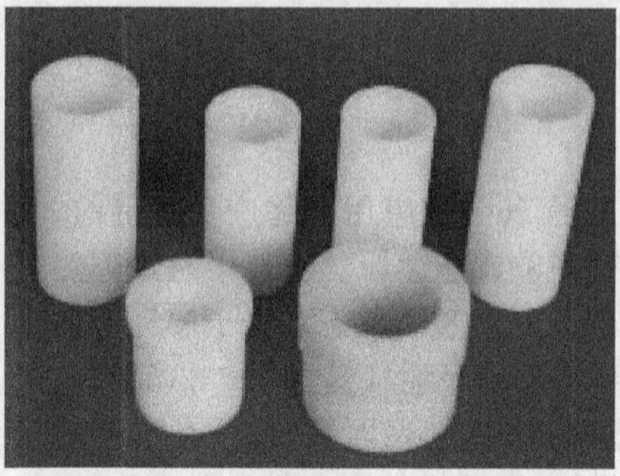

图 8.18 汽车聚甲醛衬套

图 8.19 车门上采用了透明的聚碳酸酯树脂

3) 纤维增强塑料复合材料

纤维增强塑料复合材料(FRP)是一种纤维和塑料复合而成的材料。FRP 材料中较典型的有玻璃纤维增强塑料(GFRP)和碳纤维增强塑料(CFRP)。

玻璃纤维增强塑料(GFRP)，俗称“玻璃钢”。由于它具有强度高、工艺性能好、价格低等特点，在汽车上得到广泛的应用，可用于制造保险杠、发动机罩、挡泥板，甚至于整个车身壳体。目前发达国家已在汽车制造中大量采用玻璃钢片状模塑料(SMC)，应用领域包括悬架零件、车身及车身部件、发动机盖下部件、车内装饰部件等，其中尤以保险杠、车顶、前脸部件、发动机罩、发动机隔音板、前后翼子板等部件用量最大。由 MDI 公司研发，采用玻璃纤维等材料制作，全重仅 220kg，其动力来自于一个容量为 350L、压强为 35MPa 的空气罐子，通过这些压缩气体推动空气发动机做功，AIRPod 最高时速可达 70km，而且续航成本非常低，如图 8.20 所示。

碳纤维增强塑料(CFRP)是汽车轻量化最理想的材料之一，但由于成本太高，CFRP 零件尚未实现批量生产。美国福特公司进行了大量的 CFRP 应用实验，所有研究结果均表明，CFRP 具有作为汽车材料的优良特性。例如，用碳纤维增强塑料 CFRP 制造的板簧零件强度高、模量大、热膨胀系数小、减摩性好、质量只有 14kg，比现有材质轻 76%。一旦解决了成本问题，将有大量的 CFRP 用于汽车工业中，应用部件将包括：发动机系统中的推杆、连杆、摇杆、水泵叶轮、散热器等，底盘中的传动轴、离合器片、加速装置、悬置件、弹簧片、框架等，车体上的车顶内外衬、地板、侧门等，如图 8.21 所示。

图 8.20　AIRPod 空气动力汽车

图 8.21　碳纤维轮毂

4) 玻璃纤维毡增强热塑性塑料

近年来，欧美玻璃纤维毡增强热塑性塑料(GMT)在汽车中的应用日趋广泛。目前，GMT 成型工艺有两种：①干法成型，即利用玻璃纤维针刺毡或连续原丝毡与聚丙烯等热塑性塑料复合成片材，在裁切成所需形状后经红外加热使树脂至塑熔状态，置于模具中加压成型为最终产品。这种片材所制的产品等用于汽车部件，如保险杠衬里等；②湿法成型，其工艺类似造纸工艺，它是将短切玻璃纤维与热塑性塑料(如聚丙烯)粒子在水中混合，借助于助剂的作用使塑料颗粒悬浮在水中，将此浆料送到纸机的网上脱水形成片材，该片材经特制的加热系统使塑料粒子达到塑熔状态，将纤维固结在一起最终形成干的片材，用这种片材经模压可以制出各种外观良好的汽车外装饰部件，其强度虽低于干法 GMT 制品，但是却高于短纤维增强热塑性塑料注塑制品。目前这种工艺在美国、芬兰及日本均已建线生产。

由于 GMT 具有很多的优异性能，如耐化学性好、强度与重量比大，在高、低温环境中的抗冲击性能优良等，GMT 产品广泛应用于汽车工业。而 GMT 的最大单项用途是汽车前端组件，此项用途开发于数年前，现仍在大幅增长。汽车工业使用非 PVC 底板保护材料的趋势和提高车身下部空气动力性能的愿望，为 GMT 提供了新的机遇。为此开发出了比以前更薄，但仍具有良好抗冲击性能和刚度的车底保护板。这一用途在欧洲将长期成为 GMT 的一个大市场。

GMT 在汽车后座中的应用已有 15 年之久。根据新的安全要求，中部座位的乘客也须佩带安全带，新的设计将此安全带固定装置与座位整体成型。在这方面，GMT 比钢材更具有成本和重量优势。在美国，已采用 GMT 制造的 I 形梁代替传统的 C 形截面保险杠。这种 I 形梁性能好、成本低、重量轻。这一用途也已传入欧洲。

近年来随着 GMT 技术的不断改进，出现了性能更为优越的 GMT。它具有以下优点和用途：①制件性能稳定，重复性好，适用于轿车仪表盘、座位等结构件；②含矿物填料，用作保险杠时兼具有高强度和高韧性，可吸收高能量；③流动性好，用于发动机减噪装置时可设计成壁厚小但有细筋增强的制件；④制件可回收利用，经济性好，是某些汽车车身底板的理想材料。

5) 塑料合金

巴斯夫为 2006～2007 通用 Opel Zafira Tracker SUV 汽车内饰件提供了一种玻纤填充

的 Terblend N ABS/尼龙 6 合金，这在全球尚属首例。该车型 1.8m 长的顶部支架注塑件用 Terblend N NG-02(8%玻纤)和 NG-04(20%玻纤)混配的合金制作，材料不需喷涂、耐热、耐刮伤，减震性能好于 ABS、PC/ABS 以及 PP。

GE 塑料集团最新推出的绿色创想产品 Noryl GTX 树脂，它是聚酰胺(PA)和改性聚苯醚(PPE)的合金材料。它结合了 PPE 聚合物的尺寸稳定性、耐热性与 PA 聚合物的耐化学性和易加工特性。这使得此类本身具有良好耐化学性的材料，又具备了良好的硬度、抗撞击性和在线喷涂所要求的耐热性。同时 NorylGTX 树脂具有良好的环保和经济优势，可替代汽车车身壁板上的传统钢材。它不仅可以减轻车身的重量，从而降低燃料消耗并减少二氧化碳的排放量，而且还可以回收再利用。另外，它还给设计者带来了更大的创作空间。

3. 现代车用塑料制品新动向

利用塑料的质轻、防锈、吸振、设计自由度大的特点，现代汽车用塑料结构件取得了长足的进步，而且是今后重点发展方向之一。塑料制品不仅能够减少零件质量，在降低噪声方面也起到很好的作用。生产厂家应利用塑料制品成型的特点，尽量使多个零件一体化，减少零件的数目，设法达到一次成型复杂零件的目的。汽车上塑料的使用量每年呈递增趋势，可以预测，这种倾向在今后还会继续。在汽车设计的诸多条件当中，为了轻量化和降低成本，在设计上采用塑料具有重要的意义。今后的车用材料，正由金属向塑料方向转化。

1) 工程塑料

随着汽车负荷的增大，普通塑料已无法满足高应力零件如悬架弹簧、高温件、活塞等发动机零件以及对表面质量要求越来越高的外板等部件的使用要求。对此有两个途径可供选择：①采用纤维增强型复合材料，这在飞机制造业已大量采用，但对大批量生产且要求成本低廉的汽车来说，其复合化的进程较慢；②采用高级工程塑料 EP 及较简单的加工方法，这正是人们期望的。

2) 塑料在功能零部件上的应用

高分子材料的发展方向除了高性能化外，高功能化也是很有前途的。随着汽车电子化进程的加快，塑料无法屏蔽电磁波的性能是亟待解决的大问题，特别是发动机室的发动机罩和防护板的问题最大。因而提出了利用电导性塑料这一课题。

电导性塑料分为在基体聚合物中掺入电导性填料的复合型电导性塑料和塑料本身具有电导性的电导性高分子化合物两种。目前已有 20 余种电导性高分子化合物。电导性高分子材料轻且加工容易，即使复杂形状也能简单制作，机械强度足够，耐药品性优良，但其氧化稳定性差，在空气中放置会立即氧化。对此，可采用其他的氧化稳定性好的塑料涂覆表面的方法加以解决。电导性高分子化合物不仅作为电磁波屏蔽材料，还可用作电极材料、太阳电池材料等。

3) 塑料电池

在聚乙炔等电导性聚合物上包层金属薄箔，浸入电解液，引出导线，即可制成二次电池。塑料电池引人注目的原因：①单位质量的电容量大；②释放电压高，若采用有机电解液、锂电池，则几乎所有塑料电池的释放电压都可达 3.5V 以上；③具有较高的功率输出密度，功率输出密度是由电极的有效表面积和离子向电极方向的扩散速度及电解液的电阻决定，聚乙炔的有效表面积是现在表面积的数千倍，因而功率输出密度可望大幅度提高；④形状可自由选择，也可制成薄板型，用于汽车时能很方便地埋伏起来；⑤无公害，不必担心镉等重金属污染。但塑料电池的自放电大、寿命短。

4）塑料窗玻璃

目前，中间夹塑料膜的复合玻璃普遍用于高级轿车上。在美国，在挡风玻璃的三层安全玻璃的里面又进一步附了20μm厚的聚氨酯膜，这是为了保护乘员在车受冲撞时不至于被玻璃碎片毁面而设计的，已得到普遍认可。同时，绝大部分客车采用丙烯酸树脂板，但由于“FM2VSS205”的修订，美国客车的窗玻璃，除前窗玻璃、司机左右侧窗玻璃外，已全部使用硬质透明塑料。窗玻璃塑料化主要目的是节能和保护乘员安全。

5）光导纤维

光导纤维作为今后非常有发展前途的光电元件的导线特别值得重视。光电元件的开发领域很广阔，包括光应用机械、光情报处理、光计算机、光应用传感元件、加工技术、电力、照明、供光、加热等。光导纤维材料有 SiO_2 系的陶瓷纤维和PMMA系的塑料纤维。由于在汽车上使用时输送距离不成问题，信息量也不太多，因此，输送损失和输送速度无需像地上通信线路那样地严格要求，完全可以选用便宜的塑料光导纤维。

6）塑料磁铁

将铁氧体、稀土类钴、阿尔科尼铜等硬质性粉末用塑料粘结剂填充形成的塑料磁铁，具有塑料的优良成型性与磁铁相结合的优点。作为粘结剂的有热可塑性尼龙6、尼龙11、尼龙12、PP、PBT或热可塑性的环氧树脂、酚醛树脂等。在汽车上主要应用在刮水器电机的磁场带、蓄电池液面传感器上。

7）隔音材料的应用

塑料不仅轻而且具有隔音效果。GM公司采用一种用AFV－4522(热塑性树脂，起隔音作用)粘接在Azdel(40%GFRP的刚性高，用作骨架材料)上的复合材料，起到降低柴油机发动机噪声的作用。把Azdel进行模压成型，在其上用特殊的树脂粘结剂粘接AFV－4522。由于AFV－4522具有隔热性，故也起到隔断车室内的传热效果。福特公司的柴油发动机铝活塞下部外围粘接上塑料制成的套，这样可减轻活塞质量和下降往复惯性力，有吸收活塞敲缸撞击的效果和抑制发动机噪声的作用。

8）现代汽车的塑料内装件

为了减轻内饰质量，许多汽车厂开始采用比ABS树脂和聚丙烯轻的，由玻璃纤维增强泡沫RIM聚氨酯制成的饰板。用泡沫聚氨酯制成的门板可比玻璃纤维门板轻15%～30%，强度、吸声性和安全性能也好。在内饰方面，汽车和内饰制造商正不断推出新型内饰材料，在不增加费用的情况下，满足用户舒适性和安全感方面的要求。Woodbridge Group开发出一种新型泡沫聚氨酯，它不仅容易浇注在基板上，还可增加基板的刚度，可用来制作各种形状的内饰件。GM公司还推出了一种复合噪声控制薄膜全新产品，它实际上是一种胶带，可放在螺钉与塑料基板之间防止两者摩擦，也可放在车门把手与车门饰板之间用于降噪。

9）现代汽车的塑料外装件

本田的帕拉特赛车是最早在外装上大幅度塑料化的，达到车身表面积的40%，与原来1t车身质量相比，质量只有700～800kg。各国使用的塑料品种大体相似，尽管数量有所不同。常见塑料外装制品有保险杠、阻流板、面罩(散热器格栅)、侧防撞条、后视镜框、门把手、后装饰挡板、轮罩以及车身外板。这些塑料制品从材料角度来看大致分为三大类，即塑性塑料注射成型制品、复合塑料模压制品、聚氨脂反应注射模(RIM)成型制品。

10）车身塑料化

目前世界各国都在进行着车身塑料化的开发研究工作。克莱斯勒汽车公司将推出新型塑料汽车，车身由 PET 塑料制造的六大部分组成，不用涂料，能够使汽车的造价降低一半。

车身板用塑料主要是以 SMC(热固性片状模塑料)为主。20 世纪 90 年代出现的 CTMT(玻璃毡增强热塑性复合塑料)材料在汽车上的应用被誉为 20 世纪汽车工业材料方面最大的突破之一。这种材料力学性能优异，成型周期短，可制造大型结构件及可以回收利用，因此受到汽车界的关注。CTMT 片材便于冲压成型，适合于制造结构件或大型覆盖件。SMC 及 GMT 可以用作制造发动机罩、车顶、行李箱盖板等受力水平部分，PIM 或 PA/PPO、PC/ABS 塑料完全可用作制造叶子板、车身外板、阻流板等垂直部分。

8.5 汽车纳米材料

纳米材料广义上是三维空间中至少有一维处于纳米尺度范围或者由该尺度范围的物质为基本结构单元所构成的超精细颗粒材料的总称。由于纳米尺寸的物质具有与宏观物质所迥异的表面效应、小尺寸效应、宏观量子隧道效应和量子限域效应，因而其在结构、光电、力学、磁学、催化、物理化学性质等方面的诱人特征，在通信、电子、激光技术、生物学等工业领域有着广泛的应用。

汽车技术的发展有赖于材料技术的发展，例如，纳米材料界面具有无序性，使得表面活性高，因而可制成各种高性能的催化剂。纳米界面材料技术，即超双亲性(亲水亲油)二元协同界面材料技术、超双疏性(疏水疏油)界面材料技术，可以在任何材质表面实现。因此，如果国产橡胶材料使用了纳米技术，长期困扰国产汽车的漏油(水)、渗油(水)等问题将得到解决。另外，由于纳米粒子尺寸小于可见光的波长，纳米塑料可以显示出良好的透明度和较高的光泽度、这样的纳米塑料在汽车上也将有广泛的用途。

阅读材料 8－4

纳米技术怎么应用在汽车上

在“纳米世界”里，汽车会变成一个什么样子？其实，“纳米汽车”在结构和形状上不会发生什么根本性的变化，它对汽车的改变只针对于汽车应用材料，譬如经过纳米技术处理的部分材料，其耐磨性可以是黄铜的 27 倍或是钢铁的 7 倍，用这种技术制造的纳米陶瓷轴承已经被应用到了奔驰、宝马等高级轿车上。

纳米技术能够从汽车车身应用到车轮，几乎可以涵盖一辆汽车的全部，纳米技术在汽车材料上的广泛应用，也将使发动机产生质的飞跃，汽车轮胎将变得五颜六色，纳米技术还能改善汽车尾气的排放。就目前来说，只有纳米技术，才是新世纪汽车发展的核心技术。

汽车技术的发展有赖于材料技术的发展，而纳米技术的应用，为材料技术的发展奠定了基础。纳米界面材料技术即超双亲性二元协同界面材料技术(亲水亲油)和超双疏型界面材料技术(疏水疏油)，可以在任何材质表面实现。另外，根据纳米材料的结构特点，把不同材料在纳米尺度下进行合成与组合，可以形成各种各样的纳米复合材料，例如纳米功能塑料，纳米功能塑料可以改变传统塑料的特性，呈现出优异的物理性能：强度高、耐热性强、比重更小。由于纳米粒子尺寸小于可见光的波长，纳米塑料可以显示出良好的透明度和较高的光泽度，这样的纳米塑料在汽车上将有广泛的用途。随着汽车应用塑料数量越来越多，纳米塑料很可能会普遍应用在汽车上。这些纳米功能塑料中最引起汽车业内人士注意的有阻燃塑料、增强塑料、抗紫外线老化塑料、抗菌塑料等。

阻燃塑料是以纳米级超大比表面积的无卤阻燃复合粉末为载体，经表面改性制成阻燃剂，利用纳米技术添加到聚乙烯中。由于纳米材料的粒径超细，经表面处理后具有相当大的表面活性，当燃烧时其热分解速度迅速，吸热能力增强，从而降低基材表面温度，冷却燃烧反应。同时当阻燃塑料燃烧时，超细的纳米材料颗粒能覆盖在被燃材料表面并生成一层均匀的碳化层，此碳化层起到隔热、隔氧、抑烟和防熔滴的作用，从而起到阻燃作用。这种阻燃塑料具有热稳定性高，阻燃持久、无毒性等优点，消除了普通无机阻燃剂由于添加量大对材料力学性能和加工材料污染环境带来的缺陷，可以取代有毒的溴类、锑类阻燃材料，有利环境保护。目前汽车设计要求规定，凡通过乘客座舱的线路、管路和设备材料必须要符合阻燃标准，例如内饰和电气部分的面板、包裹导线的胶套、包裹线束的波纹管、胶管等，使用阻燃塑料能够轻易达到要求。

增强塑料是在塑料中填充经表面处理的纳米级无机材料蒙脱土、$CaCO_3$、SiO_2 等，这些材料对聚丙烯的分子结晶有明显的聚敛作用，可以使聚丙烯等塑料的抗拉强度、抗冲击韧性和弹性模量上升，使塑料的物理性能得到明显改善。增强增韧塑料可以代替金属材料，由于它们比重小、重量轻，因此广泛用于汽车上，可以大幅度减轻汽车重量，达到节省燃料的目的。这些用纳米技术改性的增强增韧塑料，可以用于汽车上的保险杠、座椅、翼子板、顶棚盖、车门、发动机盖、行李箱盖等，甚至还可用于变速器箱体、齿轮传动装置等一些重要部件。

抗紫外线老化塑料是将纳米级的 TiO_2、ZnO 等无机抗紫外线粉体混炼填充到塑料基材中。这些填充粉体对紫外线具有极好的吸收能力和反射能力，因此这种塑料能够吸收和反射紫外线，比普通塑料的抗紫外线能力提高 20 倍以上，据报道这类材料经过连续 700 小时热光照射后，其扩张强度损失仅为 10%，如果作为暴露在外的车身塑料构件材料，能有效延长其使用寿命。

抗菌塑料是将无机的纳米级抗菌剂利用纳米技术充分地分散于塑料制品中，可将附着在塑料上的细菌杀死或抑制生长。这些纳米级抗菌剂是以银、锌、铜等金属离子包裹纳米 TiO_2、$CaCO_3$ 等制成，可以破坏细菌生长环境。据介绍无机纳米抗菌塑料加工简单，广谱抗菌，24h 接触杀菌率达 90%，无副作用。高效的抗菌塑料可以用在车门把手、方向盘、座椅面料、储物盒等易污垢部件，尤其是公交车扶手采用无机纳米抗菌塑料，可以大大减少疾病的传播，改善车上卫生条件。

也就是说，纳米功能塑料在汽车工业中将取代现有的大部分应用材料，其成本会降低很多，而强度和安全性却还会有一定的提升。

1. 纳米技术在现代汽车零部件上的作用

纳米技术能够从汽车车身应用到车轮，几乎涵盖了汽车的全部，纳米技术在汽车上的广泛应用，将降低汽车各部件的磨损；降低汽车的油耗，减少汽车的使用成本；一定程度上，还能消除汽车尾气的污染，改善排放。

1）降低汽车部件的磨损

纳米润滑剂是采用纳米技术改善润滑油分子结构的纯石油产品，它不对任何润滑油系列添加剂、处理剂、稳定剂、发动机增润剂、减磨剂等产生作用，只是在零件金属表面自动形成纯烃类单个原子厚度的一层保护膜。由于这些极微小的烃类分子间的吸附作用，能完全填充表面的微孔，它们如液态的小滚珠，最大可能地减少金属与金属间微孔的摩擦。

与高级润滑油或固定添加剂相比，其耐压性可增加3～4倍，磨损面大为减少。由于金属表面得到了保护，减少了磨损，耗能大大减少，使用寿命成倍增长，且无任何副作用。另外，由于纳米粒子尺寸小，经过纳米技术处理的部分材料耐磨性是黄铜的27倍，是钢铁的7倍，目前纳米陶瓷轴承已经应用在奔驰等高级轿车上，使机械转速加快、质量减小、稳定性增强、使用寿命延长。

2）降低汽车的油耗

汽油是汽车业与新技术链接的开端。纳米汽油是我国汽车业与纳米技术链接的开端，采用最新纳米技术研制开发的汽油微乳化剂，能改善汽油品质，最大限度地促进汽油燃烧，使用时，将微乳化剂以适当的比例加入汽油即可。汽油加入微乳化剂后，可降低车辆油耗。纳米汽油已在中国研制成功，节约能源和减少污染是它的最大优点。有关部门专家经试验后认为，汽车在使用加入该微乳化剂的汽油后，可降低其油耗10%～20%，增加动力性能25%，并使尾气中的污染物(浮碳、碳氢化合物、氮氧化合物等)排放降低50%～80%。还可清除积炭，提高汽油的综合性能。

3）汽车尾气净化

纳米钛酸钴是一种非常好的石油脱硫催化剂。以55～70mm的钛酸钴半径作为催化活体多孔硅胶或Al_2O_3陶瓷作为载体的催化剂，其催化效率极高。经它催化的石油中硫的含量小于0.01%，达到国际标准。最新研究成果表明，复合稀土化物的纳米级粉体有极强的氧化还原性能，这是其他任何汽车尾气净化催化剂所不能比拟的。它的应用可以彻底解决汽车尾气中一氧化碳(CO)和氮氧化物(NO_x)的污染问题。

4）纳米复合材料车体

用10%碳纳米管分散于不同的工程树脂中，包括聚碳酸酯、聚酰胺、聚酯和聚苯醚/聚酰胺(PPE/PA)等，其导电率均比炭黑、微米级填料和不锈钢纤维作填料的高。如果用导电性纳米管填充的PPE/PA复合材料做车体，既具有抗冲击的韧性，又可方便喷漆操作，使漆层能与车体良好地结合。

有机/无机纳米复合材料还具有良好的高温性能，适于制作汽车外罩。用少量熟土(层状硅酸盐)制造尼龙纳米复合材料，具有独特性能，既提高了聚合物刚度和强度，又未牺牲其韧性。更重要的是这种材料具有很好的高温抗弯能力，这种尼龙-黏土纳米复合材料已经在丰田个别车型上使用。同时汽车车身及发动机气缸用纳米材料制造也有很多优点。

5）纳米发动机和电池

日本制成了直径为1～2mm的静电发动机。德国也在用纳米技术造微型电子机械系统方面取得突破。而电池用纳米化材料制作，体积甚小，储氧能力极大，可以解决电动汽车轻量化的难题。

2. 纳米材料在汽车涂料中的应用

利用纳米材料特殊的抗紫外线、抗老化、高强度和韧性、良好的静电屏蔽效应、色泽变换效应、抗菌消臭功能等，开发和制备新型、性能优异的汽车涂料具有广阔的应用和发展前景。

1）防护涂料

防护涂料利用纳米粉体材料较强的紫外光反射特性，将纳米 TiO_2 粉体按一定比例加入到涂料中，可以有效地遮蔽紫外线，免受紫外光损害。将其涂于诸如玻璃、塑料、金属、漆器甚至磨光的大理石表面上，有防蛀、防尘、耐腐蚀、耐磨、防火等作用。

纳米 SiO_2 是一种抗紫外线辐射材料(即抗老化)，加之其极微小颗粒的比表面积大，能在涂料干燥时很快形成网络结构，同时增强涂料的强度和光泽度。因此为了提高涂料的抗老化和光泽度，添加纳米 SiO_2 是关键环节。

2）变色涂料

新型变色涂料包括碰撞变色涂料和温敏变色涂料。

(1) 碰撞变色涂料是为了防止汽车碰撞留下隐患，在涂料内含有微型胶囊，胶囊中装有涂料。涂有这种涂料的汽车，一旦外壳受到碰撞等外力作用，胶囊破裂释放出染料，使受撞部位颜色立即改变或变成指定颜色，以提醒人们重视。目前汽车外壳上的涂料，受撞时不会改变颜色，只是外观上略有变化，这样其内部创伤不易发现而留下后患。使用变色涂料后，可根据变色情况对撞伤部位进行修复，消除隐患。

(2) 温敏变色涂料可随环境阴冷和温度高低而改变颜色。例如，涂有某种温敏变色涂料的车辆，一旦遇到天气阴冷和气温下降时，车身的颜色就会随环境的改变而自行变化，以便对方司乘人员和交通管理人员易于发现识别，避免车祸和交通事故的发生。

3）汽车面漆涂层的应用

纳米颗粒分散在有机聚合物骨架中，作为承受负载的填料，与骨架材料相互作用，有助于提高材料的韧性和其他力学性能。研究表明，将10%的纳米级 TiO_2 粒子完全分散于树脂中，可提高力学性能，尤其抗划痕性能大大提高，而且外观好，利于制造汽车面漆涂料。将改性纳米 $CaCO_3$，以质量分数15%加入聚氨酯清漆涂料中，可提高清漆涂料光泽性、流平性、柔韧性、涂层硬度等。

4）除臭涂料

纳米材料具有强的抗卤消臭功能与吸附能力，因此利用某些纳米微粒作载体，吸附抗菌离子，制成脱臭涂料用于汽车内饰等表面达到杀菌、抗菌的目的。用纳米 ZnO/SiO_2 颗粒作为消臭剂的除臭纤维，能吸收臭气净化空气，可用于汽车内饰纺织品、窗帘用纺织品等。纳米 ZnO 微粒不仅具有良好的紫外线遮蔽功能，而且也具有优越的抗菌、消毒、除臭功能，因此将其作为功能助剂对天然纤维进行整理后可以获得性能良好的抗菌织物。

5）抗石击涂料

汽车车体最贴近地面的部分，往往受到各种溅石、瓦砾的冲击，这就需要有性能良好的抗石击涂料。在汽车窗导槽等经常摩擦磨损部位，应该用具有低摩擦系数的涂料，从而减少对汽车的损伤。

6）防静电涂料

由于静电的作用会引起诸多麻烦，因此汽车内饰件涂料及塑料部件用防静电涂料的开发和应用日益广泛。美国用纳米材料可作为静电屏蔽涂层，日本利用纳米氧化物制成多颜色的静电屏蔽涂料，还研发了汽车塑料部件用无裂纹抗静电透明涂料。

纳米技术能够从汽车车身应用到车轮，几乎涵盖了汽车的全部，使得未来的纳米汽车更加经济舒适、安全可靠、动力强劲和色彩鲜艳。

8.6 复合材料在现代汽车上的应用

复合材料是由纤维等增强材料与基底(母体)两种或两种以上性质不同的材料，通过各种工艺手段组合而成。它与纤维增强塑料(FRP)、纤维增强金属(FRM)、金属—塑料层叠材料等相当，具有重量轻、强度高、刚度好的特点，这些复合材料在汽车零部件上应用也很盛行。复合材料是应现代科学技术发展而涌现出的具有强大生命力的材料，它的组分材料具有不同的化学或物理性质，其各组分材料之间具有明显的界面。在工程上，所谓复合材料通常是指将一种材料人为均匀地分散在另一种材料中，以克服单一材料的某些弱点，使之优于各组分材料的综合性能，有时甚至成为各组分材料所没有的优良性能的新材料。

阅读材料8－5

汽车工业开始全面试用高科技纤维复合材料

宝马公司2001年率先试厂开发和试验高强轻量的碳纤维复合材料(CFRP)车体板和其他部件，所用碳纤维系Zoltek公司生产的大丝束产品，目标是2007年生产出采用CFRP制造的系列汽车。Zoltek公司总裁确信，在未来5年内碳纤维将引起汽车工业革命性的变革。

英国Cranfield大学受政府资助的研究成果也表明，每年生产2万辆的CFRP汽车是可行的，这种采用轻量化材料的汽车将改进其燃料效率，其刚性比钢制部件高，在高风力下具有良好稳定性，这一点对赛车和运动型车而言更为重要。目前已研制出的CFRP汽车长4.3m、宽1.7m、高1.4m，重量只有570kg。碳纤维由德国Tenax公司提供。

此外，部分型号的奔驰车门也采用了CFRP材料。在这种强度高且密度低的复合材料中，碳纤维的用量高达60%。目前每年只生产1000件这样的车门。加拿大的一家汽车公司认为，目前碳纤维的价格对价值20万美元的汽车是没有问题的，它们研制的C－7豪华双人旅游车便是由CFRP部件制造的。该车的空气动力学车头和仪表板是由CFRP制成的。

近年来碳纤维复合材料不仅在汽车上的应用越来越广泛，同时它也在不断地“升级”。在日内瓦车展上首次亮相的兰博基尼 Aventador J 跑车不仅整个车身都使用了碳纤维复合材料，而且还采用了新的座椅装饰材料，该材料被称为 Carbonskin，如图 8.22 所示。据报道这种新材料是碳纤维以 2×2 斜纹模式编制成的，然后通过一个汽车行业没有使用过的全新的浸渍系统注入一种新型的树脂，这个灌注过程稳定并增强纤维结构，而且固化后仍能保持柔软和灵活。制作出的新材料具有亚光的面料，据说重量仅是皮革的一半，并且塑性强，可以被塑造成各种轮廓。

图 8.22　Carbonskin 座椅

除了碳纤维复合材料，其他复合材料等新材料也在汽车上发挥着优势。比如，汽车的光显示系统可以采用塑料光纤，而发动机的传感器则采用耐 150～180℃高温的耐热塑料光纤。此外，汽车的空调滤材，美国过去多采用折叠式的玻纤精密滤材，但由于其耐弯曲磨耗性较差，最近正改用熔喷法超细纤维的无纺布滤材。如 3M 公司的产品是以纺粘法聚酯无纺布为基材，与熔喷法超细纤维相组合。至于汽车的轮胎帘子布，特别是重型车用的斜交胎，它需要 6 层的尼龙帘子布，工序非常繁杂。随着节能环保型汽车对轻量化的要求，芳纶帘子布就显示出优势。芳纶(一种高强度纤维)可以用 1 层代替 6 层的帘子布，不仅减轻重量，而且摩擦阻力小、操控稳定性好，适合高速行驶。现在米其林公司就有一条芳纶子午胎生产线。

1. 复合材料的功能、性能

复合材料是各向异性的非均质材料，与其他材料相比有以下特点。

(1) 比强度和比模量高，这是其最大优点。因为材料比强度提高，制造同一零件则自重小，采用比强度和比模量高的材料，可以大大提高动力设备的效率。纤维增强复合材料的比强度和比模量是各类材料中最高的。当用复合材料制成与高强度钢具有同等强度和刚度的零件时，其质量可减轻 70%左右。

(2) 抗疲劳性能好。纤维增强复合材料中的纤维与基体间的界面能够有效地阻止疲劳裂纹的扩展，外加载荷由增强纤维承担。大多数金属材料的疲劳强度极限是其拉伸强度的 30%～50%，而复合材料则可达到 60%～80%。

(3) 减摩、耐磨、自润滑性好。在热塑性塑料中掺入少量的短切碳纤维可大大提高它的耐磨性，增加的倍数为原来的好几倍。选用适当塑料与钢板复合可做耐磨物件，如轴承材料等。

(4) 化学稳定性良好。纤维增强酚醛塑料。可长期在含氯离子的酸性介质中使用。用玻璃纤维增强塑料可制造耐强酸、盐、酯和某些溶剂的化工管道、泵、阀、容器等设备。耐碱纤维可用来取代钢筋与水泥复合。

(5) 耐高温烧蚀性好。纤维增强复合材料中除了玻璃纤维软化点较低(700～900℃)外，其他纤维的熔点(或软化点)一般都在2000℃以上，用这些纤维与金属基体组成发热复合材料，高温下强度和模量均有提高。

(6) 工艺性与可设计性好。调整增强材料的形状、排布、含量，可满足构件的强度、刚度等性能要求，且材料与构件可一次成型，减少零部件、紧固件和接头的数目，材料利用率大大提高。

(7) 其他特殊性能。复合材料具有耐烧蚀性、耐辐射性、耐蠕变性及隔热性、特殊的电、光、磁等性能，韧性和抗热冲击性好、耐热性好，具有导电和导热性。缺点是层间剪切强度低、耐热性和表面硬度低，易老化、稳定性差、质量不易控制，成本较高。

为适应社会的需求，现代汽车正朝着轻量化、安全、节能、高速、低公害和长寿方向发展。汽车轻量化的目的是节能和减轻排放污染。同时环境保护成为可持续发展战略必不可少的条件，而复合材料的发展趋势正朝着延长使用期以及可再生的方向发展。

2. 常见的车用复合材料

1) 纤维增强材料

作为结构材料使用的玻璃钢及其他复合材料是常用纤维状增强材料。纤维增强材料是增强塑料的骨架，基本上决定了复合材料的强度和刚度。在增强材料中，应用最广泛的为玻璃纤维及其制品。玻璃纤维的种类很多，除了常用的无碱纤维、中碱纤维外，还有高强玻璃纤维、高弹玻璃纤维和耐化学介质腐蚀玻璃纤维等。玻璃纤维制品的种类达120多种，用于玻璃钢的主要有玻璃布、玻璃带、玻璃纤维合股纱、无捻粗纱、无捻粗纱布、短切毡、单向布、表面毡、短切纤维和磨碎纤维等。玻璃纤维是将熔化的玻璃以极快的速度拉制而成。不燃烧，伸长率和线膨胀系数都较小，具有较高的抗拉强度。化学稳定性高，除氢氟酸、热浓磷酸和浓碱外，对其他化学介质均有良好的稳定性。玻璃纤维缺点是脆性大，耐磨性、耐柔性较差。纤维表面光滑，不易与其他物质相结合。

随着人们保护环境意识的日益增长，各种天然纤维又重新被人们进一步认识而再次步入汽车部件的领域。车用天然纤维主要是指植物纤维，如洋麻、大麻、亚麻、黄麻和剑麻等麻纤维及椰壳纤维等。天然纤维作为隔热、吸音和阻尼材料，特别是作为聚合材料的填充和增强材料，因在重量和成本方面的优势，在汽车内饰件制造中的作用愈来愈大，并已开始了用于汽车外部部件，如挡泥板衬和扰流板等。

2) 碳纤维增强复合材料

碳纤维增强塑料具有质轻、高强度、高模量、减摩耐磨、热导率大、自润滑、耐腐蚀、抗冲击性好、疲劳强度大等优越性能，在现代汽车工业中的应用将越来越广泛。这是近年来发展较快的一种复合材料，基体材料有各种树脂、碳、金属、陶瓷。树脂又分热固性树脂和热塑性树脂。

(1) 碳纤维增强热固性塑料。碳纤维增强热固性塑料是以热固性塑料为基体，以碳纤维及其织物为分散质的纤维增强塑料。碳纤维及其织物与环氧、酚醛等树脂制成的复合材料具有强度高、模量高、密度小、减摩耐磨、自润滑、耐腐蚀、耐疲劳、抗蠕变、热膨胀系数小、导热率大、耐水性好等特点。

(2) 碳纤维增强热塑性塑料。碳纤维增强热塑性塑料是指以碳纤维为分散质，热塑性塑料为基体的纤维增强塑料。碳纤维增强热塑性塑料近年来发展较快，其特点是：强度与刚性高、蠕变小、热稳定性高、热膨胀系数小、减摩耐磨、不损伤磨件、阻尼特性优良。与玻璃纤维增强塑料相比，具有更好的机械性能，如尼龙66中加入20%碳纤维，其弯曲强度与加入40%玻璃纤维相等，弯曲弹性模量较40%玻璃纤维增强的高两倍多。但韧性不如玻璃纤维增强的好。

碳纤维增强塑料是汽车工业中大量使用的增强材料。目前汽车耗油要求逐年下降，要使汽车轻量化、发动机高效化、车型阻力小等，都要求轻型结构材料，而碳纤维增强塑料则是最理想的材料。主要可用于制造：发动机系统中的推杆、连杆、摇杆、水泵叶轮，传动系统中的传动轴、离合器片、加速装置及罩等，底盘系统中的悬置件、弹簧片、框架、散热器等，高压泵及液压系统的动力密封装置，车体上的车顶内外衬、地板、侧门等。

3) 陶瓷基复合材料

陶瓷基复合材料不是传统意义上的陶瓷，陶瓷基复合材料是以陶瓷为基体与各种纤维复合的一类复合材料。它的主要基体有玻璃陶瓷、氧化铝、氮化硅等。这些先进陶瓷具有耐高温、高强度和刚度、相对重量较轻、高耐腐蚀性、低膨胀系数、隔热性好及低密度等优异性能，而且资源也比较丰富，有广泛的应用前景。但其致命的弱点是具有脆性，处于应力状态时会产生裂纹，甚至断裂，导致材料失效。而采用高强度、高弹性的纤维与基体复合，则是提高陶瓷韧性和可靠性的一个有效方法。纤维能阻止裂纹的扩展，从而得到有优良韧性的纤维增强陶瓷基复合材料，无论在抗机械冲击性，还是在抗热冲击性方面都有了极大提高，在很大程度上克服了陶瓷的脆性，同时又保持了陶瓷原有的许多优异性能。陶瓷基复合材料已实用化或即将实用化的领域有刀具、滑动构件、发动机制件、能源构件等。由于陶瓷材料具有优良的机械性能和低密度特点，世界各国都在大力发展，努力改善其基本性能和工艺技术，以求降低成本，提高可靠性。法国已将长纤维增强碳化硅复合材料应用于制造超高速列车的制动件中。由于这种材料具有优异的耐摩性能和耐磨损性能，使用效果令人满意。这种打不破的陶瓷目前虽只是初露端倪，但将来肯定有着广阔的发展前景。

3. 几种研发中的材料

1) 碳纤维强化塑料(CFRP)

碳纤维由纤维和聚丙烯腈经高温加热处理制造而成，具有高耐热性，密度比铝和玻璃纤维的还小，而且与塑料复合后，其强度可与钢和铝相匹敌。但CFRP的成本与GFRP(玻璃纤维增强塑料)相比高很多，因此，大多限于航空宇宙和体育用品范围内使用。

1979年，美国福特汽车公司发表了用CFRP制作轻型实验车的新构想，如图8.23所示。其中使用CFRP约300kg，燃费约可降低35%。因此，今后CFRP材料的应用将会十分引人注目。该实验车主要是将CFRP材料应用于车体面板和传动轴和板弹簧等功能性零件，还尝试在发动机机体和连杆、活塞等零部件上应用。CFRP材料轻，刚度和强度也高，因材料的各向异性，设计时可在所需要的方向保持其强度和刚性。碳纤维强化塑料的基底材料主要使用热硬化性树脂(不饱和聚脂、环氧、酚醛树脂)。尽管碳纤维耐热性高，但其基底材料(母材)耐热温度介于160℃～180℃，故在发动机零部件上应用还需开发耐热塑料和各种耐热镀层材料。与GFRP相比，CFRP的弹性模量是GFRP的4～9倍；是金属材料的3～4倍。如果批量生产，成本将进一步下降，因此，它将是一种期望值很高的复合材料。

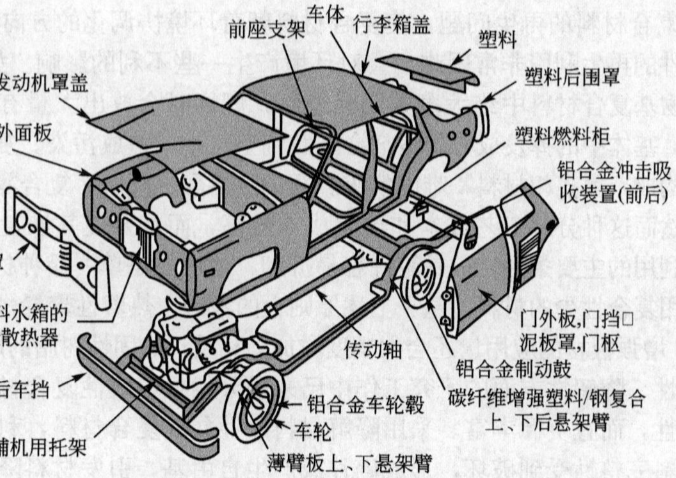

图8.23 福特公司CFRP实验车

2）玻璃纤维增强塑料(GFRP)

它与碳纤维相比，价格约是其1/20～1/30。现已开发出多种塑料连续成型法：复合成长纤维后的压力成型法、复合成短纤维后的注塑成型法、复合成连续纤维后的绕丝法等。随着塑料连续成型法制造技术的进步，它在汽车零部件上的应用将日益增多。通用公司的大型车中，还有用全塑料制成的驾驶室。随着今后塑料黏结技术和涂装技术的进步，GFRP将会在汽车材料上得到更大的应用。

3）纤维增强金属(FRM)

CFRP与GFRP具有各种优异的机械性能，但其基底是塑料，与金属相比耐热性差。因此，作为高温强度材料使用的纤维增强金属(FRM)的研究十分盛行，并且揭开了可将其在汽车上使用的可能性。作为增强纤维有：碳元素、碳化硅、硼、氧化铝等。作为基底的金属开始有铝、铜、镍，后又有与各种目的相适应的钛、镁、锌、锡等。增强纤维与各种金属相结合，将制造出各种特性的纤维增强金属(FRM)。现正在进行将FRM应用于活塞、连杆及其他一些滑动零件等的研究。虽然这种纤维价格高，目前还未达到成批生产的规模，但作为高温强度好的材料，其利用价值是相当高的。

4）金属塑料层叠材料

将高强度钢板和铝、塑料等紧密结合在一起的材料是一种理想的轻型材料；也是一种夹层结构的层叠材料。由于它是在塑料芯的两面黏结上薄钢板或铝板，具有优异的隔热和隔音性能。层叠材料可发挥与钢板相匹敌的刚性好的特点。它由塑料芯两面的金属板承受弯曲应力，由塑料芯材承受剪切应力。在同样刚性下，层叠钢板与一般钢板相比，质量是其30％～70％。如果对层叠板质量有一定限制要求时，可改变芯两面的金属板与芯板的厚度来解决。层叠材料的成本是一般钢板的1～3倍。但它还存在一些需要解决的问题：①使用在车体面板时，与各面板如何黏结拼合；②在其表面金属钢板锈蚀时，刚性会降低等。然而随着层叠材料的进一步研究开发，使其实用化将成为可能。

4. 复合材料与未来汽车

未来的汽车应符合环境保护要求，因而不可避免地要提到复合材料的环境意识。复合材料能提高材料性能、延长使用期、加强功能性，这些都是对环境有利的特性。但应认真对待并努力克服复合材料的再生问题，使复合材料朝着环境协调化的方向发展。

复合材料零件的再生利用非常困难，会对环境产生一些不利的影响。如目前发展最快、应用最高的聚合物基复合材料中绝大多数属易燃物，燃烧时会放出大量有毒气体，污染环境，且在成型时，基体中的挥发成分即溶剂会扩散到空气中，造成污染。复合材料本身就是由多种组分材料构成，属多相材料，难以粉碎、磨细、熔融、降解。复合零件首先分解成单一材料的零件，然而这种分解工艺成本和再生成本较高，而且要使其恢复原有性能十分困难。因此，再生利用的主要条件之一是零件容易拆卸，尽可能是单一品种材料，即便是复合材料也要尽量使用复合性少的材料。基于上述原则上的考虑，热塑性聚烯烃弹性体、聚丙烯发泡材料、GMT 增强板材的应用量还会大幅度增加；相反，热固性树脂的用量将受到限制。

目前在再生性、降解性方面的研究工作中已采用天然材料改性复合材料，因为天然材料具有天然相容性，而且资源丰富。采用降解材料改性共混复合材料，利用降解组分材料降解时，导致材料完整性受到破坏，形成碎片或产生自由基，引发材料降解反应，达到使材料降解的目的。对于热塑性树脂及复合材料(TPMC) 的再生方法，有熔融再生、溶解再生等方法。对于金属基复合材料，可将废料回收重新制备新材料。

未来的汽车与现在的汽车在很多方面不会有太大的区别，但设计思想会有很大不同。当今社会人们目光的角度逐渐转到人与自然的关系问题上，环境与能源问题成为全球每个国家能否生存和发展的关键。随着人们环保意识的不断提高以及各国环保法规的相继出台，绿色汽车已经成为未来汽车发展的必然趋势，因而如何使汽车满足环境保护的要求，已提到了汽车厂商的议事日程。而复合材料作为未来汽车材料发展的主流，必将在其中扮演非常重要的角色。汽车工业的发展日新月异，复合材料的研究也是一日千里，各种新型的车型，新颖的材料将不断地涌现。可以预计在不久的将来，性能更高的复合材料将更大范围地应用在汽车领域中。

本章小结

本章介绍了汽车常用材料的种类、应用及发展趋势，同时介绍了钢材的类型与铝合金、镁合金等有色金属材料在汽车上的应用，塑料在现代汽车工业中的应用，以及新型的纳米材料与复合材料在汽车零部件上的应用与发展趋势。

【关键术语】

汽车材料　有色金属材料　塑料　纳米材料　复合材料

综合练习

1. 填空题

(1) 汽车车身采用的材料有__________、__________、__________、__________。

(2) 汽车研发中的材料有__________、__________、__________、__________。

2. 简答题

(1) 简述新材料的应用对推动汽车进步的意义。

(2) 简述纳米材料与未来汽车的关系。

第9章

汽车安全技术

教学目标

掌握包括安全系统展望、安全气囊、预紧式安全带和轮胎压力监测系统(TPMS)在内的汽车安全技术，重点是安全气囊部分。通过本章系统的学习，可以对汽车安全保护系统有一个全面的了解。

教学要求

知识要点	能力要求	相关知识
汽车安全保护系统的发展趋势	了解汽车安全的重要性	汽车安全的标准
安全气囊的保护原理，安全气囊系统的组成及工作原理	了解安全气囊的保护原理	安全气囊的标准及试验方法
预紧式安全带的保护原理	了解预紧式安全带的保护原理	预紧式安全带的标准及试验方法
轮胎压力监测系统(TMPS)	了解TMPS的工作原理	轮胎的相关知识

导入案例

汽车的安全性十分重要

汽车的安全、节能及环保始终是汽车产业发展的三大主题，其中汽车的安全性是汽车最重要的性能。汽车作为一种主要的现代交通工具，它在给人们带来方便和快捷的同时，也给人类社会带来了巨大的危害，那就是具有惊人数字的交通事故。特别是随着汽车数量日益增多、高速公路和高等级公路不断延伸，车速越来越高，汽车交通事故随之增多。

据世界卫生组织统计，自20世纪50年代以来，全世界丧生于车祸的人数已经超过了2000万人，目前全世界每年死于车祸的人数达到100万人之多，伤残人数达数千万。在我国，每年因车祸致死的人数已连续3年超过10万人(相当于平均每5min就有1人死于车祸)，致伤者每年有数百万人之多，每年直接经济损失高达30多亿元。交通事故不仅造成大量人员伤亡和巨额的经济损失，而且导致了诸多社会问题。

发生交通事故的惨剧如图9.1所示，汽车发生碰撞事故现场如图9.2所示。

图9.1　发生交通事故的惨剧

图9.2　汽车发生碰撞事故

随着汽车综合性能的提高，汽车的安全装置越来越重要，在汽车安全保护领域出现了大量的新技术。传统的安全气囊和安全带已经发展成为先进的智能保护系统，它可以在事故中更有效地保护乘客的生命。

汽车的安全装置分为主动安全装置和被动安全装置两种，主动安全装置(如ABS、ASR等)是指汽车防止发生事故的能力，被动安全装置是指汽车一旦发生事故，汽车保护乘员的能力。汽车发生事故时，对乘员的伤害是在瞬间发生的，例如，以车速50km/h进行正面撞车时，其发生时间只有十分之一秒左右。为了在这样短暂的时间中防止或减小对乘员的伤害，目前汽车主要装有安全带、防撞式车身和安全气囊防护系统(Supplemental Restraint System，SRS)等。

9.1 汽车安全保护系统概述

1. 汽车的安全性能

阅读材料9-1

儿童安全座椅装置

据试验显示，一个20kg的儿童，在发生碰撞时，其体重可达2t，是根本抱不住的。正确使用儿童安全带和儿童座椅可使0～1岁的幼儿死亡率减少69%，1～4岁的儿童死亡率减少47%，5岁以上的儿童死亡率减少45%，中到重伤减少50%。

目前儿童安全座椅主要有两种安装固定方式，一种是借助车上的成人用安全带，主要采用带自锁式卷收器的安全带，这种安全带一旦带扣扣上织带就不会被拉出来，基本上可以保证儿童安全座椅在车辆行驶过程中保持固定，不会左右移动。另一种则是使用专用的儿童安全座椅固定系统及ISOFIX系统，如图9.3所示，这是近年来比较流行的儿童安全座椅固定装置，具有很多使用安全带固定的儿童安全座椅所无法比拟的优点。强制要求使用儿童汽车安全座椅的国家和地区主要有美国、加拿大、欧盟国、日本、澳大利亚、新西兰等。

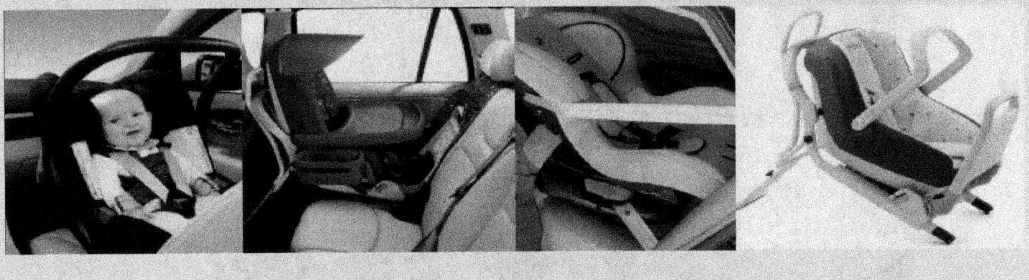

图9.3 专用的儿童安全座椅

汽车的安全性功能包括主动安全性和被动安全性两个方面，前者包括制动性、操纵稳定性等，后者包括车身钣金、安全带、安全气囊、座椅、防火等安全措施。

汽车要达到很高的安全性能，必须要有很好的安全技术作为保障，随着安全技术的不断提高与发展，应运而生了众多的汽车安全措施和安全装置，从而保证驾乘人员的安全。

2. 汽车的安全措施

1）汽车新的安全结构设计

现代汽车在设计之初就充分考虑到提高汽车安全性能，因此创造了很多新型的安全结构。

(1) 碰撞缓冲区。碰撞缓冲区的概念是梅塞德斯·奔驰在20世纪60年代首次提出来的。其设计为在该区发生撞击时车身发生逐渐变形，以吸附事故中产生的绝大部分(如果不是全部)的撞击能量。

车身改为这种可以变形的设计后，乘员所承受的强烈撞击力就可以大大减小。现代的撞击缓冲区设计不仅仅可以吸附撞击能量，而且还可以使撞击能量发生偏转。比如某些车身前部的组件可以在发生前后撞击时使乘客座舱下部向后移动，从而进一步减小乘员可能需要承受的撞击能量。

(2) 溃缩式转向柱。转向柱有一个特殊的装置，它可以让转向柱移离驾驶员以在撞击中吸附更多的能量。

(3) 悬浮发动机防撞保护装置。在车辆受到正面的剧烈撞击时使发动机自动下沉，整个发动机舱瞬间变成了大空间的前部吸能区吸收撞击能量，而且可以防止发动机自身受损或挤入驾驶舱伤及乘客。

2）汽车新工艺、新材料的应用

(1) 液压冲压整体成型工艺。液压冲压整体成型工艺的应用有效地增加车身的强度，减少车身焊接点，使车身更加牢固抗挤压，耐腐蚀，从而达到安全目的。

(2) 激光焊接工艺。激光焊接工艺的引入是汽车安全技术的一个里程碑，它加热范围小，焊缝和热影响区窄，接头性能优良；残余应力和焊接变形小，可以实现高精度焊接；可对高熔点、高热导率、热敏感材料及非金属进行焊接，增加了车身的强度，使内部驾乘者得到有效保护。

(3) 高强度钢板和各种合金的大范围应用。现代汽车在钢板变薄的同时钢板的强度却在不断加大，这得益于新材料的发展和应用，同时各种铝合金、铝镁合金也开始应用在汽车的关键位置上，铝镁合金材质与普通钢板相比，重量更轻、延展性更强，这些新材料使车身更牢固，有效地保护驾乘人员免受伤害。

3. 汽车的安全装置

1）主动安全装置

主动安全装置就是在危险或事故发生前，通过汽车上的一些装置控制和预防动作发生，因此最大限度地支持驾车者一系列的驾驶操作，使车辆远离危险状况的装置。

(1) ABS(制动防抱死系统)。制止车轮滑动，作为主动安全装置，ABS可在汽车制动过程中，对车轮的运动状态进行迅速、准确又有效的控制，使车轮尽可能地处于最佳运动状况，可以有效防止侧滑并能在完全制动的状况下，旋转方向盘避开障碍物，从而提高车辆行驶的安全性。

(2) EBD(电子制动力分配系统)。它是ABS的辅助系统，在ABS动作之前就已经平衡了每一个车轮的有效抓地力，使4个轮胎的制动装置根据不同情况采用不同的方式和力量制动，从而保证车辆的平稳。

(3) ESP(电子稳定程序)。它是当前汽车防滑装置的最高级形式，不需要驾驶者进行操作，而是根据实际情况做出反应。ESP可以监控汽车行驶状态，并自动向一个或多个车轮施加制动力，以保持车子在正常的车道上运行。同时，它对过度转向或不足转向特别敏感，对汽车侧滑有很好的预防作用。

(4) TCS(牵引力控制系统)。它是在ABS基础上新发展起来的一种系统。ABS控制4个轮，TCS只控制驱动轮。没有TCS的汽车加速时驱动轮容易打滑，如果是后驱车就可能甩尾，如果是前驱车则容易方向失控。有了TCS，汽车在加速时就能够减轻这种现象。

(5) EBA(电子控制制动辅助系统)。对于正常情况下的制动，EBA不会发生作用，但如果是紧急制动，EBA会马上自动指示制动系统产生更高的油压，使ABS发挥作用，增大制动效果。不仅如此，其施压的速度也远远快于驾驶者，这能大大地缩短制动距离，增强安全性。

(6) VSC(车辆稳定控制系统)。VSC是控制车辆转弯过程的循迹稳定性的系统。它能快速地将车辆在转弯过程中转向过度或转向不足的现象修正到原有正常路径的循迹行驶，避免车辆脱离正常行驶道路或发生侧翻，此套系统由方向盘转角感测器、减速度感测器、车身偏摆角速度感测器，制动油压感测器以及轮速感测器所组成。

图9.4　装有ACC汽车的工作示意图

(7) ACC(巡航控制系统)。ACC主要用于危险没有出现的阶段，帮助驾驶员安全驾驶，避免疲劳驾驶通过前段的雷达或者激光测距系统作为传感器来使得车辆与前车的距离控制在合理的范围之内，在城市拥堵的路段，可以低速自动跟随前车，减轻驾驶员的劳动强度。图9.4为装有ACC汽车的工作示意图。

(8) LDWS(车道偏离预警系统)。LDWS提供智能的车道偏离预警，在驾驶员未打转向灯，车辆无意识偏离原车道时，能在偏离车道0.5s之前发出警报，为驾驶员提供更多的反应时间，大大减少了因车道偏离引发的碰撞事故，此外，使用LDWS还能纠正驾驶员不打转向灯的习惯，该系统其主要功能是辅助过度疲劳或长时间单调驾驶引发的注意力不集中等情况。

(9) TPMS(轮胎压力监测系统)。当车辆行驶时，TPMS系统接收车辆每个车轮转速传感器的车轮转速信号，进行综合分析。监视系统将车轮转速的变化情况同预先储存的标准值比较，就可得出轮胎气压太高或不足，从而点亮LOW TIRE报警灯。驾驶者可以通过车内提示警告系统来判断轮胎胎压情况是否正常，首先避免了因轮胎亏气出现的行车跑偏，其次在高速行驶时也对乘坐者安全是一种保障。

(10) AFS(大灯随动转向系统)。通常汽车上安装的普通大灯具有固定的照射范围，当夜间汽车在弯道上转弯时，由于无法调节照明角度，常常会在弯道内侧出现“盲区”，极大地威胁了驾驶员夜间的安全驾车。一般的大灯随动转向系统都包含了AFS前大灯智能随动系统和ALS光轴自动调整系统，在夜间转弯时，AFS能根据车速以及转向盘转向角度，自动调整近光灯的照射中心，自动指向入弯，确保弯道中的高能见度。在后排负载较重导致车身角度上扬时，ALS自动调整光轴倾角，避免光轴上扬对对面来车驾驶人员的干扰。图9.5为装有AFS大灯随动的汽车。

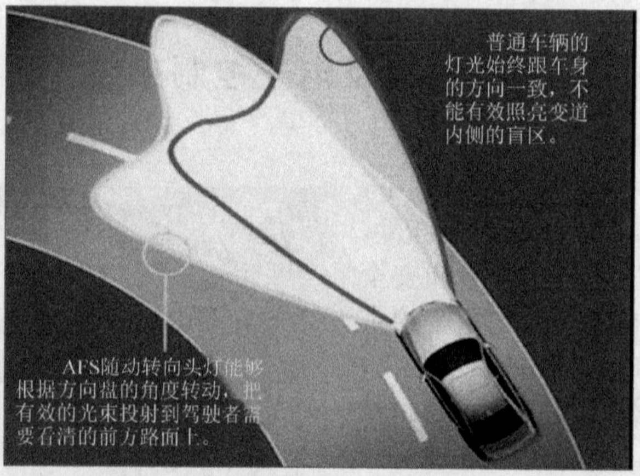

图9.5 装有AFS大灯随动的汽车

(11) 倒车警告系统。倒车警告技术主要用于在驾驶期间以及驻车时，针对盲区中的轿车或物体向您发出警告。它可能会使后视镜内的一个警告标示进行闪烁，同时会发出声音警告，该系统是一个短程检测系统。上海通用别克君越车内后视镜就配备此功能，反光镜左边会有一个车体形状的图标，前、后雷达在侦测障碍物时警告标示会给驾驶者以视觉和听觉上的警告。

(12) 夜视辅助系统。最新的夜视辅助系统让驾驶者在夜间提前看清近光灯照不到的交通标牌、弯道、行人、汽车、障碍物或者道路上其他可以造成危险的事物。夜视辅助系统中自动感应大灯随车辆周边环境光线影响，系统会自动识别判断。雨雾天气光线不够，大灯会自动亮起给驾驶者提供更安全的行车环境。更高级的系统会因方向而调节，此时车辆转向时要转动灯光。也可以是车速感应式车灯，可以改变光束的长度或高度，或者对环境光进行补偿。

2) 被动安全装置

所谓被动安全装置就是在危险发生时和过程中，对乘员进行有效保护的装置。主要有安全带和安全气囊两种。

(1) 安全带。安全带是所有的车辆安全系统中最基本的。根据一项调查表明高速公路上车祸的受害者有55%没有系安全带。安全带的作用就是把乘员固定在座位上，避免高速撞击时，乘员飞出车外，以保护乘员安全。

安全带的技术进步包括预紧器、力道限制器以及三点式或四点式的组合等。在撞击的时候预紧器可以把安全带拉紧防止由于松懈而带来会造成身体伤害的位移。撞击结束后，力道限制器可以使安全带略微松弛以减轻对车内乘员的压力。

(2) 安全气囊。安全气囊是现代轿车上重要的技术装置。一旦车前端发生了强烈的碰撞，安全气囊就会瞬间从方向盘(或其他位置)内“蹦”出来垫在方向盘与驾驶者之间防止驾驶者的头部和胸部撞击到方向盘或仪表板等硬物上，安全气囊面世以来已经挽救了许多人的性命。

除了驾驶员侧有安全气囊外有些轿车前排也安装了乘客用的安全气囊(即双安全气囊

规格)，乘客用的与驾车者用的相似只是气囊的体积要大些所需的气体也多一些而已。另外，有些轿车还在座位侧面靠门一侧安装了侧面安全气囊。

9.2 安全气囊及电子控制系统

汽车发生碰撞事故时，在惯性的作用下，司机和乘客会高速撞向方向盘等车内部件，从而受到伤害。在汽车上安装安全带和安全气囊等保护系统，可以在撞车时把乘客约束在座椅上，限制乘客头部、胸部的移动距离，避免与车内部件发生剧烈碰撞，从而起到保护作用，如图 9.6 所示。所以也把这种保护系统叫做乘员约束系统。

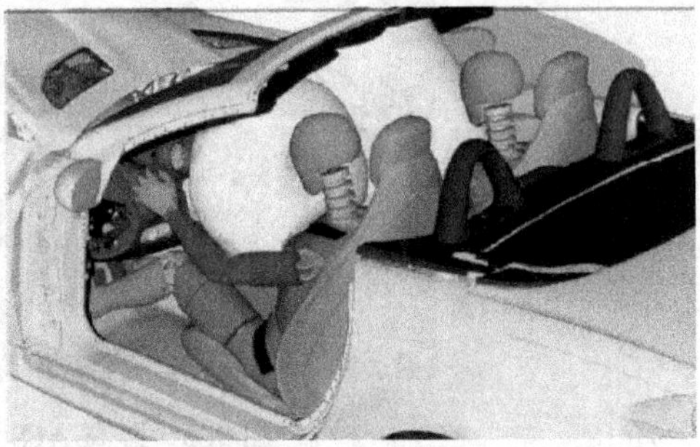

图 9.6 碰撞发生时气囊的作用

1. 汽车安全气囊发展

安全气囊是1958年由美国人约翰·赫缀克发明的。1973年日本本田汽车公司引进安全气囊技术进行实车应用。经过了近30年的漫长历程，直至1984年，汽车碰撞安全标准(FMVSS 208)在美国经多次被废除后又重新被认可并开始实施，其中规定从1995年9月1日以后制造的轿车前排座前均应装备安全气囊，同时还要求1998年以后的新轿车都装备驾驶者和乘客用的安全气囊，自此才确认了安全气囊的作用。推广和普及的原因为：①碰撞试验技术的进步；②公众对于安全要求的提高；③安全气囊系统所需电子技术的提高；④安全气囊对于人体的保护效果显著。

从1970年到1990年的20年间，欧美关于安全气囊方面的专利只有106项，而从1990年到1994年4月有专利464项。在美国，到1995年前排乘员的气囊安装率已超过60%。法规规定在1997年9月1日后出厂的轿车中100%安装司机侧和前排乘员侧气囊。在欧洲则是标准装备和选件并存，现在新车型基本都安装有安全气囊。

安全气囊的保护作用是十分显著的。据美国官方公布的数字，1986年至1997年2月15日，安全气囊共挽救了1828人的生命(1639名司机，189名乘员)。

安全气囊同时也有副作用。在上述时间段内，气囊造成38名儿童、21名司机、2个乘员死亡。这些主要发生在低速碰撞的情况。造成死亡的原因有如下几种：①儿童及儿童座椅靠近气囊；②碰撞前的制动使得儿童更加靠近气囊；③气囊主要造成头和颈部伤害。另外矮个子司机受到的伤害也是由于类似原因。

2. 安全气囊结构及工作原理

驾驶员处的安全气囊是存放在方向盘衬垫内的，因此，当看见方向盘上标有SRS或Airbag字样，就可知此车装有安全气囊。按其总体结构可分为机械式和电子式安全气囊系统两类。机械式安全气囊不需要电源，检测碰撞和引爆点火剂都是利用机械装置来完成。电子式安全气囊是机械式安全气囊与电子技术结合的产物。

安全气囊的基本保护思想是：在发生碰撞后迅速在乘员和车内部件之间打开一个充满气体的袋子，让乘员扑在气囊上。通过气囊的排气节流阻尼吸收乘员的动能，使猛烈的车内碰撞得以缓冲，以达到保护乘员的目的。

目前汽车采用的安全气囊系统普遍都是电子式安全气囊系统。电子式安全气囊系统主要由碰撞传感器、微处理器(SRS ECU)、辅助防护系统指示灯(SRS 指示灯)、气体发生器和气囊等主要部件组成，汽车电子式安全气囊系统的组成如图 9.7 所示。

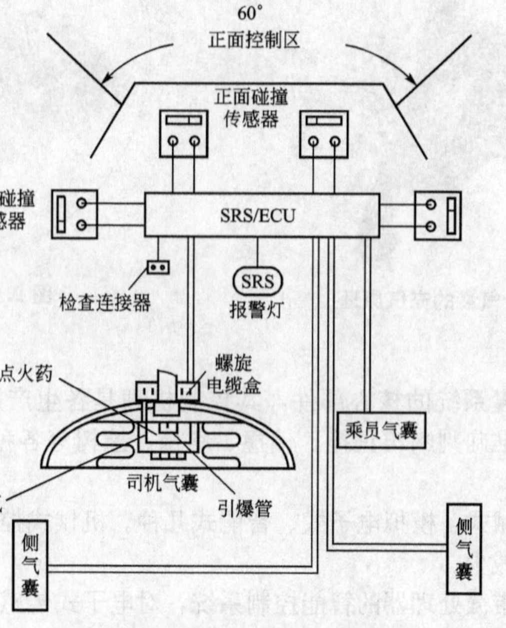

图 9.7　汽车安全气囊系统的组成

碰撞传感器和微处理器用于判断撞车程度，传递及发送信号，气体发生器根据信号指示产生点火动作，点燃固态燃料并产生气体向气囊充气，使气囊迅速膨胀。气囊装在方向盘毂内紧靠缓冲垫处，其容量 50～90L 不等，做气囊的布料具有很高的抗拉强度，多以尼龙材质制成，折叠起来的表面附有干粉，以防安全气囊粘在一起爆发时被冲破；为了防止气体泄漏，气囊内层涂有密封橡胶；同时气囊设有安全阀，当充气过量或囊内压力超过一定值时会自动泄放部分气体，避免乘客因挤压受伤，气囊中所用的气体多为氮气。

汽车安全气囊的充气原理如图 9.8 所示。

1) 传感器

传感器目前主要有机械式、机电式、电子式等几种。其中电子集成式传感器集成度高，其内部集成有加速度传感器、低通滤波器、温度补偿等模块；接口简单，可靠性高；具有自测试功能，可及时发现异常现象，是目前广泛应用的一种，如图 9.9 所示。

传感方式有多点式和单点式。目前正在使用的多点传感式安全气囊系统的典型配置共有 3 个传感器：一个机电式左挡板传感器，一个机电式右挡板传感器和诊断模块中的一个电子传感器。司机侧和乘客侧各有一个气囊。两个挡板传感器中只要有一个闭合，诊断模块就对电子传感器送来的信号进行处理和判断，当认为有必要点火时，就发出点火信号使气囊充气。单点传感式安全气囊系统采用单个电子式传感器，并且传感器和点火控制模块以及诊断模块都集成在一起。目前，由于点爆控制算法越来越完善，单点传感式气囊系统正在逐步取代多点传感式气囊系统。

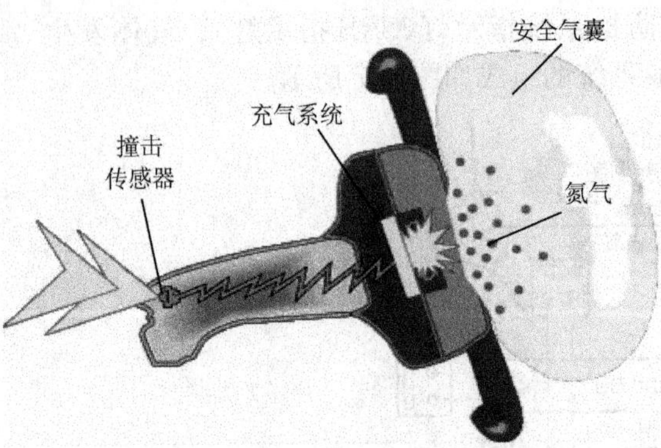

图 9.8　汽车安全气囊的充气原理

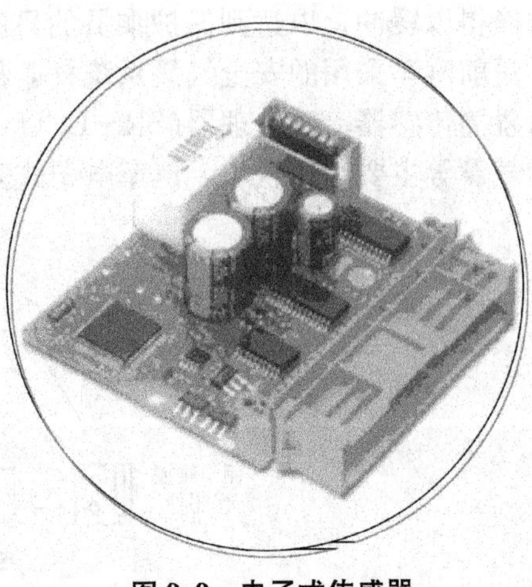

图 9.9　电子式传感器

2）控制系统

控制系统是安全气囊系统的核心部件，其控制机理是各生产厂家严格保密的核心技术。气囊控制系统要能准确判断出正撞、偏撞、斜撞、撞树等各种复杂情况的碰撞强度，并准时点爆气囊。

控制系统主要有机械式、模拟电子式、智能式几种。机械式控制系统主要用于低成本的气囊系统，应用正在减少。

现在大部分都采用带微处理器的智能控制系统，对电子式传感器测量得到的信号进行处理，输出点爆信号。其原理如图 9.10 所示。

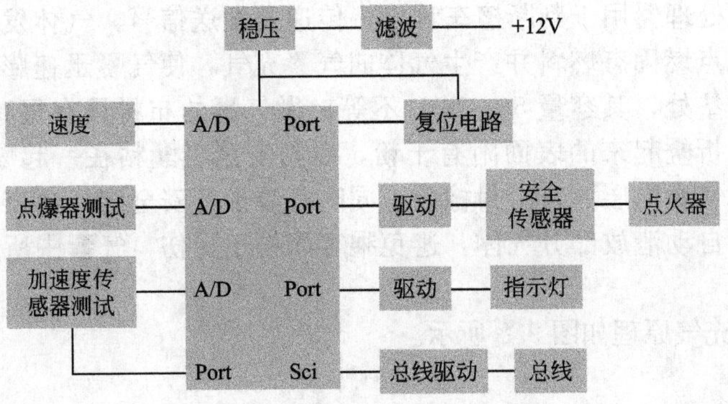

图 9.10　智能式控制系统原理图

3）气囊控制器

气囊控制器的基本要求：①在不影响系统可靠性的前提下，尽量采用集成元件，元器件的个数应尽量少；②元件及电路应为可在线测试的；③减少耗电，使系统在主电源掉电情况下可继续工作；④储存故障代号，以备事后诊断。外形如图 9.11 所示。

4）气囊

气囊的形式有两种：一种体积比较大，即使乘客不系安全带也能起到良好的保护作用，主要应用在美国市场，因为美国法规对安全带的佩戴没有强制性要求；一种体积较小，与安全带配合使用，是将安全气囊与三点式安全带共同组成一个乘员保护系统使之达到最佳的乘员保护效果。这种气囊主要在欧洲市场应用，因为欧洲对安全带的佩戴有强制性要求。气囊如图 9.12 所示。

5）气体发生器

气体发生器有压缩气体式(冷式)、燃烧式(热式)、混合式 3 种。

(1) 压缩气体式。主要与机械式传感器及控制器连用。由于其产气量少、充气速度慢等缺点，应用较少。

图 9.11　气囊控制器

图 9.12　气囊

(2) 燃烧式。通过燃烧剂燃烧产生大量气体，产气量大，容易控制，应用较多。燃烧剂有叠氮化钠等，叠氮化钠燃烧产生无害的氮气，但产生大量的热量和固体颗粒，所以要采取降温、过滤等相应措施。为防止火药产生的热量对乘员造成伤害，有些气囊内部涂有隔热涂层。叠氮化钠融于水后有毒，对环保不利。各气囊生产厂家都在研发新型的燃烧剂。可燃气体是其中的一种，它将氢气和氧气按一定比例混合加压储存在储气瓶中。它燃烧后产生水，没有固体颗粒，燃烧前也没有害，是一种理想燃烧剂。

(3) 混合式。是用少量的燃烧物质产生足够的热量，使得压缩气体迅速膨胀而充满气囊。其产气量大，而产生的热量少，是今后的发展方向，如图 9.13 所示。

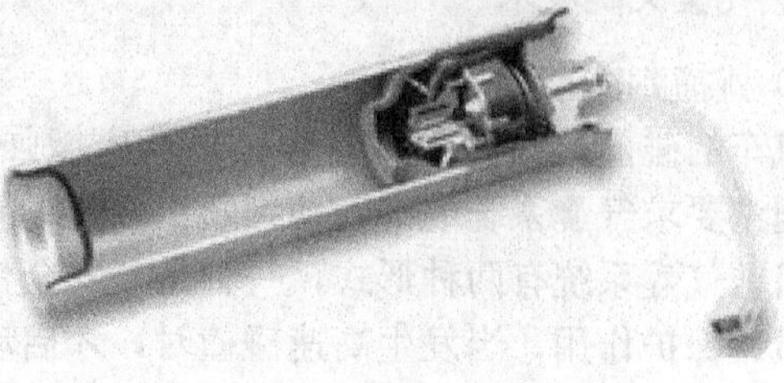

图 9.13　混合气体发生器

3. 汽车安全气囊的工作过程

汽车在行驶中发生一定强度碰撞后，传感器开关启动，控制线路即开始处于工作状态，并接通监测回路来判断是否真有碰撞发生。只有信号是同时来自两个传感器的才会使安全气囊开始作用。

由于汽车的发电机及蓄电池通常都处于车头易受损的部位，因此，安全气囊的控制系统皆具有自备的电源以确保作用的发挥。在判定施放安全气囊的条件正确之后，控制回路便会将电流送至点火器，接着瞬时加热，将内含的氮化钠推进剂点燃。安全气囊组件工作过程如图 9.14 所示。

(1) 将从碰撞传感器接收的电信号传给充气器的引爆剂。

图 9.14　气囊工作过程

(2) 引爆剂像根“电火柴”，通电后立即着火，然后再点燃充气器组件内的扩爆剂，扩爆剂又称为引爆管。

(3) 扩爆剂点燃后，点燃主装药——主推进剂。传统的主推进剂由氮化钠＋氧化剂组成，也有些使用压缩氮气或氩气，还有的两种混合应用。

(4) 推进剂燃烧生成氮气流。

(5) 迅速膨胀的气体经过过滤进入折囊垫，形成安全气囊雏形。

(6) 充气器使充入安全气囊的气体压力增高，并开始推压安全气囊饰罩。

(7) 安全气囊饰罩上的压力不断上升，饰罩材料延伸变形和撕裂薄弱区的接缝。

(8) 随着裂缝的出现，饰罩门开启，为充气安全气囊的喷出提供最佳通路。

(9) 气体压力继续增长，安全气囊张开至织物绷紧。

(10) 乘员接触和压迫安全气囊，实现安全保护；通过气体的黏性阻尼作用，乘员前移能量被吸收和耗散，安全气囊中过压气体经过安全气囊通气孔排出而不致伤害乘员。

正规的安全气囊必须在发生汽车碰撞后的 0.01s 内使微处理器开始工作，0.03s 内点火装置启动，0.05s 内高压气体进入气囊，0.08s 内气囊向外膨胀，0.11s 内气囊完全胀大，此刻之后，驾车者才会撞上气囊。

4. 气囊关键技术

1) 碰撞判断准确

汽车的碰撞形式是各式各样的，其碰撞强度、减速度波形、车体变形等都是不一样的，但都要求气囊系统能准确地判断出强度如何，并能准确控制气囊点爆。

目前气囊系统有两种形式，一种是与安全带配合使用，当低速碰撞时，主要是安全带对乘员起保护作用，当发生高速碰撞时，才启动气囊对人进行保护，此时气囊主要保护人的面部，又称之为“面袋”；第二种是单独起保护作用，发生碰撞时，气囊要保护人的头部和胸部。第二种气囊的体积较大(司机侧气囊为 60 升以上)，充气时间长，充气量大，启动气囊的碰撞车速较低，造价高。第一种气囊的体积较小(司机侧气囊为 40 升左右)，充气量小，充气时间短，启动气囊的碰撞车速高，造价低。就我国情况看，第一种气囊更适合我国国情。

气囊的点爆车速与各个国家的事故形式有关。通常是根据大量的事故统计数据，总结出不同车速的碰撞事故对乘员造成的伤害程度，据此确定何种车速需启动气囊对乘员进行保护。目前国外的资料中可以得知，对使用安全带的“面袋”来说，一般规定：20km/h 以下正面撞墙时，气囊不点爆；30km/h 以上正面撞墙时，气囊一定点爆；20～30km/h 之间为点火的模糊区，气囊可点爆也可不点爆。对不使用安全带的气囊，一般是 12.8km/h 以下正面撞墙时气囊不爆，20.9km/h 以上正面撞墙时气囊要点爆。如果高速碰撞时气囊没有点爆(漏点火)，会造成乘员的严重伤害，是绝对不允许的。

2）点火时刻准确

以司机侧气囊为例，气囊点爆后，气体发生器的充气时间约是30ms。最佳情况是发生碰撞时，气囊刚刚充满气体后，人的头部即与气囊接触，这样保护作用最好。如果人头部接触到气囊时，气囊尚未充气完毕(迟点火)，则气囊不仅不能起到缓冲吸能作用，巨大的爆炸力反而会将人打伤。如果气囊充气完毕后很长时间人的头部才与气囊接触(早点火)，由于气囊节流小孔的排气作用，气囊中没有足够的气体压力，同样会影响对人的保护作用。

如果乘员乘坐位置偏离了正常位置，如司机离方向盘过近或过远，称为离位乘员。气囊对离位乘员具有较强的伤害作用。以司机侧气囊为例，根据美国有关机构的试验结果表明，如果气囊点爆时胸部靠在方向盘上，气囊会将其肋骨打断；如果胳膊靠在方向盘上，气囊会使得胳膊骨折。气囊对离位儿童乘员的伤害尤为严重。因此美国在推行低能量气囊，即延长气囊的充气时间，减少气囊爆出时的侵略性。此时气囊的充气时间大于30ms，气囊的点爆时间要提前。

3）抗粗糙路面干扰能力强

气囊系统是一次性使用的安全防护系统，若意外点爆，除了会造成经济损失外，由于气囊点爆时的巨大声响和体积，会对乘员造成惊吓，可能会引发不必要的事故。因此必须具有高的抗粗糙路面干扰能力。

当汽车以20～60km/h的速度通过下述路面时，气囊不应点爆：上下110mm高的台阶、铁路铁轨、270mm深的坑及国标路面、扭曲路面、坑洼路面、石块路面、搓板路面、卵石路面等。这些情况都会产生较大的汽车减速度，气囊系统必须能识别出此种状况，气囊不能点爆。

4）高可靠性与工作稳定性

由于汽车的工作环境比较复杂，气囊必须有较高的工作可靠性和稳定性。如汽车在雨中工作；在高温气候中行驶；在寒冷的地区使用；在高海拔的地区使用；在强电磁干扰环境中行驶等。这些环境都不能引起气囊系统的失效。另外，某些时候汽车上的蓄电池电压可能偏低；在发生碰撞时，可能在碰撞的最初时刻即将蓄电池破坏，使气囊系统失去电源。因此气囊系统要有很宽的工作电源范围，并且当电源失掉后，应能有数百毫秒的持续工作能力。

9.3 预紧安全带

预紧式安全带是近年来发展的一种安全带。一般为了乘员的舒适度，安全带的预紧力不能太大，安全带与人体之间总有一定的间隙，当乘员衣服较厚时，此间隙会较大。在碰撞时，这个间隙将减小安全带的有效作用范围，降低安全带的效能。安全带使用预紧器后，可在碰撞达到一定强度时，启动预紧器，带动锁扣回缩或卷收器回转，使得安全带缩短一定距离，有效消除间隙，可以提高安全带的作用。预紧式安全带是在普通安全带上增加预紧器构成的。预紧器可以与锁扣结合在一起(锁扣预紧器)，也可以与卷收器结合在一起(卷收器预紧器)。

预紧器常用的有以下几种。

(1) 锁扣预紧器。使用火药作为动力，锁扣上面与织带相连，下面由钢丝绳与预紧器内的活塞相连。发生碰撞时，通过点火设备点爆安装在预紧器上的火药，火药燃烧产生气体充入气室内。活塞在气体的压力下向右移动，通过钢丝绳将锁扣向下拉回约 80mm，消除安全带与乘员间的间隙。在活塞中安装有钢球，使得活塞只能向右移动，防止在安全带的拉力下活塞向左移动，如图 9.15 所示。

(2) 卷收器预紧器。安装在卷收器的侧面，使用火药作为动力。发生事故时，点燃火药，推动齿条移动，从而带动卷收器回卷，如图 9.16 所示。

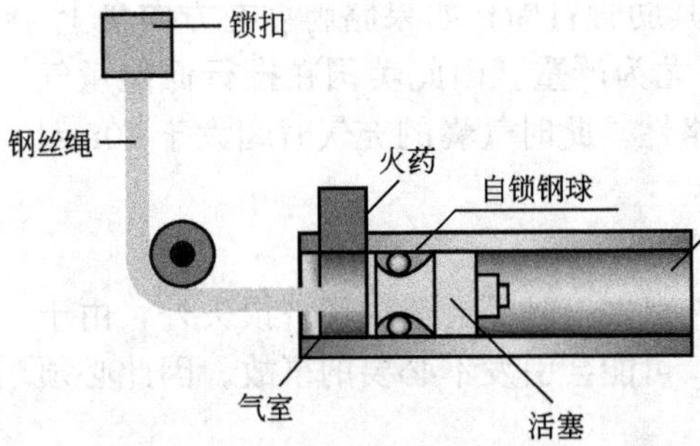

图 9.15 锁扣预紧器

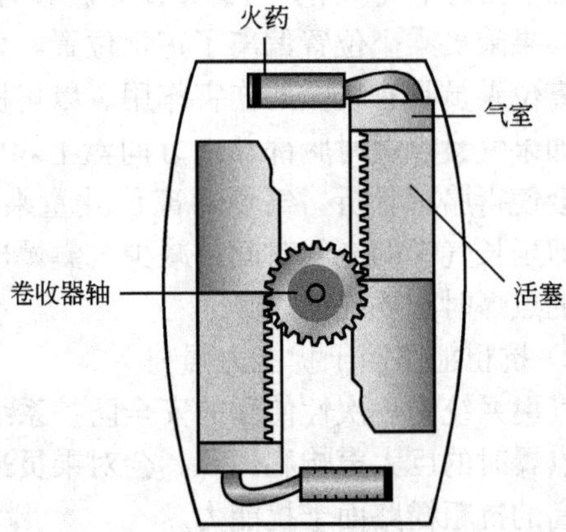

图 9.16 卷收器预紧器

阅读材料 9-2

安全带可以有效地减少事故伤害

安全带可以有效地控制发生事故时驾驶者的位置，避免与车体发生碰撞。汽车驾驶员使用安全带负伤率可降低 43%～52%，副驾驶员负伤率可降低 37%～45%，负伤率降低幅度大小还与车速有关。图 9.17 所示是车速为 45km/h 时，有、无安全带的驾驶员身体运动状态。从图中可以看出有安全带的约束作用，可以防止驾驶员头部与风窗玻璃碰撞和减轻胸部与方向盘的碰撞力，从而减轻伤害程度。

图 9.17 有无安全带的比较

在车速低于95km/h的情况下，驾驶员使用安全带，遇有交通事故时，一般可避免死亡灾难。如不使用安全带，即使车速低于25km/h，也有可能造成人员死亡事故。

9.4 客车座椅的安全要求

客车座椅安全性主要是指座椅能有效预防事故的发生，或是事故发生时可最大限度地减轻乘客所受伤害的能力。根据客车座椅在碰撞事故发生前后对减轻乘员伤害程度的不同功能，座椅安全性能分为主动、被动安全。

1. 客车座椅的主动安全性

客车座椅主动安全性能表征座椅预防交通事故发生的能力。客车座椅的布置和设计直接影响乘员视野，从而影响汽车操纵稳定性，最终影响客车的安全性能。驾驶员的视线由其眼点出发，驾驶员座椅为不同眼点的共同基点。即便是完全相同的车身结构，座椅的布置方式若是不同，驾驶员视野亦有较大差别。因此，驾驶员座椅的布置是保证良好视野的重要环节。另外，舒适的座椅为驾驶员提供一个良好的工作工况，使其集中注意力、心情愉悦，从而有效地预防事故的发生，提高汽车的主动安全性。

2. 客车座椅的被动安全性

在各种交通事故中，客车座椅作为重要的安全装备。一方面，在事故中需保证乘员处在自身的空间内，防止其他乘员或是物体进入该空间；另一方面，它要使乘员在事故发生过程中保持一定的姿态，使约束部件（如安全带）能充分发挥其保护效用。客车碰撞事故类型大致可以下几类：正面碰撞、侧面碰撞、追尾碰撞。为保证乘员的安全，在各种碰撞事故中因避免因座椅破坏而产生安全事故，因此座椅的设计必须要考虑紧固件与骨架、靠背之间的连接强度。

当客车发生正面碰撞时，安全带将乘员“束缚”在座椅上，最大限度地承担保护作用，使乘员的身体上部不至于向前冲击，避免二次碰撞的发生。如果座椅底部与地板连接强度不够，乘员将在惯性力的作用下与前方物件发生碰撞，此时安全带丧失作用。同时，若后排乘员受到约束较小，前排座椅靠垫强度较小，则后排乘员易因惯性作用击溃前排座椅，促成二次伤害。倘若座椅的前围轮廓设计存在缺陷，则汽车正面碰撞时会导致乘员座椅下滑，安全带易失效。

相比正面碰撞，追尾事故伤害程度略低，但容易导致乘员颈部受损。大量研究表明，座椅靠枕对乘员颈部的保护起到关键作用。当发生碰撞时，由于靠背的瞬时冲量，人体胸部会产生向前的加速度，而头部所受加速度方向刚好相反，此时颈椎部将产生较大剪切力。为减小剪切力以及颈部变形，须控制座椅靠枕与头部的初始距离。另外，若座椅靠枕强度不足，亦会产生靠枕断裂或是坍塌现象，甚至伤及后排乘员。

20世纪60年代初，许多国家已经制定了行业内或国家关于汽车座椅安全性能的各种标准和法规，如美国实行的联邦机动车安全标准FMVSS202《头枕》、FMVSS207《座椅系统》、FMVSS208《乘员碰撞保护》等，用来规范座椅的研发设计和生产制造。

我国的座椅安全性标准大多数参照国外法规制定而成。国外许多国家投入大量的精力和时间设计研发各种用途的汽车座椅，以提高座椅的安全性。随着现代汽车研发对安全、节能和环保的追求，在确保座椅安全性的基础上，座椅的结构设计也逐渐向低成本、轻量化的方向发展，更多新的制造技术以及轻质材料开始大量应用于座椅的研发设计。

阅读材料 9－3

座椅安全性仿真分析与试验

分别选取 0ms（试验开始前车体配置和假人姿态）、60ms（加速度最大时刻）、100ms（速度最大时刻）和 150ms（峰值过后，假人基本进入较平稳状态）时刻进行座椅安全性仿真分析与试验。

1）客车座椅两点式安全带

由图 9.18 可以很直观地看到，两点式安全带的仿真结果与试验结果姿态基本一致。

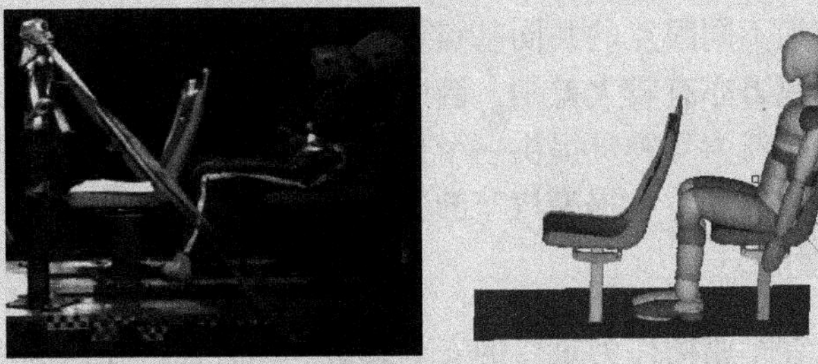

(a) 0ms时刻姿态对比

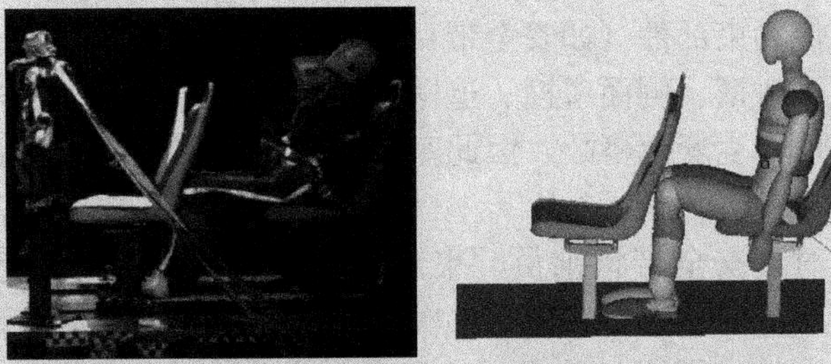

(b) 60ms假人明显移动，安全带开始加载

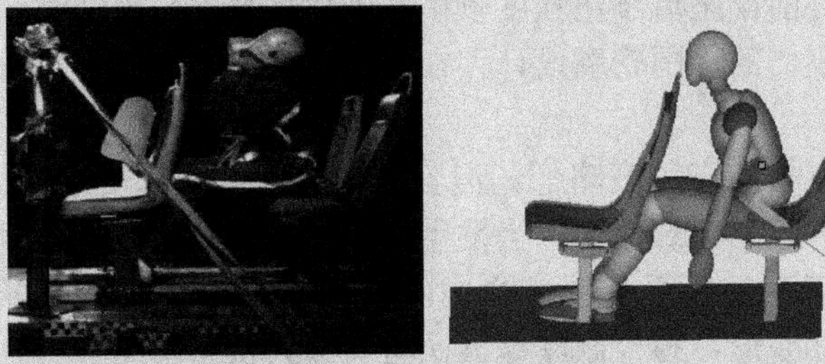

(c) 100ms膝盖与前排座椅接触

图 9.18　两点式安全带运动学响应对比图

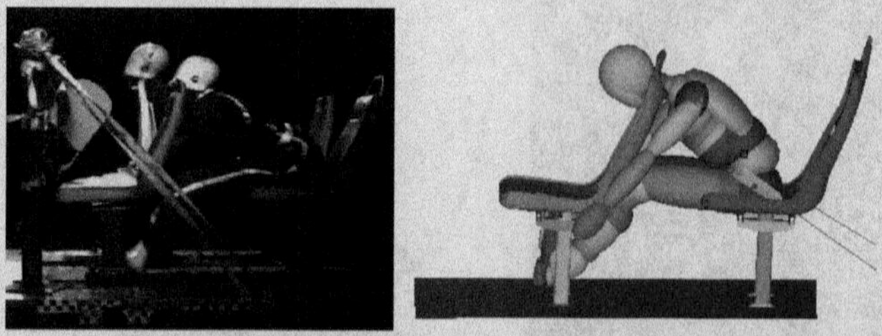

(d) 150ms假人头部与前排座椅碰撞，座椅上部变形

图 9.18　两点式安全带运动学响应对比图(续)

2）不系安全带运动学响应验证

由图 9.19 可以很直观地看到，不系安全带的仿真结果与试验结果姿态基本一致。

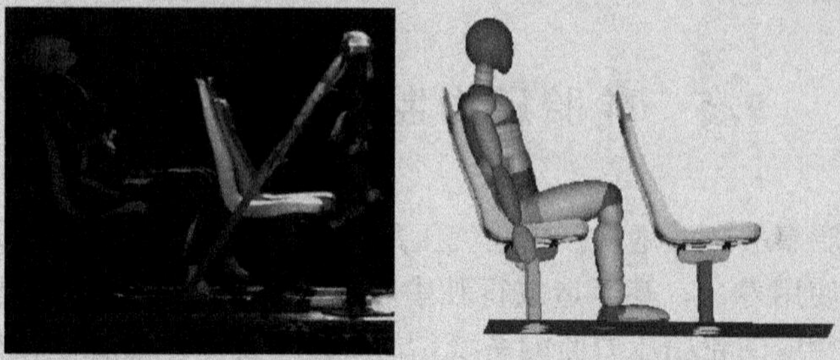

(a) 0ms时刻姿态对比

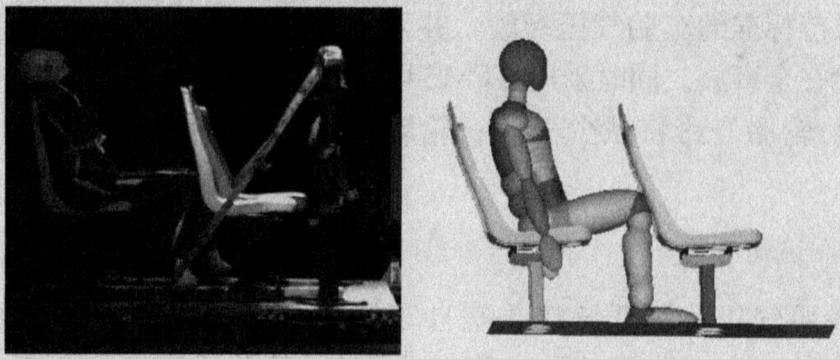

(b) 60ms假人明显移动

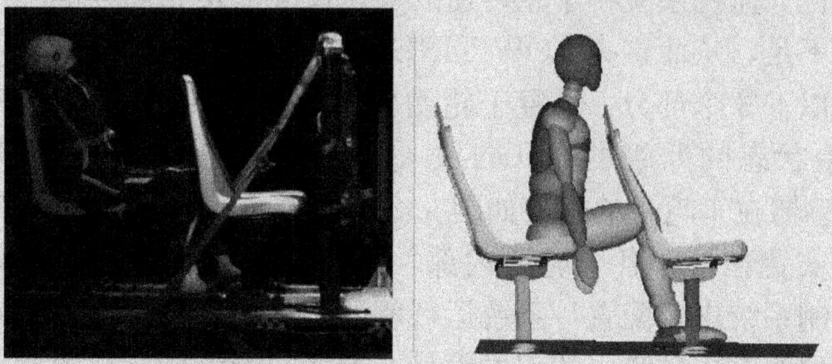

(c) 100ms时刻膝盖与前排座椅接触，座椅略微变形

图 9.19　不系安全带运动学响应对比图

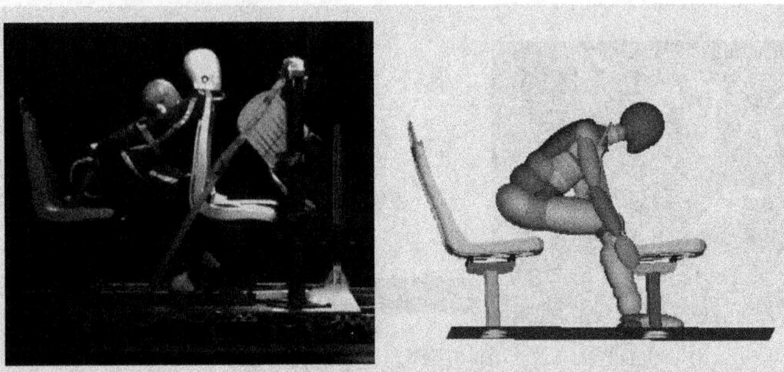

(d) 150ms假人头部与前排座椅接触，座椅大幅变形

图 9.19 不系安全带运动学响应对比图(续)

9.5 轮胎压力监测系统

近年来，车辆的爆胎事故骤然增多。轮胎气压是正确使用轮胎的最重要环节，气压过高或过低都会缩短轮胎使用寿命，甚至造成行驶中爆破而酿成大事故。只要能合理选用、正确使用轮胎，并采用相应的轮胎压力监测系统(TPMS)作为保护措施，相信爆胎事故一定会大大减少。

TPMS由于能够保持标准的车胎气压行驶，并及时发现轮胎漏气，因而能够防止爆胎，防止发生突发性、恶性安全事故。同时采用TPMS可延长轮胎使用寿命。实验表明，车轮气压比正常值下降10%，轮胎寿命将减少15%；轮胎气压低于标准气压值30%，油耗将上升10%。

1. 轮胎压力监测系统简介

当车辆行驶时，轮胎气压监视系统接收来自车辆每个车轮转速传感器的车轮转速信号，进行综合分析。当某一个轮胎的气压太高或不足时，轮胎的直径就会变大或变小，车轮的转速也相应产生变化。监视系统将车轮转速的变化情况同预先储存的标准值比较，就可得出轮胎气压太高或不足，从而点亮LOW TIRE报警灯。

完整的TPMS包含以下3个部分：①置于轮胎内的测量装置，即轮胎压力测量模块(TPMM)；②显示轮胎状态的监视器(MON)；③TPMM维护与配置用低频控制装置(LFctrl)。TPMS的传感器在车轮上的安装如图9.20所示。

轮胎压力测量模块安置在汽车各个轮胎内部，是轮胎压力和温度适时监测的主要部件。它可以通过低频控制系统进行配置，系统运行所测到的结果数据由射频发射机发送到监视器。系统的每个模块都有单独唯一的识别编号，可适时测量轮胎压力和温度，将实际测量结果由射频发射机发送到监视器单元(MU)。

系统工作条件环境温度范围为−40～125℃，电源装置寿命大约10年。

监视器系统安装于汽车的仪表盘处，如图9.21所示。驾驶员可以清楚地看到轮胎的

图 9.20 TPMS的传感器在车轮上的安装示意图

图 9.21 轮胎压力监测系统的监视器

工作状态。当轮胎的压力低于允许的最小值或大于允许的最大值时或轮胎压力异常骤降时，监视器发出警报。轮胎温度超过了一个极限的时候，监视器单元同样也会发出警报。

低频控制装置系统即所谓的配置轮胎模块的手动控制装置，它通过一个低频磁力来调节轮胎模块。TPMM 模块的结果通过射频传输回来。TPMM 内的设置参数包括：①轮胎位置(FL，FR，BL，BR)；②运行中压力的最小值、最大值；③运行中的温度最小值、最大值。

2. TPMS 系统的特性

1）轮胎压力监测系统

轮胎压力监测系统中的关键单元 TPMM 的电路原理如图 9.22 所示，其主要部分包括：①带有数据传输用434MHz 射频发射器的微控制器，转换温度、压力测量结果的10位AD转换器，以及6个I/O插脚；②连接压力传感器和带有 LMV341 运算放大器、AD 转换器的简单接口；③电源电压检查(BVS)小功率二极管电路；④用于校准和指令设置的低频感应器和晶体管。

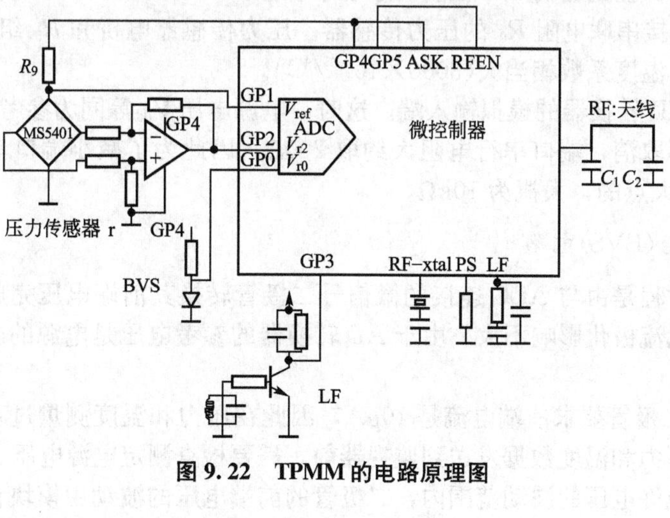

图 9.22 TPMM 的电路原理图

2) 压力/温度测量法

压力和温度值均可以由压力传感器电桥直接测量得到，传感器输出电压的微小波动，并通过转换器放大，可测量轮胎的压力，图 9.23 为系统测量与传感器的非线性特性；传感器电桥电路温度变化引起电阻改变，电路将变化的信号转换后，可测量轮胎温度的改变量。

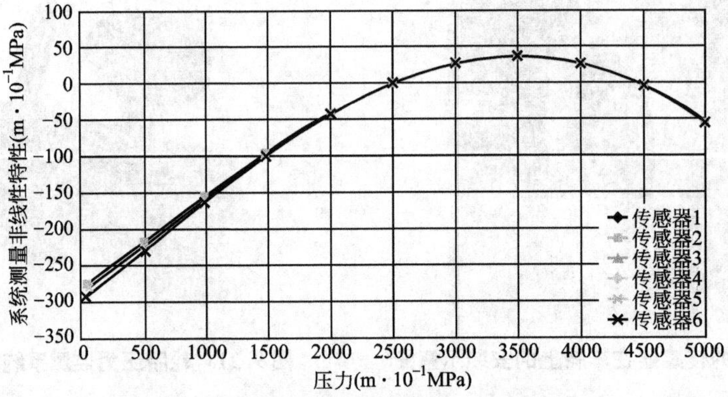

图 9.23　系统测量与传感器的非线性特性

为了节省电量耗费，传感器只在很短的时间工作。当不测量的时候，所有 I/O 端口都处在低电压输出状态，关闭传感器和放大器。

压力测量过程中微控制器的 I/O 插脚处在以下状态。

(1) GP1 输出插头把电桥连接到电源(电压 V_{dd})。同时把 GP1 作为 AD 转换参考。当 GP1 没有把电桥连到电源(电压 V_{dd})时，微控制器内部电阻就不会过多影响 AD 转换器的结果。

(2) GP2 输出插头通过带有 AD 转换器的前置放大器来测量差别压力的电压。前置放大器的增益选择有一个最大极限，确保信号不会随着传感器处理变化(压力和温度变化)而达到饱和状态。

(3) GP4 插头用于断开温度测量电阻，避免电流通过 R_9，R_9 在压力测量时不工作。GP4 插头还用于激活 LMV341 运算放大器。

温度测量过程中微控制器的 I/O 插脚处于以下状态。

(1) GP4 断开连接串联电阻 R_9 的压力传感器。压力传感器电桥和 R_9 组成一个阻抗，随着温度而变化，其温度系数相当大(3000×10^{-6}/℃)。

(2) GP1 作为 AD 转换器的模拟输入端。这时，电源电压 V_{dd} 等同为参考电压 V_{ref}。端口输出的串行电阻不取消，端口串行电阻大约取 200Ω。因此为了减小端口串行电阻的影响，电阻 R_9 必须选大点的，大概为 10kΩ。

3. 电源电压检查(BVS)电路

电源电压检查过程是由与 ADC 连接的微信号二极管转换其前端电压完成的，这个二极管的前端电压受电流极化影响不大。由于 AD 转换器的参考电压是电源的电压，因此结果反映电源的电压。

MMBD1701A 二极管要求前端电流是 10μA，因此在压力和温度测量过程中，可能有数据偏差，所以在压力和温度数据发送到监视器前，需要检查测定电源电压。

在数据处理所允许电压的波动范围内，二极管的前端电压的波动由模块首次通电时补偿，这时电源电压约3.45V±0.2V(100μA负载)。AD转换器加上50LSB输入BVS校准数据，电源电压底线约为2.5V±0.1V。

4. 无线电(射频)发射机

微控制器提供调制功能，即调幅调制(ASK)或调频调制(FSK)。该设计中采用ASK，不过FSK也可以采用。

为了达到最佳的发送效率，天线通常使用的发送频率为434MHz，其阻抗必须和微控制器内的发射器的输出阻抗相匹配，即在发射频率434MHz时，约300Ω。为了匹配需要，在天线回路里面放置了两个电容：电容C_1接发射器输出端并接地，该电容有效地影响天线的阻抗，实际应用中大约为19pF；电容C_2接天线输出端并接地，该电容与天线自身的感应系数、阻抗一起决定天线的谐振频率，实际设计应用中大约为4pF。

由于接地线与电容器焊接过程中可能会产生裂缝，这样可能使其品质降低，有效传输能力也被降低，使用范围就缩小了。为了减少天线的品质因数的影响，在发射器输出端与电源电压V_{dd}之间放置一个电阻器，逐渐减小这个电阻值可以降低品质因素的影响。

从发射器的输出端到电源电压V_{dd}之间的电感是为了使天线产生直流偏振。

5. 低频连接装置

低频连接作为TPMM的接收装置。由于TPMM数据到达的时候，系统是处于待机模式，低频连接装置必须能够在电量不多耗费的前提下唤醒处理器。

一种最简单的方法就是采用微控制器内的比较器。但是使这种比较器始终运行将会耗费太多的能量，因此没有采用。

LC电感电容电路必须能够产生一个较大的电压，要求电压$\gg V_{dd}/2$，这样通过GP3插头上的一个中断信号控制器才可以从待机状态中唤醒。

理想的频率处于10～200kHz之间，适当高一点的频率更适合快速地传输数据。

本章小结

本章学习了汽车安全系统的要求与技术发展趋势，重点学习了安全气囊装置和预紧安全带。随着人们对汽车安全性的日益重视和科技的飞速发展，在汽车安全保护领域出现了大量的新技术。传统的气袋和安全带已经发展成为先进的智能保护系统，可以在事故中更有效地保护乘客的安全。

【关键术语】

汽车安全　安全气囊　预紧安全带　轮胎压力监测　发展趋势

综合练习

1. 填空题

(1) 汽车安全气囊由________、________、________、________组成。

(2) 安全带包括____________、____________两种。

(3) 汽车安全技术发展的主要特征有____________、____________、____________。

2. 简答题

(1) 谈谈安全气囊的组成及工作原理。

(2) 第三代的智能式气袋控制系统由哪些部分组成？它们是如何工作的？

(3) 安全气囊系统在设计时应注意哪些问题？

(4) 预紧式安全带与普通安全带有何区别？说明其保护原理。

(5) 预紧式安全带有哪两种常见形式？

(6) 智能保护系统由哪些部分组成？其比普通的保护系统有何优势？

第10章 智能汽车与智能交通运输

教学目标

通过本章的学习，要求读者能够了解智能汽车与智能交通运输的概念、研究内容及发展趋势，掌握现代汽车的智能新技术与巡航控制系统的工作原理，同时要求进一步掌握智能交通的相关子系统及其工作原理。

教学要求

知识要点	能力要求	相关知识
智能汽车与智能交通运输概述	了解智能汽车与智能交通运输的基本概念、研究内容及发展趋势	智能汽车与智能交通的相关概念、智能交通的研究内容、智能汽车的发展趋势及研究方向
现代汽车智能新技术	了解几种现代汽车智能新技术	几种现代汽车智能新技术
汽车巡航控制系统	了解汽车巡航控制系统的概念与优点，掌握汽车电子巡航控制系统的工作原理及其相关部件的结构和工作原理，并了解其发展现状与趋势	汽车巡航控制的概念、电子巡航控制系统的工作原理、相关部件的结构、工作原理及其发展现状与趋势
智能交通	了解国内外的智能交通发展现状，掌握智能交通的相关子系统及其工作原理	智能交通的发展现状、智能交通的相关子系统及其工作原理

导入案例

智能交通系统解决美国的交通拥堵问题

1991年美国国会指派美国交通部负责全国的智能交通系统发展工作，并在以后的6年中由政府拨款6.6亿美元，用来进行智能交通系统的研究。1995年3月美国交通部首次正式发布了“国家智能交通系统项目规划”，明确规定了智能交通系统的7大领域和29个用户服务功能。重点发展的7大领域为：出行和交通管理系统、出行需求管理系统、公共交通运营系统、商用汽车运营系统、电子收费系统、应急管理系统、先进的汽车控制和安全系统。

现在的美国已经成为一个智能交通系统大国，智能交通在美国的应用已达80%以上，而且相关的产品居全球前列。智能交通系统的相关技术已经产生了显著的效益，如电子收费、付费系统，大大提高了道路的使用效率。在环境方面，运输效率的提高意味着减少汽车废气排放。例如，在美国广泛使用的交互式导航系统能使汽车废气排放量减少5%～16%。目前，美国在智能交通系统应用发展较快的几个方面分别是：汽车安全系统、电子收费、公路及汽车管理系统、实时自动定位系统、商业汽车管理系统。

2001年4月，美国制定了21世纪头10年智能交通系统发展规划，提出了未来智能交通系统的使命和发展目标。规划明确了以下几个具体的目标：①安全方面，减少交通伤亡事故和财产损失，到2011年，减少交通事故达15%；②经济效益，以可靠的信息和良好的基础设施管理，保证出行时间的准确性，便于人们决定是否或何时、通过哪种方式出行，有助于形成高效的、终端至终端的客货运输，包括快速的、无间隙的、多方式之间的货物转换，以达到每年节省200亿美元的目的；③环境保护和减少能耗，降低燃油耗费，减轻噪声污染以及其他交通因素构成的对人们日常生活的安全和健康的危害程度。美国交通部估计，智能交通系统的应用将减少大约每年120万起的交通事故，挽救上万人的生命，节省260亿美元因交通堵塞及交通事故造成的损失。

10.1 智能交通运输概述

1. 智能交通运输的概念和内容

智能运输系统(Intelligent Transportation System，ITS)是当前世界上交通运输科技的前沿，它是在较完善的道路设施基础上将信息技术、数据通信技术、电子传感技术、全球定位技术、地理信息系统技术、计算机处理技术以及系统工程技术等有机地集成运用于整个地面交通管理体系，而建立起的一种在大范围内、全方位发挥作用的实时、准确、高效、智能的交通运输管理系统。

这个系统一般的运作流程为：将采集到的各种道路交通及服务信号经交通管理调度中

心集中处理后，传输到公路交通系统的各个用户，出行者可实时选择交通方式和交通路线；交通管理部门可利用它进行交通疏导和事故处理；交通部门可随时掌握汽车的运行情况，进行合理调度，从而使交通基础设施发挥出最大的效能，提高服务质量，使社会能够高效地使用交通设施和资源，从而获得巨大的社会经济效应。

随着各学科技术的发展，各国又相继研发出了诸如汽车导航系统、路测通信系统、公共交通优先系统、不停车收费系统、停车诱导系统及自动驾驶系统等，极大地推动了ITS的发展与应用。目前智能交通运输系统包括的范围大致如下。

1）先进的交通信息服务系统(ATIS)

先进的交通信息服务系统是建立在完善的信息网络基础上的，交通参与者通过装备在道路上、车上、换乘站上、停车场上以及气象中心的传感器和传输设备，可以向交通信息中心提供各处的交通信息；该系统得到这些信息并通过处理后，实时向交通信息中心提供道路交通信息、公共交通信息、换乘信息、交通气象信息、停车场信息以及与出行相关的其他信息；出行者根据这些信息确定自己的出行方式、路线。更进一步，当车上装备了自动定位和导航系统时，该系统可以帮助驾驶员自动选择行驶路线。

随着信息网络技术的发展，科学家们已经提出将ATIS建立在因特网上，并采用多媒体技术，这将使ATIS的服务功能大大加强，汽车将成为移动的信息中心和办公室。

2）先进的交通管理系统(ATMS)

这个系统有一部分与ATIS共享信息采集、处理和交通系统，但是ATMS主要是给交通管理者使用的，它将对道路系统中的交通状况、交通事故、气象状态和交通环境进行实时的监视，根据收集到的信息，对交通进行控制，如：信号灯、发布诱导信息、道路管制、事故处理与救援等。

3）先进的公共交通系统(APTS)

这个系统的主要目的是改善公共交通的效率(包括：公共汽车、地铁、轻轨交通、城郊铁路和城市间的公共汽车)，提供便捷、经济、运量大的公交系统。

4）先进的汽车控制系统(AVCS)

AVCS目前还处于研究试验阶段，从当前的发展看，可以分为以下两个层次。

(1) 汽车辅助安全驾驶系统。该系统有以下几个部分：车载传感器(微波雷达、激光雷达、摄像机及其他形式的传感器等)、车载计算机和控制执行机构等，行驶中的汽车通过车载的传感器测定出与前车、周围汽车以及道路设施的距离和其他情况，车载计算机进行处理，对驾驶员提出警告，在紧急情况下，强制汽车制动。

(2) 自动驾驶系统。装备了这种系统的汽车也称为智能汽车，它在行驶中可以做到自动导向、自动检测和回避障碍物，在智能公路上，能够在较高的速度下自动保持与前车的距离。智能汽车在智能公路上使用才能发挥出全部功能，如果在普通公路上使用，它仅仅是一辆装备了辅助安全驾驶系统的汽车。

5）货运管理系统

这里的货运管理系统是指以高速道路网和信息管理系统为基础，利用物流理论进行管理的智能化的物流管理系统。其可综合利用卫星定位、地理信息系统、物流信息及网络技术有效组织货物运输，提高货运效率。

6）电子收费系统(ETC)

公路收费站常成为道路通行的一个瓶颈，电子收费系统就是为解决这个问题而开发的。使用者可以在高速公路公司或银行预交一笔通行费，领到一张内部装有集成电路芯片的通行卡，将其安装在自己汽车的指定位置，当汽车通过收费站的不停车收费车道时，该车道上安装的读取设备与车上的卡进行相互通信，自动在预交账户上将本次通行费扣除。在现有的车道上安装电子不停车收费系统，可以使车道的通行能力提高3～5倍。

7) 紧急救援系统(EMS)

紧急救援系统是一个特殊的系统，它的基础是ATIS、ATMS和有关的救援机构和设施，通过ATIS和ATMS将交通监控中心与职业的救援机构连成有机的整体，为道路使用者提供汽车故障现场紧急处置、拖车、现场救护、排除事故汽车等服务。具体包括：①车主可通过电话、短信、翼卡车联网三种方式了解车辆具体位置和行驶轨迹等信息；②车辆失盗处理：此系统可对被盗车辆进行远程断油锁电操作并追踪车辆位置；③车辆故障处理：接通救援专线，协助救援机构展开援助工作；④交通意外处理：此系统会在10s后自动发出求救信号，通知救援机构进行救援。

2. 世界智能汽车的研究与发展

随着城市化的进展及汽车的普及，交通环境日趋恶劣，交通拥挤加剧，交通问题已经成为全球范围令人困扰的严重问题；将各种先进技术运用到汽车工程中，减少交通事故，提高运输效率，减轻驾驶员劳动负荷的智能汽车系统(Intelligent Vehicle System，IVS)正在得到进一步发展。

智能汽车(Intelligent Vehicles，IV)是智能交通系统(Intelligent Transportation Systems，ITS)的重要构成部分，其研究的主要目的在于降低日趋严重的交通事故发生率，提高现有道路交通的效率，在某种程度上缓解能源消耗和环境污染等问题。

1) 智能汽车的产生与发展

智能汽车的研究应该说起始于20世纪50年代初美国Barrett Electronics公司研究开发出的世界上第一个自动引导汽车系统(Automated Guided Vehicle System，AGVS)。

早期研制AGVS的目的是为了提高仓库运输的自动化水平，人们还没有意识到AGVS在工业生产组织变革中将产生巨大的影响。AGVS的应用领域仅局限于仓库内的物品运输。在20世纪60～70年代，AGVS的研究在西欧许多国家得到了迅速的发展，并将AGVS的应用扩展到工业生产领域。1974年，瑞典的Volvo Kalmar轿车装配工厂为了提高运输系统的灵活性，以便向装配工人机动地提供各种零配件，通过与Schiindler Digitron公司合作，开发研制出一种可装载轿车车体的AGVS，并由多台该种AGVS组成了汽车装配线，从而取消了传统应用的拖车及叉车等交通工具。由于Volvo Kalmar工厂从采用AGVS获得了明显的经济效益，许多西欧国家纷纷效仿Volvo Kalmar公司，并逐步使AGVS在装配工业中成为一种流行的运输手段。

智能车系统是一个集环境感知、规划决策、多等级辅助驾驶等功能于一体的综合系统，是典型的多学科的综合性的高科技和高新技术的结合体。涉及传感器技术、信息融合技术、微电子技术、计算机技术、智能自动控制技术、人工智能技术、网络技术、通信技术等，在一定程度上代表了一个国家自动化智能的水平。进入20世纪90年代以来，随着汽车市场竞争激烈程度的日益加剧和智能运输系统（ITS）研究的兴起，国际上对于智能汽车及其相关技术的研究成为热门，一批有实力有远见卓识的汽车行业大公司、研究院所和高等院校也正展开智能汽车的研究。目前它已成为世界众多发达国家重点发展的智能交通体系中的重要组成部分，也是世界车辆工程领域研究的热点和汽车工业增长的新动力。

2）智能汽车的主要研究内容

(1) 防撞预警系统。

防撞预警系统的功能主要包含前进或倒车时的防撞提醒进入驾驶盲点时提供预警，车辆起步或车辆发生变道时进行提示能够检测道路行人状况，避免同行人发生碰撞。此外，对驾驶员进行实时监控也是该系统的研究内容。预警系统通过对驾驶员进行实时检测，如果系统认为驾驶者精神不够集中或者产生疲倦时向其发出警告，提醒驾驶者可能存在安全隐患。如果驾驶者没能或无法做出必要的动作，防撞系统会强行控制转向或制动系统，将车辆控制在安全状态，从而避免事故发生。

(2) 辅助驾驶系统。

辅助驾驶系统也被称为智能巡航控制系统(Intelligent Cruise Control System，ICCS)，其主要功能如下：

① 在交通状况良好的情况下根据发动机工况调节油门开度，使车辆以设定车速巡航并保持安全车距。

② 在恶劣天气状况下，辅助操控车辆，保障行车安全。

③ 在变并道、超车时，根据前后车辆行驶情况保持车辆最佳车速与最佳车距。

④ 当有紧急情况发生而驾驶员疏忽或疲于应付时，自动减速或紧急制动避免碰撞事故的发生。

(3) 自主驾驶系统。

自主驾驶系统是智能车辆研究的最高级阶段，车辆能够通过车内的传感器感知车身和环境信息，利用各种智能算法进行决策控制，并以此作为依据，实现自主行驶任务。其中，如何使智能车辆与普通车辆共同行驶在现有道路之中也是有待于攻破的难题之一。

3）智能汽车的研究方向

智能汽车的研究方向主要有以下几个方面。

(1) 驾驶员行为分析(Driver Behavior Analysis)。主要研究驾驶员的行为方式、精神状态和汽车行驶之间的内在联系，目的是建立各种辅助驾驶模型，为智能汽车安全辅助驾驶或自动驾驶提供必要的数据，如对驾驶员面部表情的归类分析能够判定驾驶员是否处于疲劳状态、是否困倦瞌睡等。

(2) 环境感知(Environmental Perception)。主要是运用传感器融合等技术，来获得汽车行驶环境的有用信息，如车流信息、车道状况信息、周边汽车的速度信息、行车标志信息等。

(3) 极端情况下的自主驾驶(Autonomous Driving Extreme Courses)。主要研究在某些极端情况下，如驾驶员的反应极限、汽车失控等情况下的汽车自主驾驶。

(4) 规范环境下的自主导航(Autonomous Navigation on Normal Environment)。主要研究在某些规范条件下，如人为设置的路标或道路环境条件较好，智能汽车根据环境感知所获得的环境数据，结合汽车的控制模型，在无人干预下，自主地完成汽车的驾驶行为。

(5) 汽车运动控制系统(Vehicle Motion Control System)。研究汽车控制的运动学、动力学模型、车体控制等问题。

(6) 主动安全系统(Active Safety System)。与被动安全相对比，主动安全系统主要以预防为主，如研究各种情况下的避障、防撞安全保障系统等。

(7) 交通监控、汽车导航及协作(Traffic Monitoring，Vehicle Navigation and Coordination)。主要研究交通流诱导等问题。

(8) 汽车交互通信(Inter-vehicle Communications)。研究汽车之间有效的信息交流，主要是各种汽车间的无线通信问题。

(9) 军事应用(Military Architectures)。研究智能汽车系统在军事上的应用。

(10) 系统结构(System Architecture)。研究智能汽车系统的结构组织问题。

(11) 先进的安全汽车(Advanced Safety Vehicle)。研究更安全、具有更高智能化特征的汽车系统。

上述方面基本覆盖了智能汽车系统研究所涉及的安全监控、智能防撞、辅助驾驶、自动驾驶、行为规划与决策、系统体系结构、综合集成等主要研究方向。如果从驾驶员对汽车的控制方式及自主程度来分，上述各研究方向也可比较概括地划分为以下三大研究方向。

(1) 警告系统。研究前方碰撞警告、盲点警告、行车道偏离警告、换道警告、十字路口防撞警告、行人检测、倒车警告等方面的问题。

(2) 半自主式汽车控制系统。具有更高级的汽车自动化，如当驾驶员对警告来不及反应时，系统接管汽车的控制，通过控制汽车的转向、制动、转矩等使汽车恢复到安全状态。

(3) 自主汽车控制系统。此部分具有完全的汽车自动化，研究包括汽车自适应巡航、道路保持低速等距行驶、排队行驶等方面的问题。

4) 智能汽车的研究范围

智能汽车的研究涉及加速检测控制、计算机视觉、传感器数据融合、汽车工程等诸多领域，可以说，智能汽车的研究是计算机视觉与计算机控制研究在汽车工程上的综合。

(1) 计算机视觉。在自动高速公路系统的研究中，最初计划采用地下埋电缆的方式，通过电磁感应进行智能汽车导航。由于可测量的电磁感应的范围太小(分米级)，而且此种方法不能提供汽车需要的方位信息及障碍物信息，因此该种导航方式在智能汽车的研究中基本已经被抛弃。

在美国和日本，20 世纪 90 年代中期的时候，提出在道路中间铺设磁块的方式来进行导航，美国及日本还分别在 1997 年及 1996 年在公路上做过试验。但此种方案的造价过于高昂，缺乏推广应用价值。

事实上，当驾车时，所接收的信息几乎全部来自于视觉。交通信号、交通标志、道路标志等均可以看做是环境对驾驶员的视觉通信语言。很显然，人们自然考虑到应用计算机视觉来解释这些环境语言。

一个真正具有应用价值的智能汽车系统应具备实时性、鲁棒性、实用性这三方面技术特点。实时性是指系统的数据处理必须与汽车的高速行驶同步进行；鲁棒性是指智能汽车对不同的道路环境，如高速公路、市区标准公路、普通公路等，复杂的路面环境，如路面及车道线的宽度、颜色、纹理、动态随机障碍与车流等，以及变化的气候条件，如日照及景物阴影、黄昏与夜晚、阴天与雪雨等均具有良好的适应性；实用性是指要求智能汽车在体积与成本等方面能够为普通汽车用户所接受。要使车载计算机视觉导航系统实际应用成为可能，必须首先解决计算机及CCD在体积及价格上的问题，即计算机在体积越来越小的前提下要有越来越强的计算能力，且价格与汽车总体的价格相比所占比重很小。同样，CCD及图像卡在价格低廉的前提下图像采集速度及图像前处理能力要强。随着计算机及电子技术行业迅猛的发展，在硬件条件上，这已经成为可能。

视觉系统在智能汽车研究中主要起到环境探测和辨识的作用。与其他传感器相比，机器视觉具有检测信息量大、能够遥测等优点。缺点是负责环境下，要将探测的目标与背景提取出来，所需的图像计算量很大，单纯以当前的硬件条件出发解决，容易导致系统实时性较差。这可以通过一些特殊图像处理方式来解决，如使用Hough变换从图像中提取直线形式的道路边界，与汽车内部存储的电子地图相结合，采用合适的路径曲率预测算法，可以大大提高汽车行驶道路标线的识别速度及鲁棒性；也可将环境图像分解为各种类型，然后针对不同的类型采用不同的环境表示方法和导航方式，从而避免无用信息的运算；由于通过单帧图像信息判断障碍物的多幅连续图像序列来计算目标的距离和速度，还可根据一个摄像机的连续画面来计算汽车与目标的相对位移，并用适应性滤波对测量数据进行处理，以减小环境的不稳定性造成的测量误差。

总之，将计算机图像信息与其他背景知识及其他传感器相结合，能快速提取复杂环境中的有用信息，进而产生合理的行为规划与决策。在行车道路检测、汽车跟随、障碍物检测等方面，机器视觉都起着非常重要的作用，是智能汽车研究中最重要的一种传感器。

(2) 传感器数据融合。一个智能汽车系统正确、可靠运行的前提是通过各种传感器准确地捕捉环境信息，然后加以分析处理，因此，研究如何将通过传感器得到的信息加以有效处理、分析，并正确无误地了解环境的技术是很重要的。然而迄今为止，没有任何一种传感器能保证在任何时刻都提供安全可靠的信息，但采用传感器融合技术，即将多个传感器采集的信息进行合成，形成对环境特征综合描述的方法，能够充分利用多传感器数据间的冗余和互补特性，从而获得需要的、充分的信息。

目前，在智能汽车领域，除视觉传感外，常用的还有雷达、激光、GPS等传感器。

雷达系统可以得到计算机视觉技术比较难以解决的检查对象的距离信息，能准确发现汽车行驶环境中存在的物体。此外雷达传感不受雨、雪、雾等自然条件的影响，在恶劣环境条件下具有独特的优势。

激光系统可以得到汽车的瞬时速度信息及汽车与前方汽车的距离信息，被广泛地应用于避障、超车、防碰撞系统中。

德国大众公司研究的智能汽车系统是一个典型的数据融合系统。将雷达、计算机视觉、激光扫描器等传感器集中到一个系统中，利用传感器之间数据的互补冗余得到可靠稳定的汽车所需要的信息。

(3) 智能控制在智能汽车上的应用。为实现智能汽车对路径的稳定跟踪，性能优良的控制器是智能汽车必不可少的部分，所以控制理论在智能汽车上的应用是十分重要的。

智能控制代表着自动控制的最新发展阶段，也是应用计算机模拟人类智能，实现人类脑力劳动和体力劳动自动化的一个重要领域。智能控制是一门新兴学科，人们目前认为其包括递阶控制系统、专家控制系统、模糊控制系统、神经控制系统、学习控制系统5个方面。

总的来讲，智能控制具有以知识表示的非数字广义模型和以数学模型表示的混合控制过程，也往往是那些含有复杂性、不完全性、模糊性和不确定性以及不存在已知算法的非数字过程，并以知识进行推理，以启发来引导求解过程等特点，其本质与智能汽车的本质相一致，故在智能汽车上取得了广泛的应用。目前美国及日本已经有应用专家控制系统知识建立的汽车辅助驾驶器产品，该种产品能够提供合理的驾驶策略，如是否超车、换车道等；给出环境危险性警告，如前后车的安全距离等信息；监督驾驶员的精神状态，如驾驶员是否困倦等。

模糊逻辑控制和专家控制在一点上是相同的，即两者都想要建立人类经验和决策行为模型，但模糊控制、逻辑控制的模型大多数基于规则系统，源于控制工程而不是人工智能，是由模糊逻辑控制的设计者构造的。以上特点非常符合人类驾驶的特点，许多研究者往往根据某一特定的研究对象，按传统的控制工程理论设计汽车驾驶控制器，然后按照一定规则形成模糊控制驾驶控制器，再推广到一类汽车控制中。

神经网络因其本质上的并行控制，有较强的信息融合能力和系统容错功能，所以被广泛地应用于汽车控制器实现、汽车模型辨识、优化控制及故障诊断、容错控制、汽车行驶环境数据处理等方面。

由以上阐述可见，真正的人类意义上的智能汽车只有在计算机技术和智能控制技术充分发展的基础上才能成为可能，这是世界各地智能汽车研究者们的共识及努力方向。

10.2 现代汽车智能新技术

随着电子信息技术的飞速发展，智能技术在现代汽车上得到广泛应用，充分体现出其在安全、舒适、方便、快捷等方面的优越性能。汽车自发明以来就给人们的工作和生活带来了极大的便利，随着不同时期人们不同的需求，汽车技术也在发生着翻天覆地的变化。现将几种现代的汽车智能新技术介绍如下。

1. 汽车GPS系统

汽车GPS系统也称全球卫星定位系统。它是依靠地球周围的24颗定位卫星不断对地面发射并提供三维位置、三维速度的电子信息，使地球上安装的接收设备接收到这些信息并用中转设备对这些信息进行分析，从而判定发射信息的物体所处方位的一种定位系统。

GPS的功能主要有以下几个方面。

(1) 及时显示汽车在预先制定的电子地图中的位置、行驶速度以及与目的地的距离。输入目的地后自动生成一条去目的地的最佳行驶路线，并在转弯时用语言提醒用户，使其去任何地方都不用问路就可直接到达。

(2) 随时可查询沿途的酒店、商店、加油站、修理厂、车站、码头等处的最新路况信息，为用户提供方便。

(3) 可在汽车遭遇抢劫后，在指定范围内停止发动机的运行，并把汽车所处的位置报告警察。

(4) 停车后可用其播放音乐或 VCD。

汽车 GPS 主要由两部分组成：一部分是由安装在汽车上的 GPS 接收机和显示设备；另一部分是计算机控制中心。两部分通过卫星定位进行联系。

2. 汽车智能避撞系统

汽车智能避撞技术首先解决的问题就是汽车之间的安全距离。汽车与汽车之间的距离小于这个安全距离，就应该自动报警，并采取制动措施。

目前测定汽车之间安全距离的方法有超声波测距、微波雷达测距和激光测距等。

超声波汽车倒车避撞报警器是利用超声波回声测距的原理，测量车后一定距离内的物体，这种新型避撞报警器可以及时显示车后障碍物的距离和方位，显示范围为 0.5～9.9m，当距离大约 2m 时显示车后障碍物方位，当距离小于 2m 时，除了显示其方位外，还可检测 3 段距离分别给出 3 种报警信号，以警示驾驶员 3 种不同程度的紧急状态，使驾驶员据此做出相应措施，防止事故的发生。

汽车避撞雷达的主要功能为测速测距、对前方 100m 内危险目标提供声光报警；兼备汽车黑匣子功能；自动巡航；紧急情况下自动制动。装有避撞雷达的汽车上了高速公路以后，驾驶员就可以启动车上的避撞雷达。雷达选定好跟随的汽车以后，被跟随的汽车就成了后面汽车的“目标车”，无论是加速、减速、还是停车、启动，后面的汽车都能在瞬间之内予以模仿。如果前面的汽车在行驶一段时间之后，不再适合作为“目标车”，驾驶员可以重新选择另外一辆“目标车”。

防追尾碰撞激光报警装置包括发光部、受光部、计算车间距离的激光雷达、信号处理电路、显示装置、车速传感器等结构。激光镜头使脉冲的红外激光束向前方照射，并利用汽车后部分反光镜的反射光，通过受光装置检测其距离，检测距离约为 100m，最大检测宽度 3.5m 以上。控制部分由微机进行下列运算：本车车速、前方行驶汽车车速、车间距离，根据车间距离和安全车间距离的比较发出警报信号，并在仪表盘上进行距离显示。

最早的激光雷达都是发出多股激光光束，并依靠前行车反光镜的反射时间来测定其距离，但是由于要对前方汽车进行辨别，因此开始采用扫描式激光雷达。这样，不但至前方车的距离可测，而且其横向方向的位置也可以检测出来。此技术的进一步发展，可使扫描角度成 360°。这时，如果在汽车 4 角设置类似的扫描式激光雷达，那么汽车四周的障碍物都可以测出。

3. 汽车智能“黑匣子”

汽车智能“黑匣子”能客观地记录机动汽车发生车祸前驾驶员的操作过程，有效地提供驾驶员在事故发生前做出的种种反应的信息。据称，交通事故处理部门安装这种系统后，可随时对穿行在各条公路上的所有汽车进行实时监控，一旦发生车祸，离事故发生地点最近的交通事故处理中心可以在几秒钟之内获取撞车的行驶速度、车内乘客伤亡情况等信息。由于这一技术的工作原理与飞机上的黑匣子类似，所以又称其为“黑匣子”。这种黑匣子与普通烟盒差不多大，构件包括可以储存、收集和传输数据的蜂窝电话，其外部有保险装置。车祸发生后，该黑匣子会自动打开，利用传感器记录下汽车的行驶速度以及出车祸时汽车的撞击位置，然后将这些信息传给中央通信系统。黑匣子内嵌有全球定位系统，该系统具有数据处理与传输功能。

4. 汽车智能驾驶系统

汽车智能驾驶系统相当于机器人，能代替人驾驶汽车。它主要通过安装在前后保险杠及两侧的红外线摄像系统对汽车前后左右的一定区域进行不停的扫描和监视，通过车内计算机、电子地图、光化学传感器等对红外线摄像头传来的信号进行分析计算，并根据道路交通信息管理系统传来的交通信息发出指令，代替人的大脑指挥执行系统操纵汽车。自动驾驶系统的本质就是使公路系统具有一定的智能性，并依靠汽车的智能系统控制汽车的自动驾驶，将交通流调整到最佳状态，从而减少了由于人工驾驶引起的交通问题，提高公路系统的安全性和运行效率。

汽车智能驾驶系统的特点在于事故的早期探测与早期操作，排除驾驶员人为错误、心理影响及个别汽车的控制可能性。正因为有此特点，所以以汽车自动驾驶系统为首的AVCS才有可能从根本上解决交通事故、交通堵塞及环境污染的汽车交通问题。而且在未来的老龄化社会，AVCS也可在高龄者的辅助驾驶和高龄者的移动手段上发挥重要作用。

5. 汽车智能轮胎

轮胎内装有计算机芯片或将芯片与轮胎相连接。计算机芯片在行驶状态下能自动监控并调节轮胎的温度和气压，使轮胎在不同条件下都能保持最佳的运行状况，既提高了安全系数又节省了开支。更为先进的智能轮胎还能在探测出结冰的路面后变软，使驱动力更好地发挥作用；在探测出路面的潮湿程度后，还能自动改变轮胎的花纹，以防打滑。

6. 汽车智能悬架

汽车智能悬架系统由电子装置控制，可根据路面情况调节悬架弹性元件的刚度和减振器的阻力，使振动和冲击迅速消除。此外智能悬架还可以自动调节车身的离地高度，即使汽车在崎岖的路面上行驶也可顺利通过路面障碍，使乘客感觉平稳和舒适。

7. 汽车智能钥匙

智能钥匙能发射出红外线信号，既可打开车门、行李箱和燃油加注孔盖，也可以操作汽车的车窗和天窗。更先进的智能钥匙则像一张信号卡，当驾驶员触到车门把手时，中央锁控制系统开始工作，发射出一种无线查询信号，智能钥匙做出正确反应后，车锁便会自动打开，而且只有当中央处理器感应到智能卡在汽车内时，发动机才启动。

8. 汽车智能安全气囊

汽车智能安全气囊是在普通安全气囊的基础上增设了各类传感器和与之相配套的计算机而成，其增设的质量传感器能根据质量感知是大人还是小孩；其红外线传感器能根据热量探测座椅上是人还是物体；其超声波传感器能探明成员的存在和位置等。计算机的软件则能根据乘客的身高、体重、所处的位置和是否系安全带以及汽车碰撞速度和碰撞程度等，及时调整气囊的膨胀时机、膨胀速度及膨胀程度，使安全气囊对乘客提供最合理和最有效的保护。

9. 汽车智能空调

智能空调系统能根据外界气候条件，按照预先设定好的指标对车内的温度、湿度以及空气清洁程度进行分析、判断，及时自动打开制冷、加热、去湿及空气净化装置，并调节出适宜的车内空气环境；在先进、安全的汽车上，空调系统还能与其他系统配合发挥更好的作用。

10. 汽车夜视系统

系统利用红外线技术能将黑暗变得如同白昼，使驾驶员在黑夜里看得更远更清楚。夜视系统的结构由两部分组成：①红外线摄像机；②挡风玻璃上的光显示系统。装上这种夜行器后，驾驶员通过光显示系统可像白天一样看清路况。当两车交会时，它可以大大降低前方汽车灯强光对驾驶员视觉的不良刺激，还可以提供驾驶员在雾中行车的辨识能力。为看清车后的情况，研制人员又研制出一种新型后视镜，当后方来车的前照灯照在前车的后视镜上时，自动感应装置可随之使液晶玻璃反光镜表面反光柔和，从而使驾驶者不炫目。

11. 驾驶员分神监视系统

驾驶员分神监视系统利用目光跟踪技术判断驾驶员是否在注意路况，在驾驶员打瞌睡时，及时发出提醒信息。这种监视系统采用两个摄像机，可持续观察驾驶员的面部，包括耳朵、鼻子和下巴，据此来计算眼睛所处的位置，追踪其眼白和虹膜的状态。然后将当前虹膜的形状与计算机模型对比，分析驾驶员的视线方向，误差在3°以内，这一精度足以判断驾驶员是否在注意路面。

12. 智能式前照灯

随着电子技术的不断发展及其在汽车上应用的日益增多，人们看到开发智能式前照灯的必要性和可能性。目前，一些灯具系统供应商都在积极研究开发一种新的智能式，也可称之为适应性灯光系统。该系统根据各种传感器提供的信息，经计算机处理后，调节灯光。其目的是根据不同的天气条件(如下雨、雾、下雪)及汽车行驶速度、道路几何状态以及车流密度等来改变光照的形状、其相对强度及照射的方向。具体可有以下几种情况。

(1) 远光随车速而变，车速高则光照得远而且光束比较窄，当车速减慢则光照得近而光束宽，根据加速踏板的位置或直接由车速数据进行处理。

(2) 自动高度调节以保持近光在一定高度，避免使迎面驶来的汽车炫目。这可以直接根据灯光在地面的分布来调节，也可根据车身相对车桥之间的间隙来调节。

(3) 转弯时改变照射方向。根据转向盘转角、车速、转向指标信号以及导航系统中的道路信息计算出前照灯的转角。

13. 智能式车速控制系统

这种系统也称适应性车速控制系统(ACC)。行驶车速控制系统是一种电子控制系统，在长途行驶中十分有用。驾驶员可以将脚离开加速踏板而自由活动。1997年在美国轿车上的装车率已达78.5%，在轻型货车(包括面包车)上的装用率也达76.4%。在欧洲应用还不普遍，仅占10%。这是由于欧洲公路上汽车密度较大，不太容易保持恒定车速行驶。

这种智能式车速控制系统由于加装了雷达微波探测系统及高速微处理器，它可以探测到150m处本车道上前面行驶的汽车。设定一个车速后，当行驶至靠近前车时，就会发出警告，同时自动降低发动机转速及开始制动，有的系统还具有可与前车保持3个定距离的设定。

14. 汽车巡航控制系统

汽车巡航控制系统(Cruise Control System，CCS)根据其特点又称“恒速控制系统”、“车速控制系统”或“巡行控制系统”等。

采用汽车巡航控制系统后，汽车在高速公路上长时间行驶时，就可使驾驶员踩加速踏板的脚得以休息，不致因长时间驾车控制加速踏板稳定车速而产生疲劳。同时，由于定速行驶，加速踏板及制动踏板的踩放次数减少，使耗油量减少，行车较为经济，因而该系统又称为“经济车速巡航控制系统”。

汽车巡航控制系统的主要优点是：无论风力和道路坡度这些能引起汽车的行驶阻力发生变化的因素如何变化，只要在发动机功率允许范围内，汽车的行驶速度便可保持不变；同时，汽车在定速行驶时，驾驶员负担明显减轻，提高了驾车的舒适性；此外，使用该装置后，可使汽车的燃油供给与发动机功率间的配合处于最佳状态，有效地降低了燃油的消耗，减少了有害气体的排放。

未来轿车的巡航系统将会与GPS相结合，通过车轮传感器、地磁传感器和偏航传感器获取数据，确定汽车的速度和位置。车轮传感器记录车轮的速度，产生的脉冲信号用于定时计算行驶距离和方向的变化。地磁传感器通过励磁绕组感应出电压脉冲，测量出沿途地磁场水平分量的大小与起点磁场的比较，为车载电脑提供补偿数据。车载电脑的地图存储了汽车现行区域的所有数据，车载电脑与存储道路网络数据不断比较，更正定位误差从而确定最佳行驶路径。如果车载电脑存储资料不足，例如有关交叉路、限行、单行线、桥梁等路段的变更信息，可以通过GPS网络功能给予补充。

驾车者将目的地输入车载电脑后，电脑通过比较汽车实际位置和目的地位置后，能够推荐最佳行驶路径。简单的系统仅能提供线性距离及目的地方向，比较复杂的系统则能根据GPS控制中心提供的路面车流状况推荐行驶路径。显示装置还能够根据汽车运行方向的变化随时翻转地图，方便驾车者从显示屏获知路径的走向。

15. 智能玻璃

智能化汽车玻璃有许多种类，包括防光防雨玻璃、电热融雪玻璃、影像显示玻璃、防碎裂安全玻璃、调光玻璃以及光电遮阳顶篷玻璃等。防光防雨玻璃采用新材料及新表面处理方法制造，雨水落到玻璃上会很快流走且不留水珠，无需刮水器刮水。玻璃内表面反射性低，仪表板及其他饰物不会反射到风挡玻璃上，驾驶员视线不受干扰。具有影像显示功能的玻璃，是在风挡玻璃上的某一部分涂上透明反射膜，在膜片上可根据需要显示从投影仪传来的仪表板上的图像和数据，便于驾驶员观察，驾驶员在行车时不用低头察看仪表。影像显示智能玻璃如果与红外线影像显示系统配合，可使驾驶员在雾天看清前方2km左右的物体。光电遮阳顶篷玻璃则是在轿车行驶或停车时，能自动吸收、积聚、利用太阳能来驱动车内风扇，还可对轿车蓄电池进行连续补充充电。

10.3 智能交通运输

智能交通系统(ITS)是在传统的交通系统基础上发展起来的一种新型交通系统，从国外发展情况看，从20世纪60年代末开始，利用飞速发展的电子、信息、系统工程等高科技手段来改善原交通系统的交通状况，有效地将信息技术和交通系统结合起来，协调交通四要素之间的时空关系，经历了约20多年的时间，相继在世界范围内建立了新型交通系统，取得了良好的经济和社会效益。

ITS的总体框架结构在国际标准尚未形成之前，大都是按美国制定的ITS结构框架(National Architecture，NA)来考虑的。NA将ITS划分为19个子系统，并对各子系统的功能进行了分配，19个子系统之间的相互关系如图10.1所示，从道路交通四要素出发，又可将19个子系统分为四大类，即远程接入子系统、汽车子系统、中心子系统和道路系统。

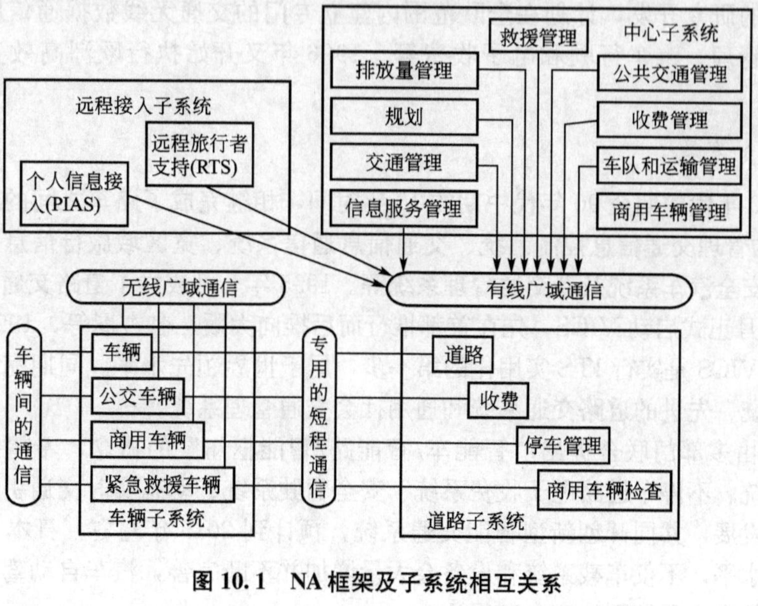

图10.1 NA框架及子系统相互关系

ITS的特点体现在以下几个方面。

(1) 交通基础设施智能化。即要求在新建道路时必须同时进行智能交通运输基础设施建设(Intelligent Transportation Infrastructure)，借以加强ITS的实施，即新建道路，必须有交通信号控制系统、高速公路交通管理和交通诱导系统、事故处理及救援系统、电子收费系统等。

(2) 车辆智能化。要求汽车逐步智能化，以确保汽车在道路上安全自由地行驶，避免与道路设施以及其他汽车相撞，其导航系统可使汽车在陌生地区行驶时不致迷失方向。

(3) 交通运输系统智能化。交通运输系统将为交通控制管理中心提供对道路和汽车状态的实时监控，能及时处理交通事故，保证道路畅通。

(4) 一体化。ITS一体化特点体现在道路、汽车驾驶、乘客服务和系统管理的一体化。

10.3.1 国内外智能交通系统的发展现状

1. 美国ITS的发展

传统的道路交通系统中道路和汽车是分离的，交通控制与监视是分开单独进行的。在ITS中，汽车与道路之间需要双向交换信息，车与路集成为一体，称为智能汽车—道路系统(Intelligent Vehicle-Highway System，VHS)，在美国，开始时各州、市推出的ITS称为IVHS(Intelligent VHS)，1994年IVHS更名为ITS，其实施战略是通过实现面向21世纪的“公路交通智能化”，从根本上解决和减轻交通事故，低效率和能源浪费等交通中存在的问题。

2. 欧洲ITS的发展

在欧洲ITS始于20世纪70年代末，到20世纪80年代中期ITS的研究计划开始大规模实施，1998年由欧洲10多个国家投资50多亿美元，联合执行一项旨在完善道路设施，提高服务质量的DRIVE计划。其含义是欧洲用于汽车安全的道路基础设施，目前已进入第二阶段的研究开发，计划在全欧范围内建立专门的交通无线数据通信网、智能交通系统的交通管理、汽车行驶和电子收费等。1996年又开始执行欧洲高效安全交通系统计划。

3. 日本ITS的发展

从20世纪80年代中期至90年代中期的10年时间，相继完成了路车之间的通信系统(RACS)、先进的管理交通信息控制系统、交通信息通信系统、宽区域旅行信息系统、超智能汽车系统、安全汽车系统及新交通管理系统等。1995年7月成立了道路交通信息系统中心，1996年4月正式启动VICS，先在首都推行而后推向大阪、名古屋等，1998年向全国推进。日本的VICS是实行ITS实用化的第一步，居于世界领先水平。同期完成的还有高级汽车安全系统、先进的道路交通系统和通用社会交通管理系统。

1996年后又由多部门联合提出“智能车/智能路/智能枢纽”的概念，希望推动包括先进交通管理系统、不停车道路电子收费系统、安全驾驶系统、动态实时交通引导系统在内的核心技术的发展，共同开创新型智能交通系统，预计到2015年左右，日本ITS将发展到一个较高的水平，不仅车载系统和设备会大量增加并不断完善，汽车自动驾驶系统将得到逐步推广，使交通系统更为安全和舒适。

4. 我国ITS的发展

我国ITS的发展起步较晚，是20世纪80年代开始在交通管理和交通工程的基础上逐步发展起来的，20世纪90年代中期开始进行有关ITS理论和技术的研究开发，1999年由科技部牵头与有关部门联合成立了全国智能交通系统协调小组，共同推动交通系统的智能化发展，相继完成了中国ITS体系框架和标准体系及其他相关的技术研究。1999年10月，国家智能交通系统工程技术研究中心和国际化标准组织智能交通系统技术委员会中国秘书处共同承担了“中国智能交通系统标准体系的研究”。该标准体系按不同层次覆盖了信息定义和编码、专用短程通信、数字地图及定位、电子收费、交通与紧急事件管理等300多项标准。

2000年开始国家开展了“智能交通系统关键技术开发和示范工程”、“现代中心城市交通运输与管理关键技术研究”、“卫星导航应用产业化专项”、“汽车电子产业化专项”、“下一代互联网示范工程”等项目，这些项目针对中国实际情况，以提高中国交通管理水平和运输效率，开展智能交通系统的关键技术攻关、关键产品开发和示范应用研究。其中示范工程重点是智能化交通管理系统、智能化公交调度系统、综合交通共用信息平台、卫星定位技术在运输汽车上的应用、应用下一代互联网技术的交通监控以及现代物流系统等。

10.3.2 智能交通的相关子系统及基本原理

ITS系统结构必须有全国统一的“国家ITS体系结构”，在“全国ITS体系结构”的指导下，才能建立各分系统相互协调、信息互通的全国统一的ITS。

但ITS因其各分系统的服务功能不同，实现其服务功能的方法差别很大，很难有统一的原理。各分系统的服务项目根据其功能的不同，其功能的实现方法也有各自的原理，这里简单介绍几种重要分系统服务项目的基本原理。

1. 交通信号自动控制系统

交通信号自动控制系统(Automatic Traffic Signal Control System，ATCS)一般是指用计算机来自动、集中控制分散在各个交叉口交通信号灯的一类信号控制系统，也可以称为交通信号计算机控制系统(Computerized Traffic Signal Control System)。

在城市道路上，交通信号自动控制系统一般由汽车检测设施、交通控制中心计算机硬件设施、交通信号配时的交通模型与优化等计算机软件、信号控制器(机)及信息传输路线组成；在高速公路上，还有匝道信号、可变信号标志等，如图10.2所示。图10.2上方是交通控制中心示意图，控制中心中的主要硬件设施有计算机及其外部设备监视显示器、控制面板、电传打印机等，还有电视监视器、地图显示板或大屏幕显示设施及通信接口等；图10.2下方是高速公路上的常用交通监控设施布置示意图。

2. 路线导行系统

路线导行系统一般是指用计算机根据道路网络上各条道路的交通标志，给出行汽车提供“最佳路线”的导行信息，使之能避开交通拥挤严重的路线，改行交通密度比较小的路线，以最短的时间到达目的地，并实现路网整体交通流优化的一种交通信息发布系统的统称。

通常的路线诱导系统(Route Guidance System，RGS)与汽车导行系统(Vehicle Navigation System，VNS)是两个不同的名字，它们的功能也略有差异：路线诱导系统的功能主要是为个别出行者寻找最佳路线；汽车导行系统的功能主要是帮助交通管理者实现交通流优化。前者偏顾出行者利益，对路网整体交通不一定有利，即不一定有系统效益；后者着重路网整体交通的系统效益，对个别用户不一定有利。深化研究表明：路线诱导系统和汽车导行系统既是一种服务设施，又是一类管理措施，其实质是要通过交通信息的发布，改变出行者的行走路线，缓解路网整体的交通拥挤程度，既要考虑路网整体系统效益又不能损害个别用户效益，否则没有人愿意使用这种服务设施。因此，在研究导行系统的策略上要考虑缓解路网整体系统效益与用户效益之间的矛盾，研究能兼顾路网系统与用户效益的导行策略，这里把运用这种策略的系统，统称为路线导行

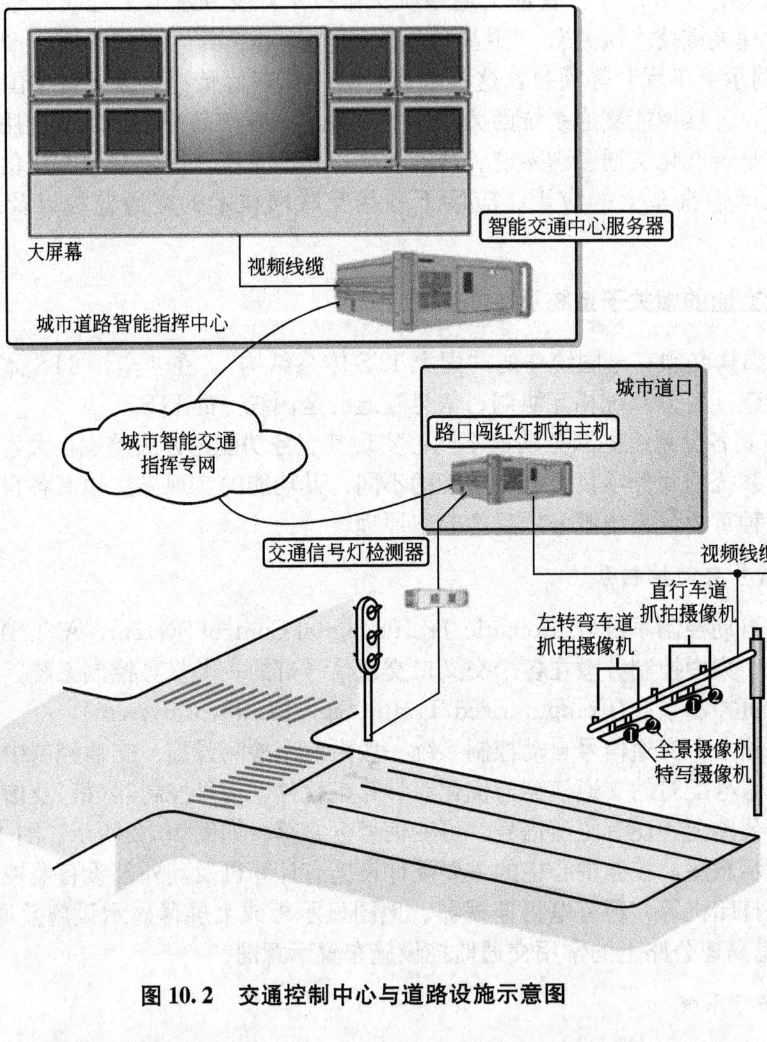

图 10.2　交通控制中心与道路设施示意图

系统。

路线导行系统由于其功能是向出行者提供路线导行信息，通常被包括在先进交通信息系统中。但从其信息采集的手段和最终实现的目标，以及与交通信号控制系统的集成来看，路线导行系统同先进交通管理系统又有着密不可分的关系。可以说，路线导行系统兼有先进交通信息系统与先进交通管理系统的重要组成部分。作为一项能降低拥挤、提高交通路网运行效率的重要新技术，路线导行系统正受到广泛的关注。

路线导行系统的组成和运行过程如下。

路线导行系统一般由路线交通状况检查设施、交通信息和综合交通管理中心计算机硬件设施、路线导行交通状况预测、动态交通分配、导行路线优选与产生等计算机软件、导行路线及交通状况信息发布接收显示设施及信息传输线路组成。

路线导行系统的运行过程一般如图 10.3 所示，具有以下特点。

(1) 路上设置汽车检测及车-路双向信息传输设施，如红外(IR)信标(Beacon)或电视视频检测设施等，当汽车通过这些检测设施时，这些设施测得汽车的通过数量及通过的行车速度或旅行(行程)时间。

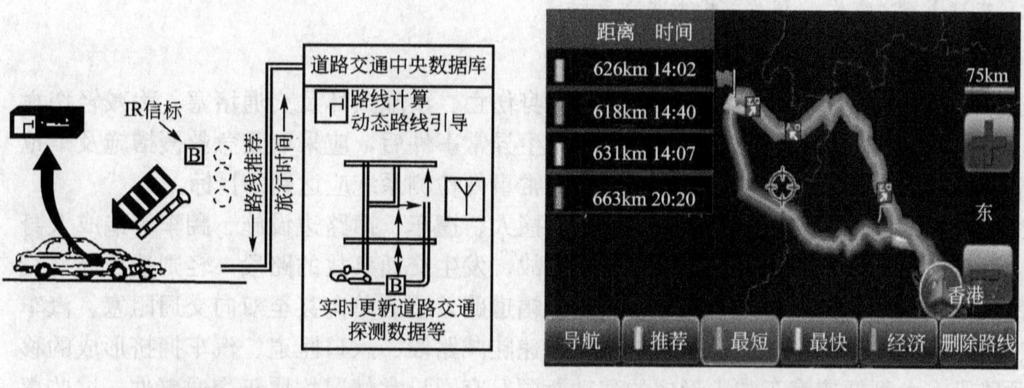

(a) 路线导行系统运行过程示意图　　(b) 导航仪的显示画面

图 10.3　路线导行系统运行过程

(2) 这些测得的数据通过信息传输路线传到交通信息中心或交通综合管理中心的道路交通中央数据库，计算机用进入数据库的这些数据配合其他信息源(如偶发事件信息、历史统计数据信息、公交汽车运行信息等)的交通状况信息实时更新道路交通状况探测数据，并据此用路线导行软件计算优选的导行路线。

(3) 这个导行路线方案通过路-车双向信息传输设施，如信标或无线发射等将采集到的信息送到车载信息接收设施、计算机及显示设施。

(4) 车载设施中有卫星自动定位设施，随时确定行驶汽车所处的位置，车载计算机用电子数字地图，在车载图像显示设施上显示出汽车行驶路线附近的道路网络地图、汽车所处位置及路线导行系统推荐的最佳导行路径。图 10.4 所示为一般车载导行信息设施的系统及运行过程示意图，图中的司机界面，即司机与计算机间交换信息的界面，除单向接收、显示导行信息的显示屏外，还可有双向交换信息的语言对话、数据通信、触摸式感应信息屏等。

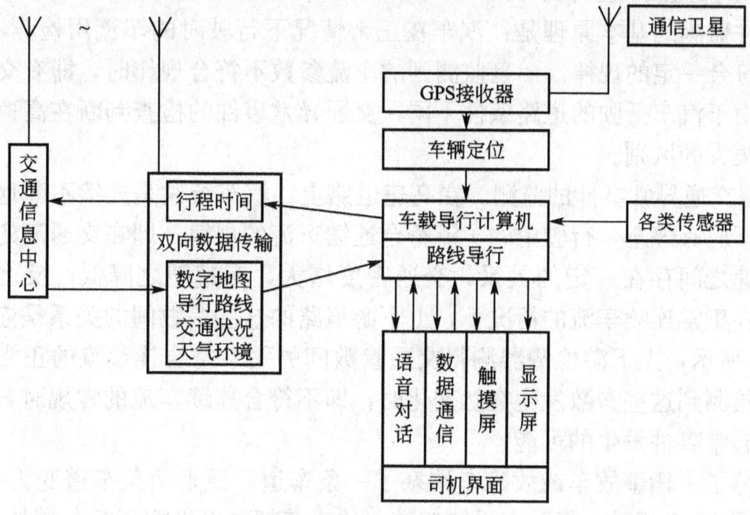

图 10.4　车载路线导行信息设施组成及运行过程示意图

3. 交通异常(突发、偶发)事件监测系统

1) 开发交通异常事件监测系统的原因

道路上难免会发生交通异常事件，造成人身伤亡、设施损坏及交通堵塞。为减轻伤亡损失，对交通异常事件应有及早发现措施。发生异常事件后，应采取紧急救援措施及早抢救、清除事故。这些措施的实施都属于交通异常事件检测系统应达到的目标。

交通异常事件包括交通事故及交通事件。撞人、撞车、撞路边设施、翻车等造成人身伤害、汽车和设施损坏的交通异常属于交通事故。发生交通事故的路段，轻则造成局部交通瓶颈，引起交通拥堵，重则涉及半幅甚至整幅道路，造成单向甚至双向交通阻塞。汽车事故、路边偶然停车、小弯道及大纵坡上的车速陡减路段、入口匝道、汽车拥挤形成的移动瓶颈路段、大型低速汽车驶入形成的移动瓶颈等交通异常情况均属于交通事件。这些事件都会造成局部路段交通拥挤和堵塞。前方路上发生此类交通异常事件时，后续汽车驾驶员无从得知，仍纷纷以原车速驶向事件区段，于是就加重了事件区段交通堵塞的严重程度和延伸范围，甚至再次诱发交通事故。研究开发交通异常事件检测系统就是要在路上萌发交通异常现象及即将造成交通事故和形成瓶颈路段时，把这些交通异常现象及时检测判断出来，及时将此交通异常信息通过各种交通信息显示设施通知后续汽车，提示后续汽车绕道行驶、降速行驶、前方某车道封闭换车道行驶等，使后续汽车避免盲目卷入事故区，或以瓶颈路段的适当车速通过其适当的车道，避免事件路段交通事态的扩大使交通拥堵能获得及时疏解。

2) 交通异常事件监测系统的构成

交通异常(突发)事件检测系统由交通状况检测、检测数据处理、信号控制及信息显示等设施构成。当用磁性或超声波等检测器时，系统由检测器、检测数据处理、事件判断、事件确认、信号控制机、信号灯、可变交通信息显示屏等软硬件设施组成。用电视摄像机作为检测设施时，系统由电视摄像、电视控制台、图像处理装置、信息控制机、信号灯、可变交通信息显示屏等设施组成。

3) 交通异常事件监测的基本原理

交通异常事件监测的基本原理是：汽车在正常情况下行驶时的车流用检测器监测时，测得的车流参数符合一定的规律。一旦监测到的车流参数不符合规律时，即有交通异常事件发生的可能。由于汽车行驶的道路条件不同，交通异常事件的检查判断在高速道路和同城市间道路上有很大的区别。

(1) 高速道路交通异常事件的监测。在高速道路上，汽车行驶是连续不断地，即在正常情况下，路上不应有停车，行驶中的车流符合连续车流的规律，即在交通流的基本参数中交通密度与车速之间存在一定的关系，交通密度增大，车速随之降低；反之，密度降低，车速提高。在正常连续车流的情况下，上下游道路的这些参数间的关系是连续的、稳定的，如图 10.5 所示，上下游检测器测得交通参数间的关系符合连续流的正常关系。一旦上下游路段上检测到这些参数发生突然变化时，即不符合连续车流的常规时，即可判断该路段上有交通异常事件发生的可能。

譬如，路边停了一辆事故车或故障车堵塞了一条车道，原来两条车道变为一条车道，形成瓶颈段，如图 10.6 所示。行驶在受堵车道上的汽车都要挤进能通行车道的车流中去，致使其车流受挤，车速降低，慢慢通过瓶颈。在这瓶颈段上检测器测到的交通参数是高密

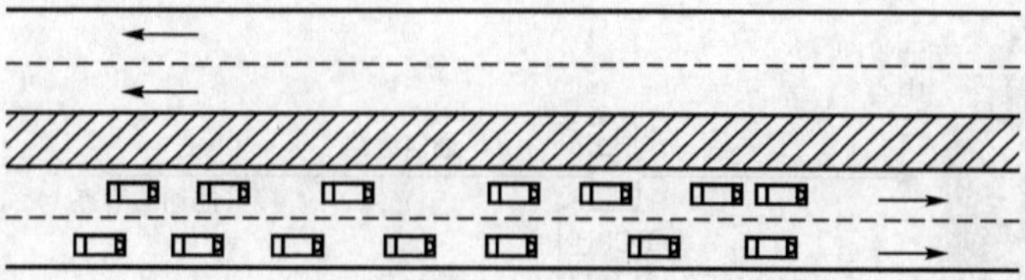

图 10.5 正常连续车流的车流状态

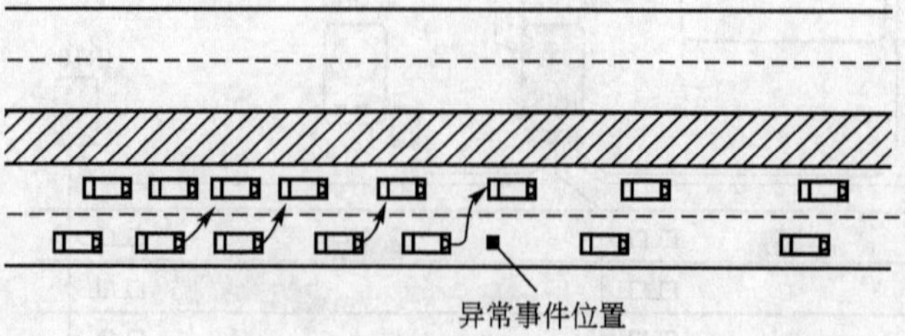

图 10.6 瓶颈段上下游车流状态的差异

度、低车速，汽车一过这瓶颈段，又立即恢复成两条车道，汽车分散，可加快车速，在瓶颈段下游检测器测得的交通参数是低密度、高车速。基于这样的原理，当相邻检测器测得交通参数有如此突然变化时，即可认为此两检测器的路段上，可能发生交通异常事件，即可按检测到的瓶颈段的车速向上游的可变限速标志发布限速指令。经确认有一条车道被阻后，可操纵上游车道控制显示屏显示封闭被阻车道，并指令后续汽车尽早更换车道，避免进入瓶颈路段后拥挤受堵，使车流能均衡通过瓶颈段，提高通过瓶颈段的通车效率，避免在拥挤抢道的混乱中引发交通事故。

(2) 城市道路交通异常事件的检测方法。城市道路上的汽车运行状态与高速公路不一样，因受交叉口的影响，是间断车流，在路上会有正常停车。因此，在城市道路上检测交通异常事件必须先鉴别是正常停车还是不正常的停车，才能正确判断是否发生交通异常事件，检测难度比高速公路高。

随着高科技研究成果的不断出现，电视摄像和图像处理技术不断完善，这种技术很快就被应用于交通异常事件的检测中。在用检测器检测交通异常事件的路上，配以电视摄像监视器，可以作为测得交通异常事件类型与性质的确认工具。不用人工操作，要用计算机联机自动操作时，则需用图像处理技术来判断异常事件，如图 10.7 所示。

图 10.8 所示是设置在日本阪神高速公路一个小弯道上的图像处理交通突发(异常)事件检测装置的实况。

电视摄像机摄取的路上交通状况，先传送到突发事件检测装置，检测装置再把检测图像通过信息传输路线传送到控制中心。控制中心有图像收录装置收录图像，再经控制处理装置处理成控制指令信息后，由信息传输系统把控制指令信息送到设在突发事件地点上游龙门架上的专用情报显示控制指令信息。

4. 紧急救援系统

紧急救援系统是由与交通事件有关的救援部门、交通管理、急救中心、消防中心等同交通管理或控制中心联网组成。交通管理或控制中心的交通异常事件检测系统测得并确认

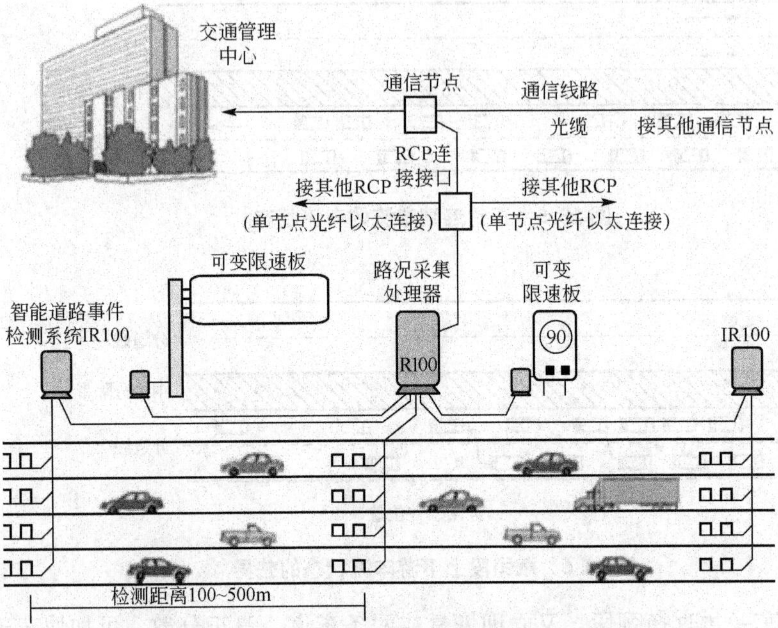

图 10.7 交通事件图像处理检测系统

图 10.8 日本阪神高速公路上的图像处理交通异常事件检测系统

发生交通异常事件后，一面自动把交通管理措施信息发给事件上游的后续汽车，一面把事故信息发给联网的有关管理部门，同时在这些部门汽车到达事故地点的路线上发布这些部门汽车优先通过信号及路线异常信息，让各类急救人员能尽快抵达事发地点。

图 10.9 所示是紧急救援系统示意图，指挥中心接到 110 或 122 报警信息后，即向医院、消防、市政及交警大队发出急救指令，并互通急救处理信息。图 10.10 所示是该紧急救援系统的结构图。110 或 122 交通指挥中心接到 110 或 122 电话或手机等无线通信传来的报警信息后，在电子地图上标出事发地点，通过通信服务器与大队终端及指挥车终端互通信息，并同接受处理的警务队、医院、消防队及首长监视室互通信息。

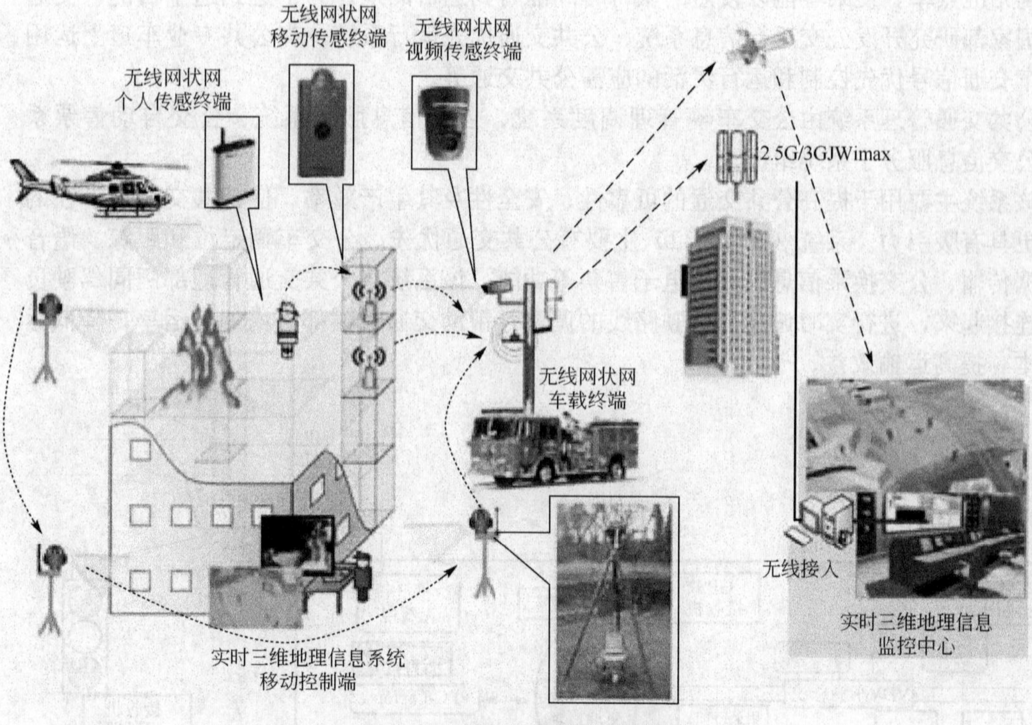

图 10.9 紧急救援系统示意图

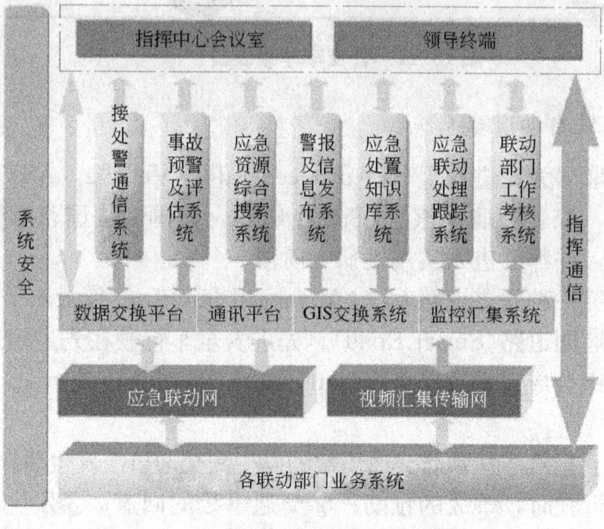

图 10.10 紧急事件调度指挥系统结构图

5. 公共交通运行系统

改善公共交通运行条件，提高公共交通服务水平，吸引行车者直接使用公共交通或由个体交通工具出行改为换乘公共交通出行，是交通需求管理减少道路上个体交通工具数量、缓解交通拥挤与交通污染的重要措施之一。

提高公共交通服务水平，除提高乘车的舒适程度外，关键是要提高公共交通的运行车速与到站准点率，使乘客能以较短的旅行时间准时到达目的地。为了达到这个目的，交通发达国家都研究开发公交运行信息系统、公共交通优先运行系统、在公共专业车道上运用公交车交通信号优先控制和运行灵活的应需公共交通等。

公共交通管理系统由公交车辆管理调度系统、公交信息服务系统、公交自动售票系统、公交信息服务子系统组成。

该系统主要用于提高公共交通的可靠性、安全性及其生产效率，使公共交通对潜在的用户更具有吸引力。系统（图 10.11）主要有公共交通优先、公交车辆定位和跟踪、语音和数据传输、公交换乘信息服务、电子售票等功能。该系统将公共交通管理部门同驾驶员直接连接起来，进行实时调度和行驶路线的调整，帮助交通运输部门增加客运率，降低运营成本，提高运输效益。

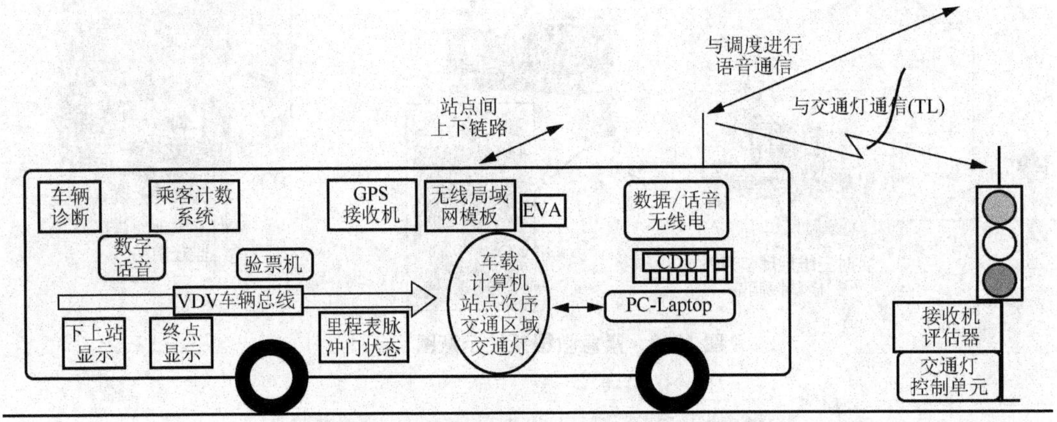

图 10.11　公交车车载设备

6. 汽车安全控制系统自动道路系统

日本正在研究一种取名为先进安全车(Advanced Safety Vehicle，ASV)的智能型汽车，美国也在研发这种汽车，取名为聪明汽车(Smart Car)，德国、法国、意大利等国家的汽车厂也在研发类似汽车，并都已进入实用性研发阶段。

同时，日本还在研究一种先进道路系统(Advanced Highway System，AHS)，美国也在研发这种道路，叫做聪明道路(Smart Road)。先进安全车行驶在先进道路上，或聪明车行驶在聪明道路上，就组合成自动道路系统(Automated Highway System，AHS)。

1) 先进安全车

ASV 的研究理念是：把汽车从预防交通事故的发生到交通事故发生后损害防护的全过程分成 4 个阶段：①正常行驶时，事故的预防；②交通事故的回避；③发生事故时的损害减轻；④事故后的损害防护。全面研究各阶段使用的各种对策、功能要求和需要的设施，把这些功能和设施集中在一辆车上，就形成一辆能全面保障安全与降低损害的安全车。

ASV 的研究方法是：把前述日本智能交通系统分散的各项研发成果集中起来加以提高，再加上尚未研究的安全功能和设施，集合构成一辆智能型安全车。

2) 先进(或自动)道路系统

先进道路系统按功能分为 3 部分，如图 10.12 所示。

(1) 提供信息检测功能的 AHS-i(information)。通过道路智能交通信息基础设施

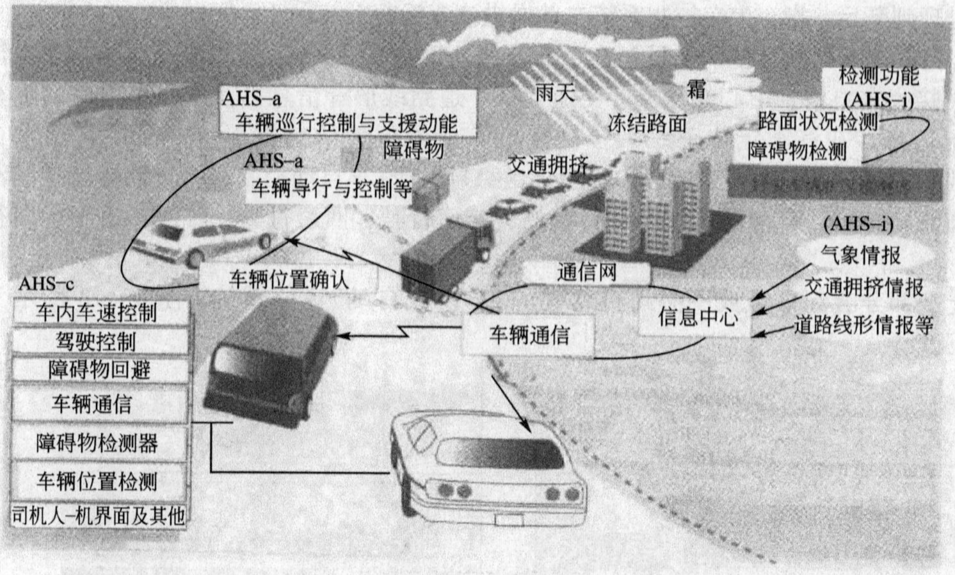

(a) 先进道路系统

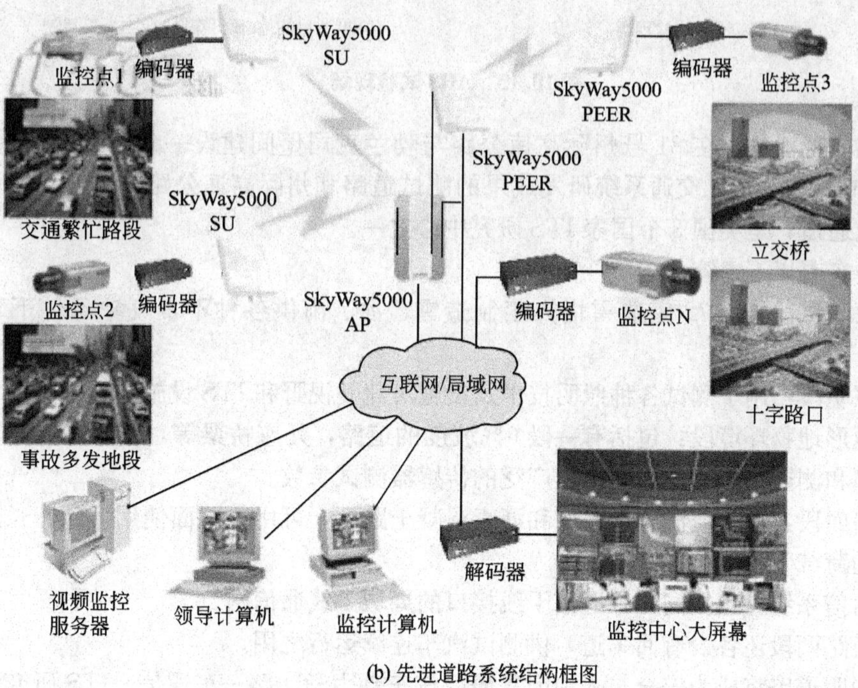

(b) 先进道路系统结构框图

图 10.12　先进道路系统及其系统结构框图

(ITI)建设，主要是各种道路、交通状况传感、检测装置，包括道路交通环境、路面状况、障碍物、行驶汽车状况及道路磁性标识器等的检测设施采集各类信息，经信息中心处理后，通过路-车信息交通通信设施、路标、通信线路等，把信息传送给行驶中的汽车。

(2) 提供汽车控制功能的 AHS-c(control)。汽车根据接收到来自各方的信息，经车载计算器处理判断后，指令汽车控制系统自动操纵汽车运行。

(3) 提供自动驾驶功能的 AHS-a(automated driving)。联合上述两部分功能，加上汽车定位、接收来自信息中心的气象、交通拥挤、道路线形等信息以及车—车通信的临车行驶状况信息，在汽车定位跟踪系统确定汽车所处位置的前提下，根据接收到来自 AHS-i 信息中心和相邻车传来的各种信息，由 AHS-c 汽车自动控制系统自动导行控制汽车行驶道路和车道，自动操纵汽车巡行、加、减速行驶、回避行驶、转换车道和转向行驶等。

以上 3 部分合起来组成不必司机驾驶的先进(或自动)道路系统。图 10.13 所示为 AHS 试验现场。

(a) 自动驾驶实验现场　　(b) 抵达目的地，离开车队，改为人工驾驶

图 10.13　AHS 试验现场

美国弗吉尼亚州，在 81 号州际高速公路与勃兰克司堡间建设一条全封闭聪明道路，全长 9.17km，作为智能交通系统研发成果的测试道路和州际高速公路与勃兰克司堡间的职能化交通通道，是美国 3 个国家 ITS 研究中心之一。

全线分布有以下内容。

全气象测试段：用 72 座造雪塔人工制造雪、冰、雨供各种不良气象条件下驾车测试用。

可变照明段：用于测试各种照明技术及设施对驾驶视野和 ITS 设施的影响。

各种地形地物环境段：包括有一段 6%坡度的道路，几座桥梁等，所以这些路段设有各类固定型和测试用传感器，可提供广泛的传感器测试参数。

试验路面段：有水泥混凝土路面和沥青混凝土路面，可用于路面使用寿命、长短期使用品质、动荷载下性能等的鉴定。

先进通信系统：包括同光纤通信干线接口的局域无线通信网。

试验道路两段还各设有回车道，供测试汽车连续运行之用。

这条聪明道路将成为安全与人为因素研究汽车动力学、路—车通信、ITS 研究结果评价和汽车自动控制的理想试验与测试场所，如图 10.14 所示。

7. 行人路线导行系统

PHS 和 GPS 等通信技术可给行人提供当前位置、去目的地的路线、到达时间及其他旅行需要的实时信息。

该系统由卫星定位、交通服务信息系统同手机通信网络、电子地图与接发信息的手机

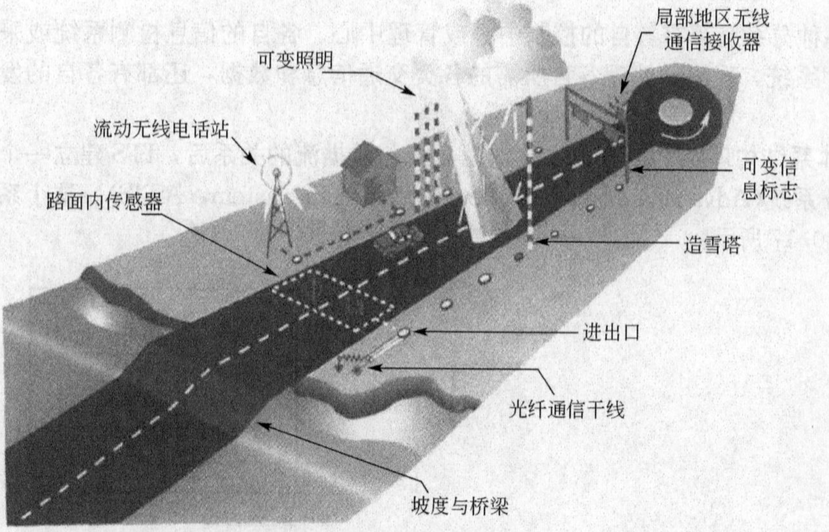

图 10.14 美国聪明道路设施

等组成，行人导航路径如图 10.15 所示。

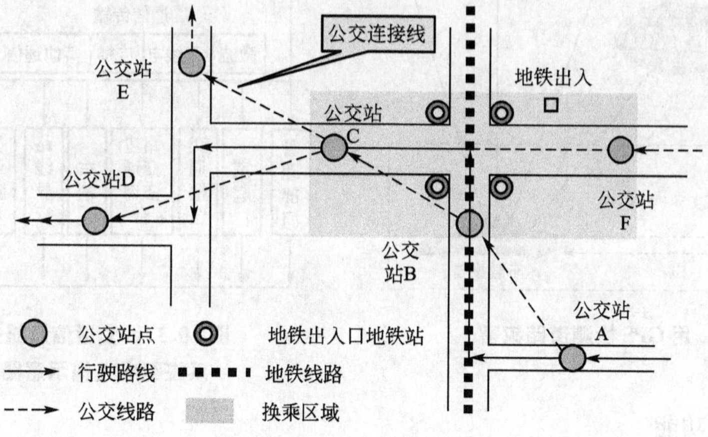

图 10.15 行人导航路径

定位信息服务根据卫星定位系统确定信息查询人的当前位置。交通信息由交通信息服务台发布目的地的路线、路上交通状况、公交、地铁车站地点、运行状况等信息。

8. 救灾交通管理系统

在容易发生道路灾害事故的路段，如坍方路段，设置 GPS 接收机，接收机检测发生坍方的位置，同时 GPS 也检测坍方路段各汽车的位置。灾害检测中心把 GPS 接收到的坍方位置以及这些驶近汽车的位置告知道路交通信息中心或救灾交通管理中心。信息中心或管理中心把接到的信息经处理后，按汽车离坍方地点的距离分别发布信息，在车载显示器上显示：前方××m 发生坍方，请避让、换车道并减速行驶或绕道行驶等，如图 10.16 所示。

9. 交通信息服务系统

ITS的各种分系统都有各自的控制中心或管理中心、各自的信息检测系统或采集系统以及信息处理系统，采集、处理各自所需的各类交通信息和数据，还都有各自的发布地点和设施。

经ITS体系结构理顺ITS各分系统的信息流与数据流的关系后，ITS建立一个集中的交通信息服务系统(Advanced Transportation Information System，ATIS)。这个系统的组成结构如图10.17所示。

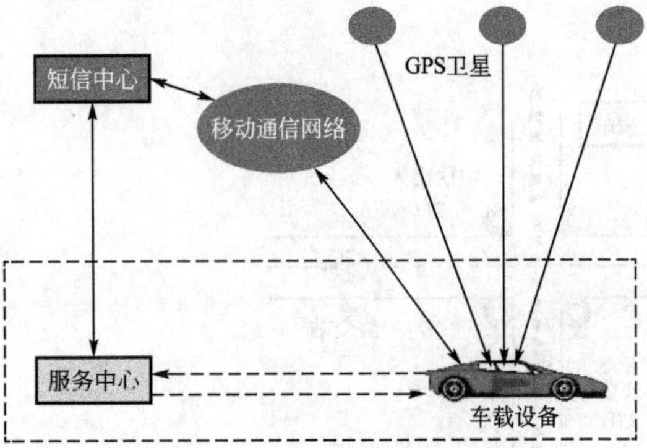

图10.16 用GPS检测道路灾害

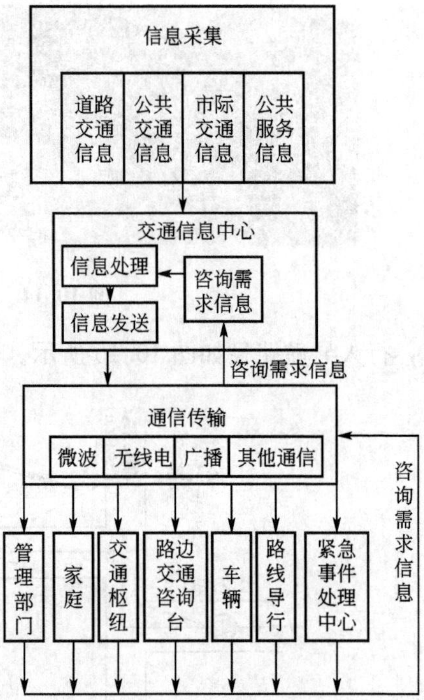

图10.17 交通信息服务系统组成结构示意图

1) 系统组成与功能

从图10.17可见，这个系统由4个部分组成。

(1) 信息采集部分。这个系统不必自己采集信息，只是把ITS各分系统所采集的信息集中起来，包括交通信号自动控制系统、路线导行系统以及电子收费系统等所采集的道路交通信息，公共交通运行系统所采集的公共交通信息，市际交通管理系统及铁路、航空等运行管理系统采集的市际交通信息、紧急救援系统采集的紧急事件及处理信息，以及各有关服务设施、娱乐场等所提供的公共服务信息，包括气象、环境状况等信息。

(2) 交通信息中心。把各方集中起来的信息按ITS体系结构理顺的信息流关系加以综合处理成各方所需的各种数据。

(3) 通信传输。交通信息中心根据来自各方的咨询需求信息把处理好的数据信息通过微波、无线电、广播等各种通信传输方式传给各咨询需求单位。

(4) 咨询需求单位。包括交通管理、公共管理、商用车管理、交通规划管理等有关管理部门、家庭、办公室、交通枢纽及路边交通咨询台、汽车与路线导行、紧急事件处理中心等。

这个系统的功能，就是集中各方的交通信息处理成各方需要的交通数据，给各方提供所需的交通数据。交叉为各方提供咨询服务。

2）系统的运行原理

这个系统的运行原理就是信息处理软件把从各方集中起来的各种信息，按ITS系统结构理顺的各分系统信息流关系，综合处理成各咨询单位所需的交通数据信息，按各咨询单位的咨询需求提供咨询服务。

10. 综合交通管理系统

在运行已开发系统的实践中，以及在ITS体系结构的研究中，人们感到把各有关ITS的分系统集成为一个综合系统，可使相关系统之间的有关信息、数据能够充分共享，在功能上可更好地发挥各分系统相互利用和协作的效益，可节省系统的开发建设投资。因此，在研究开发ITS各个分系统的基础上，着手研究开发综合交通管理系统(Integrated Transportation Management System，ITMS)。

城市交通指挥管理系统平台构成如图10.18所示，由6个相关分系统集成。

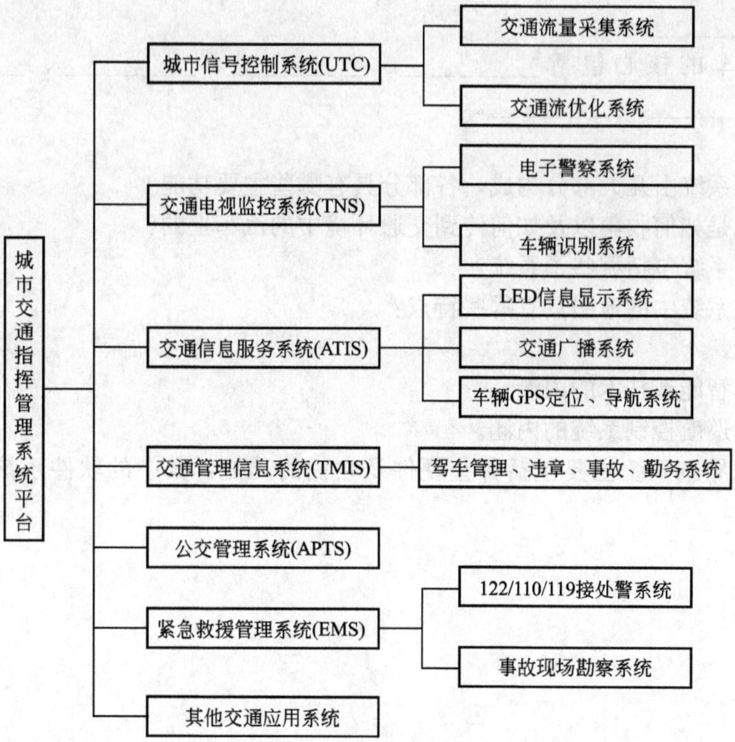

图10.18 城市交通指挥管理系统平台

图中交通电视监控系统中的电子警察系统是超速监视抓拍和闯红灯抓拍系统。紧急救援系统中的122/110/119接处警系统是紧急事件调度指挥系统。事故现场勘察系统是交通事故现场快速勘察系统。

本章小结

本章主要介绍了智能汽车和智能交通的相关概念、内容及发展趋势，以及智能交通的相关工作原理。

汽车现代智能新技术主要介绍了汽车环保、节能、安全等方面相关的新技术。介绍了智能交通国内外的发展现状，并详细地分析了智能交通的相关子系统及其工作原理。

【关键术语】

智能汽车　智能交通运输　子系统　发展趋势

综合练习

1. 填空题

(1) ITS体系包括__________、__________、__________、__________、__________、__________、__________。

(2) 智能汽车的核心包括__________、__________、__________、__________、__________、__________、__________。

2. 思考题

(1) 智能交通系统由几大部分构成，各部分具有哪些主要功能？

(2) 交通信息是如何收集以及如何传到交通环境中的汽车上的？

(3) 智能汽车系统包括哪些子系统？

(4) 汽车导航系统中的地图具有哪些特点？

3. 简答题

(1) 简述汽车智能新技术的内涵。

(2) 简述汽车巡航控制系统的内涵。

(3) 简述车载导航系统主要包括哪些硬件及它们的功能，其中的软件系统具有哪些功能？

第11章 汽车设计开发技术的发展趋势

教学目标

通过本章的学习，了解现代设计方法的基本原则及现代汽车的设计方法。了解虚拟现实设计、绿色设计、并行工程的基本概念、设计方法及其在汽车行业中的应用。了解汽车CAE、NVH在汽车业中的应用。

教学要求

知识要点	能力要求	相关知识
现代设计方法	了解现代设计方法的特点及应用	现代设计方法的原则、特征，现代汽车设计方式
虚拟现实设计	了解虚拟现实设计的基本概念	虚拟现实设计的定义，虚拟现实设计在汽车设计中的应用
绿色设计	了解绿色设计的概念及设计方法	绿色设计的概念、设计方法，绿色设计在现代汽车设计中的应用
并行工程	了解并行工程的基本概念	并行工程的概述，并行工程在汽车设计中的应用
汽车CAE、NVH	了解汽车CAE工程在汽车上的应用及NVH的基本开发流程	汽车CAE工程在汽车上的应用，NVH的开发流程

导入案例

自汽车问世到20世纪70年代中期，车身的设计方法没有实质性的变化，中国至20世纪90年代初所有的汽车制造业仍沿用传统的车身设计方法。

1. 初步设计

为了减轻绘制车身布置图和制作模型过程中反复修改的工作量，在初步设计中多采用缩小比例，一般采用1∶5或1∶10的比例。其基本流程如图11.1所示。

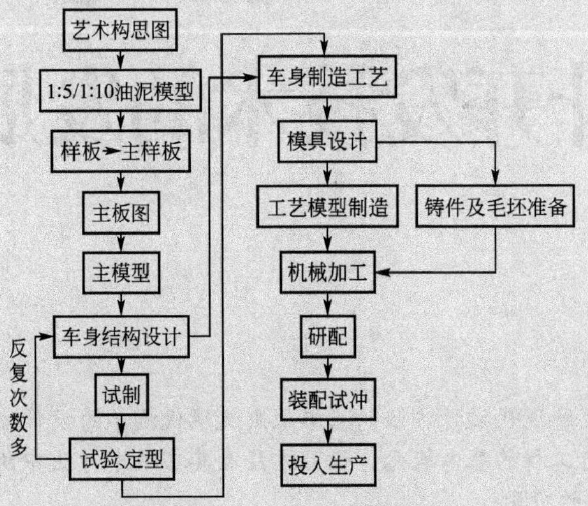

图11.1 传统车身开发过程

(1) 根据整车的初步设计控制尺寸和总布置方案，绘制1∶5的车身总布置三视图，初步确定车身的主要控制尺寸，如前悬和后悬，前、后风窗位置及倾角，前、后围板位置，发动机高度，地板高度，操作机构，前、后座椅布置及内部空间尺寸控制等，即所谓的总体布置图。

(2) 根据总体布置图，绘制彩色效果图，在绘制效果图的过程中，出于对审美要求，往往需要对车身布置图的线形做修改，得到多张彩色效果图，可以从中选择一种满意的效果图方案。

(3) 雕塑1∶5的模型，以车身布置图的外形尺寸和彩色效果图为依据，雕塑1∶5的油泥模型，以便于观察立体效果。

2. 技术设计

将小比例模型放大成1∶1的实物，其效果未必好看，所以还要对其进行进一步处理。

(1) 绘制1∶1线形图。可以大致观察汽车的外形轮廓，发现和修正初步设计阶段小模型上所暴露的问题，从各个角度对线形图进行观测，检验放大后的效果图。如果对某些局部不满意，也可以对线形图进行适当修改，直至满意为止。

(2) 雕塑1∶1的油泥模型。它反映了未来新车的立体造型效果。1∶1的油泥模型要求表面光整、曲线连续，能准确地反映车身各部分曲面外形，从模型上直接取样，制作主板图。

(3) 制作1∶1的内部模型。用于检验内部尺寸布置以及内部装饰效果。由1∶1的油泥和内部模型确定车身外形和结构、门窗位置以及钣金零件的分块。

(4) 绘制车身主板图。主板图是车身设计中最关键的环节，由于车身外形是大型复杂的空间曲面，要求精度高，所以必须用三维坐标来表示，它要求反映出：车身上的主要轮廓线；各零件的装配关系；各零件的主要结构截面等。因此制作相当复杂。

(5) 车身零件的详细设计。根据车身主板图，1∶1的油泥、内部模型，绘制汽车的所有内饰、外覆盖件零件图。

(6) 根据车身零件详细设计图，试制样车及试验，检验汽车设计过程的正确性及效果。如果样车经试验达到满意的设计效果，则对开发的产品进行正式定型。制造车身主模型，该模型作为制造冲模、型胎、装配焊接夹具、检验样架的主要依据，同时主模型也是汽车投产过程中的检验依据。

11.1 汽车设计技术概述

汽车和汽车工业可以说是现代科学技术的高度结晶，因此，汽车设计和汽车生产技术就成了一个国家现代科学技术发展水平的根本标志。世界各国也因此把汽车工业作为其经济发展的支柱产业，在这一行业中竞相角逐，展开了激烈的竞争。

1. 现代设计的特征

现代设计是传统设计的深入、丰富和完善，而非独立于传统设计的全新设计。虽然目前对现代设计尚无确切定义，但可从以下特征来理解。

1) 以计算机技术为核心

这是现代设计的主要特征。计算机技术的飞速发展对设计产生了巨大影响，表现为以下几个方面。

(1) 设计手段更新。甩掉图版的“无纸设计”作为现代设计的主流，极为显著地提高了设计效率。

(2) 产品表示从基于投影原理的二维转变到三维“产品模型(Product Model)”。这种表示不仅包括反映产品形状和尺寸的几何信息，还包括分析、加工、材料、特性等数据，从而可以直接用于分析与制造。

(3) 有限单元法、优化设计、逆工程设计、并行设计、虚拟设计、模态分析、计算机仿真，以及以神经网络与模糊方法为代表的智能设计方法等先进设计与分析方法的涌现和发展。

(4) 随着计算机技术的发展，设计方法从传统的串行方式发展到并行方式。

(5) 实现CAD、CAPP、CAM、CAE一体化。

(6) 依赖于计算机技术的数据库技术的发展以及管理信息系统(MIS)、产品数据管理(PDM)等系统的广泛应用，企业管理水平大大提高。

(7) 网络技术的发展缩短了企业之间的联系，可实现优势互补和资源共享，使得企业生产组织模式呈现较大的开放空间。

2）以设计理论为指导

受科学技术发展水平的限制，传统设计是以生产经验为基础，以运用力学、数学和回归方法形成的公式、图表、手册等作为依据进行的。随着理论研究的深入，许多工程现象不断升华和总结，成为揭示事物内在规律和本质的理论，如关于车身设计的计算几何、各种优化设计理论、模态分析理论、可靠性理论、疲劳理论、人工智能理论等。现代设计方法是基于理论形成的方法，利用这种方法指导设计可减小经验设计的盲目性和随意性，提高设计的主动性、科学性和准确性。因此现代设计是以理论指导为主、经验为辅的一种设计。

2. 现代设计的原则

设计原则是设计产品应满足的条件，也是对设计行为的约束。受设计水平、观念、体制等限制，传统设计所考虑的原则着眼于产品的功能和技术范畴。现代设计原则是传统设计原则的扩充和完善，而更强调设计面向产品生命周期，两者并无本质区别，可归纳出以下基本原则。

1）功能满足原则

保证产品功能是产品设计的首要原则。如果产品不具备要求的功能，设计就失去价值。因此满足功能是所有产品设计必须遵守的原则。

2）质量保证原则

保证质量是产品设计的另一重要原则。产品质量主要由性能和可靠性决定，这类原则主要包括以下几个方面。

(1) 性能指标。指产品的各类技术指标，如汽车的最高车速、汽车百公里燃油消耗量、车身加工精度、传动系统运动精度等。先进的技术指标是实现高质量产品的前提。

(2) 可靠性。指产品在规定的条件和规定时间内完成规定功能的能力，如半轴的可靠性、后桥的可靠性等。产品具有可靠性能才有使用价值，因此性能的发挥依赖于可靠性。

(3) 强度原则。要求产品零件具有抵抗整体断裂、塑性变形和某些表面损伤的能力，如汽车变速器齿轮强度的设计、汽车驱动桥强度的设计。

(4) 刚度原则。要求外载作用下产品变形在规定的弹性变形之内，如车架与车身的设计等。

(5) 稳定性。指产品在外载作用下能够恢复其平衡性。

(6) 抗磨损性。要求零件在规定时间内，材料的磨损量在规定值以内，如对汽车发动机缸体和汽车轮胎的耐磨性要求。

(7) 抗腐蚀性。要求产品在恶劣环境下，具有不被周围介质侵蚀的特征。

(8) 抗蠕变性。要求高温环境工作的产品不发生蠕变或蠕变变形在规定值以内，如汽车发动机的缸体和活塞等。

(9) 动态特性与平衡特性。指在动载荷作用下产品具有良好的抗振特性，以保证产品的平稳和低噪声运行以及旋转产品具有良好的静平衡和动平衡特性，如发动机曲轴。

(10) 热特性。保证产品具有要求的温度大小、温度分布和热流状态，以及热应力、热变形在规定值以内。

3）工艺优良原则

指设计能够且容易通过生产过程实现，它包括以下内容。

(1) 可制造性。指利用现有设备能够制造出满足精度等要求的零件，且制造成本低、效率高。

(2) 可装配性。指零件能够装配成满足装配精度要求的部件和整车，且装配成本低、效率高。

(3) 可测试性。指产品能够通过适当方法进行有关测试，以评估设计、制造和装配的技术水平。

4) 经济合理原则

要求产品具有较低的开发成本和使用费用，如汽车发动机百公里油耗率等。

5) 社会使用原则

考虑产品投放市场后的表现行为，包括以下内容。

(1) 环境友好性。保证产品尽可能少地产生废水、废气、噪声、射线等，符合环保法规，对生态环境破坏最小。环境友好性是可持续发展战略在设计中的重要表现。

(2) 环境适应性。适应使用环境的湿度、温度、载荷、振动等特殊条件。

(3) 人机友好性。满足使用者心理、生理等方面的要求，使产品外形美观，色彩宜人，操作简单、方便、舒适，如车辆人机工程学就是实现人机友好的主要学术分支。

(4) 可维修性。使产品能够且易于维修，维修的停机时间、费用、复杂性、人员要求和差错尽可能最小。

(5) 安全性。保证不对人的生命财产造成破坏，如主动安全、被动安全已成为汽车设计中被优先考虑的问题。

(6) 可安装性。保证产品使用前安装容易、可靠，且安装费用最小。

(7) 可拆卸性。考虑产品的材料回收和零件组件的重新使用。

(8) 可回收性。考虑产品报废及回收方式。绿色生命周期设计是社会使用原则中最为耀眼的技术。

3. 汽车设计的方式

1) 传统的汽车设计

传统的汽车设计为经典手工设计，即车身造型设计师根据提出的方案进行整车造型设计，并给出几种模型按照一定的比例制作出车型模型。然后交由行家评定，经反复修改后确定方案，接着进行汽车功能匹配设计，经反馈定型后，再接着进行内饰设计，同样经反馈定型后，进行现车的试制和试验，论证修改后进行整车评价，最终定型。

2) 计算机辅助设计

20 世纪 80 年代以来，计算机技术、通信技术和控制理论的飞速发展给汽车设计带来了非常大的变化，汽车设计进入了计算机辅助设计(CAD)阶段，即在汽车设计过程中，用计算机来代替人的某些工作，如车身造型设计师用计算机进行设计，汽车技术人员用计算机进行功能和内饰设计，在试制试验和整车评价过程中，都用计算机来进行辅助设计和试验。

3) 计算机全程设计

它是指在汽车设计过程中，由庞大的计算机网络系统来进行设计、试验和评价。这一方向是今后汽车设计的发展趋势。它可以大大提高汽车设计的性价比，使所设计的汽车极具竞争优势。

4. 整车设计与开发技术过程

汽车的整车设计是汽车产品设计开发中的一个重要过程，它包括整车总布置和整车结构与性能分析。

(1) 整车总布置设计。三维CAD在当今的汽车整车总布置中已被广泛应用。

(2) 整车结构与性能分析(CAE)。利用计算机进行整车结构和性能分析是现代汽车在整车设计开发过程中不可缺少的重要环节。

5. 现代汽车设计的要求

现代汽车设计涵盖了从方案提出到模型设计、功能匹配、试制试验、评价修改，以及一系列入市、投产前的过程。现代汽车的设计要求考虑到整体匹配、艺术性设计及人性化的要求。

6. 现代汽车设计发展趋势

(1) 汽车设计的新概念。汽车设计的发展趋势之一就是在新概念车出现后，现代汽车展现了新的造型思想以及在安全、舒适、油耗、环境等方面的技术进步，反映时代的精神，显示个性。

(2) 汽车设计全程无人化。汽车设计全程无人化是汽车设计今后的重点发展方向。

(3) 计算机技术的广泛应用。

11.2 虚拟现实设计

虚拟现实技术(Virtual Reality，VR)是人的想象力和电子学、计算机科学等相结合而产生的一项综合技术，是20世纪90年代为科学界和工程界所关注的技术。虚拟现实是一种可以创造和体验虚拟世界的计算机系统，虚拟世界由计算机生成，通过视、听、触觉等作用于用户，使之产生身临其境的沉浸感、交互感。虚拟现实技术实际上是计算机图形学、图形处理与模式识别、智能接口技术、人工智能技术、传感器技术、语言处理与响应技术、网络技术、并行处理技术和高性能计算机系统的集合。

由于“需求推动”和“技术推动”的原因，虚拟现实技术在汽车开发与研究中广泛应用，在汽车虚拟设计、虚拟制造、汽车模拟驾驶系统、汽车性能试验仿真、汽车虚拟维修等领域都有应用，其开发前景十分广阔。

虚拟现实是继多媒体以后另一个在计算机界引起广泛关注的研究热点。从20世纪90年代中期开始，世界几大知名汽车企业(如通用汽车公司、福特公司、雷诺汽车公司、兰德路虎公司)纷纷开始进行虚拟现实技术在汽车工业的各个领域的应用研究，并且已经取得了一定成果，带来了可观的经济效益。

11.2.1 虚拟设计概述

虚拟设计是以虚拟现实技术为基础，设计者在虚拟环境中进行设计。借助这样的设计手段，设计人员可以通过多种传感器与多维信息环境进行自然的交互，用不同的交互手段可在虚拟的环境中对参数化的模型进行修改。

1）虚拟设计系统构造

不论是基于 PC 的还是基于图形工作站的虚拟设计系统，其构成原理大同小异，图 11.2是典型的虚拟设计系统结构构造示意图。由该图可以看出系统包括两大部分：第一部分是虚拟设计系统的主体；第二部分是外围部分，包括各种人机交互工具以及数据转换及信号控制装置。

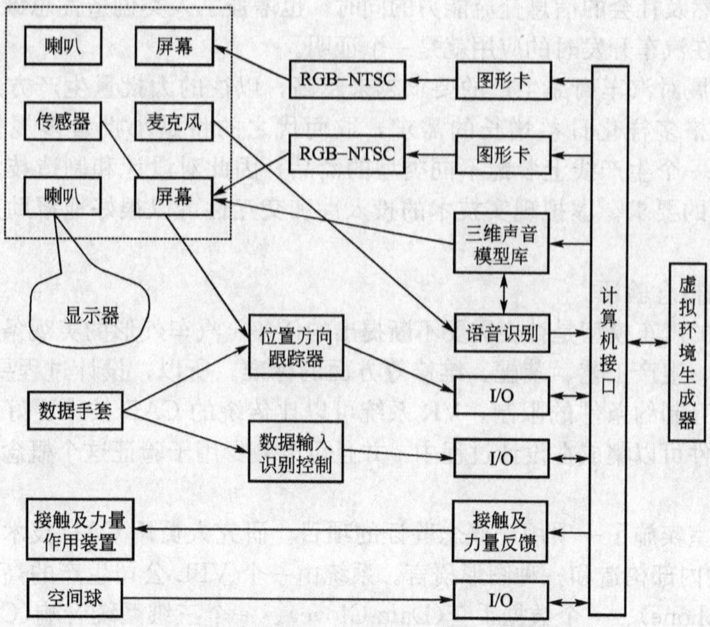

图 11.2　虚拟设计系统结构构造示意图

2）虚拟环境生成系统

虚拟环境生成部分即虚拟设计系统的主体，是虚拟现实系统中的核心部分，它的功能是根据任务的性质和用户的要求，在工具软件和数据库的支持下产生任务所需的、多维的、适人化的情景和实例。它由计算机基本软硬件、软件开发工具和其他配件(如声卡、图形卡等)组成，实际上就是一个包括各种数据库的高性能图形计算机系统。数据库中包含着对虚拟对象的描述，以及对象运动、行为、碰撞等性质的描述。虚拟环境构造程序由一系列子程序构成，主要用于完成对虚拟环境中物体及其运动、行为、碰撞等特性的描述，生成左、右眼视图的三维立体图像，处理用户的输入数据，实时显示图像和播放声音，并根据碰撞检测结果向用户提供触觉信息。包含几何造型系统，它提供描述虚拟物体外形、颜色、位置等的各种信息。当虚拟现实系统生成虚拟视景时，需要调用和处理这些信息。几何造型系统一般用现有的几何造型软件作为平台，来为虚拟环境中的几何对象建模，获得线框模型，而且还要进行立体图像生成、剪裁、消隐、光照等处理，为几何对象加上颜色、纹理、阴影以及物理特性等。这个系统非常复杂，它是虚拟现实系统中的关键技术。

11.2.2　虚拟现实技术在汽车开发中的应用

虚拟现实是计算机相关技术中的重要课题，继多媒体技术之后，正日益引起汽车厂商及开发设计部门的高度关注。这不仅因为它的概念、理论及设备新颖，而且一经实现就表现出了强大的生命力，展示出极具应用前景的态势。虚拟现实技术发展较快，而且是十分活跃的技术领域之一。美国、英国、日本等国的政府机构和许多大公司特别重视这项技术，它们投入巨额资金进行开发并取得了一定成绩。我国正在开展这方面的研究工作。

产品的最初构思来自人类认识和改造世界的欲望和逻辑思维、形象逻辑的结果。在计算机增强了人与自然及社会的信息交流能力的同时，也增强了人类创造性思维的能力。计算机虚拟现实技术在汽车开发时的应用就是一个证明。

社会的不断发展对汽车商品生产的要求越来越高，以往的大批量生产方式已经难以满足人们对商品规格多样化日益增长的需求，取而代之的将是小批量多规格的生产方式。由于需要在同一个生产线上装配不同类型的商品，因此对设计和制造技术的灵活性(柔性)提出了很高的要求。虚拟现实技术的投入性和交互性可以很好地帮助产品的开发和设计。

1) 汽车设计的概念验证

设计和制造新的汽车模型是社会需要不断提出的任务。汽车外形的美观条件必须满足安全、人体工程学、生产工艺、装配、维修等方面的标准。所以，设计过程要受到生产、时间以及经费等相互制约条件的限制。VR 系统可以比传统的 CAD 技术更好地适应这种要求。上述各种条件可以集成在设计过程中，并且可以减少用于验证这个概念所需的模型的个数。

英国航空实验室实施了一项用于概念验证的项目。研究人员用 CAD 技术制造了一辆 Rover400 型轿车的内部构造和一种图形语言。系统由一个 VPL 公司生产的高分辨率头戴显示器(HRX Eyephone)、一个数据手套(Data Glove)、一个三维系统音响(Convolotron)和一台 SGI 工作站组成。系统为用户提供一个真实的轿车座舱，设计人员能够精确研究轿车内部的人机工程学参数，并且在需要时可以修改虚拟部件的位置，进而可以在仿真系统中重新设计整个轿车的内部。如设计人员可以将方向盘抓住并从轿车的右边移动到左边，这样可以帮助设计人员为不同用户设计出不同要求的轿车。设计人员可以“设身处地”地进行内部布局，并检验其方便程度。

产品规格多样化的一个副作用是增加了模型的变量个数，因此也增加了服务的复杂性。VR 技术可以通过在服务对象(如汽车整车)的图像上叠加文字和图形信息来为用户服务提供指导。当然这种过程可以用来训练服务人员，帮助变换了职业的工人重新掌握操作技能。

2) 虚拟风洞

为了设计出阻力小的赛车，人们必须详细分析赛车的气动力学特性，这通常需要花费大量的计算费用。为了使这种分析更为直观，人们采用了风洞试验方法。通过使用烟雾气体，使得人们可以肉眼直接观察到气体与车身的作用情况，因而大大提高了对车身动力学特性的了解。目前，各大汽车公司都将实车的 1/4 模型放在风洞试验场试验，由于模型与实物大小不一样，所以试验结果和实际情况有一定误差。

虚拟风洞可以让用户看到模拟的空气流场，感到好像真的站在风洞里一样。虚拟风洞的目的是让设计师分析多漩涡的复杂三维性质效果、空气循环区域气流被破坏的乱流等，而这些分析利用通常的数字仿真是难以实现可视化的。操作时可以将一个汽车的 CAD 模型数据调入到该虚拟风洞进行性能分析。分析空气流的模式可以通过数据手套将轨迹追踪物注入空气流中，该追踪物将随气流飘动，并将其运动轨迹显示给用户。数据手套可以将追踪物投向任何指定的位置，用户可以从任意视角观察。

3）汽车虚拟设计

在汽车设计上，目前虚拟现实技术取得最大成功的就是虚拟放样（Virtual Prototyping）。汽车设计时，对于新的设计方案的选择，有时采用实体样机的办法以核验对设计对象的各种各样的要求。这种实体放样一次需花费几十万美元和用几个月的时间。一个型号的完成需要经过若干次考察修改与重新放样，代价之大可想而知。尽管这种模型的造价昂贵，但它们提供了在最初阶段就能改正设计流程的各种方便。CAD设计工具虽然有它的优点，但仍不能满足设计时的视觉需求，因为改换与真车相对应的一切细节是很困难的。而采用虚拟技术后，人们可以进入到所涉及的虚拟汽车环境中，对其进行操作，并实际体会其合理性、方便性、舒适性和美观程度，一旦发现不妥之处，当即可做修改并感觉效果，将极大地省钱省时。例如，一辆虚拟Rover汽车的内部设计，可以展示在一套虚拟现实系统上，把右侧座位开车的驾驶设备转换成左侧座位开车是一件很容易的事情。虚拟现实实现的目标是：建立一套完全的交互系统，使汽车内部所有的特色都能由设计师任意重新安排。车内各个部件都可以利用虚拟现实的软件进行设计，包括座椅、方向盘、变速杆、指示柄、后视镜、挡风玻璃上的雨刷、手控制动器、车门手柄、汽车收音机、车内空调器以及电话等。这些部件都可借助数据手套由用户重新确定。

4）虚拟维修

常规的维修手册是一本厚厚的包含各项维修资料的印刷品，由于产品的不断更新，这些维修资料也要不断更新。在使用时，从大量的内容中找到的信息只有一点点是有用的，要找到这一点点有用的信息同时还需要维修工程师具有丰富的关于所维修的系统的知识。在虚拟现实条件下，一个虚拟现实系统有潜在的维修信息与实际设备相联系和使得与实物配合的三维图像，能借助于维修工程师的PC的小型显示器显示。此图像是在普通的微型计算机上所得的图像的精确摹本，并且能在屏幕上随着工作的进行，显示出动态的说明。如果维修工程师事先去察看了现场，则维修工程师就可以带着所发现的问题检索这种“手册”，在动手之前即可发现问题，找到处理方案。

这种虚拟维修技术现在主要用于飞机、航空器、舰船等的维修上。随着技术的发展，虚拟现实维修技术一定会广泛应用于汽车维修。

11.3 绿色设计

资源、环境、人口是当今人类社会面临的三大主要问题，特别是环境问题，正对人类社会生存与发展造成严重威胁。随着全球环境问题的日益恶化，人们愈来愈重视对环境问题的研究。近年来的研究和实践使人们认识到：环境问题决非是孤立存在的，它和资源、人口两大问题有着根本性的内在联系，特别是资源问题，它不仅涉及人类世界有限资源的合理利用，而且它又是环境问题的主要根源。

制造业是将可用资源（包括能源）通过制造过程，转化为可供人们使用和利用的工业产品或生活消费品的产业。制造业一方面是制造人类财富的支柱产业；另一方面又产生大量废弃物(物料废弃物、能源废弃物、产品使用终结后的废弃物等)，对环境造成污染，是当前环境污染的主要源头。

由于任何一种工业产品，当它离开设计环境而进入实际生产时，其环境属性大多已经固定下来，而且这种产品在其生命周期的每时每刻都会对周围环境产生影响。因此，目前采用的“有污治污”的末端治理方式不能从根本上解决制造业所产生的环境问题。

为了寻求从根本上解决制造业环境污染的有效方法，到了20世纪90年代，随着全球性产业结构的调整和人类对客观认识的日益深化，在全球掀起了一股“绿色消费浪潮”。在这种“绿色消费浪潮”的冲击下，绿色设计应运而生，并成为当前的研究热点之一。

绿色设计产生的客观背景主要表现在绿色消费的要求、可持续发展的必然和产品在国际市场竞争的需求等几个方面。

阅读材料11-1

汽车绿色设计

随着时代的发展、物质的丰裕和生活节奏的加快，汽车和手机、电脑等产品一样日益成为人们生活中最亲密的伙伴。然而，就在享受汽车带来舒适与便利的同时，人类的健康也受到了汽车尾气污染、噪声污染、材料有害物质的威胁与侵害；另外，作为油耗大户的汽车，其迅速普及加速了资源、能源的消耗，与时下提倡的建设节约型社会相悖。解决这些问题刻不容缓，环境保护和可持续发展也一直备受人们关注和重视。

以下是分别针对汽车工业带来的一些问题，如何通过绿色设计得以解决的阐述与思考。

1. 汽车绿色设计缓解车内空气污染

车内污染可归纳为两个来源。一是汽车本身。车内人造革和纺织品的饰件含有大量甲醛、苯、二甲苯等有害物质，尤其新车和内部装饰豪华的汽车更为严重。像汽车内部装饰用到的真皮、桃木、金属、胶黏剂等都可能释放出有害物质。二是汽车长期使用导致的空气质量下降。首先，人呼出的气体在封闭的车内淤积，得不到散发；其次，空调蒸发器因长时间不清洗而产生许多细菌和有害物质，导致车内空气质量差甚至缺氧；最后是汽车发动机产生的一氧化碳、汽油气味留存车内使空气质量下降。

可以说车内污染主要是因为有害气体的淤积使得车内空气质量下降，因此，除了设计时尽量减少汽车内的装饰品并且尽量采用绿色环保材料外，通风是相当关键的。在汽车顶盖上开设天窗的设计能较好地解决通风这一问题，空气从天窗进入车内比较柔和也较少灰尘。同时，现在出产的汽车基本都配备了新的通风系统，这在一定程度上缓解了车内污染的问题。

2. 汽车绿色设计降低噪声污染

汽车噪声污染包括3个方面：①喇叭发出的响声，使得本就拥堵的城市显得更加的喧嚣、嘈杂，严重影响到行人和周围的居民；②汽车本身就是一个噪声源，汽车发动机运转、风扇转动都会产生噪声，另外，汽车窗户、隔板等因车体行驶发生振动以及汽车在高速行驶时产生的风噪声使得车内形成一个噪声区；③汽车行驶时轮胎与地面产生的摩擦声。不管是哪一种噪声污染，最先受害的都是司机，长期处在高噪声环境下，不但容易疲劳，而且影响行车安全。

当然，汽车噪声污染中的鸣笛可以通过人为控制，现在都提倡少鸣笛或不鸣笛，做到文明行车。从设计上来讲，可通过安装低频率喇叭来缓解。例如本田奥德赛就安装有4个喇叭，其中两个为低音喇叭。可将喇叭音频通过压力的大小来控制，如此，既能达到提醒行人、车辆的目的，也不会因为响声过于刺耳造成污染。其他的汽车自身发出的噪声，诸如风噪声等就和汽车的外形相关，可通过汽车空气动力学来控制。同时加强汽车的密封性能，尽量用整体模具少用零部件，提高零部件的精密度，以此从根本上控制噪声。

3. 汽车绿色设计减少尾气排放

提到汽车污染，首当其冲的是汽车尾气污染，这是目前城市大气污染的重要来源之一。汽车缓慢行驶时，排气管喷出的烟是黑的，这说明燃料燃烧不完全，很多有害气体随尾气排出。汽车高速行驶时，车尾喷出团团白烟。此时排气量最大，白烟中氮氧化物含量很高，这是汽油在高温燃烧下产生的一种有害气体。这些有害气体会直接刺激人的眼、鼻黏膜，麻痹嗅觉，吸入人体后，不但容易引发呼吸道、肺部疾病，颗粒物所携带的多种致癌物还会引发多种人体癌症。

汽车的燃料所产生的动力一大部分消耗在机械运转力，而当汽车高速行驶时，另一部分动力却被用来克服空气的阻力，也就是说，这一部分动力是被浪费掉的。所以，空气动力学对于汽车设计的意义不仅仅在于改善汽车的操控性，同时也是降低油耗的一个方法。因此，如何使汽车的外观造型设计更加符合空气动力学，如何减少风阻，是设计师在现在和今后需要考虑的问题。

在汽车行驶中，车底的外露零件会让气流在车底形成气流拉力，要降低这种气流拉力，光把车底的外露零件遮蔽起来并不够，车底扰流板的设计起到了调整行驶中车身周围的气流、降低气流拉力的作用，这是汽车空气动力学设计的跃进。

该设计是在尾部行李箱盖外端装上一块像是倒装的飞机尾翼。其特点是表面狭窄，水平面离开车身安装。因为车底的气流会对车头和引擎舱内产生一股浮升力，削弱车轮对地面的下压力，影响汽车的操控。汽车尾翼的作用就是增加下压力，即对地面的附着力，它能抵消一部分浮升力，控制汽车上浮，减小风阻影响，同时达到节省燃油的目的，并且使得原本就拥有华丽迷人外观的汽车又增加许多妩媚和灵气。

4. 汽车绿色设计减少能源的消耗

在汽车设计上，小型汽车也是绿色设计很好的体现。在能源危机的情况下小型汽车在各地备受歧视的局面有了一定缓和，开始受到部分消费者的青睐，如果国内的汽车行业加大力度对小型汽车进行研发，从外观、功能上加以突破，也将在很大程度上引导消费者观念的转变。

其次是汽车新型材料的运用。例如奥迪A8通过使用大型铝铸件和液压成型部件，将车身零件数量从50个减至29个，车身框架完全闭合。这种结构使其比同类车型的钢制车身车重减少50%，而且所有的铝合金都可以回收再生利用，由此达到减少能源消耗的目的。随着国内汽车用高性能ABS工程塑料生产基地日前在上海建成投产，未来通过利用新型材料来减少能源的消耗有很大的发展空间。

1. 绿色设计的概念

1) 绿色设计的定义

绿色设计(Green Design，GD)通常也称为生态设计(Ecological Design，ED)、环境设计(Design for Environment，DFE)、生命周期设计(Life Cycle Design，LCD)或环境意识设计(Environmental Conscious Design，ECD)等，出于这些方法的目标基本相同，都是设计和制造生命周期对环境影响最小的产品。绿色设计也可以被认为是以绿色技术为原则所进行的产品设计。所谓绿色技术(Environmental Sound Technology，EST)，西方称之为“环境友善技术”，是减轻环境污染或减少原材料、自然资源使用的技术、工艺或产品的总称。

绿色设计面向产品的整个生命周期，是从摇篮到再现的过程，也就是说，要从根本上防止环境污染，节约资源和能源，关键在于设计与制造，不能等产品产生了不良的环境后果再采取防治措施(现行的末端处理方法即是如此)，这就是绿色设计的基本思想。概括起来，绿色设计是这样一种设计，即在产品整个生命周期内，着重考虑产品环境属性(可拆卸性、可回收性、可维护性、可重复利用性等)，并将其作为设计目标，在满足环境目标要求的同时，保证产品应有的功能、使用寿命、质量等。

在理解绿色设计的定义时，有一点必须注意，即完全的绿色设计是不可能的，因为绿色设计涉及到产品生命周期的每一阶段，即使设计时考虑得非常全面，但由于所处时代的技术水平的限制，在有些环节或多或少还会产生非绿色的现象，如某些材料目前尚无理想的替代品，在制造工艺过程中还无法完全取代切削液等，但通过绿色设计可以将产品的非绿色现象降低到最低程度。

2) 绿色设计的特点

由绿色设计的定义可以看出，绿色设计的主要特点包括以下几个方面。

(1) 扩大了产品的生命周期。传统的产品生命周期是从“产品的生产到投入使用”为止，有时也称为“从摇篮到坟墓”的过程；而绿色设计将产品的生命周期延伸到了“产品使用结束后的回收重用及处理处置”，也即“从摇篮到再现”的过程。这种扩大了的生命周期概念便于在设计过程中从总体的角度理解和掌握与产品有关的环境问题及原材料的循环管理、重复利用，废弃物的管理和堆放等。只有对产品生命周期的各个阶段进行总体考虑，才能进行绿色设计的整体优化。

(2) 绿色设计是并行闭环设计。传统设计是串行设计过程，如图 11.3 所示，其生命周期是指从设计、制造直至废弃的各个阶段，而产品废弃后如何进行处理处置则很少被考虑，因而是一个开环过程；而绿色设计的生命周期除传统生命周期各阶段外，还包括产品废弃后的拆卸回收、处理处置，实现了产品生命周期阶段的闭路循环，而且这些过程在设计时必须被并行考虑，因而，绿色设计是并行闭环设计。

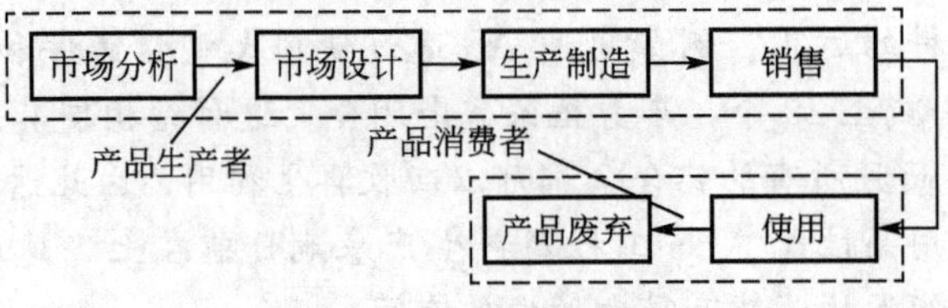

图 11.3 传统设计过程

(3) 绿色设计有利于保护环境，维护生态系统平衡。设计过程中分析和考虑产品的环境需求是绿色设计区别于传统设计的主要特征之一，因而绿色设计可从源头上减少废弃物的产生。

(4) 绿色设计可以防止地球上矿物资源财富的枯竭。由于绿色设计使构成产品的零部件材料可以得到充分有效的利用，在产品的整个生命周期中能耗最小，因而减少了对材料资源及能源的需求，保护了地球的矿物资源，使其可合理持续利用。

(5) 绿色设计的结果是减少了废弃物数量及其处理的棘手问题。工业化国家每年要生产大量的垃圾，垃圾处理则成为颇为棘手的问题。通常采用的填埋法不仅占用大量土地，而且还会造成二次污染。据美国全国科学院的调查，从地下挖掘出来的东西有94%在几个月之内就被扔进了垃圾堆。而发展中国家要处理大量的垃圾，不仅技术上而且经济上都有一定的难度。绿色设计将废弃物的产生消灭在萌芽状态，可使其数量降低到最低限度，大大缓解了垃圾处理的矛盾。

2. 绿色设计方法

绿色设计过程一般需要经历以下几个阶段：需求分析、提出明确的设计要求、概念设计、初步设计、详细设计和设计实施，如图11.4所示。表面上看这与一般的产品设计没有多大区别，但在每一设计阶段以及设计评价和设计策略中都包含了对环境的考虑。

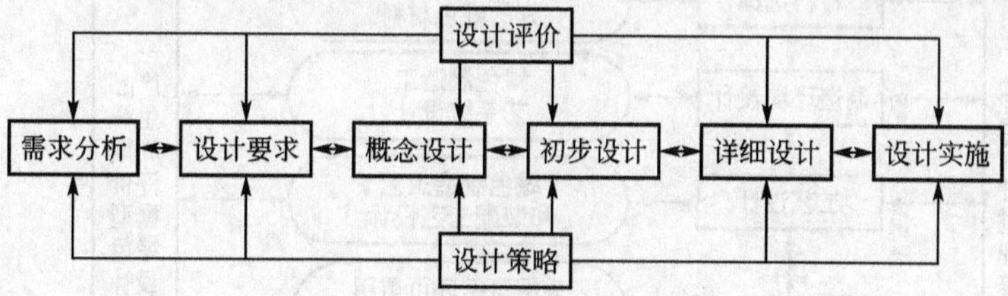

图11.4 绿色产品设计阶段划分

在产品的需求分析阶段，首先要确定产品开发的目的和范围，明确用户需求，然后由这些需求形成完整的设计要求，其中包括环境需求；接着是采用各种设计策略来满足设计要求。在设计的各个阶段要不断对可行的设计方案进行评价和优选，这里的评价是产品的生命周期评价。成功的产品设计最终必须综合平衡产品性能、成本和环境这三方面的设计要求。

在产品开发的初始阶段，有关零件材料和加工工艺方面的知识是很有限的，因此，产品对环境的影响也就很难准确确定，但此时对产品设计方案修改的自由度较大。随着设计的进行，材料和工艺及知识水平逐渐提高，评价的准确性上升，但方案修改的自由度下降。这就对设计评价方法提出了较高的要求，它既要能对概念设计和初步设计结果进行定性分析评价，又要对详细设计结果进行定量评价。设计评价本身不能直接对产品进行改进，但它能指出方案改进在哪里能有效地进行。

设计要求决定了预期的设计效果，它是把用户需求和环境目标转换成设计方案的依据。只有当设计方案被设计要求清晰限定时，设计才能有效进行。在设计过程中，设计方案也是按满足设计要求的程度来进行分析评价的。设计要求的制定必须合理，不可过紧或过宽。过紧会从方案空间中去除一些有吸引力的设计、过宽则易引起设计方案的最优搜索难以收敛。如前所述，产品生命周期成本的70%～80%以上是由设计阶段确定的，而提出产品设计要求阶段所花的费用只占产品开发总费用的10%左右，但这一阶段做出的设计决策却确定了产品成本的60%左右，由此可以看出设计要求对产品开发的重要性。

环境方面的总体设计要求主要包括以下几个方面。

(1) 自然资源使用的最少化。

(2) 能源的消耗最少化。

(3) 废弃物的产生减量化。

(4) 对生态系统平衡的危害最小化。

(5) 人类健康和安全性的危害最小化。

设计者可以根据具体的设计项目定性或定量地表达这些要求。

因此，绿色设计方法应是以系统工程和并行工程(CE)思想为指导，以产品生命周期分析为手段，集现代工程设计方法(如模块化设计、长寿命设计等)为一体的系统化、集成化设计方法，图 11.5 表示了绿色设计的过程模型。

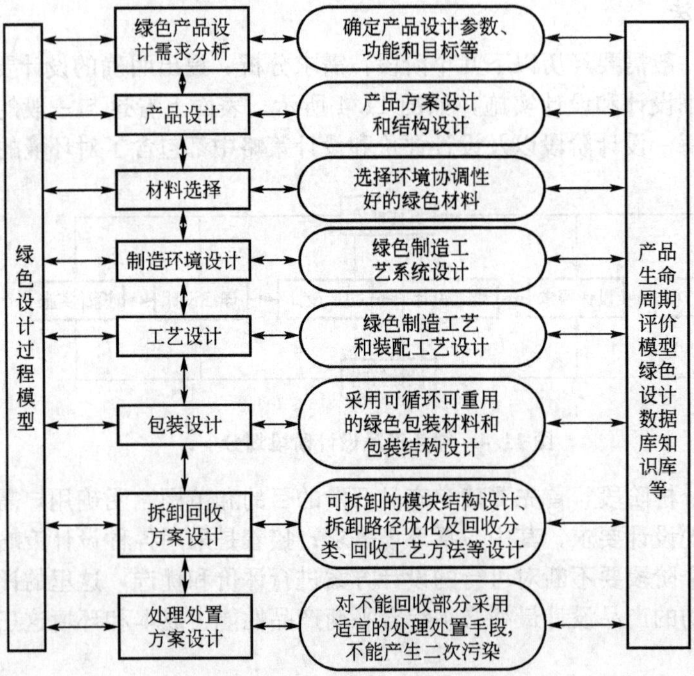

图 11.5　绿色设计的过程模型

3. 绿色设计在汽车工业中的应用

资料表明目前已探明的石油储量仅够人类再用 40 多年。因此，燃料短缺已成为燃料汽车发展的一大障碍。另一方面，燃油汽车会造成严重的大气污染和噪声污染；同时，在构成汽车的材料中，钢及有色金属占73%左右，由于汽车更新换代比较频繁，材料利用量很大，提高汽车材料及零部件的回收利用率也成为当务之急。因而，开发代用燃油、零污染、回收利用率高的绿色汽车已成为各国竞相发展的目标。

汽车工业是绿色设计的先导，也是目前绿色设计应用比较深入的行业。过去，汽车设计人员总是设法将汽车设计得时髦豪华，但现在这一概念已经改变，取而代之的是把符合环境保护、小巧玲珑、节省燃料和适合家用作为新的设计指导思想。这就意味着世界汽车制造业将出现“绿色”行动，致力于绿色汽车的开发。绿色汽车必须具备两个标志，即废旧汽车能够回收利用及汽车的生产使用对环境无害或危害最小。

首先，绿色汽车要有较高的回收利用率。20 世纪 90 年代以来，世界性的环境污染日趋严重，其中由于汽车制造业的迅猛发展，废旧的汽车成为一大污染源。由于汽车使用了几年或十几年后终究要报废，因此利用它们循环再生是下一个世纪对汽车发展提出的战略要求。

一些国家已经着手进行有远见卓识的汽车回收计划，取得了很好的效果。这就要求在设计汽车零部件时，务必表明汽车零部件的材料代号。这样在回收废旧汽车时，拆卸分类就非常方便，能够做到物尽其用，为再生利用创造条件。日本日产汽车公司的科研人员研究出一种消除塑料零件表面油漆的新技术，可以让外表涂了油漆的塑料零件得到重新利用，大大地提高了总回收效率。德国奔驰汽车公司目前正在致力于汽车回收的研究，其研究内容主要包括两部分，即汽车的回收设计和汽车回收。这就要求在汽车设计时努力做到：选择对环境无害并可回收的材料制作汽车零部件；减少噪声和各种塑料的使用。在用塑料制作的零件上打上标记，并尽可能地不用合成材料，而且还要从 DFD 及发生故障的部件种类上给予充分考虑。奔驰公司于 1991 年开始回收废弃汽车，回收的废旧汽车按零部件及材料的状态进行重用、加工后重用、材料回收、处理等不同形式的利用。

北美的宝马分公司最近决定对在全球范围内回收宝马汽车的可行性进行试验。由于德国的环境保护法规越来越严格，该公司已经开始在欧洲回收汽车。在美国的 3 个城市中，宝马公司给车主 500 美元以鼓励他们购买新车，并将报废的汽车送到拆卸回收中心，宝马在最初的汽车设计中采用了 DFD 的概念及许多可回收性材料，希望将来把汽车中可回收的零部件从 75%提高到 90%。

为了现在和未来的发展，美国汽车制造商正在以下领域回收利用汽车零部件中的塑料。

(1) 电池。每年大约从 95%～98%的废弃电池中可回收 680.4kg 聚丙烯，用这些聚丙烯重新制成新电池和其他产品。

(2) 反应注塑模(RIM)。这些零部件目前仍要送到废弃物处理厂进行处理。

(3) 冷却器端盖。有回收冷却器端盖的专门组织，并使其在其他方面得到循环再利用。

(4) 复合金属薄板碎屑。目前正在对其进行研究，以期用这些碎屑制造其他新产品。

在欧洲，废弃汽车的缓冲器已经开始回收。德国的大众汽车公司把回收的聚丙烯和纯聚丙烯混合，用于制作新型汽车缓冲器。宝马从废旧汽车中回收聚丙烯缓冲器材料，更新后用于新型汽车部件。

为了解决汽车报废后成为汽车垃圾的问题，绿色汽车从开始生产就考虑废弃后的再利用，以保证 1 万余个部件均可以循环再生利用。马自达 HR－X2 型汽车的基本结构是由高碳聚纤维强化的塑料做成，包括驾驶室、外壳、车门等，均可以百分之百地循环利用。美国是世界上最有效的汽车回收国，每辆汽车重量的 75%都已重新利用起来，首先是把汽车上最值钱的零部件，如发动机、电动机和其他零部件拆下来；英国大约 12000 家汽车零部件回收商能够把这些零件加以翻新，重新出售，这已是一项获利的、年营业额达几十亿美元的行业。

其次，作为绿色汽车还必须努力改进燃料。在当今世界上，汽车引起的尾气污染(占污染总量的 70%以上)和噪声污染正在越来越严重地影响着生态环境。科技人员已经把主要精力集中到研究开发节能以及无污染或者低污染的新型汽车上，其中最理想的汽车能源是太阳能和氢能，日本已发明了较为实用的太阳能汽车，它长6m，内装晶体太阳能电池1900个，重量仅140kg。这种车的试验结果表明，其电能消耗与一般洗衣机的耗电量不相上下，最快速度可达120km/h，行驶时无废气排出，很难听到机器发动的声音。德国奔驰公司的科技人员也将加快用氢做汽车燃料的研究，氢能小型客车和货车的样车试车结果令人满意。

11.4 并行工程

随着市场经济的发展和世界经济一体化时代的到来，各国制造业都面临着市场全球化、制造国际化、品种需求多样化的新挑战。为了在日益激烈的市场竞争中获胜，企业必须在产品的研制周期、产品的创新、质量、价格等方面具有竞争优势，其中时间和创新能力已是企业赢得竞争胜利的首要因素，为实现这一目标，必须在开发和应用新技术方面开展研究。近年来，各国都越来越重视先进制造技术的研究和发展，诸如并行工程、精良生产、敏捷制造、虚拟制造等新技术、新思想、新概念不断引入到新产品的设计与制造领域中。

1. 并行工程的概述

一般产品的成本很大程度上集中在产品开发早期阶段，即概念设计、结构设计、详细设计、过程设计阶段决定产品成本，而这一阶段本身所占有的费用仅为产品全部成本的很少一部分，如图11.6所示。由于现代产品的客户化要求大大增强，使产品开发周期相对增长，然而随着用户对功能的要求逐步提高，使得产品使用周期越来越短，如图11.7所示。这种形势迫切要求企业采用新的产品开发手段，以保证产品开发早期阶段能做出正确的决策，从而进一步缩短产品开发周期、提高产品质量、降低产品成本。

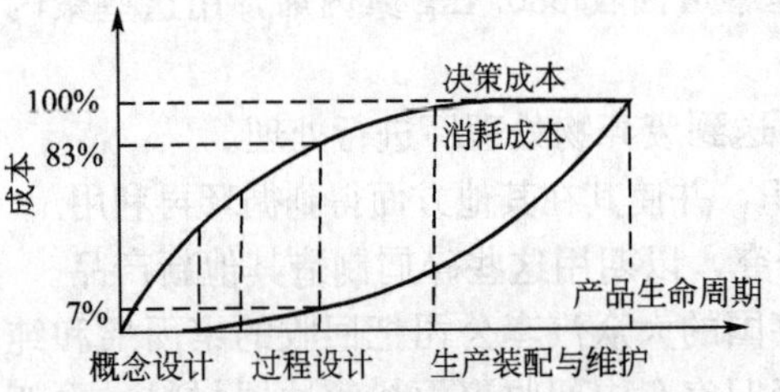

图11.6 产品开发过程成本曲线

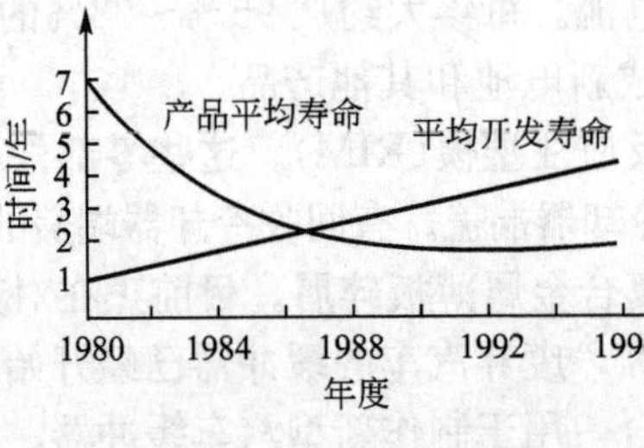

图11.7 产品开发使用周期相关曲线

近年来，国内外许多学者针对21世纪的制造业发展战略进行了研究，并在汽车、航天、航空、电子、机床等制造业，首先提出了以CIMS信息技术和CAD等技术为基础，通过组成多学科产品开发队伍，改进产品开发流程，利用各种DFX(面向某一领域的设计)工具等手段，使产品在开发的早期阶段就能及早地考虑其下游的各种因素，从而达到缩短产品开发周期、提高产品质量、降低产品成本的目标，并提出了并行工程概念。

并行工程(Concurrent Engineering，CE)又称同步工程或周期工程，是相对传统的产品串行生产模式而提出的一个概念、一种哲理和方法。并行工程的定义在国际上尚未统一，但可以认为并行工程是集成地(指新集成概念)、并行地设计产品及其相关的各种过程的系统方法。它要求产品开发人员在设计一开始就考虑产品整个生命周期中从概念形成到产品报废处理的所有因素，包括质量、成本、进度计划和用户要求。并行工程强调多学科专家的协调工作(Teamwork)和一体化、并行地进行产品及其相关过程的设计，尤其注重早期概念设计阶段的并行与协调。可以认为，并行工程的核心是并行设计(Concurrent Design，CD)，并行设计作为一种设计哲理，是在原有信息集成的基础上，集成、并行地设计产品，它更强调功能上和过程上的集成，在优化和重组产品开发过程的同时，实现多学科、多领域专家群体协同工作，从而达到压缩产品上市时间、降低成本的目的。有研究表明，串行工程周期远大于并行工程周期。

并行工程强调产品全生命周期中各类人员有组织地协同工作，全面地设计产品，全过程地注重客户要求。并行工程的实现框架是包括建立以人为主的组织管理框架，计算机辅助工具框架及方法框架等一系列框架的集成，实施并行工程的主要因素有：员工素质、管理模式、企业运作过程分析和优化、开放系统集成方案。其系统的集成更注重开放性、标准化多平台支持，选用商品化的技术服务，支持良好的应用软件，强调分布式数据管理，以利于数据查询和传递。目前并行工程作为现代先进的产品设计开发模式，已被广泛应用于各种工业设计、生产之中。

汽车工业已在世界范围内展开了激烈的竞争，缩短新车型的设计、开发时间、降低成本、提高质量、提高市场竞争力成为各汽车制造厂家考虑的首要问题。并行工程作为现代先进的产品设计开发模式，是解决上述问题的主要方法之一，并已为各国汽车制造业所采用。并行工程的关键是对产品及其相关过程实行集成的并行设计。

以车身为例，在车身研制、开发过程中，并行地进行产品及相关过程(包括制造过程、支持过程)一体化设计，使开发人员从设计一开始，就考虑产品生命周期中的各种因素，强调信息集成，协同作业，如图 11.8 所示。

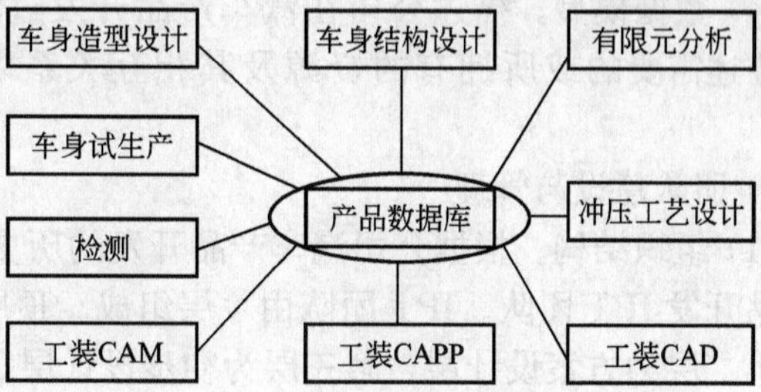

图 11.8　车身并行工程图

2. 并行设计在汽车设计中的应用

近年来，并行设计思想在国内相关生产厂家得到了广泛的应用。某公司在汽车产品开发设计过程中，运用并行设计理论，通过过程的模拟运作，分析过程随时间变化的特性，解决了在产品开发过程中遇到的设计组织机构的调整、设计人员的变化及资源的充实等问题，随时通过过程建模工具进行模拟，以决定产品开发过程中的并行度，保证过程的最优化。其具体做法如下。

1) 开发过程

(1) 采用 CAD，CAM，CAPP，DFA 以及虚拟焊装等仿真技术，在产品开发的早期阶段就充分了解新产品的性能、结构以及车身覆盖件和车架等零部件的可制造性问题。尽量减少设计错误，提高设计质量，同时增加 DFX 的使用，在产品设计阶段就考虑产品加工、装配和工艺等问题，提高设计一次成功的可能性。

(2) 采用 IPT 工作模式，该公司根据实际情况，组建四级团队，采用预发布和反馈的办法，并逐步使之制度化。在方案设计和结构设计的阶段，向后期设计阶段提前进行信息预发布。一方面，及时得到信息反馈，以提高工艺性、可加工性；另一方面，由于后期设计的提前，使后期设计人员及时体会设计意图，进行工艺和生产准备。

(3) 健全设计评审和工艺评审制度。评审的优点在于它增加了过程的质量控制，提高上下游设计人员之间的信息交流，使下游设计人员获得足够的信息以开展他们的工作，有利于设计过程的并行和及时发现设计缺陷。

(4) 实现工艺、工装和材料的并行开发和准备，可精简设计过程，使制造系统与产品开发设计不构成大循环，从而缩短开发周期，提高产品质量。

2) 过程建模与仿真

过程建模与仿真是产品开发过程管理系统的基础。它通过对产品开发过程的定义、描述、仿真和优化，获得全局优化的动态产品开发过程模型，作为管理系统的"期望值"。

公司通过组织汽车产品开发流程专家、建模专家及计算机专家，用"企事业过程建模系统"等软件建立以下几个模型。

(1) 过程模型。描述汽车产品开发过程中要进行的活动、实现这些活动所需要的资源、各个活动所要求的输入输出以及这些活动的执行顺序等，它是汽车产品开发过程的核心。

(2) 后勤模型。描述公司所拥有的资源类型、数量、特征、结构以及分布情况等。

(3) 协同模型。描述公司内部各机构之间、公司与其他客户、合作伙伴、供货单位等的协作关系和通信渠道以及公司的战略技术、经营政策和管理政策等。

(4) 数据模型。描述公司在汽车产品开发过程中生产和消耗的中间产品及其相互关系；描述需要的或所拥有的资源及其相互关系以及运作中所要的管理和处理的各项数据等。

3) 团队建设与管理

(1) 组织结构。根据公司汽车产品开发的历史经验及并行产品定义的内容，组建了汽车产品开发 IPT 团队。IPT 团队由 4 层组成。顶层为项目管理层，第二、三、四层为实施层。第二层为方案设计层，第三层为初步设计层，这层由车身 IPT、底盘 IPT、电器 IPT、内饰 IPT 共 4 个 IPT 组成，各 IPT 又根据各自的专业及产品开发的需要分别组成若干个详细 IPT。

(2) 管理模式。顶层的 IPT 组长由总经理任命，并对该开发项目全面负责。其他各层 IPT 组长由上一层 IPT 任命，并对上一层 IPT 负责。

各 IPT 的总任务由上一层 IPT 下达。各 IPT 内成员的任务由该 IPT 组长下达。每个成员都必须按计划进度完成组长下达的任务，若遇特殊情况无法按期完成时，必须提前向组长报告，以便采取补救措施。

为了确保团队的高效率工作，各层 IPT 组长具有本 IPT 内人和资源的调配权、使用权，并负责对组员的考核和奖惩。

(3) 工作方式。IPT 的工作方式是集中办公和网上交流相结合的方式。第一层和第二层的 IPT 定期召开例会，一般每周一次，布置任务，检查任务完成情况。协调解决各 IPT 之间的边界问题及工作中发现的各类待解决的问题。面对各阶段下一层 IPT 的工作评审则主要通过网络获得设计信息，并在例会上或在不定期的评审会上展开讨论，对下一层 IPT 的阶段工作提出改进意见。

其他层 IPT 的成员各自承担某一具体的开发任务，在该 IPT 内各自扮演不同的角色，但互相之间要保持经常互通信息，随时进行交流。对于未经审批的设计信息，随时提交给其他成员查看，以便提出修改意见，对于已经审批的设计信息，则进入资源库共享。各层的组长可以根据情况需要，随时召集该层不同范围的组员讨论问题。同一个IPT内的边界冲突由组长协调解决，同一层不同IPT之间的边界冲突由相关IPT组长之间协调。若不能解决，则提交上一层IPT解决。

(4) 过程执行与管理。过程执行与管理的目的是为开发和管理人员提供相应的信息，如过程完成情况、过程的状态、需要提交和可以提取的产品数据等，并通过过程模型及运行规则，实现对整个过程执行的控制，其主要内容如下。

① 任务管理。对重组后的过程模型进行分析，然后再进行任务分解并组织实施，其重点在于对各成员的任务执行状态做实时监控，并针对异常状态随时调整计划。

② 资源监控。对用户需求资源、物料资源、设备资源、人力资源以及维护要求与使用状况反馈信息的监控，通过捕获这些信息并反馈给设计人员，以避免较大的设计变更和造成设计与加工的冲突，保证开发过程的顺利进行。

③ 产品数据监控。对数据是否产生、是否放到了规定的位置、是否传递给应得到数据人员等情况进行监控。

④ 产品开发流程监控。对产品开发流程的进程、任务分配变更进行监控以及流程指导。

综上所述，将并行设计理论的应用与该公司具体情况相结合，使该公司在汽车产品的开发中取得了预期的效果。

11.5 汽车CAE工程分析

汽车公司建立高性能的计算机辅助工程分析系统，使其专业CAE队伍与产品开发设计者同步应用，在指导设计、提高质量、降低开发成本和缩短开发周期上发挥着日益显著的作用。

CAE成熟应用于车身开发的方面主要有：刚度、强度(应用于整车、大小总成与零部件分析，以实现轻量化设计)、NVH分析(各种振动、噪声，包括摩擦噪声、风噪声等)、机构运动分析等；而在车辆碰撞模拟分析、金属板件冲压成型模拟分析、疲劳分析和空气动力学分析等方面的精度有进一步提高，已投入实际使用，完全可以用于定性分析和改进设计，大大减少了这些费用高、周期长的试验的次数；虚拟试车场整车分析正在着手研究，此外还有焊装模拟分析、喷涂模拟分析等。

汽车CAE工程在汽车上的应用主要体现在以下几个方面。

1. 刚度和强度分析

有限元法在机械结构强度和刚度分析方面因具有较高的计算精度而得到普遍采用，特别是在材料应力—应变的线性范围内更是如此。另外，当考虑机械应力与热应力的耦合时，像ANSYS、Nastran等大型软件都提供了极为方便的分析手段。

(1) 车架和车身的强度和刚度分析。车架和车身是汽车中结构和受力都较复杂的部件，对于全承载式的客车车身更是如此。车架和车身有限元分析的目的在于提高其承载能力和抗变形能力、减轻其自身重量并节省材料。另外，就整个汽车而言，当车架和车身重量减轻后，整车重量也随之降低，从而改善整车的动力性和经济性等性能。图11.9和

图 11.10为车身覆盖件的计算实例图。

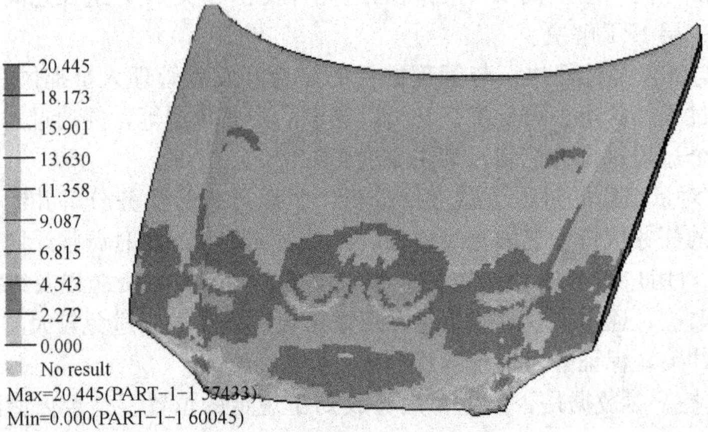

图 11.9 前部受压内板应力

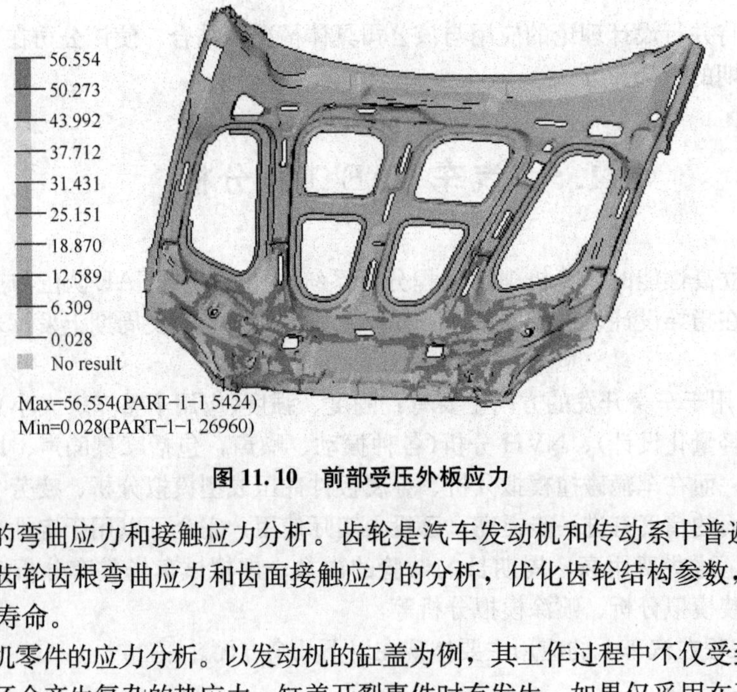

图 11.10 前部受压外板应力

(2) 齿轮的弯曲应力和接触应力分析。齿轮是汽车发动机和传动系中普遍采用的传动零件。通过对齿轮齿根弯曲应力和齿面接触应力的分析，优化齿轮结构参数，提高齿轮的承载力和使用寿命。

(3) 发动机零件的应力分析。以发动机的缸盖为例，其工作过程中不仅受到气缸内高压气体的作用，还会产生复杂的热应力，缸盖开裂事件时有发生。如果仅采用在开裂处局部加强的办法加以改进，无法从根本上解决问题。有限元法提供了解决这一问题的根本途径。

2. NVH 分析

近年来，随着人们环保意识的增强，对汽车提出了更高要求。为此，国际汽车界制定 NVH 标准，即噪声(Noise)、振动(Vibration)、平稳(Harshness)3 项标准，通俗称为乘坐轿车的“舒适感”。

对 NVH 标准的一项试验表明，用顾客较喜欢的轿车做试验，在用水泥铺得较平坦的公路上，轿车以 40km/h 的速度行驶，如将欧洲产轿车的 NVH 以 100%作为标准，日本轿车则为 75%，韩国轿车为 50%。欧洲轿车悬架技术较高，所以乘坐舒适，日本轿车设计时将人体工程学考虑在内，对提高乘坐舒适感有很大帮助。图 11.11 表示了汽车中易产生振动的部位。

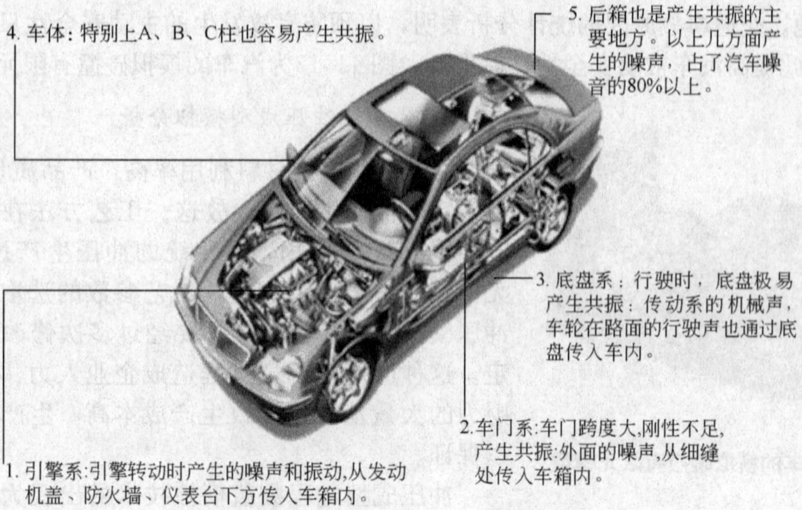

图 11.11　汽车中易产生振动部位

3. 机构运动分析

机构运动分析就是根据原动件的已知运动规律，求该机构其他构件上某些点的位移、轨迹、速度和加速度，以及这些构件的角位移、角速度和角加速度。通过对机构进行位移或轨迹的分析，可以确定某机构件在运动时所需的空间，判断当机构运动时各构件之间是否会互相干涉，确定机构中从动件的行程，考察构件上某一点能否实现预定的位置或轨迹要求。通过对机构进行速度分析，可以了解从动件的速度变化规律能否满足工作要求，了解机构的受力情况。通过对机构进行加速度分析，可以确定各构件及构件上某些点的加速度，了解机构加速度的变化规律。图 11.12 为机构运动分析实例。机构运动分析的方法很

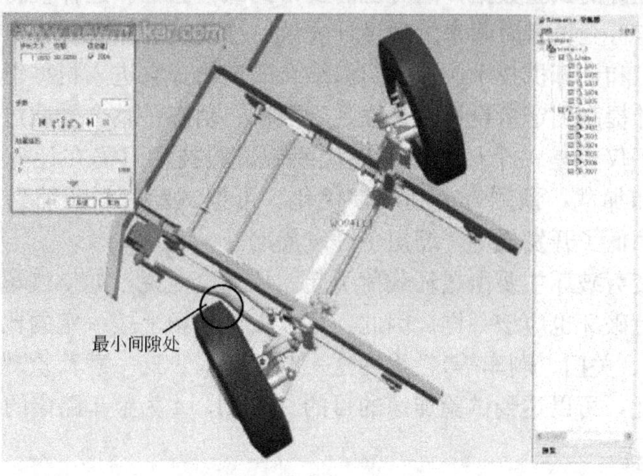

图 11.12　机构运动分析

多，主要有图解法和解析法。

4. 车辆碰撞模拟分析

汽车的安全性是汽车厂商、消费者、政府部门高度关注的问题。交通事故原因的统计分析表明，以预防事故发生的主动安全性只能避免5%的事故，因此提高汽车被动安全性日趋重要。图 11.13为汽车的模拟碰撞有限元模型。

图 11.13 汽车的模拟碰撞有限元模型

5. 金属板冲压成型模拟分析

由于冲压成型材料利用率高，产品质量稳定，易于实现自动化生产，故这一工艺方法在汽车生产中得到广泛应用。在传统的冲压生产过程中，无论是冲压工序的制定、工艺参数的选取，还是冲压模具的设计、制造都要经过多次修改才能确定。这种反复的调试过程造成企业人力、物力和财力的大量消耗，导致生产成本高，生产周期难以保证。

冲压成型过程数值模拟技术的出现为改变这种传统模式提供了强有力的工具。通过对冲压过程模拟分析得到最佳模具结构和工艺条件，并能通过对板材冲压过程数值模拟，在计算机上观察到模具结构、冲压工艺条件(如压边力、冲压方向、摩擦润滑等)和材料性能参数(如皱曲、破裂)的影响，还可以提供最佳板料形状、合理的压料面形状、最佳冲压方向，以及分析卸载和切边后的回弹量，并补偿模具尺寸以得到尺寸和形状精度良好的冲压件。该技术使试模时间大大缩短，从而减少制模成本。

6. 疲劳分析

传统的疲劳分析技术由许多经验公式组成，这些经验公式根据一些理论框架，从材料、零件或结构的疲劳试验数据中拟合而成。验证产品的疲劳性能一般需要进行疲劳试验。疲劳分析依赖于准确的试验数据，同时也需要得到试验验证。这样使得常规设计定型样机疲劳试验需要几年甚至更多时间来发现设计失误、修改设计。现代疲劳寿命设计技术是电子技术(数字信息)和计算机技术(数字仿真)结合的产物。它进入机械设计领域，将机械强度寿命由定性设计提高到定量设计；它立足于随机、动态，整个受载过程的每一实时信号都参与设计，而不仅仅是一个最大值。现代疲劳试验技术只需在计算机上用仿真技术，通过载荷谱模拟和加载，预测寿命和反馈优化。可把试验时间压缩到原来的十分之一、百分之一，大大降低了开发成本，缩短了开发周期。

根据疲劳理论，疲劳破坏主要由循环载荷引起。从理论上说，如果汽车的输入载荷相同，那么所引起的疲劳破坏也应该一样。因此，可以在试车场上按一定的比例混合各种路面及各种事件(如开门、关门、刹车等)，重现这一载荷输入。这一载荷重现通常可能在较短的时间里完成，因此，可以达到试验加速的目的。图 11.14 为整车路谱的疲劳分析。

7. 空气动力学分析

汽车空气动力学主要是应用流体力学的知识，研究汽车行驶时，即与空气产生相对运

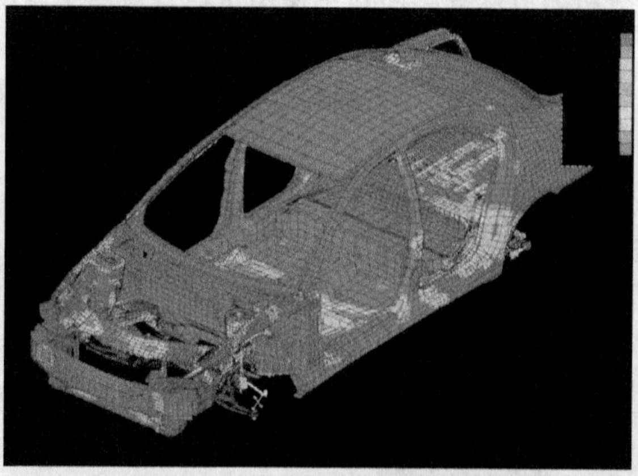

图 11.14 整车路谱的疲劳分析

动时，汽车周围的空气流动情况和空气对汽车的作用力(称为空气动力)，以及汽车的各种外部形状对空气流动和空气动力的影响。此外，空气对汽车的作用还表现在对汽车发动机的冷却、车厢里的通风换气、车身外表面的清洁、气流噪声、车身表面覆盖件的振动，甚至刮水器的性能等方面的影响。

为了减少空气阻力系数，现代轿车的外形一般用圆滑流畅的曲线去消隐车身上的转折线。前围与侧围、前围、侧围与发动机罩、后围与侧围等地方均采用圆滑过渡，发动机罩向前下倾，车尾后箱盖短而高翘，后翼子板向后收缩，挡风玻璃采用大曲面玻璃，且与车顶圆滑过渡，前风窗与水平面的夹角一般在 25°～33°之间，侧窗与车身相平，前后灯具、门把手嵌入车体内，车身表面尽量光洁平滑，车底用平整的盖板盖住，降低整车高度，等等，这些措施有助于减少空气阻力系数。图 11.15 为用于 CFD 仿真和风洞试验的车辆模型。图 11.16 为尾部流场。

11.15 用于 CFD 仿真和风洞实验的车辆模型

图 11.16 尾部流场

8. 虚拟试车场整车分析

CAE 技术的飞速发展、软硬件功能的大幅度提高使得整车系统仿真已经成为可能。美国工程技术合作公司(ETA)在 ANSYS/LS - DYAN 软件平台上二次开发推出的虚拟试验场技术(Virtual Proving Ground，VPG)就是一个对整车系统性能全面仿真实用软件的代表。VPG 技术是汽车 CAE 技术领域中一个很有代表性的进展。

VPG 是在 NASYS/LS - DYAN 软件平台上二次开发推出的，以整车系统为分析对象，考虑系统各类非线性分析，以标准路面和车速为负荷，对整车系统同时进行结构疲劳、权频率振动噪声分析和数据处理以及碰撞历程仿真，达到在产品设计前期即可得到样车道路试验结果的“整车性能预测”效果的计算机仿真技术，计算结果更加真实准确，可比性提高。图 11.17 为整车非线性分析模型。

图 11.17 整车非线性分析模型

9. 焊装模拟分析

机器人在车身焊装工位上的大量应用提高了车身的焊接质量，缩短了生产加工时间。但如何能够快速而准确地完成全部焊点的加工，即如何规划机器人焊接路径问题，是目前汽车制造企业迫切需要解决的问题。

传统的机器人焊接路径规划方法是根据设计人员提供的工位上的焊点数量和焊接顺序，由工艺人员根据经验或类似工艺离线编制机器人加工程序，设计加工工艺。所编写的程序输入到相应设备中，在实验室里预操作，记录下每次偏差位置，重新编程、设计直至满足生产要求。这不仅耗时、费力，同时对于多机器人加工的碰撞问题无法解决。一旦涉及多机器人协同加工，则往往在实验室中采用步进式逼近方法配合专家经验加以解决，以免发生碰撞，损坏设备。

为此，现代车身焊装模拟分析结合虚拟制造技术，在仿真环境下，运用相应的优化算法对车身焊装工位的机器人加工路径进行离线规划，并通过仿真加工进行验证，从而达到指导实际生产的目的。虚拟制造的基础是采用计算机支持的技术，应用数字建模和仿真技术、虚拟现实技术等来模拟生产、加工和装配等过程，在计算机上将产品“制造”出来，实现将工艺过程转为数字化的操作，再由数字化操作指导实际生产。通过建立生产加工的仿真模型研究制造活动，使用户在设计阶段能够了解产品未来制造过程，实现对生产系统性能有效的预测与评价。在仿真环境下的试运行，有利于进行多工艺方案比较，更有利于多机器人焊接轨迹的选取与优化。

11.6 NVH 开发流程

汽车 NVH 特性是指在车室振动、噪声的作用下，乘员舒适性主观感受的变化特性。它是人体触觉、听觉以及视觉等方面感受的综合表现。

在汽车工业界，激烈的行业竞争使得顾客对车辆有充分的选择。一般来说，在最终确定购买之前，顾客都会进行车辆路试，这时对车辆 NVH/Vehicle Dynamics 性能的满意度就可能成为顾客选车的关键因素。在顾客购买新车后，他们每天都要经历车辆的 NVH/Vehicle Dynamics 工况，对其是否满意以及满意程度也会在购买下辆车时成为重要参考指标。所以，在一定程度上来说，一个新车型的 NVH 性能可左右此车在市场上是否热销。汽车的 NVH 研发可分为以下几个阶段。

(1) 车辆的前期 NVH 研究。

(2) NVH 技术指标(Targets)的设定。

(3) 优化设计(车辆结构、子系统以及 Mount/Bushings)，达到 NVH 指标。

(4) 整车道路模拟试验。

(5) 装配线的调试。

1. 车辆的前期 NVH 研究

汽车公司的车辆生产开发计划(Vehicle Cycle Plan)对各种汽车产品的主要功能、外观、潜在购买群体及成本和下线时间有详细的规划。但对具体子系统(Sub Component System)的搭配并没有最终确认。例如，悬挂系统结构选择、引擎传动系统连接器(Mount)选择、底盘设计的选择、阻尼减振器(Shock)的安置方位等。这些子系统的优化组合将在很大程度上决定该车的成本及 NVH 性能。

在老车型的研发过程中，经验的累积是子系统初始选择的重要依据。但近年来，随着 CAE 分析计算方法的成熟，灵活、快速、可信的特点使其成为不可替代的首选。

2. NVH 技术指标的设定

NVH 技术指标设定一般从整车开始，然后才延推至子系统。但这一推演过程有许多未知因素，不是确定的因果关系。

市场现有同类车型的 NVH 性能及其在下一研发周期内的可能改善，以及开发新车型时可承受的成本构成整车 NVH 技术指标设定的基本要素。但子系统 NVH 指标的设定就要复杂得多。除了遵从模态分析的基本准则外，CAE 分析是主要可以依赖的方法。由于研发成本和时间的限制，子系统测试只能辅助进行，并提供数据来进行模型验证。

3. 优化设计，达到指标

在这一研发阶段，CAE 分析和车辆实测方法各有千秋。由于实验车辆是来源于样品生产车间，因此，数量有限、成本高昂，而且 NVH 性能不稳定，但 CAE 分析结果和设计建议也需要实测验证，而且对于设计变化很大的车型，车辆实测验证尤其重要。

随着 CAE 分析法的完善，其好用、快速、省钱的特点越来越被汽车工业界看好。例如，Toyota 已开发了 5 个样品车型；GM 已开发了 3 个样品车型；FORD 已决定裁减 30%的样品车，更多的使用 CAE 分析法。当然，样品车的功能还不能被 CAE 分析法取代，但样品车的数量的减少已成为汽车工业界的趋势。

阅读材料 11-2

NVH 设计

优化车辆设计达到 NVH 技术指标的工作之一是优化车体结构，改进车内静音效果。取得车内安静的关键因素：较好的车体隔离；主要板块模态的分离。图 11.18 所示为车身模态。

针对图 11.18 的分析结果，在结果不利点采用结构填充泡沫材料进行处理，如图 11.19所示。

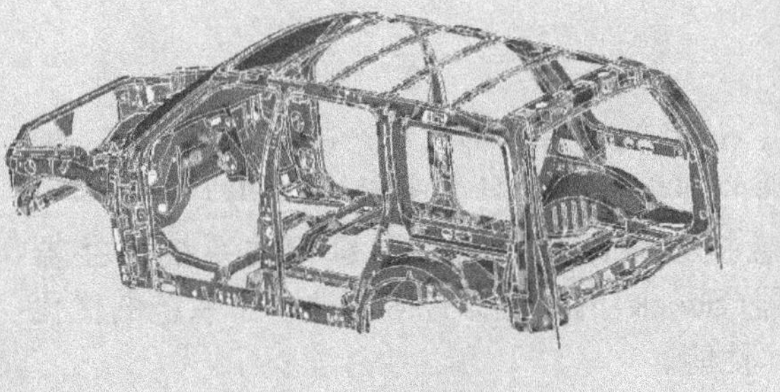

图 11.18 车身模态

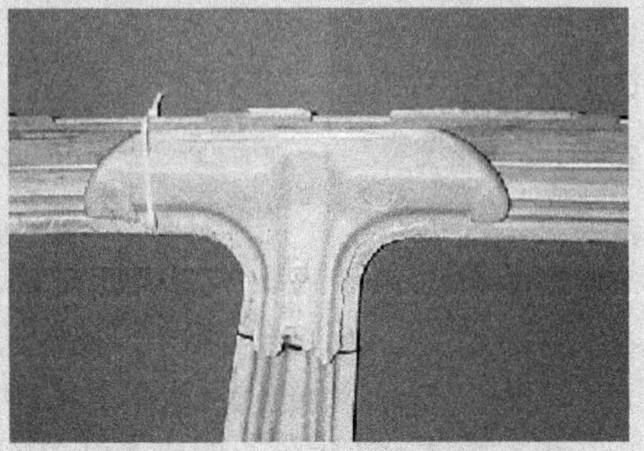

图 11.19 填充泡沫材料

在改善汽车的 NVH 性能方面，密封、阻尼、阻隔、加强和吸音技术不可或缺。长期以来，为了能够为消费者带来更加舒适的驾乘环境，人们总是在极力地改进汽车的 NVH 性能，以期最大限度地降低车内噪声、减少振动并改善不平顺性。

车内噪声的来源非常复杂：发动机的振动和噪声、排气系统的噪声、风扇噪声、传动系统噪声、内饰系统噪声、路/胎振动、胎噪、制动噪声以及风噪等都是车内噪声的根源。通常，人们习惯于按传播路径将车内噪声分为两大类：①由结构传递的中、低频噪声，它们通常由动力系统的振动、车身悬置系统的振动以及路/胎振动而引起，并通过车身结构振动传播到车内；②由空气传递的中、高频噪声，涉及动力系统噪声、路/胎摩擦噪声以及风噪等。这些错综复杂的车内噪声来源表明，改善汽车的 NVH 性能是一项复杂的系统工程，它涉及了汽车结构设计以及制造过程的方方面面。

首先，必须从源头着手进行“主动降噪”。其方法包括：优化发动机和车身结构、提高车身刚度、改进悬置系统，以及提高零部件的加工精度和装配质量，等等，以将噪声源和噪声传播路径最小化。人们都期望通过主动降噪来获得最佳的 NVH 性能。然而，诸多的复杂因素表明，主动降噪措施很难做到尽善尽美。作为主动降噪的必要补充，被动降噪不可或缺。

被动降噪措施的应用范围广泛，涉及发动机部件、车身结构部件、内饰部件和外饰部件等，其方法主要包括：采用吸音、隔音材料和密封技术来降低空气传递的中高频噪音；采用阻尼材料来设置屏障以隔断振动；采用加强材料增强结构部件的刚性来改变激振形态和激振频率，以此降低结构传递的低频噪音。

1）吸音材料和技术

通常，处于不同工作环境下的汽车部件，对吸音、隔音材料的要求也不尽相同。例如，除了要求具有良好的吸音隔音性能外，发动机罩盖要求材料要具有较高的耐高温性，发动机底盘和车轮罩则要求材料具有良好的耐腐蚀性和抗磨损性，而内饰部件则更关注材料的环保性能。图 11.20 所示为引擎罩隔音隔热棉成型件。图 11.21 所示为吸音棉制成的车顶棚。

2）密封材料和技术

除了吸音和隔音外，密封技术同样非常重要。焊接完成后的白车身侧围上存在一些封闭的箱体加强梁结构，即所谓的“旁路空腔结构”，如门槛、前围和侧围等。空腔除了会传

图 11.20 引擎罩隔音隔热棉成型件

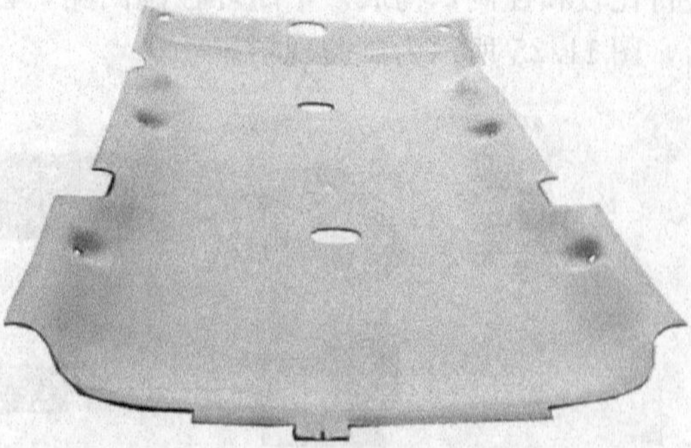

图 11.21 吸音棉制成的车顶棚

递车外噪声，如发动机噪声、排气管噪声、风噪和胎噪外，当汽车高速行驶时，这些空腔中还会产生高速气流。高速气流通常会引发两大问题：首先，由于空腔不均匀，管阻大，导致高速气流与空腔障碍物之间发生摩擦，从而在空腔壁处形成涡流，最终产生湍动气流噪声；其次，湍动气流会引起空腔钣金件共振，从而产生共振噪声。目前，采用密封技术来封堵空腔是解决旁路噪声问题较理想的方法。图 11.22 所示为空腔填充预成型件。

3）结构加强和阻尼技术

汽车本身就是一个弹性振动系统，不平的路面，以及发动机和传动系统的振动都会引起车身振动，甚至引发共振。共振不仅使车内乘员产生不舒适感，还会带来噪声和部件的早期疲劳损坏，并破坏车身的密封性。为解决此类问题，可以采用结构加强材料，用以提高车身钣金件和结构件的刚性，改变局部共振点，以达到抑制振动的目的。图 11.23 所示为结构加强材料在汽车上的应用。

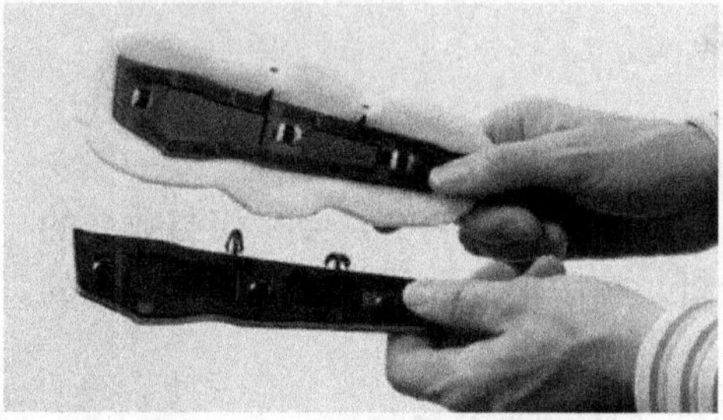

图 11.22 空腔填充预成型件

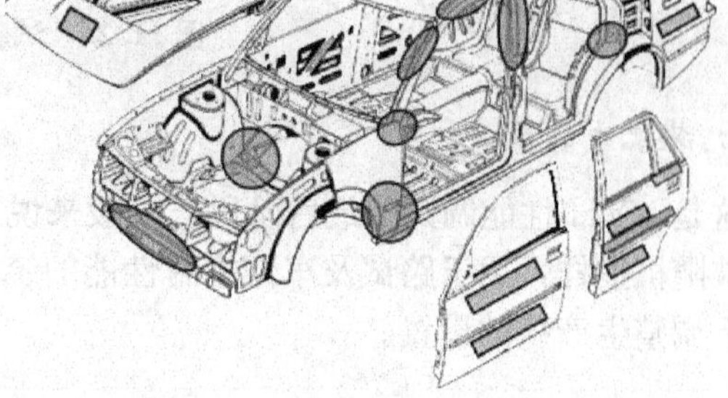

图 11.23 结构加强材料在汽车上的应用

4. 整车道路模拟试验

道路模拟试验系统是处理分析 NVH 的一种有效手段，该系统综合机械、液压、电子、计算机技术及机电等一体化的高科技产品。它主要由全数字电液伺服控制系统、液压伺服油源、电液伺服作动器和分流器与管路系统等四大部分组成。

汽车在道路上行驶时，实测的信号(加速度、位移及应变等)经计算机处理以后可以形成一个道路谱驱动信号供模拟试验用。模拟控制系统根据信号发生器或计算机发出的指令，经过调节和放大后通过伺服阀控制作动器的运动，同时接收作动器反馈的位移或力信号进行比较和控制，构成一个闭环控制回路，以实现波形再现控制。试验系统如图 11.24 所示，图 11.25 所示为试验现场。

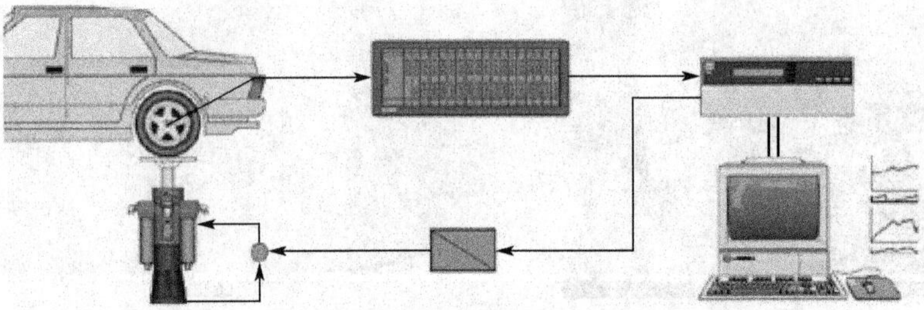

图 11.24 试验系统

图 11.25 试验现场

5. 装配线的调试

这是 NVH 性能调试的最后阶段。一般来说，在第一批下线车辆中，会有相当数量的车辆被随机抽样，用于路试及车体密封性能的统计分析。然后根据分析的结果，在可能的条件下调整生产线的设置。

本章小结

本章主要介绍了汽车现代设计开发技术的发展趋势，目前常用的设计方法，及其在汽车开发过程中的应用。还介绍了汽车 CAE 工程在汽车上的应用及 NVH 的开发流程。

现代汽车设计方法中详细介绍了虚拟现实设计、绿色设计、并行工程的基本概念。

【关键术语】

汽车设计　虚拟现实设计　绿色设计　并行工程　CAE　NVH

综合练习

1. 填空题

(1) 绿色设计包括______、______、______、______。

(2) 汽车 CAE 工程包括__________、__________、__________、__________、__________、________、________。

2. 简答题

(1) 简述现代汽车设计的新技术。

(2) 简述 NVH 设计的基本流程。

参 考 文 献

[1] 麻友良. 汽车电器与电子控制系统 [M]. 北京：机械工业出版社，2008.
[2] 付百学. 汽车电子控制技术 [M]. 北京：机械工业出版社，2000.
[3] 肖永清，杨忠敏. 汽车的未来与发展 [M]. 北京：化学工业出版社，2004.
[4] 黄宗益. 现代轿车自动变速器原理和设计 [M]. 上海：同济大学出版社，2006.
[5] 中国汽车工程学会. 汽车安全技术 [M]. 北京：人民交通出版社，2004.